VIDA PLENA EN LA VEJEZ

EDICIÓN A CARGO DE

Nélida Asili

EDITORIAL
PAX MÉXICO

EL LIBRO MUERE CUANDO LO FOTOCOPIAN

Amigo lector:

La obra que usted tiene en sus manos es muy valiosa, pues el autor vertió en ella conocimientos, experiencia y años de trabajo. El editor ha procurado dar una presentación digna de su contenido y pone su empeño y recursos para difundirla ampliamente, por medio de su red de comercialización.

Cuando usted fotocopia este libro o adquiere una copia "pirata", el autor y el editor dejan de percibir lo que les permite recuperar la inversión que han realizado, y ello fomenta el desaliento de la creación de nuevas obras.

La reproducción no autorizada de obras protegidas por el derecho de autor, además de ser un delito, daña la creatividad y limita la difusión de la cultura.

Si usted necesita un ejemplar del libro y no le es posible conseguirlo, le rogamos hacérnoslo saber. No dude en comunicarse con nosotros.

Editorial Pax México

COORDINACIÓN EDITORIAL: Matilde Schoenfeld
PORTADA: Perla Alejandra López Romo

© 2004   Editorial Pax México, Librería Carlos Cesarman, S. A.
Av. Cuauhtémoc 1430
Col. Santa Cruz Atoyac
México, D. F. 03310
Teléfono: 5605 7677
Fax: 5605 7600
Correo electrónico: editorialpax@editorialpax.com
Página web: www.editorialpax.com

Primera edición, 2004
ISBN 968-860-712-6
Reservados todos los derechos
Impreso en México / *Printed in Mexico*

Todos tenemos internalizado a un hombre y a una mujer, sabios y ancianos. Cuando éramos niños y jóvenes vivían fuera de nosotros, pero al partir nos dejaron su esencia en nuestro interior. Hoy esos seres son parte de nosotros mismos y nosotros, a su vez, somos modelos para los que ahora son niños y jóvenes. Los autores dedicamos esta obra, con amor y gratitud, a todos los seres queridos que nos han legado esa luz que, a pesar de nuestra ignorancia, ilumina siempre nuestro camino.

Índice

Agradecimientos

Esta obra no hubiera sido posible sin la perseverancia de Miguel Escorza Torres, director pedagógico de esta editorial. A él hago público mi más sincero agradecimiento por su entusiasmo y motivación en la creación de este libro. Su esfuerzo continuo hasta ver concluida la obra es para mí un ejemplo y fuente de inspiración.

Agradezco también a los 22 colegas y autores de esta obra por su dedicación y pronta respuesta a participar con sus valiosas contribuciones. Este logro ha entrelazado a 10 universidades nacionales y extranjeras, tres institutos nacionales y a expertos provenientes de cuatro países.

Asimismo, hago un agradecimiento al doctor Rogelio Díaz Guerrero por su dedicación y compromiso permanente a favor del desarrollo de la ciencia y de las nuevas generaciones.

Gracias a todos.

El ser humano es un ser autoconsciente, lo cual lo distingue de los animales. El animal no es persona, ya que no puede trascender y enfrentarse a sí mismo.

A lo largo de los años han existido diferentes aproximaciones en torno al estudio del ser humano. Las más antiguas tradiciones han dedicado múltiples tomos a explicar la experiencia espiritual; empero, no ha sido lo mismo para la parte física, pues ésta es obvia en sí misma, perceptible, tangible y físicamente visible.

Por su parte, la ciencia se ha concentrado más en hacer una anatomía detallada de los aspectos físicos, emocionales y mentales. Poco ha incursionado en aspectos metafísicos, porque lo subjetivo escapa al método científico y porque la ciencia se ha desviado en su búsqueda del conocimiento en sí mismo, para dar más atención a aquel conocimiento que redunda en beneficios económicos y prácticos.

A pesar de que la ciencia constructivista se ha concentrado más en una parte de la realidad y es obvia su aportación para conocer esa parte material de la naturaleza humana, resulta innegable la parte metafísica o espiritual, difícilmente medible pero experimentable con facilidad, la cual también integra esa realidad.

Por tanto, la realidad es la suma de todas las aproximaciones teóricas y científicas que ha intentado el intelecto humano. La finalidad de esta obra consiste en presentar esos diversos puntos de vista para que el lector pueda integrarlos, y de esa forma tenga una visión más completa de lo que es el hombre al final de su ciclo vital.

Para hablar del ser humano en la fase final de su trayecto, que hemos denominado de varias formas (tercera edad, vejez, senectud y otras), es preciso integrar los diferentes puntos de vista que se tienen al respecto. Sin lugar a dudas, la aproximación más completa sobre el proceso de envejecimiento la ofrece la gerontología, término que proviene de *geronto* (viejo o vejez) y *logos* (tratado). Así, la gerontología es la ciencia que se enfoca al estudio de los cambios anatómicos, fisiológicos, bioquímicos y psicológicos que ocurren en el ser humano como producto del paso del tiempo. Asimismo, estudia los efectos que este proceso trae consigo, por ejemplo: cambios económicos, habitacionales, sociológicos, ergonómicos, asistenciales, familiares, etcétera.

Como vemos, la gerontología estudia, en primera instancia, los cambios que la vejez produce en sí mismos y, en segunda, el efecto de esos cambios en la persona anciana y su entorno. Para analizar seria y profesionalmente cada uno de estos complejos aspectos, la gerontología se ha apoyado en otras ciencias, como la sociología, la psicología, la anatomía, la fisiología, la patología, el urbanismo, la economía y muchas otras. Al rodearse de estas ciencias y enriquecer su visión y comprensión sobre el anciano y las vicisitudes del proceso de envejecimiento, la gerontología se convierte en una ciencia interdisciplinaria.

La interdisciplinariedad tiene ventajas y desventajas. Una de las ventajas es que profundiza acerca de los aspectos más relevantes del envejecimiento, mientras que la desventaja es que requiere un ejercicio continuo de integración de diferentes perspectivas para generar el entendimiento del ser humano envejecido como un todo, y no como la suma de partes profundas e interesantes, pero desarticuladas.

En este libro se pretende articular, organizar, integrar y aportar una visión interdisciplinaria en el estudio de la vejez. Pese a que no han sido incorporadas todas las disciplinas que la gerontología contiene, esta obra presenta un gran número de ellas para enriquecer la percepción y el criterio del lector.

Hemos puesto cuidado en incluir en esta obra las disciplinas que son las piedras angulares del estudio de la vejez, que van desde los aspectos físicos y biológicos relacionados con el cuerpo, hasta los aspectos que determinan al anciano como ser consciente que existe y de que su vida tiene un propósito.

Dicho ser que es el objeto de estudio de esta obra, independientemente de la edad que tenga, además de ser autoconsciente, posee un cuerpo que envejece y un espíritu que florece. Así, mientras acumula años pierde ignorancia y mientras pierde vitalidad y capacidades físicas, acumula sabiduría y entendimiento sobre lo que verdaderamente es.

Según Victor Frankl,[1] el hombre representa en sí mismo un cruce interactivo de tres niveles de existencia: física, psíquica y espiritual, pero esta última se contrapone a las dos anteriores, ya que la espiritual es la que permite al hombre despegarse de la existencia psicofísica y ubicarse, a una distancia fecunda, para manifestar su espiritualidad.

Si "existir" significa salirse de sí mismo y enfrentarse a sí mismo, la vejez, la cercanía a la muerte y la amenaza a la existencia humana plantea al hombre, como ninguna otra etapa del desarrollo humano, enfrentarse consigo mismo y redescubrir el porqué de su existencia. Este análisis existencial lo conduce a una toma de conciencia y le facilita asumir, frente a su propia finitud, la responsabilidad humana en toda su plenitud.

Una vez encontrado el significado de la propia vida, ésta cobra verdadero sentido. A partir de ahí, la existencia espiritual se sobrepondrá a la existencia psicofísica, lo que permitirá al anciano trascender los dolores y limitaciones que el proceso de envejecimiento pueda conllevar.

Este redescubrimiento existencial favorece al ser humano ratificar la vida en toda su belleza y esplendor y puede disfrutarla y valorarla en plenitud durante el tiempo que le quede.

En esta obra se invita al lector a hacer un recorrido hacia lo más profundo del ser. En dicho recorrido deberá pasar diferentes etapas: siempre de afuera hacia adentro, empezando por los cambios físicos, después describiendo el intelecto y las emociones, continuando con la familia y el entorno social, luego con el trabajo y finalmente con la vida espiritual, que es lo más interno. Como corolario, al final debe tener un cierre magistral acerca de cómo hacer ese recorrido significativo, con sabiduría y, por tanto, con alegría.

---

[1] Frankl, V. (988), *La voluntad de sentido*, Barcelona: Editorial Herder.

PARTE I ❧ CAMBIOS FÍSICOS

Demografía de la vejez

Margarita Romero Centeno[1]
Instituto Nacional de Estadística, Geografía e Informática, Puebla, México

Introducción

El proceso de envejecimiento de una población se produce cuando descienden los niveles de fecundidad y mortalidad. Con el descenso de la fecundidad, el número de nacimientos se reduce y, por lo tanto, los más jóvenes comienzan a tener menor trascendencia en el conjunto de la sociedad, mientras que los adultos y ancianos, en compensación, empiezan a tener mayor representatividad. Del mismo modo, con la disminución de los índices de mortalidad, la esperanza de vida aumenta y, por consiguiente, hay un mayor número de personas de edades avanzadas. La migración también incide en este proceso de envejecimiento, aunque hasta el momento sólo ha afectado significativamente a poblaciones pequeñas. Esto sucede en las comunidades caracterizadas por sus altos índices de expulsión poblacional, ya que por lo regular de estos lugares emigran personas jóvenes en edad de trabajar, por lo que la proporción de ancianos aumenta sólo respecto al total de habitantes de estas comunidades.

El indicador más utilizado comúnmente para medir el envejecimiento de un grupo poblacional es el que muestra la proporción de personas de 65 años o más en relación con el total de habitantes de determinada región. En el año 2000 habitaban en el mundo más de 420 millones de personas de esas edades, de modo que los ancianos representaban 7% de la población mundial. Los países con poblaciones más envejecidas son

---

[1] La autora agradece la colaboración de Juan Martín Fragoso Fuentes por la recopilación de datos internacionales y de Norma Eloísa Vázquez Idarza por el acopio de datos nacionales.

Italia, Grecia y Suecia, donde al menos 17 de cada 100 personas tienen 65 años o más; por el contrario, la población de México es una de las más jóvenes con 4 750 311 ancianos, los cuales representan 5% de los mexicanos. Visto de otra forma, en Italia, por ejemplo, por cada 100 menores de 15 años viven 127 ancianos, mientras que en México la relación es de 15 ancianos por cada 100 niños y jóvenes de menos de 15 años de edad.

El proceso de envejecimiento ha sido producido en las distintas regiones del mundo de diversas formas, tanto respecto a la fecha de inicio como en cuanto a la velocidad con que se lleva a cabo. En Francia, en 1865, las personas de 65 años o más representaban 7%, pero después de 115 años (es decir, en 1980), el conjunto de ancianos franceses alcanzó una cifra de 14% del total de habitantes de ese país. En México se calcula que este proceso iniciará en el año 2018 y terminará sólo un cuarto de siglo después, esto es, en el año 2043 los ancianos mexicanos representarán 14%, lo cual es un nivel de envejecimiento menor que el de Europa en su conjunto en la actualidad.

Uno de los problemas que enfrentan los países con un acelerado envejecimiento de la población, como México, consiste en consolidar, en un corto tiempo, una infraestructura social para la atención de ancianos que hoy día, al menos en nuestro país, es muy deficiente. Por ejemplo: en México, de cada 100 personas de 65 años o más, 24 trabajan, 13 están pensionadas y 63 no trabajan ni reciben pensión. De los 24 que trabajan, 11 no reciben ingresos o a lo más reciben un salario mínimo. Igualmente, de cada 100 ancianos, 10 viven solos y 52 no son derechohabientes de ningún sistema de salud.

Este trabajo tiene como objetivo mostrar tanto las características de los ancianos mexicanos por medio de distintas variables sociodemográficas, como las tendencias de crecimiento que presenta el grupo de personas de 65 años o más, con lo cual esperamos aportar información que permita comprender mejor a las personas de edad avanzada, quienes en México aún no tienen una alta representatividad, pero que en el próximo cuarto de siglo experimentarán, relativamente, uno de los crecimientos más acelerados en el mundo.

Los datos utilizados en este reporte provienen de censos, encuestas y registros administrativos. La información internacional se deriva prácticamente de la Base Internacional de Datos del Buró de Censos (EUA). Las proyecciones fueron realizadas en la División de Población del Centro de Programas Internacional perteneciente también al Buró de Censos. En el caso de la información estadística de México, se hace referencia a la fuente sólo cuando los datos no se obtuvieron de los censos de población y vivienda, dado que en su mayor parte provienen de los registros censales.

Volumen y crecimiento de la población de 65 años o más

En el año 2000, en México, la población de 65 años o más alcanzó un monto de 4 750 311 personas, de las cuales 46.5% son hombres y 53.5% mujeres; dicho de manera distinta, esto significa que por cada 100 mujeres de 65 años o más viven 87 hombres de esas edades.

Los casi cinco millones de ancianos que viven en México representan solamente 5% de la población total del país, dos puntos porcentuales menos que el promedio global. El nivel de envejecimiento está un poco más acentuado en localidades pequeñas que en las ciudades medias y grandes, sobre todo en lo concerniente a la población masculina, pues la proporción de hombres de edad avanzada alcanza un valor de 7% en comunidades de menos de 100 habitantes. Las regiones con mayor porcentaje de ancianos son las afectadas por constantes migraciones de su población, pues por lo regular las personas que permanecen en las comunidades son las de más edad. Por ejemplo, en la región de Tlaltenango, ubicada al sur del estado de Zacatecas y caracterizada por su intensa migración internacional, existen comunidades donde 15 de cada 100 personas tienen 65 años o más de edad, es decir, estas comunidades presentan un nivel de envejecimiento como el de Francia, Inglaterra o Suiza, países que se ubican entre los 15 con poblaciones más envejecidas.

Aunque la población mexicana puede considerarse joven en el ámbito mundial, la tasa de crecimiento de los ancianos en la última década superó a la del resto de los mexicanos y aumentó a un ritmo promedio anual de 3.5 personas por cada 100 de 65 años o más. Incluso las proyecciones de población indican que México está ubicado entre los 10 países que incrementarán más porcentualmente su número de ancianos en los próximos 30 años, llegando a sumar para el año 2030 más de 15 millones de personas en la vejez. Con esto se estima que el número de ancianos ascenderá más de tres veces en los próximos 30 años. Ahora bien, no obstante este acelerado crecimiento previsto para el grupo poblacional de 65 años o más, en el año 2030 los mexicanos no conformarán una sociedad tan envejecida como las que tienen en la actualidad los países europeos con 15% de ancianos en promedio, pues los ancianos mexicanos, aunque tripliquen su número, no representarán más de 11 por ciento.

Los distintos ritmos de envejecimiento observados en todo el mundo corresponden básicamente a la forma como han cambiado los patrones de fecundidad, que es el hecho histórico que más ha contribuido para que las poblaciones transiten hacia fases menos jóvenes. Esto sucede debido a que, cuando se mantienen constantemente niveles de fecundidad bajos, las cohortes de nacimientos disminuyen su tamaño y, en correspondencia, las personas de más edad aumentan su número en proporción al de las más jóvenes. Por lo tanto, expresado de otro modo, la principal causa, aunque no la única, de que una sociedad envejezca es la disminución de la población joven, y no que sus integrantes vivan más años.

En los países europeos, el descenso de la fecundidad inició alrededor de 1900, y en la actualidad prácticamente en ninguno de estos países existe el nivel de fecundidad necesario para que determinada generación sea remplazada por la siguiente; el promedio de hijos nacidos vivos por mujer requerido para alcanzar dicha tasa de remplazamiento es de 2.1. En Italia, en el año 2000 fueron registrados 1.2 hijos nacidos vivos por mujer, en Grecia 1.3 y en Alemania 1.4; sin embargo, en países menos desarrollados, como México, el descenso de la fecundidad inicia posteriormente y de forma mucho más acelerada, de modo que ha habido en promedio reducciones de la tasa de fecundidad de 50% en las últimas tres décadas. Para México, se considera que este descenso empezó en la década de 1970 y para el año 2000 fue registrado un promedio de 2.6 hijos vivos por mujer, aun por arriba del nivel de remplazo. Este desfase en el inicio del desaceleramiento del nivel de fecundidad es lo que ha producido principalmente distintos niveles de envejecimiento.

La rapidez con que envejece una sociedad depende, en gran medida, de la intensidad del desaceleramiento de la fecundidad. Para los países europeos, pasar de 7% –que es el porcentaje de ancianos a nivel mundial– a 15% de personas con 65 años o más les tomó entre 45 años, como es el caso de España e Inglaterra, y 115 años, como sucedió en Francia. En Japón, que es el cuarto país con población más envejecida, este proceso llevó un cuarto de siglo (de 1970 a 1996) y en México se espera un tiempo similar, pero trasladado casi medio siglo después: de 2018 a 2043. No obstante este desfase que hay en México, es claro que de todas formas el número de ancianos crece rápidamente y que, por lo tanto, deben tomarse las medidas necesarias para atender, entre otros aspectos, lo relacionado con la seguridad social y la salud de los ancianos, pues aún no contamos con la infraestructura adecuada para resolver estos problemas.

Otro indicador que nos facilita comprender la estructura de edades de una población es el llamado *índice de envejecimiento*, el cual muestra el número que se tiene de personas de 65 años o más por cada 100 de 0 a 14 años. En el año 2000, sólo en cinco países ese índice fue mayor que 100, lo cual significa que en Italia, Japón, Grecia, Alemania y Bulgaria hay en total más ancianos que niños y jóvenes menores de 15 años. En México alcanza un valor de 15, de manera que por cada 100 jóvenes menores de 15 años viven 15 personas de 65 años o más. Para el año 2030 se espera alcanzar un indicador de envejecimiento cercano a 50; sin embargo, en la actualidad, en algunas comunidades pequeñas con altos índices de emigración, como Santa Catarina Tlaltempan y Totoltepec de Guerrero, ubicadas al sur del estado de Puebla, la relación es hasta de 85 ancianos por cada 100 niños y jóvenes, lo cual es una muestra de las grandes diferencias que existen al respecto en el interior del país.

Índice de mortalidad y esperanza de vida

Desde mediados del siglo XIX comenzó a experimentarse un aumento importante en la esperanza de vida al nacer de los seres humanos. En mayor medida consideramos que esto es debido a los adelantos en medicina y al cambio en los hábitos de higiene, aunque un factor que influyó más tempranamente en el abatimiento de la mortalidad y, por lo tanto, en que se incrementara el número de años que en promedio pueden vivir las personas fue una mejora en la nutrición, debida a mayor producción y distribución de alimentos (Thomlinson, 1976).

A fines del siglo XX, a nivel mundial, la esperanza de vida al nacer de la población masculina era de 64 años y de 68 para la población femenina. Las diferencias entre las distintas regiones del mundo son amplias. Algunos de los países más desfavorecidos en este sentido se ubican en la parte occidental de África, donde tanto hombres como mujeres viven, en promedio, menos de 50 años; en cambio, algunos países asiáticos, como Japón y Singapur, han rebasado para ambos sexos los 80 años de esperanza de vida al nacer. En relación con este indicador, México se ubica con índices más favorables que la media mundial, de modo que las mujeres alcanzan en promedio 75 años de vida y los hombres 69.

Hace 50 años, la esperanza de vida al nacer de los mexicanos era similar a la que algunos países europeos presentaban a inicios del siglo XX; sin embargo, en estas últimas cinco décadas, en México hemos experimentado un incremento en la esperanza de vida de más de 40%, por lo cual se redujo considerablemente la distancia con aquellos países en donde, por lo general, sus habitantes viven más años.

Prácticamente en todos los países las mujeres viven más que los hombres —las excepciones como la de Bangladesh son muy pocas— y no se ha logrado todavía determinar con exactitud por qué sucede esto, pues los problemas abarcan condiciones tanto sociales como biológicas, lo cual complica el esclarecimiento de dicho fenómeno. Algunas evidencias señalan que el mayor consumo de tabaco y alcohol entre los hombres y más exposición masculina a riesgos de trabajo son los principales factores que inciden en que ellos presenten niveles de mortalidad más altos que las mujeres; no obstante, habrá que insistir en la ausencia de un patrón establecido claramente. En México, la diferencia entre la esperanza de vida al nacer femenina y masculina es de seis años a favor de las mujeres; con todo, entre los años 1990 y 2000, la población masculina de 65 años o más creció a un ritmo anual de 3.8%, en tanto que para las mujeres fue de 3.6 por ciento.

Con el envejecimiento de la población, las principales causas de muerte cambiaron a la par con la edad de los fallecidos. En México, en 1970, del total de muertes registradas 35% correspondían a niños menores de cinco años y 23% a personas de 65 años o más. En el año 2000, esta relación se modificó de tal forma que los niños fallecidos representaron solamente 10% de las personas muertas, mientras que los ancianos la mitad. Por lo tanto, las principales causas de muerte de la población mexicana dejaron de ser las asociadas a enfermedades infantiles, como las infecciosas y parasitarias, para ser aquellas asociadas con la vejez; así, en ese año, la principal causa de muerte fue la relacionada con enfermedades del sistema circulatorio. Entre las personas de 65 años o más, de cada 100 muertes 33 se debieron a enfermedades del sistema circulatorio, 17 a enfermedades endocrinas, nutricionales y metabólicas y 14 a tumores (neoplasias).[2]

---

[2] 1970-2000: INEGI, *Estadísticas demográficas, cuadernos de población* números 2, 4, 8, 9, 10 y 13.

Nivel de envejecimiento en los ámbitos urbano y rural

A nivel mundial no existe un claro patrón de asentamiento urbano-rural de la población de 65 años o más, con el agravante de que las definiciones del concepto urbano-rural difieren de país a país, lo cual dificulta hacer comparaciones.

En México, la migración de la población rural hacia zonas urbanas o hacia otros países se ha concentrado principalmente en las personas en edad de trabajar.

Este fenómeno migratorio ha modificado la estructura por edades de las poblaciones urbana y rural, de tal forma que en las grandes ciudades la población de 15 a 64 años es más representativa que en las pequeñas localidades (las de menos de 15 000 habitantes); por ende, los niños y ancianos tienen mayor trascendencia en esas comunidades. Así, de cada 1 000 personas que viven en zonas rurales 56 son ancianas, por 46 de cada 1 000 habitantes en las urbes más pobladas.

Otra característica de los ancianos mexicanos al respecto es un comportamiento diferencial por sexo, pues la proporción de hombres de 65 años o más que habitan en zonas rurales asciende a 47% y la de mujeres a 41%; por lo tanto, 53 de cada 100 ancianos y 59 de cada 100 ancianas viven en zonas urbanas.

Además, en las localidades más pequeñas de México se observa que en las de menos de 2 500 habitantes con un grupo poblacional de 65 años o más predominan los hombres, hecho que rompe con las tendencias expuestas anteriormente, en las cuales vemos que entre la población de edades avanzadas las mujeres siempre sobrepasan en número a los hombres. En estas pequeñas localidades, entre la población de 0 a 14 años viven 103 niños por cada 100 niñas, entre los de 15 a 64 años la proporción es de 95 hombres por cada 100 mujeres y para el grupo de 65 años o más la relación es de 105 ancianos por cada 100 ancianas. En cambio, en las ciudades con más de 100 000 habitantes solamente viven 75 ancianos por cada 100 mujeres de 65 años o más.

Distintas son las razones por las que en estas pequeñas comunidades, regularmente aisladas y alejadas de los principales centro de servicios, entre la población de edades avanzadas las mujeres son menos numerosas que los hombres; pero, sin lugar a dudas, el factor más importante está relacionado con las condiciones de vida que aún prevalecen en el campo mexicano, donde las mujeres están más expuestas a morir, sobre todo en su etapa reproductiva, por carencias nutricionales y falta de atención médica (Alatorre, Langer y Lozano, 1994).

Estado civil

Diversos estudios realizados en algunos de los países más desarrollados muestran patrones de vida diferentes de acuerdo con el estatus conyugal de las personas: las personas casadas o que viven en pareja suelen ser más saludables y viven más tiempo que las no casadas, lo cual atañe sobre todo a los hombres (Goldman, 1993; Schone y Weinick, 1998). En las edades avanzadas, las parejas tienden a tener mayor seguridad financiera que las personas que viven solas. Muchos de los hombres viudos llegan a perder gran parte del contacto que tenían con el entorno que le proporcionaba cierto sustento antes de morir su esposa (O'Bryant y Hansson, 1996); en cambio, las mujeres viudas suelen mantener con mayor frecuencia esas redes de soporte (Scott y Wenger, 1995).

En casi la totalidad de los países, el número de mujeres sobrepasa al de los hombres, aunque generalmente nacen más niños que niñas. La mortalidad diferencial por sexo, favorable por lo regular a las mujeres, hace que en el grupo poblacional de más edad las mujeres sobrepasen en número a los hombres en mayor medida que en las edades jóvenes, por lo que con mayor frecuencia que los hombres las mujeres quedan viudas. Otro factor que incide en la conformación de la situación conyugal en el grupo de personas de 65 años o más es la diferencia de edades al contraer matrimonio, pues es más común que las mujeres sean más jóvenes que su pareja y, por lo tanto, poco probable que ellos queden viudos, de manera que existe una proporción de hombres casados en edad avanzada significativamente más alta que la de las mujeres.

En ese aspecto, México no es la excepción: a nivel nacional, en el grupo de jóvenes menores de 15 años hay 103 hombres por cada 100 mujeres, mientras que en el grupo de 65 años o más este índice es de 87 hombres por cada 100 mujeres; incluso en el grupo de los más ancianos (por ejemplo: los de 80 años o más), el número de hombres se reduce a 77 por cada 100 mujeres. Con estos datos comprobamos cómo, conforme avanza la edad, la población femenina aumenta su monto respecto a la masculina. Asimismo, los matrimonios en los que la edad de los contrayentes es la misma representan 42%, y aquellos en los que el hombre es mayor son casi la mitad de los matrimonios. En el restante 11%, la mujer es de más edad que su cónyuge.[3]

De lo anterior colegimos que las diferencias entre el número de hombres y el número de mujeres, las diferencias en las edades de los integrantes de las parejas y una población femenina más envejecida que la masculina determinan en gran medida la estructura conyugal de la población. Para el año 2000, en México, la proporción de hombres casados o que vivían en unión libre en el grupo poblacional de 65 años o más era de 73%, en tanto que las mujeres casadas para ese grupo de edades representaban sólo 39%. En cambio, 18 de cada 100 hombres son viudos, mientras que las viudas agrupan a 49 de cada 100 mujeres. También son más las mujeres que nunca se han casado, ya que siete de cada 100 ancianas permanecen solteras contra cinco solteros de cada 100 ancianos. En cuanto a los separados o divorciados, existen cifras similares para ambos sexos: 4% de los hombres y 5% de las mujeres han deshecho su unión conyugal.

Estructuras familiares de los hogares y personas ancianas que viven solas

Las estructuras de los hogares,[4] familiares[5] o no familiares,[6] dependen de diversos factores para su conformación.

Entre las estructuras más importantes pueden mencionarse aspectos financieros y de salud —por ejemplo: que una persona de cualquier edad viva sola puede deberse a su independencia económica y su buen estado de salud—, o tradiciones culturales que pueden determinar que se prefie-

---

3 2000: INEGI, *Estadísticas demográficas. Cuaderno de población* número. 13.

4 *Hogar*: conjunto de personas unidas o no por lazos de parentesco que residen habitualmente en la misma vivienda y se sostienen de un gasto común. Una persona sola también forma un hogar (hogar unipersonal).

5 *Hogar familiar*: aquel en el que por lo menos uno de los miembros tiene relación de parentesco con el jefe del hogar, que es la persona reconocida como tal por los demás miembros.

6 *Hogar no familiar*: aquel en el que ninguno de los miembros tiene lazos de parentesco con el jefe del hogar.

ra vivir en pareja, con lo cual se conformaría un *hogar nuclear*[7] con o sin hijos. Para muchas mujeres, el empleo abre un nuevo campo de posibilidades: vivir en pareja o permanecer soltera, tener un hijo o no, y tenerlo rápidamente después de la unión de la pareja o posponerlo (Lassonde, 1996).

Los hogares en los que habitan personas de 65 años o más suelen presentar estructuras familiares que difieren de cierta forma de aquellos en los que solamente encontramos personas menores de 65 años. Por un lado, los hogares nucleares tienden a ser más numerosos cuando en el hogar no vive un anciano; por consiguiente, los hogares ampliados –aquellos formados por una familia nuclear más otros parientes– y los hogares unipersonales son más comunes cuando en ellos habitan uno o más ancianos. Otro hecho más o menos generalizado es que entre las personas de 65 años o más que viven solas, las mujeres son más numerosas que los hombres.

En México también se presentan estas situaciones, aunque los ancianos mexicanos suelen vivir acompañados más frecuentemente que en otros países: los hombres de 65 años o más que viven solos representan 8% y las mujeres 12%, mientras que entre las personas de menos de 65 años sólo una de cada 100 vive sola; estos porcentajes son muy parecidos a los de Japón y Bolivia, por ejemplo, y difieren enormemente de los de Dinamarca, República Checa y Finlandia, donde cerca de 20% de los hombres ancianos viven solos y alrededor de 50% de las ancianas.

De los hogares mexicanos no habitados por ancianos, 68.3% son hogares nucleares; en cambio, en aquellos donde vive por lo menos una persona de 65 años o más, solamente 40% se caracterizan como nucleares. De igual forma se observa que entre los hogares habitados al menos por un anciano, los más comunes son los ampliados, que representan 48%; a su vez, las estructuras ampliadas cuando la población es más joven suman 29%.

A la mayoría de los hombres (83%) de 65 años o más se les sigue considerando jefes del hogar que comparten con otras personas; sin embargo, al hacer una comparación con la población masculina de 50 a 64 años, se aprecia un descenso de seis puntos porcentuales en dicha pro-

---

[7] *Hogar nuclear*: es el hogar constituido por un jefe y su cónyuge; un jefe y su cónyuge con hijos no casados (o casados pero que no viven con su pareja); o un jefe con hijos no casados.

porción. Este cambio se deriva de diversas situaciones y con las fuentes de información disponibles podría decirse difícilmente cuál aporta más para producirse este cambio. Una de estas situaciones ocurre cuando el hombre enviuda y se queda viviendo solo o tiene que compartir la vivienda con otros parientes, por lo regular con algún hijo o hija y en su caso con la correspondiente familia; en este último caso, sobre todo si la aportación económica del anciano no es la principal, frecuentemente se le desplaza en la jerarquía del hogar. En otras situaciones, el anciano puede no enviudar pero ver disminuidas sus capacidades física y mental, lo cual sucede con mayor frecuencia en la población masculina, debido sobre todo a la diferencia de edades respecto a sus cónyuges; en estos casos suele producirse un cambio de roles en la pareja, de modo que la mujer asume la jefatura del hogar.

Con las mujeres de edad avanzada se presenta otro panorama: entre la población femenina de 50 a 59 años, 26 de cada 100 mujeres son jefas del hogar en el que viven con otras personas; tal proporción aumenta a 33% en el grupo de 60 a 64 años y disminuye a 31% en las edades de 65 años o más. Este significativo aumento de jefas en el grupo de 60 a 64 respecto al de 50 a 59 es debido al incremento de viudas entre los dos grupos de edades, el cual pasa de 13 a 25%. La viudas son mucho más numerosas en el grupo de 65 años o más y abarca a la mitad de las mujeres, pero el número de jefas del hogar disminuye, aunque no de forma tan marcada como en los hombres. Cuando las mujeres enviudan y conforme aumentan su edad, es frecuente también que pasen a depender de otros parientes, con lo cual pierden su estatus de jefas del hogar; además, si esta pérdida no resulta tan marcada, es porque, en mayor medida, las mujeres permanecen solas o viven en alguna institución para ancianos.

Dependencia económica y soporte social de los ancianos

Con el envejecimiento de la población y, por ende, con el cambio en la estructura de edades aparecen distintas necesidades económicas y crecen las demandas de servicios, en especial de los de salud. Los ancianos pasan a depender en gran medida de la población más joven, sobre todo de los adultos en edad de trabajar; sin embargo, las cargas económicas y de cuidados para otras personas que recaen en la población trabajadora dependerán no sólo de la proporción de ancianos y niños que haya respecto a esta población en edad de trabajar, sino también de la situación en que se encuentren los ancianos, pues muchos de ellos se mantienen por sí mismos tanto económica como físicamente. Incluso los ancianos que requieren cierta asistencia suelen ser cuidados por sus cónyuges, quienes a su vez pueden ser también de edad avanzada. Es claro también que no todas las personas en edad de trabajar tienen a su cargo algún niño o anciano.

Otros aspectos que merman las redes de ayuda con que pueden contar las personas de edad avanzada es el aumento paulatino de las familias pequeñas y de las mujeres que deciden no tener hijos, pues por ahora los hijos adultos son los principales proveedores de cuidados hacia los ancianos, sobre todo en aquellos países donde se carece de instituciones de seguridad social.

A pesar de no haber las estadísticas suficientes para medir con precisión el valor de la carga que recae en la población trabajadora respecto a la manutención de niños y ancianos, hay un buen acercamiento a estos problemas con los índices que muestran la proporción que existe de población joven y anciana en cuanto al total de personas que tienen entre 20 y 64 años de edad.[8]

El índice de dependencia de los ancianos (es decir, el número de personas de 65 años o más por cada 100 de 20 a 64) ha evolucionado lentamente en todos los países, dado que el grupo de 20 a 64 años aún se nutre de cohortes de nacimientos muy numerosas. En los países que actualmente tienen las poblaciones más envejecidas se espera que la población de 20 a 64 años comience a decrecer significativamente sólo hasta después del año 2010; por lo tanto, la proporción de ancianos respecto a la población trabajadora se verá incrementada de forma importante hasta el período 2015-2030. Por el momento, en estos países el valor del índice de dependencia oscila entre 20 y 30 y esperamos un aumento de cerca de 50% para el período 2015-2030. La expectativa de Japón para 2030 señala que habrá 52 ancianos por cada 100 personas de 20 a 64 años y en Italia 49.

En México, al igual que en otros países con poblaciones aún jóvenes, el índice de dependencia de ancianos está por debajo de 10 (es decir, me-

---

[8] En ocasiones este índice, también llamado *índice de dependencia económica*, es constituido a partir de que la población en edad de trabajar es la de 15 a 64 años; en particular, en México la población económicamente activa de 15 a 19 años asciende a 35%, en el caso de los hombres el valor es de 47% y para las mujeres es de 24 por ciento.

nos de 10 ancianos por cada 100 personas de 20 a 64 años de edad) y hasta el año 2030 se espera que prácticamente no haya cambios, debido a que las personas pertenecientes a las todavía numerosas cohortes de nacimientos de la década de 1970 tendrán menos de 65 años en 2030.

Para la población mexicana, tener hijos es todavía muy relevante en el contexto de las redes de ayuda para las personas de edad avanzada, pues es claro que el país carece de la infraestructura necesaria para cumplir con los requerimientos de salud, seguridad social y esparcimiento de los ancianos. En este sentido, podemos considerar a las mujeres de 40 a 44 años, porque es la generación en la cual se aprecian fuertes cambios en el comportamiento reproductivo, producto de las nuevas políticas demográficas las cuales impulsan la formación de familias pequeñas y una fecundidad restringida. Es también la generación que dentro de un cuarto de siglo formará parte de la llamada *tercera edad*, en un momento en que se acentuará el envejecimiento de las sociedades.

Las mexicanas de 40 a 44 años que no han tenido hijos son 7%, proporción todavía baja comparada con la de otros países; por ejemplo, tres veces menos que en Estados Unidos, donde se duplicó el porcentaje de mujeres de 40 a 44 años sin hijos en los últimos 15 años; para México, este porcentaje no varió en la última década.

Participación económica

Como se mencionó en líneas anteriores, la población de la tercera edad no necesariamente es sinónimo de inactividad económica. Algunos de los ancianos que se encuentran habilitados para ello continúan trabajando en el mercado laboral, porque requieren medios para subsistir o porque lo siguen considerando una actividad gratificante.

La participación económica de la población de 65 años o más varía de modo considerable de país a país; sin embargo, es posible observar que en los más desarrollados y, por lo tanto, con mejor cobertura de seguridad social, las tasas de participación de los ancianos son significativamente más bajas que en los países menos desarrollados. Otra situación más o menos generalizada es que en este grupo de edades la participación económica masculina continúa siendo más alta que la femenina, pero de manera más acentuada, que entre los más jóvenes. Otra característica importante es la notoria disminución de la participación económica masculina en los últimos 30 años, sobre todo en los países desarrollados.

En México, en el año 2000, de cada 100 hombres de 65 años o más 41 eran económicamente activos, así como nueve de cada 100 mujeres. Estas tasas son mucho más altas que, por ejemplo, las de Bélgica, Francia o Alemania, donde menos de 5% de los ancianos y menos de 2% de las ancianas trabajan en el mercado laboral. Las diferencias entre México y los países más desarrollados existen, aunque la participación económica de los mexicanos de edad avanzada disminuyó considerablemente en los últimos 33 años, pues en 1970 ascendía a 70 por ciento.

La participación económica de los hombres de edad avanzada es más alta en las áreas rurales que en las urbanas, no así la de las mujeres, pues en localidades de menos de 15 000 habitantes laboran 47 de cada 100 ancianos y nueve de cada 100 ancianas, en tanto que en las de más de 15 000 habitantes la tasa masculina es de 35 y la femenina de 10. Esta mayor participación económica de los hombres de edad avanzada que residen en las localidades de menor tamaño se debe a que muchos de ellos continúan con las labores agropecuarias, trabajando por lo regular en sus parcelas, actividad más natural de proseguir, pues no está sometida a las presiones de las ciudades grandes, como pueden ser las reglas de la jubilación o los requerimientos de empleo de una población joven mucho más numerosa. De esto se deriva que los ancianos laboren mayoritariamente en actividades primarias y, por lo tanto, que la distribución sectorial de la población ocupada de 65 años o más sea distinta de la de las personas de menos de 65 años, sobre todo en los hombres. En el sector de la agricultura, ganadería, silvicultura y pesca labora 48% de los hombres de 65 años o más y sólo 22% de los menores de 65 años. Por otra parte, de cada 100 ancianos 17 realizan actividades del sector de las manufacturas y 35 actividades comerciales y de servicios; para los hombres menores de 65 años, los porcentajes correspondientes son de 34 y 44. Entre las mujeres no existen diferencias tan marcadas, ya que tanto para las ancianas como para las mujeres menores de 65 años, 74 de cada 100 trabajan en el comercio o los servicios, debido a que la reciente incorporación de las mujeres al mercado laboral ocurre principalmente en las actividades terciarias. Al respecto puede observarse que desde 1970, de la población femenina ocupada, 66% se desempeñaba en ese sector económico.

Las ocupaciones que agrupan el mayor número de hombres de edad avanzada son la de médicos generales y especialistas, seguida por la de comerciantes en establecimientos y después por la de abogados. En el caso de las mujeres, la principal ocupación es la de comerciantes en establecimientos, después la de trabajadoras afines a la educación y luego la de despachadoras y dependientas de algún comercio.

Por otra parte, poco más de la mitad de los ancianos mexicanos ocupados son trabajadores por cuenta propia, es decir, atienden sólo pequeños negocios o trabajan sus parcelas; 23% de los hombres y 27% de las mujeres son empleados u obreros; asimismo, una mayor proporción de ancianos que de la población de menos de 65 años se clasifica como patrones, 5% de los ancianos y 4% de las ancianas, contra 3 y 2% de los de menos de 65 años.

Entre las personas ocupadas de 65 años o más, 50 de cada 100 hombres y 64 de cada 100 mujeres declaran no percibir ingresos o recibir menos de un salario mínimo; 41 % de los hombres y 30% de las mujeres reciben de uno a cuatro salarios mínimos y sólo 9% de los ancianos y 6% de las ancianas perciben más de cuatro salarios mínimos al mes. Esta distribución es más desfavorable que la observada entre la población más joven, pues aquellos que no tienen ingresos o reciben menos de un salario mínimo son 21% y los que perciben más de cuatro representan 23 por ciento.

Personas económicamente inactivas

Entre las personas de edad avanzada y económicamente activas, los jubilados y pensionados debieran formar un grupo preponderante. En realidad, cabe decir que la jubilación creó la vejez al definir un corto claro entre la edad biológica y la edad social del individuo (Lassonde, 1996). En México, la gran mayoría de los ancianos son económicamente inactivos, pero los jubilados conforman un grupo reducido.

Más de tres cuartas partes de los mexicanos de 65 años o más se encuentran inactivos económicamente. Las diferencias entre las poblaciones femenina y masculina son amplias: en primer lugar, 91 de cada 100 ancianas se declaran inactivas, en tanto que sólo lo son 59 de cada 100 ancianos; de las mujeres inactivas, dos tercios se dedican a los quehaceres del hogar, mientras que sólo 3% de los ancianos realizan labores domésticas; y 7% de las mujeres de edad avanzada reciben una pensión, así como 34% de los hombres inactivos de 65 años o más.

Esta pequeña proporción de personas que no han logrado una pensión conlleva una alta participación económica de las personas de edad avanzada.

Consideraciones finales

Las personas de edad avanzada se ubican entre los grupos más desfavorecidos de la sociedad mexicana: la mitad de los ancianos vive en hogares donde a lo más se recibe, por concepto de trabajo, un salario mínimo entre todos los integrantes del hogar; un tercio no sabe leer ni escribir y en promedio tienen tres años de estudio, y poco más de la mitad no son derechohabientes de ningún sistema de salud.

Esas desventajas que presentan los ancianos mexicanos los coloca en una situación que dista de ser adecuada para enfrentar las carencias económicas y los requerimientos de salud que comúnmente aumentan cuando las personas envejecen, sobre todo si tenemos en cuenta la ausencia de instituciones indicadas para su atención y la falta de programas de seguridad social.

El principal soporte de esas personas continúa siendo el que proporcionan los hijos, pero las tendencias cada vez más aceptadas de conformar familias pequeñas pondrán en condiciones cada vez más precarias a las nuevas generaciones de ancianos, máxime cuando el número de personas de 65 años o más crecerá aceleradamente en las próximas tres décadas.

Sin embargo, el envejecimiento de la población no constituye un problema en sí, pero representa un nuevo desafío. Si bien el envejecimiento lleva a revisar las políticas de salud y seguridad social, las personas mayores también son una fuente de saber y de experiencia que las sociedades podrían aprovechar mejor (Lassonde, 1996).

Bibliografía

Alatorre Rico, J., Langer A. y Lozano, R. (1994), *Mujer y salud. Las mujeres en la pobreza*, México: El Colegio de México.

Base de Datos Internacional (IDB por sus siglas en inglés), Buró de Censos de los Estados Unidos.

Brambila Paz, C. (1985), *Migración y formación familiar en México*, México: El Colegio de México.

Chaleix, M. (2001), *7.4 millons de personnes vivent seules en 1999*, París: Institut National de la Statisque et des Etudes Economiques.

Emigración Internacional y Remesas Zacatecanas (2000), *Comercio Exterior*, vol. 50.

Goldman, N. (1993), *Marriage Selection and Mortality Patterns: Inferences and Fallacies*, Demography, vol. 30, núm. 2.

Hetzel, Li y Smith, A. (2001), *The 65 Years and Over Population: 2000*, Buró de Censos de los Estados Unidos.

Instituto Nacional de Estadística, Geografía e Informática, México: *Censos de población y vivienda*, 1970-2000, *Conteo de población y vivienda*, 1995, *Encuesta nacional de la dinámica demográfica*, 1992-1997, *Estadísticas demográficas*, cuadernos 3, 4, 8, 9, 10 y 13, *Indicadores sociodemográficos* (1930-1998) y *La tercera edad en México*, 1990.

Kinsella, K. y Velkoff, V. (2001), *An Aging World: 2001*, International Population Reports, Buró de Censos de los Estados Unidos.

Lassonde, L. (1997), *Los desafíos de la demografía*, México: Fondo de Cultura Económica.

Michaudon, H. (2001), *Le Cadre de Vie des Plus de Soixante ans*, París: Institut National de la Statisque et des Etudes Economiques.

O'Bryant, S. L. y Hansson, R. (1996), *Widowhood in Aging and the Family: Theory and Research*, Westport, CT: Praeger.

Schone, B. S. y Weinick, R. (1998), "Health-Related Behaviors and the Benefits of Marriage for Elderly Persons", *The Gerontologist*, vol. 38, núm. 5.

Scott, A. y Wenger, C. (1995), *Gender and Social Support Networks. Later Life in Connecting Gender and Aging*, Filadelfia: Open University Press.

Smith, D. y Tillipman, H. (1999), *The Older Population in the United States*, Current Population Reports, Buró de Censos de los Estados Unidos.

Thomlinson, R. (1976), *Population Dynamics. Causes and Consequences of World Demographic Change*, Nueva York: Random House.

Biología del envejecimiento

Eduardo Rubio Suárez
Universidad Anáhuac, México

La explicación del envejecimiento es uno de los más fascinantes retos de la historia, pues queda enmarcado por el sello que imprime, en lo profundo de la naturaleza humana, la solemnidad y el temor hacia la muerte, el cual se remonta a los tiempos prehistóricos.

Ampliamente conocido es el anhelo de los faraones egipcios por emprender su viaje entre los muertos, lo cual preservaban mediante la momificación. La constante alusión a curas milagrosas, hábitos en contra del envejecimiento e individuos longevos se ha plasmado con el transcurso de siglos de desarrollo de la civilización.

Los intentos desesperados por aumentar la longevidad, en el siglo XIX, llegaron al extremo de tratar de trasplantar testículos de mono y fue asociada la vejez con la declinación de la potencia sexual. Para nuestra fortuna, el avance vertiginoso de la biología molecular a partir de mediados del siglo XX proporciona un panorama muy revelador respecto a la forma como envejecemos, las alternativas para preservar la calidad de vida y las posibilidades de aumentar nuestra longevidad. Sin embargo, esto no es fácil de apreciar a la luz de la aparente controversia entre miles de artículos de investigación, alimentados por decenas de teorías del envejecimiento. Quien directamente consulte las fuentes, sin un criterio formado respecto a los enfoques centrales y un claro fundamento metodológico, correrá el riesgo de quedar confundido entre la multitud de propuestas.

El punto de partida para entender el proceso de envejecimiento es el concepto que tengamos de él. Lo que significa envejecer suele darse por sentado, considerando implícitamente que el organismo es una especie de máquina.

De acuerdo con la Asamblea Mundial del Envejecimiento de 1982, la biología del envejecimiento debe dedicarse a describir y explicar los cambios que a nivel molecular, celular, tisular y orgánico se manifiestan conforme avanza la edad. Intuitivamente, asociamos el envejecimiento con desgaste, con pérdida, deterioro, daños, errores o fallas orgánicas, todo lo cual tiene su correlato con alteraciones orgánicas de prácticamente cada rincón del cuerpo, de manera que estas evidencias, en primera instancia, perfilan al envejecimiento como un cambio deletéreo, irreversible y progresivo que preludia la muerte (Strehler, Mildvan, 1960). Ésta es la concepción que ha prevalecido en el ámbito científico.

Sin embargo, hemos de reflexionar en que es relativamente sencillo encontrar causas de deterioro o desgaste, debido a que de manera implícita consideramos que el organismo es una maquinaria. Ésta ha sido la base común para generar teorías del envejecimiento, cuyo argumento central para explicar el envejecimiento reside en la acumulación de desechos, como la observación del incremento de lípidos peroxidados (lipofucina) en todos los tejidos corporales conforme avanza la edad, o la acumulación de calcio en el sistema vascular y diversos órganos, como el timo y las válvulas cardiacas.

También se ha estimado que el estrés y las alteraciones en secreciones hormonales son causas del envejecimiento. Pero este tipo de planteamientos carecen de la base metodológica de probar un aumento de la longevidad, por la modificación de las supuestas causas de la vejez, lo cual constituiría entonces su principal argumento. En efecto, en muchos casos se ha querido probar algún factor, al que se atribuye la causa del envejecimiento, acentuándolo y comparando el "envejecimiento acelerado" resultante con el envejecimiento normal; pero siempre será más accesible deteriorar las funciones orgánicas y acortar así la vida que prolongarla.

Ante el confuso panorama que representan decenas de teorías del envejecimiento, es conveniente agruparlas con base en el enfoque central de sus planteamientos, a partir de lo cual se hace la clasificación siguiente: teorías sistémicas, teorías bioquímicas y teorías genéticas.

Teorías sistémicas

El grupo de teorías sistémicas del envejecimiento abarca aquellas teorías que consideran que algún sistema orgánico es el causante del envejecimiento. Con este enfoque podemos agrupar, por ejemplo, las teorías endocrinológicas, la teoría inmunológica del envejecimiento y las neurológicas, que respectivamente plantean como clave del proceso las secreciones hormonales, el sistema inmune o el sistema nervioso.

A principios del siglo XX, Alexis Carrell, Premio Nobel en 1912, propuso la existencia de una hormona capaz de desencadenar el envejecimiento; a esta hormona hipotética la denominó *senilina*. A partir de tal planteamiento se ha desarrollado una línea de investigación que ha dado numerosos frutos. Si bien en el hombre no se ha detectado la presencia de dicha hormona, éste parece ser el caso de variadas especies que mueren poco después de su reproducción (Wodinsky, 1977).

Al dilucidarse el papel regulador de la hipófisis, se han formulado teorías basadas en la explicación del envejecimiento en la endocrinología, ya sea por la presencia de un supuesto marcapaso hipotalámico (Segall, 1979), o la secreción de melatonina por la glándula pineal, cuyo papel esencial sería sincronizar las secreciones hormonales. La administración de melatonina suministrada por la noche ha probado aumentar la longevidad de cepas de ratones (Pierpaoli, Da'll Ara, Pedrinis, Regelson, 1991).

Entre el grupo de teorías sistémicas del envejecimiento, la secreción de la DHEA es considerada una clave importante en la explicación de la declinación funcional conforme avanza la edad, porque es una sustancia precursora de hormonas esteroidales, tanto de andrógenos como de estrógenos, con un importante efecto anabólico. Por otra parte, el sistema nervioso también ha sido considerado la clave del envejecimiento, al constatar que el estrés reduce significativamente la longevidad.

La evidencia acumulada respecto al incremento de autoanticuerpos, al aumento en la frecuencia de cáncer y la propensión a enfermedades respiratorias, conforme avanza la edad, así como el descubrimiento de la etiología inmunológica de enfermedades como la artritis han apoyado el planteamiento de que las alteraciones del sistema inmunológico serían el origen de los cambios asociados con el envejecimiento (Macfarlane, 1982).

Cabe señalar que el avance en las explicaciones tentativas de la causa del envejecimiento ha sido paralelo al avance en el conocimiento de las funciones orgánicas, de manera que conforme se dilucidan procesos integradores de la fisiología, resultan candidatos muy sugestivos para entender el prejuiciado deterioro del envejecimiento.

Teorías bioquímicas

En este grupo se integran aquellas teorías cuya base argumental para explicar el envejecimiento se encuentra en alteraciones en la composición orgánica.

Uno de los primeros planteamientos de este tipo fue el de Leslie Orgel, quien en la década de 1960 propuso la teoría de la acumulación de errores (Orgel, 1963) como causa del envejecimiento y la muerte. Su planteamiento es un enfoque estadístico para la acumulación de errores por azar. Los errores metabólicos, en la síntesis del propio ADN o de proteínas, pueden ser divergentes y afectar diversos procesos, por lo cual no se apreciarían en el conjunto orgánico, pero también pueden converger y afectar órganos en lo particular, además de causar las diversas patologías del envejecimiento.

Desde esa época se ha sumado gran cantidad de evidencias acerca de alteraciones en la elasticidad de un material constructivo fundamental para los tejidos: la colágena. La pérdida de elasticidad de la piel, de los tendones, de la musculatura o de los pulmones fue un tema común de las investigaciones de la década de 1970 y paralelamente se acumularon pruebas de las causas de esta pérdida de elasticidad característica del envejecimiento. La causa es la formación de enlaces transversos constituidos a lo largo de estas moléculas, de manera que reducen poco a poco sus propiedades elásticas. Dichos enlaces transversos son producidos por la unión de moléculas de glucosa (glicosilación) o por la acción de radicales libres.

Los radicales libres son especies químicas sumamente reactivas, como el singlete de oxígeno (O) y el radical hidroxilo (HO), que se integran normalmente con la respiración, en el rompimiento de la molécula de oxígeno, por la unión de pares de hidrógeno que da lugar a la formación de agua como resultado de la combustión de la glucosa, de manera que existe una continua formación de estos reactivos inestables en todas las células del cuerpo. Pero los radicales libres se producen constantemente también por radiaciones, como la luz ultravioleta o por la combustión de un cigarrillo, de modo que todas las estructuras orgánicas son agredidas por procesos oxidativos.

Lo anterior ha dado lugar a la teoría del envejecimiento por radicales libres, la cual ha sido una clave muy sugestiva para explicar los procesos del envejecimiento, atribuyendo a los radicales todo tipo de disfunciones orgánicas. En efecto, los radicales libres afectan tanto a lípidos como a proteínas, carbohidratos y al ADN. Incluso puede reseñarse el proceso de la evolución de las especies respecto a sus posibilidades para contrarrestar los efectos de estas especies químicas altamente reactivas y se ha comprobado que existe una correlación entre la capacidad para reparar daños al ADN, con la longevidad máxima de especies de mamíferos (Andrew, Lee, Regan, 1980; Kapahi, Boulton, Kirkwood, 1999). Sin embargo, no ha habido un cambio impactante en la longevidad de animales alimentados con antioxidantes, ya sean naturales o artificiales.

Recientemente se ha retomado la línea de investigación respecto a las alteraciones de compuestos orgánicos conforme avanza la edad, lo cual entra en el campo de las teorías bioquímicas. Las alteraciones espontáneas o inducidas por el ataque oxidativo, en la configuración del ácido aspártico, intervienen en la actividad de reparación del ADN (Hipkiss, 2001).

Teorías genéticas

Entre las teorías genéticas del envejecimiento se integran aquellas propuestas que consideran que el envejecimiento deriva de efectos o alteraciones del material genético. De manera semejante a como fue sugestiva la idea de una hormona que desencadenara el envejecimiento, se estimó factible la existencia de un gen de la muerte, causante de los efectos letales del envejecimiento. Este enfoque ha encontrado su explicación en el fenómeno de muerte celular programada que denominamos *apoptosis*.

La teoría celular del envejecimiento plantea que éste se halla en función de la capacidad de proliferación celular. Los trabajos llevados a cabo en cultivos de tejido por Alexis Carrel a principios del siglo XX lo llevaron a concluir que las células aisladas del cuerpo eran potencialmente inmortales, pues, a pesar de los sucesivos cambios de cultivo, continuaban reproduciéndose indefinidamente durante años. Por muchos años se creyó que el costo de la diferenciación celular de los animales más evolucionados había sido la pérdida de la inmortalidad. Leonard Hayflick (1980) retomó dichos experimentos pioneros de cultivo de tejidos para identificar la transformación en cáncer de ciertas líneas celulares y establecer que las células que mantienen su identidad poseen un número limitado de duplicaciones, aproximadamente 60, para el caso de fibroblastos (células formadoras de piel), a partir de su desarrollo embrionario; este fenómeno se conoce como *límite Hayflick*. Dicho investigador también estableció que el factor limitante de estas duplicaciones se encontraba en el núcleo celular, gracias al trasplante de núcleos viejos en células jóvenes y viceversa, con el resultado de que en ambos casos las células continuaros duplicándose de acuerdo con la edad de los núcleos trasplantados.

El misterio de este aparente reloj celular fue resuelto por la evidencia de que ciertas estructuras de ADN, particularmente ricas en guanina, situadas a los extremos de los cromosomas y denominadas telomeros, se acortan conforme son replicadas las células (Harley, Futcher, Greider, 1990). Poco después se han formado mutantes que producen una enzima que puede resintetizar estos telomeros, de manera que los fibroblastos se dividen indefinidamente. Sin embargo, ciertas líneas celulares de roedores no continúan duplicándose a pesar de contar con largos telomeros (Campisi, 2001).

Este breve bosquejo de la gran variedad de propuestas para explicar el envejecimiento causa incertidumbre, por lo cual debemos reflexionar acerca de la naturaleza del propio pensamiento científico, es decir, adoptar un enfoque epistemológico con el cual comprender la elaboración de las ideas propias científicas, a fin de contar con un criterio que permita discernir las implicaciones trascendentales de cada planteamiento.

El estudio de un fenómeno implica primero su descripción, a partir de la cual se forme un concepto; el mérito del pensamiento científico radica en su intento porque tal concepto sea coherente con aquellas implicaciones que derivan de él, gracias a lo cual es posible estructurar el pensamiento. Además, para que el conocimiento científico sea tangible, se procura que todos sus elementos estén fundamentados objetivamente por la experimentación. Este ambicioso propósito ha sido logrado con un extraordinario esfuerzo, que ha signado la historia del pensamiento humano.

Un ejemplo ilustrativo del proceso de la evolución de las ideas científicas es el lento proceso de interpretación de un fenómeno tan conocido como el calor. El concepto del calor como un elemento procede de una antiquísima tradición que data del antiguo Egipto, sorprendentemente conservada hasta el siglo XVIII, incluso por el eminente químico francés Antoine Lavoisier.

Desde luego, el primer reto en la comprensión de la naturaleza del calor fue definir el concepto de elemento químico, el cual requiere una caracterización por sus constantes físicas. La imposibilidad de realizar tales mediciones pudo establecerse tras gran cantidad de experiencias, lo cual permitió desarrollar el concepto de energía que, en el caso del calor, se traduce como vibración molecular, algo completamente insospechado para aquellos que habían tratado de comprender el fenómeno.

Para entender un proceso complejo como el envejecimiento, primero es necesario interpretar la dimensión biológica de los fenómenos, la cual no equivale a la suma de factores físicos y químicos. A partir de dicha interpretación, habrá que entender el fenómeno vital y, como una parte de él, tendría que plantearse la concepción del envejecimiento, para después pretender explicarlo. Desde luego, el avance del pensamiento científico no es lineal, en una ordenada sucesión de etapas, sino dialéctico y ahí radica la dificultad del proceso interpretativo.

Sin embargo, en el ámbito de la investigación científica, intuitivamente prevalece la concepción del envejecimiento como un proceso de desgaste, acumulación de desechos, daños, alteraciones nocivas, aberraciones o errores orgánicos, la cual resulta insuperable desde un enfoque propiamente físico o incluso bioquímico del problema. En apariencia, todo es susceptible de error, por simples probabilidades.

La preeminencia que se concede al error, como presunta consecuencia lógica de procesos complejos, mantiene una correspondencia directa con la concepción del envejecimiento como deterioro de la maquinaria corporal, implícita en muchas teorías. A pesar de ello, el concepto de error no tiene una connotación directa con el mundo orgánico, ya que tal concepto es impropio de los fenómenos biológicos, cuyo contexto es la evolución, o sea, la adaptación, cuyos frutos son una prodigiosa variedad de funciones, con sus estructuras respectivas, cuya complejidad no tiene límite conocido.

Desde otra perspectiva, la presencia de errores en los procesos biológicos es incompatible con, por ejemplo, la infinita reproducción de los gametos de innumerables especies, las cuales se han gestado a lo largo de unos 3 500 millones de años, en que se estima la más remota evidencia de fenómenos vitales en el planeta. Cualquier diminuto porcentaje de error acumulado en semejante proceso de transmisión de información bastaría para explicar la extinción de la vida. En efecto, se han descubierto procesos de corrección de errores, pero esto, lejos de confirmar la perspectiva estadística de la persistencia del error en el mundo biológico, hace evidente la necesidad de considerar la dimensión biológica de los fenómenos, pues aludir a su vez al error, en dichos procesos, como explicación del envejecimiento, simplemente anula la viabilidad de las especies. Por tanto, es pertinente adentrarnos en el desarrollo del pensamiento científico en torno a los fenómenos biológicos, para forjar un criterio en la evaluación de las numerosas propuestas de explicación del envejecimiento.

Primero es importante destacar la enorme influencia de la física en la biología, la cual vemos reflejada con claridad en la historia reciente de la medicina, así como en los inicios de la biología molecular y en los primeros avances en neurofisiología, como se describe a continuación:

Andrés Vesalio (1514-1564), con su obra clásica *De Humani Corporis Fabrica*, realizó una magnífica descripción anatómica del cuerpo humano, que se atiene a la forma de las estructuras corporales, es decir, logra una excelente descripción física del cuerpo.

Luigi Galvanni (1737-1798) descubrió un fenómeno inusitado de retracción de las extremidades de una rana, al tocar con un instrumento de cobre la inervación del músculo gastrocnemio, por lo cual supuso la existencia de la electricidad animal. A su vez, Alessandro Volta (1745-1827) explicó el efecto de retracción refleja de las extremidades de la rana como consecuencia de las diferencias de electronegatividad entre el hierro del gancho del que colgaba el animal y el cobre del instrumento de disección utilizado por Galvanni. De este modo, la discusión de los fenómenos biológicos giraba en torno de aspectos físicos.

Antón Mesner (1734-1815) acuñó el término *magnetismo animal* para explicar los estados patológicos como resultado de alteraciones en este singular fluido. Ahora sabemos que su demostración de la existencia de dicho magnetismo era la inducción del reflejo de inmovilidad, el cual provocaba en conejos y gallinas para asombro del público.

A principios del siglo XX, Sherrington descubrió que los estímulos responsables de los reflejos de rascado en perros dependían de fibras nerviosas específicas. De manera que, a pesar de haber desaparecido la idea de la electricidad animal en el mundo académico, se sumaba ahora la descripción de un "cableado" corporal.

Hacia 1950, Edwin Schöringer, doctor en física, escribió su libro *¿Qué es la vida?*, en el cual refiere como clave el cristal aperiódico del ADN, dado que los impresionantes efectos mutagénicos de los rayos X en *Drosophila melanogaster* sólo podían explicarse por alteraciones en una entidad molecular persistente en todas las células. De manera que su respuesta correspondió más bien a dónde está la vida, lo cual concuerda con su vocación a la física.

Para 1952, la descripción geométrica del ADN por Watson y Crick, los flujos iónicos del potencial de acción descritos por Hodgkin, los servomecanismos de Norman Weinner y Arturo Rossenbleuth, así como los trabajos de Pavlov acerca de los reflejos condicionados son aportaciones a la comprensión del mundo biológico, fundamentadas en una perspectiva física de los fenómenos biológicos.

En conclusión, los avances más significativos en la interpretación de los fenómenos vitales han partido de las contribuciones de la física a la biología, lo cual ha resultado en un léxico de mecanismos de respuesta, mecanismos de regulación, mecanismos de acción farmacológica, relojes biológicos, marcapasos y reflejos, de manera que el desgaste de la maquinaria corporal ha sido convincente para plasmarlo en el concepto de envejecimiento. Por tanto, es comprensible que gran parte de la investigación del envejecimiento se haya dedicado a establecer las causas del desgaste, deterioro o error orgánico, en vez de ubicar el fenómeno en el mundo biológico.

Otra consecuencia importante de la visión física de los fenómenos biológicos redunda en el hecho de considerar que el envejecimiento es la parte "sobrante" o "final" de la vida. Esta otra faceta del enfoque físico de los procesos vitales conduce a una visión decadente del envejecimiento, de la cual derivan actitudes de resignación y conmiseración hacia la vejez. La inactividad física e intelectual, la constante preocupación por realizar únicamente el mínimo esfuerzo, como el recurso para preservar "lo que nos queda de vida", corresponde asimismo a la concepción de la vejez como decrepitud, todo lo cual resulta lacerante.

Es interesante recapacitar que, en la cotidianeidad, nos referimos a la vida como a un objeto; pero la vida no es un rasgo o propiedad distintiva de los seres vivos, ni es adecuado asumir que la vida está "dentro" de nosotros. A este enfoque inadecuado hay que agregar otra equivocación implícita en nuestra manera de apreciar la vida, por estimarla una posesión, lo cual hacemos constantemente.

Si tuviéramos la vida como un objeto tiene densidad, color o brillo; si tuviéramos vida como un recipiente contiene a un líquido, o poseyéramos la vida como tenemos monedas en el bolsillo, podríamos permanecer aislados y continuar viviendo, pero evidentemente no es así, porque la vida no reside en nuestro cuerpo, como en un depósito, ya que es indispensable una constante interacción con el ambiente. Por tanto, en sentido estricto, es inexacto decir que estamos vivos, pues de esta forma nos referimos a la vida como a un objeto que está arriba o abajo, frío o caliente, etcétera. Lo correcto es admitir que somos partícipes del fenómeno vital que se desarrolla en la biosfera, porque los alimentos, el agua y el aire que intercambiamos de modo continuo con el ambiente no son nuestros, sino que los compartimos con el resto de los organismos del planeta, en una estrecha fusión con el resto de los fenómenos químicos y físicos, debido, por ejemplo, a la gravedad y la energía solar.

Significado del enfoque biológico del envejecimiento

Para recuperar el enfoque biológico en la concepción del envejecimiento, es necesario replantear la comprensión del fenómeno vital, que podemos caracterizar con el análisis de cinco factores esenciales: materia orgánica, energía metabólica, información biológica, organización sistémica y dimensión ecológica. En este sentido, cabe señalar lo siguiente:

1. La materia orgánica se estructura de tal manera que es susceptible de participar en el metabolismo, es decir, participa en un amplísimo conjunto de reacciones de desensamble denominadas *catabólicas y de ensamble*, que constituyen el anabolismo, gracias a lo cual se logra el recambio continuo de las moléculas que forma a cada ser vivo. Que la materia orgánica se estructure básicamente por cadenas de carbono hace posible este recambio vertiginoso que explica la necesidad de consumir unas 12 toneladas de alimentos, a lo largo de unos 70 años de vida de un ser humano.

2. En términos generales, la energía metabólica la obtenemos de los procesos catabólicos, los cuales en última instancia consisten en la ruptura de enlaces de compuestos orgánicos, que dan la energía necesaria al organismo para generar otros enlaces, con los que forma sus propios compuestos. Para una proteína, este proceso consiste en romper los enlaces que unen a los aminoácidos que la componen, lo cual permite obtener energía que a su vez será empleada para unir otros aminoácidos, pero en el orden conveniente para nuestras funciones orgánicas, de acuerdo con nuestra información genética. Dicho en sentido figurado, digerir una proteína es como separar los ladrillos de una pared, para después

unirlos a fin de hacer una pared a nuestra medida, lo cual equivale a asimilar nutrientes. Este constante proceso de recambio, que se lleva a cabo con todos los componentes del organismo, se ha denominado *autopoiesis*, lo cual no hace ninguna máquina (sin mencionar el proceso de reproducción) y esta reconstitución orgánica impide hablar de un verdadero desgaste, pues todos los materiales son recambiados en el organismo.

3. Aparte de la composición orgánica y la energía metabólica propia de los seres vivos, hemos de considerar una dimensión distinta que es la información biológica. La información biológica puede ser considerada un orden que obedece a un código, como el del orden de la secuencia de los nucleótidos (unidades estructurales) del ADN, cuyo código se cifra en secuencias de tres nucleótidos para corresponder a un aminoácido, con lo cual es especificada la composición de las distintas proteínas. La configuración de las moléculas hormonales (mensajeros bioquímicos) y la ritmicidad de los pulsos nerviosos son otros casos importantes de información biológica, que, en lugar de confinarse a circuitos eléctricos o electrónicos de una máquina, están abiertos al ambiente.

4. Otra propiedad singular de los seres vivos reside en constituir sistemas abiertos, es decir, entidades estructuradas con la capacidad de regulación de sus variables y con un activo intercambio con el entorno. Muchos de los objetos que nos rodean pueden ser parte de algún sistema de regulación, dadas las funciones que les asignamos, pero ninguno de estos objetos constituye algo semejante a un sistema biológico. Los sistemas biológicos manifiestan propiedades fundamentales como el de totalidad, que implica repercutir la modificación de un elemento en el resto del sistema; el de sinergia, el cual indica que el sistema tiene propiedades con mayores alcances que la simple suma de las propiedades de sus partes, y la regulación o finalidad, gracias a la cual optimiza sus recursos para lograr determinados fines.

5. Hasta hace unas décadas, un organismo era considerado un objeto coleccionable, una obra única de la naturaleza que para contemplarla se requería una simple jaula. Costó décadas reconocer que los animales martirizados por el cautiverio, en las jaulas de un zoológico, rara vez se reproducían, sino que tendían a la obesidad y franca depresión que abreviaba sus días, de manera que regular-

mente había que suplirlos con nuevas víctimas. Con el desarrollo de la ecología se establecieron los conceptos de hábitat y nicho ecológico, que explican la importancia de las condiciones naturales del medio al que corresponde cada especie, así como su interacción con otras especies. Un ser viviente no es un aparato o servomecanismo con funciones preestablecidas; su propia relación con el medio lo moldea, aprende y modifica su aprendizaje dinámicamente, así como sus características morfológicas cambian de acuerdo con las condiciones ambientales y por medio de la herencia.

Por todo lo anterior, podemos decir que un ser vivo implica un incesante intercambio de materia, energía e información, como un proceso regulado por sistemas orgánicos integrados, en apego a su interacción con el ambiente, mediante la evolución. Baste con ello tanto para percatarnos de la enorme importancia de comprender la dimensión biológica de los fenómenos orgánicos o vitales, como para entender el envejecimiento.

Evidencias a favor del enfoque biológico del envejecimiento

Hacia 1939, MacCay y sus colaboradores publicaron varios artículos respecto a lo que a partir de ese tiempo se conoce como restricciones dietéticas. Uno de esos trabajos, ya clásico de nutrición, consistió en proporcionar a un grupo de ratas albinas 60% del consumo promedio *ad libitum* (con libertad de acceso), de una dieta balanceada que se proporcionó a un grupo control. Cada 300 días aproximadamente se seleccionaron al azar animales con restricción dietética para formar subgrupos de animales que en ese momento iniciaban la dieta *ad libitum*.

Los resultados fueron sorprendentes, porque el promedio de vida de los animales bajo restricción dietética consistentemente fue mayor que el del grupo control, llegando a ser 40% mayor para aquellos que se mantuvieron bajo restricción dietética toda su vida (McCay, Maynard, Sperling, Barnes, 1939). Desde entonces, los efectos de las restricciones dietéticas en la longevidad no han dejado de ser investigadas y constituyen una sobresaliente línea de investigación.

El estudio patológico de un numeroso grupo de ratas de cepa uniforme ha revelado que las lesiones renales que fueron causa de la muerte de 60% de los animales alimentados *ad libitum* aparecieron tardíamente y no fueron tan graves para los animales sometidos a restricción dietética, los cuales sobrevivieron 45% más tanto en su longevidad promedio como en su logevidad máxima (Yu, Masoro, Murata, Bertrand, Lynd, 1982).

Contrariamente a lo que podríamos considerar una condena a la desnutrición (por la intuitiva comparación con la cantidad de combustible que requiere una máquina), los animales bajo restricción dietética se mantienen en perfecto estado de nutrición, pues la dieta que consumen es cualitativamente completa, con los aminoácidos esenciales, vitaminas y minerales necesarios para su metabolismo, pero cuantitativamente son reducidas respecto al consumo ad libitum. Los organismos se adaptan a estas dietas, también llamadas *hipocalóricas*, y reducen su peso y su talla.

A lo largo de décadas de investigación ha sido establecida una amplia gama de efectos benéficos que proporcionan las dietas restringidas, entre los que cabe mencionar que modulan el tiempo de maduración y aumentan el período fértil (Merry, Holehan, 1981); mantienen la coordinación motriz durante más tiempo mediante una adecuada secreción de dopamina y mantenimiento de receptores dopaminérgicos (Levin, Janda, Joseph, Ingram, 1981); disminuyen la frecuencia de cánceres benignos y malignos (Weindruch, Walford, 1982); mantienen la respuesta inmune por la capacidad de proliferación de linfocitos (Weindruch, Kristie, Naeim, Mullenb, Walford, 1982); disminuyen el índice de poliploidía hepática, interpretado como agotamiento de su reserva funcional (Enesco, Samborsky, 1983); mantienen la eficiencia de la enzima superóxido dismutasa, que contrarresta la agresión de los radicales libres, disminuyendo la acumulación de lipofucina (Enesco, Kruk, 1981), y protegen contra los enlaces transversos formados por glucosa (glicosilación), disminuyendo también el riesgo de diabetes (Roth, Ingram, Black, Lane, 2000).

Por lo anterior, entre otras muchas ventajas, en la actualidad seguimos considerando que las restricciones dietéticas son el mejor método para aumentar la longevidad. Por otra parte, hemos descubierto que los ratones modulan su longevidad en función de la ingestión de calorías, de manera que, para los ratones alimentados *ad libitum* con dietas que variaban hasta en cinco veces en contenido calórico, el consumo de calorías por gramo de peso a lo largo de su vida se mantuvo prácticamente constante en 100 +/- 10 cal/gr. Es decir, aquellos animales que tuvieron mayor consumo aumentaron más de peso y murieron más rápidamente a diferencia de los que comieron menos, disminuyeron de peso y vivieron más, de modo que su consumo calórico por gramo de peso corporal, respecto a los días de vida que les correspondieron, fue compensado (Ross, 1966).

Si ahora tomamos en cuenta que el efecto de aumento de la longevidad por restricciones dietéticas es a escala zoológica, desde rotíferos hasta primates (Comfort, 1963; Fanestil, 1965; Rudzinska, 1962; Wilson, 1965; Yu, 1982), se revela el significado ecológico de la longevidad, porque la adaptación de la longevidad de las especies respecto a la disponibilidad de alimentos da gran estabilidad a las cadenas tróficas en los ecosistemas. De lo contrario, si la disminución de alimentos significara desnutrición y muerte, las fluctuaciones del número de individuos de una especie repercutirían en sus depredadores, y así sucesivamente.

Aparte de los efectos de las restricciones dietéticas, debemos tomar en cuenta otras evidencias a favor del enfoque biológico con que debemos estudiar el envejecimiento, para superar la visión mecanicista de éste.

El trasplante sucesivo de médula ósea en ratones de edad avanzada hacia ratones jóvenes mostró proliferación y función normal durante 84 meses, es decir, por casi tres veces la longevidad de sus donadores originales (Harrison, 1975).

La progeria, que es un fenómeno de envejecimiento acelerado de origen genético, no puede ser explicada por el efecto de los radicales libres u otro tipo de daños o errores, ni el propio cáncer, como una sucesión ilimitada de proliferación celular que no envejece; el fenómeno de la apoptosis o muerte celular programada tampoco corresponde a una concepción decadente del envejecimiento como desgaste y es un proceso ampliamente utilizado en la naturaleza, pues se requiere en la propia morfogénesis de las manos en estado embrionario, en el recambio de glóbulos rojos, así como en la muerte del peciolo del que penden los frutos, lo cual permite liberarlos cuando están maduros.

La investigación genética del envejecimiento ha fructificado al descubrir genes que efectivamente regulan la longevidad. Estas primeras evidencias han sido encontradas en organismos modelo para el estudio del envejecimiento, dada la brevedad relativa de su ciclo vital, así como su potencial reproductivo y condiciones sencillas de mantenimiento, todo lo cual contribuye a realizar gran número de experimentos en relativamente poco tiempo. El caso de un diminuto nematodo atrajo la atención mundial por haberse desarrollado una cepa que duplicaba su longevidad, logro que fue resultado de más de 30 años de investigación (Gershon, Gershon D., 2002).

Paralelamente se han realizado estudios semejantes en la mosca de la fruta, *Drosophila melanogaster*, lo cual permitió encontrar el gen Indy, cuyo curioso significado es: I'm not dead yet, y el gen mth por el nombre de *Methuselah* (Lin, 1998; Pennisi, 2000; Rogina, 2000).

El vertiginoso avance de la secuenciación de ADN del genoma humano ha cambiado la perspectiva de la investigación genética y ha puesto en claro que muchos tipos de genes pueden favorecer significativamente la longevidad (Vijg, Van Orsow, 2002). La investigación gerontológica actual ha sido tan dinámica que hoy día podemos apreciar que la longevidad de un organismo depende de la participación de una amplia gama de genes, muchos de los cuales intervienen en el ritmo metabólico (Rose, Mueller, Long, 2002), de manera que el espectacular aumento de la longevidad por restricciones dietéticas pudiera ser explicado por una adecuación para mantener el recambio de proteínas del organismo, contrarrestando así su daño oxidativo. Estamos en los albores del desarrollo de productos farmacológicos y procedimientos de ingeniería genética que tendrán un efecto revolucionario en la prevención y terapia de las enfermedades, promovidos por grandes intereses comerciales.

Controversia en la concepción del envejecimiento

El envejecimiento ha sido considerado un fenómeno artificial, es decir, un fenómeno que ocurre fuera de la naturaleza, en tanto que se asume como una etapa difícil de alcanzar por la presión de los elementos y la competencia con las demás especies.

Dicho enfoque, arraigado profundamente en la premisa de supervivencia de las especies, ha sido expresado con claridad por Medawar (1952). De acuerdo con este investigador, la supervivencia de un individuo, después de su período reproductivo y del cuidado que requieran de su parte las crías, no tiene significado evolutivo; en otras palabras, al garantizar la supervivencia de la especie, lo que suceda después no será relevante para su especie, sino simplemente resulta innecesario.

Un destacado ejemplo de este principio es el del salmón, que, remontando vigorosamente la corriente, retorna al agua dulce que lo vio nacer, para desovar, envejecer con rapidez y morir. Este impresionante proceso es común a varias especies de moluscos y peces.

Desde ese punto de vista, el envejecimiento de las especies sólo puede observarse en el cautiverio de los zoológicos y en el ser humano, conforme procura mantenerse al margen de las agresiones de los elementos, la depredación, las infecciones, etcétera. Por tanto, el envejecimiento sería un fenómeno artificial, incluso antropocéntrico, como los intentos de explicarlo por las funciones de una glándula o un núcleo hipotalámico.

Sin embargo, la supervivencia de un individuo, después de garantizar la supervivencia de su descendencia, influye en la supervivencia de su especie, por el efecto que su demanda de alimentación, así como su eventual aporte de alimento a sus depredadores, ejerce en la estabilidad de su ecosistema. Si bien en muchos casos han sido seleccionados individuos que mueren poco después de la reproducción y ello ha redundado en la optimización de los alimentos que mantienen a su especie (recursos tróficos), en su ecosistema, en otros casos, como con las aves longevas (paseriformes), las tortugas de las galápagos y el ser humano, esta estrategia evolutiva habría reducido sus oportunidades de adaptación al ambiente.

En ese orden de ideas, debemos concebir el envejecimiento como un fenómeno biológico, que representa las últimas etapas de desarrollo del ciclo vital, lo cual significa las últimas etapas de la expresión genética. Envejecemos desde el momento de la fertilización que nos dio origen, pues a partir de ese momento comenzó a expresarse nuestro contenido genético, en correspondencia con su interacción con el ambiente, lo cual se demuestra, entre otras evidencias, por el hecho de que la longevidad se modifica mediante restricciones dietéticas.

Envejecimiento humano

Convencionalmente se ha considerado que el inicio del envejecimiento es el principio de la decadencia funcional, pero no existe una edad dorada del ser humano en que todas sus funciones se realicen al 100% (baste mencionar el desarrollo gonadal y la involución del timo alrededor de los 18 años de edad). Por una parte, es equivocado hablar de 100% de funcionalidad, pues nuestras aproximaciones a la descripción fisiológica son estadísticas, a pesar de que cada sujeto tiene importantes diferencias corporales; difícilmente podremos hablar de que un individuo específico disminuirá en tal o cual porcentaje cierta función a determinada edad.

Por otra parte, el significado de las funciones orgánicas no puede ser representado por un número, ya que su importancia biológica no depende de cantidades específicas o porcentajes por cubrir obligatoriamente.

Además, las funciones de cada etapa de la vida cambian; no son exactamente equivalentes a las de otros estados de desarrollo.

Esas reflexiones ponen nuevamente de manifiesto la intuitiva y perjudicial metáfora del cuerpo como una máquina, lo cual dista mucho de la realidad.

A continuación describiremos en términos generales algunos de los principales cambios fisiológicos que ocurren a avanzada edad.

Aparato digestivo

La luz del tracto digestivo es exterior del cuerpo, de manera que, en sentido estricto, no es correcto designar como sistémicas las funciones digestivas. El proceso digestivo empieza desde la percepción visual y olfativa que preparan la salivación e incluso anticipan las secreciones gástricas y de insulina, previniendo la digestión de los alimentos y el rápido ascenso de la glucemia.

A edad avanzada disminuye esa percepción anticipatoria, como lo describiremos al referirnos a los órganos de los sentidos, pero también la masticación se ve afectada frecuentemente por la pérdida de piezas dentales, la cual puede retrasarse de modo considerable mediante especiales cuidados de higiene bucal, con asistencia odontológica regular. La salivación disminuye de tal manera que a menudo apreciamos sequedad de la boca o xerostomia, por lo cual debemos consumir a lo largo del día el agua de un recipiente con unos litros de capacidad, como referencia segura del consumo adecuado de líquido.

El peristaltismo esofágico o contracción sincronizada de anillos musculares que favorecen la conducción de los alimentos hacia el estómago tiende a modificarse con la edad, sin constituir necesariamente una patología; a su vez, la regurgitación de alimentos y el riesgo de paso de líquido a la glotis suceden con una frecuencia similar a la de adultos (Geokas, 1985, pp. 178-179).

La cavidad gástrica presenta una disminución de glándulas, de manera que a edad avanzada hay una escasez o incluso ausencia de formación de ácido clorhídrico (aclorhidria), necesario para activar la acción de las enzimas digestivas (Ham y Sloan, 1995, p. 31). La musculatura del estómago se adelgaza y sus contracciones son menos frecuentes e intensas, cambios que implican mayor tiempo de proceso digestivo, pero no desnutrición por ineficiencia digestiva.

Las vellosidades intestinales presentan una atrofia moderada, sin implicar problemas de mala absorción (Ham y otros, 1995, p. 31). El peristaltismo intestinal disminuye en general, de modo que es recomendable el consumo de fibras propias de legumbres y vegetales en general, así como el ejercicio.

Sistema circulatorio

La extensa red de vasos sanguíneos tiende a presentar depósitos de calcio y ateromas (acumulación de cristales de ácidos grasos y colesterol) que los endurecen, contribuyendo así a la hipertensión propia de la arteriosclerosis, pero estas alteraciones patológicas son propias no del proceso del envejecimiento, sino de costumbres dietéticas y del consumo de tabaco y alcohol. Si la principal causa de muerte son los infartos, asociados con la arteriosclerosis de las coronarias, esto no se debe al envejecimiento normal, pues en países como Japón (con alto consumo de pescado y aceite poliinsaturado) es mucho menor la hipertensión y la frecuencia de infartos, aunque los factores de estrés de la vida moderna aún afectan el trabajo cardiaco.

La vascularización tiende a ser más tortuosa y rígida, mientras que los capilares sanguíneos disminuyen de forma concomitante con la reducción de células en los tejidos (Nicola, 1985, p. 59). Como resultado del aumento de la resistencia a la circulación sanguínea, derivada del endurecimiento de los vasos sanguíneos, el músculo cardiaco debe realizar mayor esfuerzo para su conducción, de manera que apreciamos una hipertrofia del ventrículo izquierdo (Nicola, 1985, p. 63).

Tiende a reducirse la cantidad de sangre bombeada por minuto, pero esto se halla relacionado más directamente con el estilo de vida sedentario que con el envejecimiento. La frecuencia máxima del latido cardiaco tiende a disminuir, sin implicar problemas de oxigenación. Estas variaciones de las funciones cardiacas redundan en una reducción de la velocidad de circulación, de modo que se acentúa la tendencia a tener pies y manos frías (Nicola, 1985, p. 61), ya que la sangre conduce calor por convección del centro a la periferia. Por tanto, existe un riesgo relativo de hipotermia a edad avanzada.

En términos generales, la capacidad circulatoria para adaptarnos a las demandas de oxigenación está disminuida; por ejemplo, es característica la baja de presión cuando permanecemos de pie, pues esta postura requiere el esfuerzo cardiaco para lograr el retorno venoso; o el aumento del tiempo de recuperación del pulso de reposo después de subir escaleras. Pero estos cambios son ampliamente modulados por el acondicionamiento físico, como lo demuestran los atletas de más de 80 años de edad.

Sistema inmune

El sistema inmune realiza una amplia gama de funciones aparte de las que tradicionalmente han sido atribuidas para la llamada vigilancia inmunológica. En la actualidad sabemos que el sistema inmune está encargado de mantener tanto la integridad corporal combatiendo el cáncer como el recambio sanguíneo, pero también puede generar autoanticuerpos que producen enfermedades, como la artritis reumatoide, la anemia hemolítica y la esclerosis múltiple.

Como mencionamos en líneas anteriores, el timo involuciona hacia los 18 años de edad y disminuye drásticamente su producción de factores metabólicos encargados de la maduración de linfocitos T, que llevan a cabo la respuesta celular inmunológica.

La intrigante involución del timo a una edad temprana se cree relacionada con el incremento de autoanticuerpos a edad avanzada y la declinación de la respuesta inmune en general (Fudenberg; Stites; Caldwell; Wells, 1980, p. 371).

La capacidad de proliferación de las células troncales de la médula ósea, de las que derivan las células inmunitarias, parecen no ser afectadas por la edad; a pesar de ello, apreciamos cambios en el porcentaje de linfocitos T supresores de la cooperación celular, lo cual conlleva el descenso de la producción de anticuerpos y hace que el organismo sea más vulnerable a distintos tipos de cáncer, a enfermedades de las vías aéreas superiores y a la producción de autoanticuerpos (Fudenberg y cols., 1980, pp. 374-376).

Muy interesante es el hecho de la relación del sistema nervioso con el sistema inmune por medio de neurotrasmisores, lo cual ha dado lugar al estudio de la psiconeuroinmunología. Cuando una persona padece estados depresivos, estrés o tensiones emocionales, se encuentra propensa a contraer enfermedades, pues disminuye su capacidad de respuesta celular y humoral inmunológica (Goleman, 1995, p. 200). Éste es otro aspecto de la vulnerabilidad, pero también de las capacidades funcionales con las que podremos disponer a edad avanzada, si aprendemos a orientar nuestras emociones.

Dada la reserva funcional del sistema inmune, es conveniente reinmunizarnos a edad avanzada, a fin de mantener la memoria inmunológica, lo cual constituye una prueba más de que el envejecimiento no es un deterioro que simplemente se acumula con la edad.

Sistema nervioso

Un rasgo fundamental del cambio de este sistema con la edad, conocido ampliamente, es que desde el nacimiento experimentamos una constante perdida de neuronas. Dicho cambio aumenta en proporción conforme avanza la edad y genera una pérdida de alrededor de 20% del peso cerebral, hacia los 80 años de edad, que apreciamos incluso en un considerable aumento del volumen de sus cavidades (ventrículos).

Aparte de la muerte neuronal, ocurren marcadas alteraciones en la producción de neurotrans-misores, que son las sustancias encargadas de enviar la corriente electroquímica de neurona a neurona. También la sensibilidad a dichas sustancias disminuye con la edad, debido a la reducción de los receptores correspondientes.

Gracias a la tomografía por emisión de positrones, hemos descubierto que el consumo de oxígeno y el flujo sanguíneo cerebral decrecen con la edad, de manera diferencial en distintas áreas del cerebro, de forma constante desde temprana edad (Castañeda, 1994, pp. 168-171). Estos cambios en el sistema nervioso están relacionados con una marcada disminución de la capacidad de equilibrio de todo el sistema de sustentación, desde la percepción visual hasta receptores de la planta del pie y de las articulaciones, así como del procesamiento de la información del oído interno (laberinto) por parte del cerebelo. Por tanto, conforme avanza la edad, aumenta el riesgo de caídas.

El control psicomotriz es afectado por la reducción en la secreción de dopamina y de sus receptores, lo cual evita la modulación de los estímulos de coordinación motriz. Desde luego, esto es acentuado por un estilo de vida sedentario, ya que la reserva funcional para generar nuevos contactos electroquímicos entre las neuronas o sinapsis, con la cual es factible restablecer la comunicación neuronal perdida, no es promovida por la falta de actividad.

La secuencia de etapas para dormir o arquitectura del sueño es modificada, de modo que aumenta el período para conciliar el sueño y disminuye su tiempo total: de siete horas en el adulto normal a seis o cinco horas, que tienden a distribuirse a lo largo del día en tiempos cortos, con una drástica reducción de las etapas de sueño profundo. Además, aumentan los despertares nocturnos, a menudo asociados con episodios de falta de respiración o apnea, pero estas alteraciones —normalmente tolerables— se convierten en verdaderas molestias cuando son inducidas por depresión o estrés (Ham, Sloane, 1995, p. 432).

Por su parte, la llamada memoria a corto plazo, de varios minutos de duración, es afectada a avanzada edad y tiende a emerger la memoria a largo plazo, que resulta evidente en las amenas charlas de adultos mayores que narran hábilmente curiosos detalles de su juventud o de su infancia, pero pasan por alto el motivo del encuentro. De nuevo esta tendencia puede aumentar o disminuir de acuerdo con el estilo de vida; así, una vida cotidiana con pobreza de estimulación sensorial, de contacto interpersonal y trabajo intelectual reducirá las posibilidades de conservación de la memoria a corto plazo.

Cabe mencionar que, contrario a lo que pensamos comúnmente, la mayoría de las personas de la tercera edad permanecen con lucidez y competencia intelectual hasta su muerte.

Órganos de los sentidos

En relación estrecha con las alteraciones del sistema nervioso están los cambios en la percepción que ocurren con los órganos de los sentidos. La audición a frecuencias altas, de los sonidos agudos, disminuye más que la percepción de los sonidos graves (Walford, 1988, p. 54). Por ello, es necesario hablar más fuerte para ser escuchados por los adultos mayores, quienes enfrentan el problema de mala audición no sólo por el volumen, sino también por la alteración de la discriminación auditiva, implícita en la variación diferencial a distintas frecuencias. La expresión corporal, el lenguaje gestual y la lectura de labios son apoyos que con toda naturalidad asimilamos conforme avanza la edad, así como el entrenamiento en la concentración de la atención, siempre que mantengamos una sociabilidad sana.

La visión también se modifica considerablemente, al reducirse en gran medida la transparencia del cristalino, contrarrestando en particular la discriminación visual en la penumbra; además, disminuye la elasticidad de la musculatura que permite la acomodación visual, para enfocar objetos a corta distancia (presbicia). El uso de lentes resulta medida eficaz para este caso.

El olfato estrecha la capacidad para percibir aromas y de esta forma deja de apoyar la percepción gustativa, la que a su vez decrece marcadamente, debido a la marcada disminución de papilas. Una experiencia común consiste en escuchar la queja de personas de edad avanzada respecto al poco sabor de la comida, seguida por el mal hábito de servirnos una desmedida cantidad de sal sobre los alimentos.

En resumidas cuentas, aparentemente, con el transcurrir de los años, la percepción del mundo exterior cede el paso al mundo interior y a la espiritualidad, evocándonos recuerdos remotos que podemos replantear gracias a la experiencia. Es muy importante reconocer que no existe una edad dorada, una cúspide o un solo propósito insustituible en la vida, sino un proceso que vivimos cada día, porque de eso depende apreciar el profundo efecto de nuestros hábitos para mantener nuestra salud.

No deberíamos concebir el éxito como un trofeo que guardamos en una urna, pues esto tiende a anular todo lo vivido antes y después del triunfo, con la pretensión implícita de conservarnos como piezas de museo.

Bibliografía

Andrew, A. F., Lee W. H. y Regan, J. D. (1981), "The Relationship of DNA Excision Repair of Ultraviolet Induced Lesions to the Maximum Life Span of Mammals", *Mechanisms of Ageing and Developmet*, 16, 18-189.

Campisi, J. (2001), "From Cells to Organisms: Can we Learn About Aging from Cells in Culture?", *Experimental Gerontology*, 36, (4-6), 607-618.

Castañeda, M. (1994), *Envejecimiento: la última aventura*, México: Fondo de Cultura Económica.

Comfort, A. (1963), "Effect of Delayed and Resumed Growth on the Longevity of a Fish: Lebestis Reticulatus", *Peters, in captivity, Gerontology*, 8, 150-155.

De Nicola, P., *Geriatría* (Farjat, Q. Y. trad.), (1985), México: El Manual Moderno.

Fanestil, D. D. y Barrows, C. H. (1965), "Aging in rotifer", *Journal of Gerontology*, 20, 462-469.

Fudenberg, H. H., Stites, D. P., Caldwell, J. L. y Wells, J. V. (1980), *Inmunología clínica*, 2a. ed. (Soto, R. A. trad.), México: El Manual Moderno.

Geokas, M. C. (dir.) (1985), *Clinics in Geriatric Medicine*, vol. 1, West Washington Square, Filadelfia: W. B. Saunders Company.

Gershon, H. y Gershon, D. (2002), "Caenorhabditis Elegans A Paradigm for Aging Research: Adventages and Limitations", *Mechanisms of Ageing and Development*, 123, (4) 261-274.

Goleman, D. (1995), *La inteligencia emocional* (Mateo E. trad.), México: Javier Vergara.

Ham, R. J. y Sloane, P. D. (1995), *Atención primaria en geriatría*, 2a. ed. (Navascués, I. trad.), México: Mosby/Doyma Libros.

Harley, C. B., Futcher, A. B. y Greider, C. W. (1990), "Telomeres Shorten During Aging of Human Fibroblasts", *Nature*, 345 (6 274), 458-460.

Harrison, D. E. (1975), "Normal Function of Transplanted Marrow Cell Lines from Aged Mice", *Journal of Gerontoloy*, (30), 279.

Hayflick, L. (1980), "Biología celular del envejecimiento humano", *Investigación y ciencia*, 42, 24-32.

Hipkiss, A. R. (2001), "On the Struggle Between Chemistry and Biology During Aging –Implications for DNA Repair, Apoptosis and Proteolysis, and a Novel Route of Intervention", *Biogerontology*, 2, (3), 173-178.

Kapahi, P., Boulton, M. E. y Kirkwood, T. B. L. (1999), "Positive Correlation between Mammalian Life Span and Cellular Resistance to Stress", *Free Radical Biology and Medicine*, 26 (5 –6), 495-500.

Levin, P., Janda, J. K. Joseph, J. A. Ingram, D. K. (1981), "Dietary Restriction Retards the Age Associated Loss of Rat Striatal Dopaminergic Receptors", *Science*, 214, 561-562.

Lin, Y. J., Seroude, L. y Benzer, S. (1998), "Extended Life-Span and Stress Resistance in the Drosophila, Mutant Methuselah", *Science*, 282 (5 390), 943-946.

Macfarlane, B. F. (1982), *La entereza de vivir*, (Guerrero G. trad.), México: Fondo de Cultura Económica.

McCay, C. M., Maynard, L. A., Sperling, G. y Barnes, L. L. (1939), "Retarded Growth, Life Span Ultimate Body Size and Age Changes in the Albino Rat after Feeding Diets Restricted in Calories", *Journal of Nutrition*, 18, 1-13.

Medawar, P. B. (1952), "An Unsolved Problem in Biology", Londres: H. K. Lewis, reimpreso en The Uniqueness of the Individual, Nueva York, Dover.

Merry, B. J. y Holehan, A. M. (1981), "Serum Profiles of LH, Testosterone and 5 DHT from 20 to 1000 Days of Age in ad Libitum and Dietary Restricted Rats", Experimental Gerontology, 16, 441-444.

Orgel, L. E. (1963), "The Maintenance of the Accurancy of Protein Synthesis and its Relevance to Ageing", Proceedings of National Academy of Science, 49, 517-521.

Pennisi, E. (2000), "Old Flies may Hold Secrets of Aging", Science, 290 (5 499), 2 048.

Pierpaoli, W., Dall'Ara A., Pedrinis, E. y Regelson, W. (1991), "Pineal Control of Aging", Annals of New York Academy of Sciences, 621, 291-313.

Rogina, B., Reenan, R. A., Nilsen, S. P. y Helfand, S. L. (2000), "Extenden Life-Span Conferred by Cotransporter Gene Mutation in Drosophila", Science, 290, (5 499), 2 137-2 140.

Rose, M. R., Muller, L. D. y Long, A. D. (2002), "Pharmacology, Genomics, and the Evolutionary Biology of Ageing", Free Radical Research, 36, (12), 1 293-1 297.

Ross, M. H. (1966), "Life Expectancy Modification by Change in Dietary Regimen of the Mature Rat", Proceedings of Seventh International Congress of Nutrition, 5, 35-38.

Roth, G. S., Ingram D. K., Black, A. y Lane, M. A. (2000), "Effects of Reduced Energy Intake on the Biology of Aging: The Primate Model", European Journal of Clinical Nutrition, 54 [supl.], S15-S20.

Rudzinska, M. A. (1962), "The Use of a Protozoan for Studies on Aging: III. Similarities between Young Overfed and Old Normally Fed Tokophyra Infusionum", Gerontology, 6, 206-226.

Segall, P. E., (1979), "Interrelations of Dietary and Hormonal Effects in Aging", Mechanisms of Ageing and Development, 9, 515-525.

Sthreler, B. L. y Mildvan A. S., (1960), "General Theory of Mortality and Aging", Science, 132, p. 14.

Vijg, J. y Van-Orsow, N. (2002), "Searching for Genetic Determinants of Human Aging and Longevity: Opportunities and Challenges", Mechanisms of Ageing and Development, 123, (2-3), 195-205.

Walford, R. L. (1988), Macronutrición (Reyes, H. H., trad.), México: Selector.

Weindruch, R., Kristie, J. A., Naeim, F., Mullenb, G. y Walford, R. L., (1982), "Influence of Weaning-Initiate Dietary Restriction on Responses to T Cell Mitogens and on Splecnic T Cell Levels in a Long Lived F1 Hybrid Mouse Strain", Experimental Gerontology, 17, 49-64.

— y Walford, R. L. (1982), "Dietary Restriction in Mice Beginning at One Year of Age: Effect on Life-Span and Spontaneous Cancer Incidence", Science, 215, 1 415-1 418.

Wilson, H. R., Waldroup, P. W., Johnes J. P. y Duberre, D. J. (1965), "Protein Levels in Growing Diets and Reproductive Performance of Cockerels", Journal of Nutrition, 85, 29-37.

Wodinsky, J. (1977), "Hormonal Inhibition of Feeding and Death in Octopus: Control by Optic Gland Secretion", Science, 198, 948-951.

Yu, B. P., Masoro, E. J., Murata, I., Bertrand, H. A. y Lynd, F. T. (1982), "Life Span Study of SPF Male Rats Fed ad Libitum or Restricted Diets: Longevity, Growth, Lean Body Mass and Disease", Journal of Gerontology, 37, 130-141.

Cerebro, funcionamiento cognoscitivo y calidad de vida en la vejez

Óscar Diez Martínez
Universidad de las Américas, Puebla, México

Exposición de motivos: un caso real

—Mire, señora, lo que realmente importa es la calidad de vida de su padre.

Así inició el competente neurólogo su respuesta a la pregunta que acababa de hacerle mi esposa:

—Doctor, ¿hay algún examen que podríamos hacer a mi padre para saber por qué tuvo esas molestias hace unos días?

—Claro —continuó el especialista—, podríamos hacerle diversos tipos de estudios complejos. Éstos, sin duda, nos darían información acerca de la condición de su cerebro; sin embargo, no me parece que sea adecuado hacerlos en este momento. Si fuese conveniente en el futuro, le prometo que indicaríamos que se hicieran. Lo que a mí me revela con mayor certeza que su padre está bien es el hecho de que tiene una lucidez sorprendente para su edad; además, todavía trabaja con éxito como abogado y como profesor universitario. Es independiente económicamente y realiza todas sus actividades cotidianas de manera satisfactoria y por su cuenta. Claro que tiene algunos problemillas propios de su edad, por ejemplo las molestias que tuvo, que técnicamente se denominan *episodios de vértigo*, se deben a que, en forma transitoria, no le llegó suficiente sangre a una parte de su cerebro. Este problema es frecuente y muchas veces se inicia desde edades más tempranas. Es causado por cambios que ocurren en el interior de las arterias que llevan sangre hacia el cerebro. Estas modificaciones ocasionan cierto grado de obstrucción que hace que el flujo de sangre se reduzca gradualmente. Si en algún momento, por ejemplo, en ciertas posiciones de la cabeza, llega menos sangre de la necesaria a las áreas que tienen que ver con el control del equilibrio, entonces sobreviene el vértigo. Esto quiere decir que la persona siente que los objetos giran a su alrededor. A esta sensación anormal se agregan otras, como náuseas, vómitos, etc. Obviamente, la experiencia resulta muy desagradable e inquietante para cualquiera. Pienso que este problema no es grave y debe controlarse en un tiempo corto con ciertos medicamentos. Por ahora, sólo es necesario vigilar a su padre y en unos cuantos días estará realizando sus actividades como siempre.

Influido por la atención sostenida y absoluta que mostrábamos ante sus explicaciones, el médico continuó:

–Muchos de los pacientes que veo presentan pérdidas severas de sus capacidades aun siendo más jóvenes que su padre, que tiene 85 años de edad. Son comunes los problemas de conducta, las alteraciones de la memoria, los estados de confusión o desorientación, los trastornos del lenguaje, etc. En general, manifestaciones como ésas indican deterioros verdaderamente graves. Muchas veces es posible relacionar dichas dificultades con un daño innegable del sistema nervioso. En otros casos, hay alteraciones considerables y poca confirmación de que las manifestaciones son asociadas a lesiones evidentes. Probablemente, esto se debe a las limitaciones de las técnicas actuales; es decir, los métodos que usamos quizá no sean suficientemente sensibles para detectar pequeñas lesiones en sitios clave que, a pesar de ello, tienen repercusiones importantes en la salud. También es posible encontrar evidencias de daño notable o simplemente los estragos de la edad sin pérdidas aparentes de la funcionalidad. De manera que la cuestión de cuál es la relación entre las condiciones del funcionamiento cerebral y las capacidades intelectuales es compleja. Por eso, le repito, lo más importante para mí es el convencimiento de que la persona se halla bien porque sus capacidades están conservadas.

El relato anterior está basado en el caso real de mi suegro, quien recientemente tuvo el problema clínico descrito. Lo incluimos en este capítulo porque da un sentido práctico al aspecto de analizar la relación entre el funcionamiento normal del cerebro y la calidad de vida en los ancianos.

Objetivos y justificación

Este capítulo va dirigido a lectores que, como característica esencial, tengan interés en los aspectos biológicos del proceso de envejecimiento. La sección tiene como objetivos principales los siguientes:

a. Revisar algunos de los principales conceptos modernos de la biología del envejecimiento normal y patológico, en particular los relacionados con el sistema nervioso central.

b. Discutir la adaptación a la pérdida funcional normal observada en algunos ancianos, en términos de su capacidad para realizar las actividades de la vida diaria.

Dicho conocimiento ayudará a cualquier interesado a evaluar las pérdidas funcionales del sistema nervioso y a identificar su relación con problemas de comunicación, alteraciones del estado mental, episodios de confusión, amnesias, etcétera. Además, ofrecerá medios para detectar las situaciones en que las alteraciones observadas resultan de daño neurológico y no de los cambios propios del envejecimiento normal. Estas habilidades proveen a los especialistas (psicólogos, médicos, fisioterapeutas, trabajadoras sociales, etcétera) de elementos para evaluar las habilidades funcionales, necesidades especiales y capacidad para afrontar de los ancianos que busquen su ayuda. Finalmente, presentaremos las bases neuronales de algunas conductas que pueden ayudar al anciano a mantener o incrementar su calidad de vida.

Conceptos básicos acerca del envejecimiento normal

El estudio del envejecimiento normal en el humano puede tener muchas metas, pero, desde el punto de vista social, las más importantes son: *a*) desarrollar estrategias que prevengan o reduzcan al mínimo los estragos propios de la vejez, y *b*) diseñar mejores técnicas terapéuticas para las principales incapacidades geriátricas (Rowe, Wang y Elawi, 1990).

Las evidencias visibles del proceso de envejecimiento aparecen con un carácter lamentablemente inevitable aunque, por fortuna, su rapidez de avance puede ser muy variable (Rossman, p. 19, 1986); sin embargo, en la actualidad el envejecimiento es considerado un proceso normal no patológico (Butler y Lewis, 1977; Zarit, 1980). Esta actitud es preferible al miedo mórbido a la senectud todavía arraigado en la sociedad, en los propios individuos y aun en los profesionales encargados de atender a los ancianos.

Las manifestaciones fisiológicas del envejecimiento son resultado del deterioro gradual de la función de virtualmente todos los tejidos y sistemas del organismo y de la capacidad de los sistemas homeostáticos de control del cuerpo para responder a las tensiones medioambientales (Vander, pp. 155, 2001).

Es probable que la patología atribuida al envejecimiento haya sido resultado de la existencia de numerosas enfermedades no reconocidas y la acumulación de daño orgánico que no recibió tratamiento adecuado (Horvath y Davis, p. 306, 1990). Es difícil dilucidar hasta qué punto cualquier cambio particular en la función fisiológica relacionado con la edad es debido al envejecimiento en sí y hasta qué punto es secundario a enfermedades y cambios en el estilo de vida. Por ejemplo, hasta hace poco había la idea de que el funcionamiento del sistema nervioso se deterioraba notoriamente como resultado del envejecimiento en sí mismo, pero ese punto de vista es incorrecto (Vander, p. 155, 2001). Se basaba en estudios de la actuación de individuos que tenían enfermedades relacionadas con la edad. Los estudios de las personas sin tales enfermedades muestran cambios, incluso pérdida de la memoria, mayor dificultad para aprender tareas nuevas, disminución en la velocidad de procesamiento por parte del cerebro y pérdida de la masa cerebral; sin embargo, tales cambios son relativamente modestos. La mayoría de las funciones del cerebro consideradas base de la inteligencia parecen permanecer relativamente intactas.

¿Cambios cerebrales durante el envejecimiento o patología cerebral?

Mientras que los ancianos normales son capaces de ajustarse a los decrementos leves de la función, es importante distinguir las características normales de las manifestaciones de enfermedad neurológica. Esto trasciende porque dichas enfermedades son frecuentes en los ancianos y constituyen aproximadamente 50% de las incapacidades observadas después de los 65 años (Butler y Lewis, 1977; Zarit, 1980).

La mayoría de los ancianos sin patología cerebral (principalmente degenerativa de causa desconocida y/o vascular de causas conocidas) presenta decrementos mínimos en su funcionamiento neuropsicológico (Castañeda, p. 187, 1994). La experiencia subjetiva de disminución gradual de la capacidad de memoria en los ancianos ha sido atribuida a la pérdida de la integridad de ciertos circuitos neuronales. Las deficiencias clínicamente significativas son manifestadas cuando la suma de los efectos del deterioro neuronal, la disminución de la plasticidad, el daño neurológico previo y las consecuencias de alguna enfermedad específica rebasan un umbral dictado por las condiciones de cada situación particular. Esto es particularmente importante al evaluar el estado mental del anciano.

Hasta hace pocos años, las complejidades de la correspondencia entre la función nerviosa y la preservación de las capacidades intelectuales eran descritas en un intento por establecer una correlación entre la estructura del cerebro estudiada en sujetos ancianos después de la muerte (*posmortem*) con las capacidades o carencias que tenían cuando estaban vivos. Comúnmente estos estudios de cadáveres (autopsias) describían las áreas del cerebro que presentan ciertos tipos de alteraciones y, en algunos casos, también cuantificaban las pérdidas en términos de la disminución del número de células nerviosas en regiones particulares. Desde luego, dichos estudios fueron difíciles de hacer y hay entre éstos una variabilidad notable en los hallazgos. Probablemente las diferencias observadas entre los reportes de distintos investigadores son debidas a múltiples factores. Uno de éstos podría ser el siguiente: supongamos que los grupos de sujetos estudiados (series) sólo incluían ancianos normales, es decir, sin enfermedades neurológicas conocidas. Aun así, sobre todo a las edades avanzadas, uno esperaría que otro tipo de enfermedades que pudieran haber tenido provocaran ciertas modificaciones de la estructura y función cerebral. Por ejemplo, en el caso descrito al inicio de este artículo, los cambios arteriales tuvieron las repercusiones mencionadas sobre la capacidad para percibir correctamente la relación que tiene la persona con los objetos que la rodean. Es muy probable que una insuficiencia crónica del riego sanguíneo como la referida induciría a largo plazo perjuicios permanentes. De manera que distinguir entre los cambios cerebrales propios del envejecimiento y los ocasionados por enfermedades neurológicas o de otro tipo es muy complicado, si no imposible, sobre todo cuando, como se indicó, los estudios se hacen *posmortem*. Sin embargo, es un hecho que dichos estudios de autopsia revelan una disminución uniforme del peso del cerebro a partir de la adultez temprana.

Con base en lo dicho, una pregunta obvia es la siguiente: ¿no hay otros métodos para estudiar la correlación entre la estructura y función del sistema nervioso central y la preservación de las capacidades físicas e intelectuales en los ancianos? La respuesta es que sí los hay. Por sencillez, más adelante describiremos brevemente algunos métodos utilizados actualmente en sujetos vivos.

¿Para qué sirve comprender el cerebro?

Comprender el cerebro, su estructura y su función es y ha sido desde la antigüedad uno de los mayores anhelos para muchos seres humanos. De alguna manera, dicho interés intenta satisfacer aquel viejo aforismo que dice: "conócete a ti mismo".

Desde hace 2 500 años, uno de los primeros tratados de medicina científica incluía las palabras siguientes, tan sorprendentemente actuales:

> El hombre debería saber que del cerebro, y no de otro lugar, vienen las alegrías, los placeres, la risa y la broma, y también las tristezas, la aflicción, el abatimiento y los lamentos. Y con el mismo órgano, de una manera especial, adquirimos el juicio y el saber, la vista y el oído y sabemos lo que está bien y lo que está mal, lo que es trampa y lo que es justo, lo que es dulce y lo que es insípido; algunas de estas cosas las percibimos por costumbre y otras por su utilidad... y a través del mismo órgano nos volvemos locos y deliramos, y el miedo y los terrores nos asaltan, algunos de noche y otros de día, así como los sueños y los delirios indeseables, las preocupaciones que no tienen razón de ser, la ignorancia de las circunstancias presentes, el desasosiego y la torpeza. Todas estas cosas las sufrimos desde el cerebro. [Hipócrates —460-377 a.C.–, "Consideraciones sobre la enfermedad sagrada", en Adams, 1939.]

¿Qué es el cerebro?

A pesar de la sabiduría sorprendente del aforismo anterior, aún ahora la comprensión de la estructura y funcionamiento del cerebro se complica enormemente por su complejidad intrínseca; además, hay otras razones para ello. Para empezar, el uso de la palabra *cerebro* es contradictorio; desde el punto de vista neuroanatómico, significa cosas distintas en cada idioma. En español (y en México) consideramos que el cerebro está formado por las estructuras derivadas del prosencéfalo del embrión. El prosencéfalo es la vesícula primaria más rostral (más cercana al *rostrum*, que es el pico u hocico de los animales) y se subdivide, a su vez, en las vesículas secundarias denominadas *telencéfalo* y *diencéfalo*. De la primera subdivisión son derivados los ganglios basales y los hemisferios cerebrales; de la segunda, el epitálamo, el tálamo y el hipotálamo. Las dos primeras —es decir, las estructuras derivadas del telencéfalo— constituyen en conjunto lo que llamamos cerebro (Quiroz, 1952). Esta definición implica que, en sentido estricto, el vocablo *cerebro* excluye específicamente al diencéfalo, al cerebelo y al tallo cerebral, que son estructuras nerviosas situadas dentro del cráneo pero derivadas de la vesícula secundaria restante del prosencéfalo (diencéfalo) y de las otras vesículas primarias (mesencéfalo y rombencéfalo). En inglés y latín, *brain* y *cerebrum* se refieren a todas las estructuras nerviosas que están dentro del cráneo (intracraneanas). Así considerado, estos términos incluirían lo que llamamos cerebro, más el diencéfalo, el cerebelo y el tallo cerebral. Todo el conjunto (cerebro + diencéfalo + cerebelo + tallo cerebral) deberíamos designarlo encéfalo (es decir, lo situado dentro de la cabeza). El motivo original de la confusión reside probablemente en el hecho de que, en muchos animales, el cerebro está separado, y situado por encima, del resto de las estructuras encefálicas por una lámina de hueso llamada *tentorio* o *techo del cerebelo*, o sea, el cerebro es supratentorial y el resto subtentorial.

En el humano hay un pliegue formado por las membranas que recubren el sistema nervioso central (meninges), pero no separación o tabique óseo. La confusión respecto a la nomenclatura ha aumentado en años recientes por dos razones principales: en primer lugar, muchos de los libros de la disciplina, escritos originalmente en inglés, son traducidos en forma negligente. Así, los traductores sustituyen de manera inapropiada *brain* por cerebro y complican la cuestión terminológica. Sin duda, este es el caso en el aforismo de Hipócrates recién mostrado, que debe referirse al *cerebrum*; en segundo, a muchos esta diferencia les parece, por ignorantes, una cuestión trivial. De acuerdo con lo dicho, deberíamos hablar del encéfalo del anciano; sin embargo, es importante recalcar que, para el análisis siguiente, la diferencia no es trascendental por la limitada referencia que haremos respecto a estructuras nerviosas específicas y su relación con los procesos mentales; empero, por si las dudas, cada vez que sea necesario hacerlo mencionaremos las regiones nerviosas particulares.

Cambios anatómicos en el sistema nervioso del anciano normal

El órgano más desarrollado del *Homo sapiens* ha sido estudiado con intensidad en términos de los cambios que sufren su estructura y funcionamiento con el envejecimiento. Generalmente hemos aceptado que el tamaño y el peso del encéfalo disminuyen con el envejecimiento; además, observamos atrofia de las circunvoluciones corticales y ensanchamiento de las cisuras y surcos (Kemper, 1984). Las cifras obtenidas hace años a partir de autopsias indicaron una pérdida de 100 a 150 g de tejido a lo largo de la vida; estos datos incluían un número desconocido de pacientes con demencia del tipo Alzheimer en la que ocurre un grado anormal y considerable de encogimiento del cerebro. Las técnicas anteriores, consistentes en sólo pesar el encéfalo u observarlo a simple vista para detectar encogimiento de las circunvoluciones o el ensanchamiento de los surcos y cisuras, fueron mejoradas notoriamente por la metodología de Davis y Wright (1986). Estos investigadores diseñaron una técnica para valorar con exactitud el volumen del cerebro y de la cavidad craneal. Después de mostrar que este último no cambió significativamente en el curso de la vida, encontraron que la relación entre el volumen encefálico y el volumen de la cavidad craneal pasó de ser de alrededor de 0.92 hasta los 60 años y se redujo progresivamente hasta alrededor de 0.80 en las tres décadas sucesivas.

Esperaríamos que la disminución del volumen del encéfalo dentro de su cavidad llevaría a un aumento en el tamaño de los ventrículos y cisternas, cambios que son cuantificables en estudios de tomografías computarizadas. En un estudio realizado en 1 000 sujetos japoneses que no tenían ninguna manifestación de daño neurológico pero que no estaban libres de otras enfermedades (por ejemplo, hipertensión, diabetes y enfermedad cardiaca isquémica) fue calculado un índice de atrofia encefálica a partir de la relación entre el volumen del líquido cefalorraquídeo y el volumen de la cavidad craneana (Takeda y Matsuzawa, 1984). Con esta medida, la atrofia aumenta de forma logarítmica a partir de los 30 años en ambos sexos. De nuevo en dicho estudio, el volumen de la cavidad craneal se mantuvo constante en los distintos grupos de edad. En contraste, el volumen de las cavidades y cisternas cefalorraquídeas aumentó de manera progresiva a partir de los 40 años (cuadro 1). El volumen de la cavidad craneal en todos los grupos de edad era de aproximadamente 1 050 ml para los hombres y 950 ml para las mujeres. Un segundo informe de los mismos autores (Schwartz y cols., 1985), con unos 200 individuos de cada sexo, ofrece datos similares. En un grupo de 30 hombres con edades de 18 a 81 años, el volumen ventricular aumentó de 19 ± 9 (18-40 años) a 70 ± 30 ml (61-81 años), mientras que la materia gris cortical disminuyó de 415 ± 40 a 376 ± 20 ml. En este estudio, la materia blanca cortical no presentó cambios significativos; sin embargo, otro estudio *posmortem* informó que el índice de los volúmenes materia gris/materia blanca varía de 1.28 a los 20, a 1.13 a los 50 y a 1.55 a los 100 años de vida (Miller y cols., 1980). Un estudio más reciente de Bartzokis (2001) analizó los cerebros de 70 hombres de 19 a 76 años con resonancia magnética: encontró que la materia gris declinó progresivamente en función de la edad, pero la materia gris aumentó hasta los 40 años.

Los estudios de tomografía computarizada también han demostrado que la dilatación de los ventrículos a partir de cierta edad parece ser parte del envejecimiento normal. Debido a la considerable superposición existente entre sujetos normales y pacientes con demencia temprana o moderada, es imposible distinguir a ciencia cierta las diferencias en el grado de decremento encefálico que ocurren en unos y otros (Rossman, p. 17, 1986).

Los cambios más notorios que aparecen en el cerebro con el envejecimiento son observados a nivel microscópico. El cálculo del número de neuronas en preparaciones microscópicas indica que la pérdida celular empieza aún más temprano de lo sugerido por algunos estudios funcionales. Un estudio clásico (Brody, 1955) reveló que dicha pérdida neuronal cerebral ocurrió a partir de los 20 años, con una pérdida de aproximadamente 30% al llegar a los 90 años. De importancia considerable son las variaciones regionales. La pérdida es significativa en las circunvoluciones temporales superior e inferior y en el área precentral. Mediante un método de análisis computarizado, Henderson y sus colaboradores (1980) calcularon una pérdida celular del orden de 40 a 50% a lo largo de la vida a partir de cuentas agrupadas de 11 áreas corticales; sin embargo, existe gran variación en la muerte neuronal que ocurre con el envejecimiento según el área citoarquitectónica.

Hay reportes de grandes decrementos del número de células de Purkinje (Hall y cols., 1975) y en las neuronas del asta anterior de la médula espinal (Rossman, p. 18, 1986). A su vez, en la corteza cerebral, después de los 50 años, las áreas de Brodman 10 (polo frontal), 6 (premotora) y 21 (asociación temporal) pierden hasta 20 a 30% del total (Kemper, 1984). El hipocampo y partes de la amígdala pierden de 20 a 25% de sus células, mientras que las áreas sensoriales primarias pierden sólo de 12 a 15% (ibid). En el hipocampo de los roedores, la pérdida neuronal no excede 20% y la densidad sináptica se mantiene. Parece que los campos específicos del hipocampo (CA1 y CA3), que pierden neuronas con el envejecimiento, también son selectivamente sensibles a las encefalopatías metabólicas, como la isquemia, la hipoxia y la hipoglicemia. Esto sugiere que ciertas neuronas selectas son generalmente más susceptibles tanto al envejecimiento como a los procesos patológicos (Cotman y Peterson, p. 526, 1989). En contraste, los núcleos de tallo cerebral, como el núcleo del *abducens* (par craneal VI), con sus aproximadamente 6 500 células, no muestran ningún decremento a lo largo de la vida (Vijayashankar y Brody, 1977). Se desconoce aún lo que provoca las notorias variaciones regionales en la pérdida neuronal durante el envejecimiento.

La pérdida de hasta 50% de células a los 90 años en la sustancia nigra es ejemplo de una pérdida neuronal regional de carácter patológico, asociada a la enfermedad de Parkinson (Rossman, p. 18, 1986); empero, es probable que la pérdida de neuronas de la sustancia nigra durante el envejecimiento normal sea no sólo menos intensa sino también topográficamente distinta de la observada en el mal de Parkinson (Castañeda, p. 181, 1994).

Existe atrofia celular importante que implica disminución de las actividades biosintéticas, con el consiguiente cambio de neuronas grandes a pequeñas (Castañeda, p. 187, 1996); este dato probablemente explica los aumentos en el número de células pequeñas (Terry y cols., 1987; figura 1). De modo sorprendente, algunos reportan poca reacción glial ante la pérdida neuronal (Schneider y Rowe, p. 309, 1990); sin embargo, otros informes (Terry y cols., 1987; Castañeda, p. 187, 1994) revelan que el número de células gliales (indicadoras de degeneración neuronal) aumenta consistentemente a lo largo de la vida (figura 1). Además de la disminución del número de neuronas, hay un descenso prominente de la arborización dendrítica y del número de espinas dendríticas por unidad de longitud, sobre todo en las capas III y V de la neocorteza. Todos estos cambios provocan disminución de la densidad sináptica, especialmente en las áreas de asociación.

A pesar de las pérdidas neuronales que ocurren con el envejecimiento, cuyo grado depende de la región considerada, la capacidad funcional de los circuitos nerviosos es preservada mejor de lo que cabría esperar al estimarlas con base en las pérdidas en sí mismas. Se ha sugerido que la pérdida neuronal provoca que las células remanentes generen crecimiento dendrítico que compense la muerte neuronal que ocurre (Cotman y Peterson, p. 526, 1989). En regiones encefálicas que tienen pérdidas parciales, se observa crecimiento dendrítico continuo entre la edad media y la vejez (Coleman y Flood, 1986). Por ello, los mecanismos compensatorios de crecimiento y remodelado, como la hipertrofia dendrítica y el crecimiento sináptico, podrían formar parte de un programa que ayuda a mantener y adaptar la función nerviosa a lo largo de la vida. Sólo en la vejez muy avanzada se observa disminución del crecimiento dendrítico y hay disminución respecto al advertido en adultos maduros (ibid).

En ese sentido, parece que, a pesar de las pérdidas neuronales, en el envejecimiento es conservada la integridad funcional de muchos de los circuitos neuronales del encéfalo; además, incluso hay informes de animales en los que la capacidad de transmisión sináptica puede aumentar en algunas vías. Por ejemplo, en ratas ancianas, la actividad de las aferencias corticales a la circunvolución dentada del hipocampo (giro dentado) parece potenciarse pese a la modesta pérdida neuronal que ocurre en dichos circuitos. Podría ser que el aumento de la liberación de neurotransmisor se deba a un incremento en el número de terminaciones sinápticas, al crecimiento de las existentes, a la aparición de más receptores o a otros mecanismos (Barnes y cols., 1987).

Cambios microscópicos adicionales

Placas neuríticas (o seniles)

Estas estructuras de 20-50 micrómetros de diámetro (figura 2a) consisten en: *a*) procesos axónicos y dendríticos aumentados de tamaño y en degeneración; *b*) un núcleo formado por la proteína anormal beta-amiloide que aparece como material filamentoso extracelular, y *c*) microglía, astroglía y macrófagos. Según Horvath y Davis (1990), ocurren en 2/3 de los cerebros de los humanos al alcanzar la novena década de vida. Según Cotman y Peterson (1989), se encuentran en primates, perros y otras especies, pero no en la rata. Son más frecuentes aún en demencias tipo Alzheimer (figura 3d) y Pick, en ciertas enfermedades virales y en el síndrome de Down. La proteína beta-amiloide es de tipo insoluble con un peso molecular de alrededor de 4 000 con una estructura en hoja plegada. Se sabe que el gen responsable de su síntesis se encuentra en el cromosoma 21; además, en familias que tienen la forma hereditaria de la enfermedad de Alzheimer existe un gen anormal en el cromosoma 21. Parece que el gen de la beta-amiloide está en la misma región que el del Alzheimer familiar; sin embargo, no está claro si al gen de la beta-amiloide o a un gen relacionado es atribuible la ocurrencia del Alzheimer. La beta-amiloide se expresa preferencialmente en las neuronas piramidales de las capas III y IV de la corteza prefrontal y en las neuronas de la región CA1 del hipocampo involucradas en la degeneración observada en el Alzheimer. En apariencia, algunas poblaciones neuronales son predilectas en ciertas patologías vinculadas con el envejecimiento.

Embrollos (o cúmulos) neurofibrilares

Los llamados embrollos neurofibrilares son somas neuronales anormales en los que el citoplasma está lleno de estructuras subcelulares filamentosas típicas. Estas estructuras intraneuronales están compuestas, desde el punto de vista ultraestructural, por filamentos constituidos por proteínas insolubles (figura 2b). Los filamentos tienen aproximadamente 10 nm de diámetro y se enrollan entre sí en forma de hélice, por lo que se denominan *filamentos helicoidales apareados* (preferimos el término *embrollos* para designarlas). El vocablo proviene del inglés *tangles*, que significa marañas, embrollos o enredos (como los del cabello). Dichas acepciones son más cercanas a la descripción de su estructura y aspecto, pues el significado castizo de cúmulo es simplemente *montón* o *conjunto* (*Diccionario de la lengua española*, p. 625, 1992); sin embargo, también significa agrupación muy espesa (ibid). Es un hecho que el término *cúmulo* suele utilizarse más (Castañeda, 1994).

En los cerebros de los ancianos normales, su número aumenta considerablemente en la octava y novena décadas de la vida. Esto es observado sobre todo en la corteza entorrinal, en el *locus coeruleus* y en la sustancia nigra. Normalmente se localizan alrededor del núcleo celular, pero pueden observarse también en el cono axónico o en las dendritas proximales. También están en las terminaciones axónicas, donde forman parte de las placas neuríticas. Por lo común se asocian a la enfermedad de Alzheimer (figura 3d), al síndrome de Down, al Parkinson posencefalítico, a la demencia pospugilística y a otras condiciones degenerativas. El papel que tienen las placas neuríticas y los embrollos neurofibrilares es desconocido. La acumulación progresiva de ambas ha sido asociada a la pérdida neuronal diagnóstica de la enfermedad de Alzheimer. Aunque algunos argumentan que la enfermedad de Alzheimer es una forma de envejecimiento acelerado, este concepto es controversial.

Degeneración (o cuerpo) granulovacuolar

Esta degeneración la constituyen vesículas intracelulares que contienen un gránulo oscuro. Ocurre principalmente en las células piramidales del hipocampo. Su presencia es un cambio relacionado con el envejecimiento, pero observado también en la enfermedad de Alzheimer, el síndrome de Down, etcétera.

Lipofuscina

Este cambio microscópico es un pigmento amarillo de origen lípido depositado en las neuronas durante el proceso de envejecimiento; además, parece ser un marcador biológico del paso del tiempo. Su acumulación puede ser el resultado la acumulación de la destrucción de membranas citoplasmáticas. La lipofuscina se deposita primordialmente en el cono axónico de las neuronas, donde podría interferir con el proceso de transporte axónico o de generación de los potenciales de acción.

Ciertas células tienden a acumular especialmente este pigmento. Por esta característica destacan las células piramidales de gran tamaño de la corteza cerebral, las células de Purkinje y las motoneuronas del asta anterior de la médula espinal. Su presencia no parece correlacionarse necesariamente con ningún proceso demencial.

Cambios vasculares

También ha sido observada la presencia de proteína beta-amiloide en el interior de las arteriolas de las meninges y de la corteza cerebral.

Muerte neuronal: supervivencia del más apto

La muerte neuronal es una parte normal e importante del desarrollo nervioso, el cual parece basarse en el principio de supervivencia del más apto: se producen muchas más neuronas, alrededor de 50% más de las necesarias y solamente sobreviven las más aptas. La muerte a gran escala no constituye una fase del desarrollo limitada en el tiempo, sino que es producida en oleadas en diversas partes del encéfalo a lo largo del desarrollo.

Las neurotrofinas son sustancias químicas vitales que se aportan a las neuronas desde sus lugares de destino. Estos factores tienen un valor terapéutico fundamental en la detención del curso de las enfermedades neurodegenerativas. Tres hallazgos indican que las neuronas en desarrollo mueren debido a su incapacidad para competir adecuadamente con las neurotrofinas (Pinel, p. 475, 2001):

a. La implantación de lugares de destino adicionales reduce la muerte neuronal. Por ejemplo, Hollyday y Hamburger (1976) injertaron un miembro adicional en uno de los costados de un embrión de pollo y murieron muchas menos neuronas motoras en ese lado.

b. La destrucción de algunas neuronas de las que crecen hacia una zona antes de ocurrir la muerte celular aumenta la tasa de supervivencia de las neuronas restantes (por ejemplo, Pilar, Landmesser y Burstein, 1980).

c. El aumento del número de axones que inervan inicialmente un lugar de destino reduce la proporción de neuronas que sobrevive.

Factores neurotróficos (neurotrofinas) y muerte neuronal

El factor de crecimiento nervioso fue el primero de tipo neurotrófico que se aisló (Levi-Montalcini, 1952, 1975). Dicho factor es sintetizado y liberado en los lugares de destino de las neuronas simpáticas durante la muerte celular; a su vez, las neuronas simpáticas lo captan, lo que promueve su existencia. Desde el descubrimiento del factor de crecimiento nervioso, se ha realizado un gran esfuerzo para aislar las neurotrofinas que promueven la supervivencia de otras neuronas.

Varias sustancias que fomentan la supervivencia de determinados tipos de neuronas han sido identificadas y los trabajos son dirigidos en la actualidad a tratar de comprender sus acciones (Nishi, 1994).

Inicialmente había las presunciones siguientes: a) la muerte neuronal era un proceso pasivo; b) para que las neuronas sobrevivieran, debían existir las neurotrofinas adecuadas, y c) sin ellas, las neuronas degeneraban pasivamente y morían. Sin embargo, ahora está claro que la muerte celular puede ser a veces un proceso activo. La ausencia de las neurotrofinas adecuadas puede poner en marcha un programa genético dentro de las neuronas que haga que éstas se suiciden activamente. La muerte celular pasiva se denomina *necrosis*, mientras que la muerte celular activa se llama *apoptosis*.

La muerte celular necrótica es peligrosa. Las células necróticas se rompen y derraman su contenido al líquido extracelular, lo cual da lugar a inflamación. Por el contrario, en la muerte celular apoptótica, el ADN y otras estructuras internas se degradan y empaquetan en membranas antes de desintegrarse la membrana celular. Por consiguiente, no se produce inflamación (Ashkenazi y Dixit, 1998; Green y Reed, 1998).

La muerte celular vinculada con las primeras fases de desarrollo del sistema nervioso es en su mayor parte apoptótica; a su vez, los tejidos van perdiendo células de forma segura, limpia y ordenada. Este proceso de muerte celular por apoptosis es el modo como los renacuajos reabsorben sus colas cuando se convierten en ranas y explica los cambios que ocurren en el cerebro de una persona durante el desarrollo.

No obstante, la apoptosis tiene también un lado oscuro. Si se inhiben los programas genéticos que regulan la muerte celular apoptótica, la consecuencia puede ser un cáncer. Si activamos de forma inadecuada los programas, la consecuencia podrá ser una enfermedad neurodegenerativa (Adams y Cory, 1998; y Evan y Littlewood, 1998).

Durante la muerte celular, lo más probable es que mueran las neuronas que han establecido conexiones incorrectas. Cuando mueren, el espacio que dejan libre en las membranas possinápticas es cubierto por las terminales axónicas que brotan de las neuronas que sobreviven. Por tanto, la muerte celular da lugar a una reordenación enorme de las conexiones sinápticas (Pinel, p. 477, 2001). En la reordenación sináptica, las conexiones de salida de las neuronas se centran en un número menor de células possinápticas, por lo cual aumenta la selectividad de la transmisión.

Manejo de la decadencia neurológica

El manejo de la disfunción neurológica parece haber sido parte del arte de vivir para octogenarios creativos, como Picasso, Casals, Stravinsky, Horowitz y nonagenarios como Bertrand Russell. Estos y otros individuos ancianos fueron capaces de compensar las pérdidas padecidas por alcanzar una edad avanzada. El funcionamiento anormal de ciertos sistemas celulares específicos de las cortezas de asociación, los ganglios basales y ciertos músculos pueden ocasionar en conjunto trastornos mínimos en ciertos aspectos de la cognición, la marcha y la potencia muscular. Sin embargo, estos trastornos pueden compensarse perfectamente en ausencia de enfermedad neurológica.

El problema en el envejecimiento ha sido tradicionalmente el de impedimentos y restricciones impuestas por la sociedad, que son superados gracias a movimientos sociopolíticos de defensa de los derechos y acción afirmativa en pro de los ancianos.

El papel que desempeña el proveedor de salud con inclinaciones geriátricas es el de distinguir las características neurológicas del envejecimiento normal de aquellas de los procesos patológicos de las enfermedades neurológicas. Así, podrá ayudar al paciente a compensar las deficiencias normales y diagnosticar y tratar los padecimientos correspondientes; además, deberá diferenciarse lo normal de lo patológico para dar seguridad al paciente. Esta seguridad tiene particular importancia al diferenciarse entre las demencias y la amnesia senil benigna, en vista del mal pronóstico de la primera.

¿Qué determina que la vejez sea saludable o que se desarrollen enfermedades?

¿Qué hace que una persona envejezca saludablemente y otra desarrolle la enfermedad de Alzheimer? Sabemos que los factores genéticos no explican todos los casos de personas que adquieren la enfermedad de Alzheimer. Por ejemplo, si un gemelo idéntico presenta dicha enfermedad, no será absolutamente seguro que su gemelo vaya a adquirirla también (aunque, sin duda, su riesgo aumenta). Un área de investigación actual del envejecimiento que es muy interesante consiste en descubrir lo que hace a las personas ser diferentes en este sentido. ¿Pueden el estilo de vida, la dieta y el ejercicio protegerlo a uno de la enfermedad de Alzheimer o por lo menos retardar su aparición?, ¿cuánta pérdida de memoria es normal en el anciano y cómo difiere ésta de la observada en la enfermedad de Alzheimer? Este tipo de preguntas son planteadas activamente en la actualidad y se buscan indicadores que permitan predecir de modo temprano la enfermedad. Asimismo, se estudia cuáles son los factores que promueven la salud en el anciano y determinan las diferencias entre los que envejecen de manera sana y aquellos que presentan la enfermedad de Alzheimer y otras formas de demencia, así como otros trastornos neurológicos comunes en el anciano.

Actualmente, en ancianos sanos han sido investigadas la memoria y otras funciones cognoscitivas con el propósito de descubrir pruebas sensibles a las pérdidas tempranas y se intenta determinar qué actividades, alimentos, aficiones, ejercicios y medicamentos separan a estas personas de aquellas que adquieren la enfermedad de Alzheimer. Un concepto analizado es la hipótesis del "úselo o piérdalo". ¿Será que en las personas que permanecen física y mentalmente activas decrece el riesgo de adquirir la enfermedad de Alzheimer? (Instituto del Envejecimiento y la Demencia –IED–, Universidad de California en Irvine –http://www.alz.uci.edu/–.)

Magnitud social del problema de la demencia

Según la Secretaría de Salud, alrededor de 600 000 mexicanos tienen algún tipo de demencia y la tendencia es que, con el paso de cada lustro, el número de casos se duplique (*La Jornada*, 25 de septiembre de 2002). La enfermedad de Alzheimer es la forma más común de demencia. Se ha reportado que afecta de 5 a 10% de la población mayor de 65 años y a una proporción mayor de los mayores de 85 (Purves y cols., p. 560, 1997). Informes más recientes (Vander, p. 205, 2001) dan cifras de 10 a 15% en los mayores de 65 años y de más de 50% en los mayores de 85. Calculamos que en el mundo existen 18 millones de enfermos de la demencia del tipo Alzheimer (Asociación Mexicana de Alzheimer y Enfermedades Similares, en *La Jornada*, septiembre 22 de 2002). En México, 350 000 personas padecían dicho trastorno en el año 2000 (ibid). Por el envejecimiento de la población, calculamos que para el año 2010 esta cifra llegará al triple. Los problemas del Alzheimer son más agudos en los países en desarrollo. De los 18 millones de enfermos que hay en el mundo, 11 millones están en estas naciones y la OMS estima que, para el año 2025, los afectados sumarán 24 millones de individuos. Entretanto, en los países desarrollados hay actualmente siete millones de enfermos y en el 2025 serán apenas 10 millones. En el mundo serán 34 millones los afectados por dicha enfermedad. En Estados Unidos, el costo anual del cuidado de pacientes con demencia es de 15 000 millones de dólares y probablemente dicha cifra aumente de manera considerable (Kaplan y Sadock, p. 373, 1999).

Definición de demencia: pérdida de la función intelectual

Como el término es utilizado en forma laxa, debe definirse. La palabra *demencia* deriva del latín *de*, que significa "alejarse" o "alejado", y *mens*, que quiere decir "mente". Por ello, la definimos como una pérdida de la función intelectual que va más allá de lo normal. Como consideramos normal la pérdida inexorable de las capacidades mentales que ocurre con el envejecimiento, el vocablo *demencia* lo reservamos para aquellos casos en que los trastornos de la función mental ocasionan una alteración significativa de la vida de la persona. Es decir, los trastornos leves de la memoria, que aparecen con el envejecimiento, no constituyen demencia; además, un diagnóstico de demencia según el DSM-IV requiere que los síntomas den como resultado una alteración importante en el funcionamiento social y ocupacional y que representen un declive significativo respecto al nivel de funcionamiento previo (DSM-IV, p. 135, 1994).

En la cuarta edición del DSM-IV, la demencia es definida como "deterioro de múltiples funciones cognoscitivas, incluida la alteración de la memoria", sin alteración de la conciencia. Las funciones cognoscitivas que pueden estar afectadas en la demencia son la inteligencia global, el aprendizaje y la memoria, el lenguaje, la resolución de problemas, la orientación, la percepción, la atención, la concentración, el juicio y las habilidades sociales. La personalidad también resulta afectada. Si una persona tiene un trastorno de la conciencia, probablemente cumpla los criterios diagnósticos del *delirium*.

La demencia se distingue del retraso mental en que el individuo afectado nunca tuvo un intelecto normal. Así, la demencia es un trastorno adquirido, en el cual el intelecto originalmente fue normal. Implica el deterioro general de las capacidades intelectuales debido a un trastorno del SNC (Seltzer, 1988) e involucra la desintegración de la personalidad y el comportamiento, además del intelecto. Si es progresiva, quitará al sujeto todas las cualidades que lo distinguen como ser humano.

La demencia alude a un síndrome clínico amplio y no a una entidad patológica específica. El término no lleva connotación al respecto del curso o pronóstico (ibid).

La pérdida no necesariamente es gradual, pues puede ser repentina, como ocurre en un accidente cerebrovascular (hemorragia, trombosis o embolia). Dos aspectos deben destacarse a propósito de la demencia:

1. La demencia es un síntoma (o signo) de numerosas entidades y no una enfermedad o entidad patológica en sí misma. Los síntomas están determinados por la localización y la extensión del daño cerebral y no necesariamente por el tipo de enfermedad. Por ejemplo, las manifestaciones de la atrofia cortical frontal y de la presencia de un tumor en dicha zona pueden ser semejantes.

2. El segundo punto se deriva del primero: como las etiologías de la demencia son múltiples, algunas de éstas tienen remedio. Esto implica una gran responsabilidad del clínico en términos del diagnóstico y tratamiento propuestos. Lo fundamental en la demencia es identificar el síndrome y manejar de forma clínica su causa específica. La reversibilidad potencial de la demencia depende tanto de la causa patológica subyacente como de la existencia y aplicación de un tratamiento efectivo. Aproximadamente 15% de los casos de demencia podrán ser reversibles si iniciamos el tratamiento antes de producirse un daño irreparable.

Epidemiología de la demencia

La prevalencia reportada de la demencia varía según el estudio epidemiológico realizado, lo cual depende de las edades de los sujetos en la muestra, los métodos para determinar su ocurrencia, la gravedad, el tipo de alteración cognoscitiva y las regiones geográficas estudiadas (DSM-IV, p. 137, 1994). Calculamos que 5% de la población mayor de 65 años tiene demencia severa y que alrededor de 10% padece demencia leve o moderada. En Estados Unidos, la enfermedad de Alzheimer representa más de 50% de las demencias (International Association of Psychogeriatrics –Asociación Internacional de Psicogeriatría– http://www.ipa-online.org/ipaonlinev3/ipaprograms/guidetoaddiagnosis/default.asp).

La prevalencia de la enfermedad se duplica cada cinco años a partir de los 60 de edad (ibid). Las demencias constituyen la cuarta o quinta causa de muerte en dicho país y la presencia de la enfermedad acorta considerablemente la duración de la vida. La demencia es, en esencia, una enfermedad de ancianos (Kaplan y Sadock, p. 373, 1998). En Estados Unidos, aproximadamente 5% de la población mayor de 65 años sufre demencia grave y 15% demencia leve (ibid). En los mayores de 80 años, alrededor de 20% sufre demencia grave (Schroeder y cols., p. 669, 1990). De todos los pacientes con demencia, de 50 a 60% pertenecen al tipo más frecuente: el Alzheimer. Aproximadamente 5% de los que llegan a los 65 años tienen demencia de tipo Alzheimer, comparado con 15-25% de los que viven 85 años o más (Kaplan y Sadock, p. 373, 1998).

Ser mujer, tener un familiar de primer grado con este trastorno y tener antecedentes de daño cerebral son factores de riesgo para el desarrollo de la demencia tipo Alzheimer (ibid). El síndrome de Down también se asocia de forma característica con la evolución de la demencia tipo Alzheimer.

El segundo tipo de demencia más frecuente es la vascular, relacionada de manera causal con las enfermedades cerebrovasculares. La hipertensión es un factor predisponente. Las demencias vasculares alcanzan de 15 a 30% de los casos de demencia. Es más común en personas con edades comprendidas entre los 60 y 70 años y más a menudo en hombres que en mujeres. En 10 a 15% de los pacientes con demencia coexisten los tipos vascular y Alzheimer (Kaplan y Sadock, p. 373, 1999).

Otras causas frecuentes de demencia, cada una de las cuales representa de 1 a 5% de los casos, son el daño cerebral, las demencias relacionadas con el consumo de alcohol y otras vinculadas con trastornos del movimiento, como las enfermedades de Huntington y de Parkinson (ibid). Puesto que la demencia es un síndrome bastante común y tiene muchas causas, los clínicos deben realizar un cuidadoso trabajo clínico para establecer el origen de la demencia de un paciente.

Diversas clasificaciones de la demencia

Cabe aceptar que siempre hay una causa subyacente, aunque en raros casos es imposible determinar una causa. Las demencias pueden clasificarse de diversas maneras, por ejemplo: por edad de aparición, causa (metabólica, degenerativa, vascular, etcétera), síntomas neurológicos que la acompañan y respuesta al tratamiento.

Según su evolución temporal, la demencia puede ser como sigue:

a. De inicio gradual o repentino. La pérdida es repentina, como en el caso de sufrir un accidente cerebrovascular (hemorragia, trombosis o embolia). Lo habitual es el inicio gradual e insidioso.

b. Estática, remitente o progresiva.

c. Permanente o reversible.

d. Causada por una variedad de patologías.

Otra forma de clasificar las demencias es la siguiente:

a. Primarias: la demencia en sí es la enfermedad principal, como la de Alzheimer.

b. Secundarias: la demencia es consecuencia de otra enfermedad o condición patológica que, entre sus manifestaciones particulares, incluye la demencia, por ejemplo: hematoma subdural, tumores intracraneales, sida, hipotiroidismo, deficiencia de vitamina B_{12}, etcétera.

Las demencias se clasifican también en *generalizadas*, cuando las alteraciones del sistema nervioso están extendidas a zonas muy amplias del encéfalo, y *localizadas*, cuando afectan áreas más restringidas. La clasificación por localización en algunos casos (tumores o embolias) es fácil; sin embargo, en algunas demencias (por ejemplo, la de Alzheimer) son afectados sistemas de neurotransmisión que proyectan a muchas áreas corticales, de manera que la localización es muy difusa. Además, la localización del proceso es difícil en casos avanzados, en los que son afectadas zonas cada vez más extensas.

Descripción clínica

La descripción siguiente es un bosquejo general del síndrome, pero alude particularmente a la demencia primaria (Seltzer, pp. 366-379, 1988). Por lo general inicia de forma insidiosa y progresa con lentitud. A veces la historia clínica sugiere un inicio repentino relacionado con un traumatismo, una enfermedad o un trastorno emocional, pero normalmente estos eventos sólo hicieron que prestáramos atención a un proceso existente. Así como el inicio es insidioso, las primeras manifestaciones de la demencia son sutiles y se refieren a cambios conductuales y de la personalidad. En la mayoría de los casos, los cambios de la personalidad implican una pérdida de la espontaneidad. Los pacientes parecen apáticos y retraídos, se alejan de familiares y amigos, se sienten solos y pierden interés en sus actividades profesionales y pasatiempos. Durante esta etapa, los pacientes parecen sufrir de depresión, cuyos síntomas pueden interpretarse en algunos casos como la respuesta emocional de un individuo que percibe vagamente los cambios cognoscitivos que le ocurren.

En otros sujetos, los cambios conductuales y de la personalidad son muy distintos; los pacientes se vuelven inusualmente extrovertidos y desinhibidos y pueden perder sus modales y trato social. En estos casos, pueden producirse además errores de juicio tan groseros que les causen graves problemas profesionales y financieros. Asimismo, puede ocurrir que algunos sujetos participen en desafortunadas aventuras de tipo sexual. Este cuadro es mucho menos común que aquel con apatía, retraimiento, etcétera, y más frecuentemente cuando hay daño a los lóbulos frontales. Asociados a los cambios de personalidad aparecen los signos de deterioro intelectual. Al inicio, el paciente tiene dificultad para realizar cualquier actividad que requiera pensamiento novedoso o creativo. Por lo tanto, la demencia se manifiesta más temprano en personas cuya ocupación implica esfuerzo intelectual intensivo que en aquellas cuyas demandas son menores; sin embargo, con el tiempo los pacientes tienen dificultad para realizar actividades para las cuales antes eran muy capaces. De modo irremediable, los trastornos de la memoria se vuelven evidentes y los enfermos repiten preguntas una y otra vez porque no pueden recordar la respuesta. Inicialmente se olvidan de sus citas y compromisos. Para remediar esto, algunos pacientes cargan consigo un cuaderno o agenda que contiene cierta información; no obstante, pueden olvidar hasta algunos de los eventos más importantes de su vida.

Aproximadamente al mismo tiempo que se manifiesta la amnesia, el lenguaje se modifica: adquiere una cualidad estereotipada y se vuelve vacío y cada vez más carente de significado.

El deterioro progresa con lentitud en forma inexorable. Con el deterioro progresivo de memoria y otras funciones, los pacientes tienden a perderse primero en ambientes novedosos, pero más tarde aun cerca de casa, y son incapaces de reconocer a sus amigos cercanos y familiares.

Pronto aparece la incontinencia tanto urinaria como fecal; además, es notoria la pérdida de la capacidad de aseo. En las etapas finales, el paciente presenta un aspecto deplorable con retraimiento total y silencio absoluto, y comúnmente se encuentra tirado en la cama con las extremidades en posición característica en flexión.

Es inevitable algún grado de modificación conductual. Al inicio, los pacientes son dóciles y fáciles de manejar, de modo que si se les deja solos, rara vez causarán problemas. En algunos casos, pueden reaccionar y tornarse agitados y agresivos tanto verbal como físicamente. Esto ocurre sobre todo cuando son interrumpidos para realizar alguna actividad cotidiana (bañarlos, rasurarlos, etcétera) o si se sienten agredidos o están en situaciones poco familiares. Algunos pueden mostrar espontáneamente conductas de irritabilidad y carácter pendenciero. Luego, otros muestran un estado continuo de agitación ansiosa, manifestado por la tendencia a caminar de un lado hacia otro o incurrir en otro tipo de conducta repetitiva. La fase final de la enfermedad de Alzheimer es caracterizada por coma y muerte, generalmente debida a infección.

Enfermedad de Alzheimer

Esta enfermedad es el prototipo de las demencias corticales, cuya incidencia aumenta con la edad y se estima en 0.5% por año desde los 65 a los 69, 1% por año de los 70 a los 74, 2% por año de los 75 a los 79, 3% por año de los 80 a los 84 y 8% por año a partir de los 85 (Kaplan y Sadock, p. 373, 1998). La progresión es gradual pero firme en sentido descendente, con una duración media de 8 a 10 años desde el inicio de los síntomas hasta la muerte. A veces hay períodos de estabilidad, pero la progresión generalmente se reanuda después de un período de uno a varios años (ibid).

La enfermedad de Alzheimer es la forma más común de demencia: constituye alrededor de 50% en la mayoría de las series estudiadas. Como su prevalencia aumenta con la edad y la población de Estados Unidos está envejeciendo, es uno de los problemas de salud más graves de dicho país. En México existen pocos estudios acerca de su índice de ocurrencia.

Según la *Guía práctica para el tratamiento de pacientes con enfermedad de Alzheimer y demencia senil*, publicada en 1997 por la American Psychiatric Association (Asociación Psiquiátrica Americana), generalmente el inicio de la enfermedad ocurre al final de la vida, en la década de los 60, 70, 80 o más tarde, pero rara vez aparece en la década de los 40 y 50 (estos casos eran denominados *demencia precoz* o *presenil*, ibid). En la actualidad consideramos que la demencia senil y presenil son diferentes formas de la misma enfermedad.

Tal demencia fue descrita por primera vez en 1906 por Alzheimer, neuroanatomista y psiquiatra, en una mujer de 51 años con pérdida de la memoria y de la capacidad lingüística de cuatro años y medio a cinco de evolución. Alzheimer describió el trastorno como una entidad clínico-patológica. Clínicamente se presenta como un deterioro progresivo del intelecto que incluye no sólo la memoria, la orientación y el lenguaje, sino también otros componentes de las funciones superiores, como la personalidad, el juicio, la capacidad para resolver problemas y para hacer cálculos y la pérdida de habilidades visoespaciales y de construcción.

Cambios patológicos macroscópicos en la enfermedad de Alzheimer

Los cambios patológicos son característicos y se correlacionan bien con la sintomatología clínica. Mediante el examen macroscópico observamos una atrofia difusa y severa con ensanchamiento de los surcos y cisuras. Los cambios afectan primordialmente los lóbulos frontales y parietales (figura 3b) y en el hipocampo y la amígdala (figura 4); además, hay preservación relativa de la corteza motora primaria (precentral) y, al menos inicialmente, modificaciones de menor grado en las áreas temporales y occipitales (Robbins, p. 1 480, 1975). Por la atrofia de la corteza cerebral, la sustancia blanca puede estar disminuida y los ventrículos cerebrales hallarse dilatados (figuras 4 y 5). Los ganglios basales no escapan a la atrofia, pero ésta es menos notoria en ellos que en la corteza (ibid).

La preservación relativa de las áreas corticales visuales, auditivas, somatosensoriales y motoras primarias es congruente con la observación de que las funciones sensoriales no son afectadas en las fases iniciales de la enfermedad.

Cambios patológicos microscópicos en la enfermedad de Alzheimer

El examen microscópico revela las características más sobresalientes del padecimiento, que incluyen muerte neuronal en las porciones atróficas de la corteza cerebral y otras estructuras subcorticales (Robbins, p. 1 480, 1975). En las zonas afectadas hay exceso de astrocitos y células de mocroglia (ibid). Otros cambios más específicos de la enfermedad de Alzheimer son las placas neuríticas, los embrollos (cúmulos) neurofibrilares, los cuerpos granulovacuolares y la presencia de proteína beta-amiloide en las meninges y arteriolas de la corteza cerebral. Todos ellos están presentes en el envejecimiento normal y fueron descritos en la sección denominada "Cambios microscópicos adicionales".

Patología diferencial de la enfermedad de Alzheimer

La enfermedad de Alzheimer es caracterizada por una distribución selectiva de la muerte neuronal en distintas áreas del sistema nervioso central.

Aparentemente, algunas poblaciones neuronales tienen predilección por padecer ciertos cambios estructurales tanto en el envejecimiento normal como en la enfermedad de Alzheimer y otras demencias (por ejemplo, la enfermedad de Pick) y trastornos neurólogicos (por ejemplo, la enfermedad de Parkinson).

La muerte neuronal, los embrollos neurofibrilares y las placas neuríticas (figura 3c) son observados primordialmente en la corteza de asociación, el hipocampo (figura 4), la corteza entorrinal, la amígdala (figura 4), el bulbo olfatorio y ciertos núcleos subcorticales, entre los que destacan el núcleo basal de Meynert, el *locus coeruleus*, los núcleos del rafé dorsal, ciertos núcleos del hipotálamo lateral y algunas áreas de la formación reticular.

Dentro de cada área en cuestión, ciertas neuronas son especialmente vulnerables. En las áreas de asociación, hasta 50% de las neuronas piramidales llegan a morir, mientras que las neuronas con un área somática menor a los 90 micrómetros cuadrados se mantienen intactas. En el hipocampo, las células afectadas de manera primordial son las neuronas piramidales de gran tamaño de las zonas, denominadas *CA1* y *subículo*. En la corteza entorrinal, las neuronas afectadas son las piramidales de gran tamaño de la capa II. En las áreas subcorticales de proyección son afectadas aquellas neuronas que se proyectan a la corteza (las colinérgicas del núcleo basal, las serotonérgicas del rafé dorsal y las noradrenérgicas del *locus coeruleus*.)

Cambios neuroquímicos en la enfermedad de Alzheimer

En 1976 y 1977, tres grupos de investigación que trabajaban en Inglaterra de forma independiente encontraron que la enzima colinacetiltransferasa (CAT) está disminuida de manera notoria en la corteza cerebral y en el hipocampo de pacientes con la enfermedad de Alzheimer (Katzman y Thal, 1989). Esta disminución de la concentración de la CAT es de 50 a 90% en comparación con la obtenida en sujetos normales de la misma edad.

También hay informes referentes al descenso de la concentración de la acetilcolinesterasa, aunque no tan considerable como la observada en el caso de la CAT. El hallazgo de alteraciones neuroquímicas en la enfermedad de Alzheimer llevó a estudiar los detalles de la organización de los sistemas de proyección colinérgica a la corteza, así como a descubrir que

70% de la concentración de CAT en la corteza depende de la integridad funcional del núcleo basal de Meynert.

Los hallazgos patológicos observados en el *locus coeruleus* y ciertos núcleos del rafé dorsal indican que los sistemas noradrenérgico y serotonérgico también participan en este trastorno; sin embargo, la evidencia neuroquímica de dicha participación es más débil que la existente en el sistema colinérgico. Esto es debido probablemente a la mayor dificultad para realizar estudios posmortem de las enzimas sintéticas y catalíticas correspondientes; empero, existen reportes de reducciones de las concentraciones de noradrenalina y serotonina en biopsias cerebrales de pacientes con Alzheimer.

La concentración de dopamina en sujetos con Alzheimer es normal, lo cual coincide con el hallazgo de que la sustancia nigra lo es también. Sin embargo, han sido descritos cambios patológicos del tipo del Alzheimer en 30% de los sujetos que presentan manifestaciones clínicas y patológicas de la enfermedad de Parkinson, trastorno caracterizado por una franca reducción de la concentración de dopamina en ciertas zonas cerebrales. En la actualidad desconocemos si la coincidencia de hallazgos tipo Alzheimer en sujetos con Parkinson implica un factor de riesgo compartido o simplemente representa la ocurrencia conjunta de dos trastornos propios del envejecimiento.

Hay mucho menos información específica acerca de la participación de los transmisores aminoácidos en la enfermedad de Alzheimer. La medición posmortem de las enzimas metabólicas es poco satisfactoria; no obstante, como el GABA es el principal transmisor inhibitorio de la corteza cerebral y se encuentra presente en 25% de las neuronas corticales, puede ser que muchas de éstas se hallen involucradas en la enfermedad de Alzheimer. Además, los principales transmisores excitadores del cerebro (glutamato y aspartato) probablemente también desempeñan un papel, pues las neuronas piramidales grandes de la corteza y del hipocampo, claramente devastadas por el Alzheimer, son casi seguro glutaminérgicas. Sin embargo, la ausencia de un marcador enzimático adecuado hace que tales asociaciones sean sólo especulativas.

Hipótesis de la "cascada amiloide"

Aunque se desconoce la causa de la enfermedad de Alzheimer, el hallazgo de un gen mutante en unas cuantas familias con una forma de inicio temprano de la enfermedad ha permitido entender algunos aspectos del problema (Purves y cols., p. 560, 1997). La evidencia en apoyo de la idea de que la proteína beta-amiloide es central a la enfermedad de Alzheimer proviene de muchos laboratorios diferentes y de múltiples experimentos distintos. La prueba más contundente acerca de la idea de que "demasiada proteína beta-amiloide es mala" es derivada del análisis genético de los pacientes con Alzheimer. Como ya mencionamos, sabemos que un gen mutante responsable de la enfermedad de Alzheimer de carácter familiar está ubicado en el cromosoma 21; además, la prominencia de la beta-amiloide en la histopatología de la enfermedad sugirió la mutación de un gen que codifica la síntesis de la proteína precursora de la beta-amiloide (PPA), gen localizado también en el cromosoma 21 (Goldgaber y cols., 1987). Este descubrimiento llevó a identificar también una mutación de dicho gen en las familias con enfermedad de Alzheimer de inicio temprano (ibid). Actualmente, es aceptado que, además del 21, otros dos cromosomas pueden estar involucrados en la etiología de la enfermedad de Alzheimer (Alloy y cols., p. 424, 1999): el cromosoma 14, involucrado con una forma de inicio temprano (antes de los 60 años), y el cromosoma 19, implicado en muchos casos de inicio tardío de la enfermedad. Sin embargo, sabemos que los habitantes de una población situada en las márgenes del río Volga (y sus descendientes estadounidenses), con una fuerte tendencia a presentar la enfermedad, no parecen tener anomalías en ninguno de los tres cromosomas descritos: 21, 14 y 19. De manera que otros cromosomas deben estar involucrados también.

La hipótesis de la *cascada amiloide* (Hardy, 1993) establece que la causa del declive progresivo en función que ocurre en la enfermedad de Alzheimer es resultado de la acumulación anormal de la proteína beta-amiloide en el cerebro. La acumulación de la beta-amiloide se debe a la desorganización de diversos mecanismos de regulación, controlados a su vez por distintos genes. Por ejemplo, se ha descrito que la acumulación de beta-amiloide está relacionada con la anormalidad de una proteína, la apolipoproteína E (ApoE), cuya síntesis está controlada por el cromosoma 19 (Corder y cols., 1993). Sin embargo, dicha proteína es sólo un componente de una larga cadena de reacciones que, de acuerdo con la hipótesis de la cascada amiloide, forma parte del procesamiento cerebral de la beta-amiloide.

Cuando la beta-amiloide proteína aumenta su concentración hasta niveles tóxicos, causa la lesión y muerte de la célula, lo que, a su vez, produce aún más acumulación de beta-amiloide y genera un círculo vicioso de degeneración; no obstante, la presencia de una mutación incrementa considerablemente el riesgo de padecer la enfermedad de Alzheimer. En conjunto, todas las mutaciones y predisposiciones genéticas conocidas (PPA, PS1, PS2, ApoE, etcétera) ocasionan menos de 30% de los casos de enfermedad de Alzheimer. Aunque estas causas genéticas son bastante raras, todas tienen algo en común: cada una causa un aumento en la cantidad de proteína beta-amiloide intracerebral; además, hay evidencia adicional en apoyo de la hipótesis de la cascada amiloide que proviene de modelos animales, en los que la inserción de genes humanos para PPA causa la formación de cambios patológicos intracerebrales semejantes a los observados en la enfermedad de Alzheimer.

Inflamación en la enfermedad de Alzheimer

Una vez que ocurre una lesión dentro del cerebro, a menudo la propia reacción del organismo a esa lesión causa tanto daño como la lesión inicial. Una de las reacciones primarias a la lesión es la inflamación. La inflamación breve es crítica para reparar una lesión, pero la crónica y duradera puede causar daño al tejido vecino sano. En el cerebro, una reacción respuesta inmune de carácter crónico puede tener consecuencias secundarias graves, debido a que las células del cerebro son muy sensibles al ambiente que las rodea, mucho más que otras células del cuerpo. Cuando la inflamación aparece, las células del aparato inmune liberan sustancias (como los radicales libres de oxígeno y las proteínas del complemento) destinadas a destruir otras extrañas (por ejemplo, bacterias). Las células inmunes también eliminan a las células dañadas y cualquier desecho. Toda esta actividad puede alterar el ambiente ubicado alrededor de las células del cerebro.

Desgraciadamente, la respuesta inmune está muy aumentada en la enfermedad de Alzheimer y puede contribuir a la enfermedad en lugar de combatirla. Las células cerebrales que realizan funciones de defensa se denominan *microgliales* (o *microglía*), que reaccionan a la presencia de las placas neuríticas y los embrollos neurofibrilares e intentan eliminarlas. Ésta es una respuesta normal; sin embargo, las placas y embrollos son muy difíciles de destruir. En el proceso de intentar digerir el material situado entre las placas y embrollos, las células de microglía liberan también a las proteínas que causan inflamación y a radicales libres que producen daño secundario. Los investigadores del IED (Universidad de California en Irvine [http://www.alz.uci.edu/] y de otros sitios tratan de averiguar cómo proteger al cerebro de este daño secundario, pero, a la vez, permitiendo que la microglía realice sus funciones defensivas normales.

Un hallazgo importante de los investigadores del IED es que la proteína beta-amiloide puede activar directamente el sistema de las proteínas del complemento, las cuales son un conjunto de 34 proteínas presentes en el suero, muchas de ellas enzimas líticas que, combinadas con el complejo antígeno-anticuerpo, producen destrucción del antígeno cuando éste es una célula. Las proteínas del complemento son elaboradas por la microglía durante la respuesta inmune, lo cual significa que la beta-amiloide puede iniciar su respuesta inflamatoria crónica. Los parámetros estructurales requeridos para esta activación son investigados actualmente.

Los modelos animales también pueden proporcionar información acerca de la importancia de la inflamación en la enfermedad de Alzheimer. Los animales transgénicos han sido manipulados mediante la ingeniería genética de manera que contienen genes humanos específicos; así, han sido generados ratones transgénicos que incluyen una mutación del gen precursor de la proteína amiloide del humano. Estos ratones tienden a formar placas de amiloide en su cerebro.

Sin embargo, la muerte neuronal observada en la enfermedad de Alzheimer no ocurre comúnmente en esos ratones transgénicos. Una teoría para explicar este hallazgo es que la muerte neuronal de la enfermedad de Alzheimer puede ser consecuencia de la inflamación crónica que resulta de activar la proteína del complemento por la beta-amiloide. Los investigadores del IED de la UCI han demostrado que la beta-amiloide puede activar el complemento cuando es ligada a un sitio localizado en la cadena C1q-A del sistema de proteínas del complemento.

La secuencia de aminoácidos de la cadena A del ratón difiere significativamente de la cadena A del humano; además, las cadenas humanas responden de manera diferente de como lo hace la proteína beta-amiloide. La comparación de suero del ratón y del humano mostró también que la beta-amiloide activa más eficazmente el complemento del humano que el del ratón. Por ende, los rasgos particulares del sistema inmune humano pueden predisponerlo a padecer la inflamación crónica observada en la enfermedad de Alzheimer. Son necesarias manipulaciones genéticas adicionales para reproducir en el ratón la inflamación y la degeneración neuronal que ocurren en el humano.

Muerte celular por apoptosis y su papel en la enfermedad de Alzheimer

Generalmente, cuando las células de la mayoría de los órganos del cuerpo sufren daño y mueren, como consecuencia, su pérdida tiene poco efecto en el órgano afectado, pues son generadas nuevas células para reponer a las perdidas por ejemplo, si las células del riñón son dañadas por una infección, el cuerpo podrá destruirlas mediante el proceso de lucha contra la infección y después remplazarlas para restaurar plenamente la función renal. En el cerebro, las cosas no resultan tan simples: sus principales células, las neuronas, son muy sensibles al ambiente químico que las rodea y requieren dicha sensibilidad para enviar y recibir los mensajes sinápticos. Pero dicha sensibilidad hace que las neuronas sean vulnerables a las alteraciones que ocurren en su exterior, alteraciones que pueden afectar la función neuronal y causar la muerte de la célula.

Las neuronas, como otras células del cuerpo, pueden morir mediante dos mecanismos posibles: por necrosis (muerte accidental de la célula) o por apoptosis (muerte celular programada). Como explicamos en la sección denominada "Factores neurotróficos (neurotrofinas) y muerte neuronal", cuando una neurona muere por el proceso de necrosis, su contenido es vertido al espacio extracelular y ciertas sustancias químicas y enzimas liberadas pueden causar daño a las células vecinas. Estos efectos causan a menudo daño secundario a otras células. Un mecanismo de defensa contra dicho daño es que las células dañadas eviten la necrosis al incurrir en un mecanismo de "suicidio celular". Este proceso natural se llama *apoptosis* o *muerte programada de la célula*. Durante la apoptosis, las células activan un conjunto especial de genes y programan su muerte. Una ventaja adaptativa de este proceso es que las células destinadas a morir causan un impacto mínimo en las células circundantes. En vez de "estallar" de manera incontrolada, la célula inactiva sus enzimas antes de morir, de modo que afecta poco a sus células que la rodean.

Los investigadores del IED de la UCI fueron los primeros en reportar evidencia de que la apoptosis es uno de los mecanismos que precipita la muerte neuronal en la enfermedad de Alzheimer (IED, Universidad de California en Irvine [http://www.alz.uci.edu/]). Este proceso ocurre rápidamente y cuando ha terminado, queda poca o ninguna evidencia de la célula original, así que fue muy difícil reconocer la aparición de este proceso en el tejido cerebral en la enfermedad de Alzheimer. Sin embargo, una vez que encontraron que la apoptosis sucede durante la degeneración de la enfermedad de Alzheimer, dichos científicos recurrieron a los medios de cultivo de tejidos para aprender más acerca del proceso. Descubrieron que la proteína beta-amiloide causa apoptosis en neuronas que crecen en medios de cultivo (figura 6). En la actualidad se investiga cómo ocurre exactamente este proceso: si los genes que controlan la apoptosis durante el desarrollo o como consecuencia de lesiones participan en la enfermedad de Alzheimer, y si hay maneras de bloquear este proceso. Por ejemplo, dichos investigadores han identificado cuáles genes desempeñan un papel en la apoptosis inducida en neuronas por la presencia de amiloide, que las proteínas antiapoptóticas como la Bcl-2 y la CrmA pueden bloquear este proceso, y que las proteínas efectoras específicas de la apoptosis (por ejemplo: las proteasas de la caspasa, que puede degradar proteínas celulares estructurales y de otros tipos) son activadas como parte de lo que ocurre durante los procesos de toxicidad y muerte celular inducidos por la beta-amiloide en las neuronas. Estos estudios también han llevado a predecir que los agentes que reducen el daño oxidativo ayudan a estabilizar la enfermedad de Alzheimer.

Habilidades conservadas en los pacientes con enfermedad de Alzheimer

Es muy conocido que las personas con la enfermedad de Alzheimer tienen problemas de memoria; sin embargo, esto no significa que los pacientes con enfermedad de Alzheimer tengan problemas en todas sus funciones cerebrales o que no puedan aprender nuevas cosas. Por ejemplo, cuando una persona anciana saludable practica una nueva tarea, aprende mejor cuando da variedad a su práctica. Esto es como el jugador de basquetbol que practica tiros: mejorará mucho más si lanza la bola desde distintas partes de la cancha corte y no sólo desde la línea de tiro libre. Esta modalidad es llamada *práctica variada*. Simplemente tirar desde el mismo lugar todo el tiempo sería realizar una práctica constante. Los investigadores del IED de la UCI han aprendido que los pacientes con enfermedad de Alzheimer pueden aprender tareas nuevas cuando su práctica se basa en el principio de la práctica constante y no en la práctica variada (ibid).

Los pacientes pueden mejorar su habilidad en ciertas tareas, aunque no recuerdan las sesiones de práctica. También cuando aprenden tareas novedosas de tipo motriz, pueden transferir sus habilidades adquiridas a otras tareas similares. Actualmente es analizado en qué difieren las modificaciones en las actividades motoras *finas* entre los pacientes con Alzheimer y los ancianos normales. Si una persona tiene dificultades para realizar tareas motoras finas, podrá experimentar problemas al escribir o dibujar. Esto puede tener impacto en sus habilidades cotidianas, por lo cual estudiamos qué tan temprano en el curso de la enfermedad se pierde el control motor y si la práctica puede reducir la velocidad de dichos cambios.

Hay también múltiples actividades que parecen permanecer en algunos pacientes con Alzheimer, las cuales incluyen las capacidades para dibujar y pintar y otras habilidades artísticas. Entender qué tipo de habilidades persisten en la enfermedad, en vez de enfocarnos en lo que perdemos, puede enseñar a los integrantes de la familia y a los proveedores de cuidados a mejorar la ayuda brindada a los pacientes con Alzheimer a medida que la enfermedad avanza. Actualmente es común ofrecer clases de pintura y otras artes y artesanías en los centros de atención para estos enfermos. El estudio de la persistencia de ciertas habilidades en el paciente con Alzheimer ayuda a entender qué circuitos del cerebro son afectados de forma temprana o tardía durante el avance de la enfermedad.

Tratamiento médico de la enfermedad de Alzheimer

El deterioro cognoscitivo asociado a la enfermedad de Alzheimer es inevitable, pero el curso de la enfermedad resulta impredecible. La supervivencia a partir del inicio de la enfermedad oscila entre dos y 20 años (*The Merck Manual*, p. 1 398, 1999). Resulta obvio decir que uno de los objetivos principales de la investigación realizada actualmente en relación con la enfermedad de Alzheimer reside en encontrar un tratamiento eficaz, si no es que una cura. La comunidad científica considera con mucho optimismo la posibilidad de que, si encontramos un tratamiento eficaz, éste también beneficiará a aquellos que padecen otras enfermedades degenerativas cerebrales (Halgin y Whitbourne, 2003). Conforme avanza la búsqueda de la etiología de la enfermedad de Alzheimer, los investigadores intentan encontrar medicamentos que, al menos, alivien sus manifestaciones.

En Estados Unidos ha sido autorizado el empleo de dos medicamentos para tratar las manifestaciones de la enfermedad de Alzheimer, los cuales actúan en los sistemas de transmisión colinérgica del cerebro. Uno de ellos es la tetrahidroaminoacridina (THA), también denominada *tacrina*, cuyo nombre comercial en Estados Unidos es Cognex. El otro medicamento autorizado es el clorhidrato de donecepilo, cuyo nombre comercial en Estados Unidos es Aricept; en México, su nombre comercial es Eranz. Los dos medicamentos actúan como colinesterasas, es decir, inhiben la acción de la enzima colinesterasa, encargada de la degradación de la acetilcolina. Por consiguiente, al inhibir la acción de la acetilcolinesterasa, los medicamentos aumentan la concentración de acetilcolina en el espacio sináptico en los sistemas de transmisión colinérgica. Por desgracia, ambos medicamentos tienen efectos colaterales indeseables. La tacrina puede causar toxicidad hepática y las dosis requeridas son demasiado altas para algunas personas. El donecepilo es tan eficaz como la tacrina en el alivio de las manifestaciones de alteración cognoscitiva; sin embargo, también tiene efectos colaterales gastrointestinales relacionados con su efecto colinérgico periférico y puede provocar diarrea y náusea. Además, la dosis requerida es más baja y no interfiere con la función del hígado (ibid). Ambos medicamentos permiten al paciente aliviar las perturbadoras manifestaciones de alteración cognoscitiva presentadas en las fases tempranas de la enfermedad.

Sorprendentemente, hemos encontrado que la terapia sustitutiva estrogénica, a menudo utilizada para aliviar las manifestaciones propias de la deficiencia estrógenica posmenopáusica, puede retardar la aparición del deterioro cognoscitivo en mujeres con la enfermedad de Alzheimer (ibid). Una tercera categoría de medicamentos actúa evitando la acción de los denominados *radicales libres*, que son moléculas formadas cuando la proteína beta-amiloide es degradada. Pensamos que los radicales libres dañan las neuronas situadas en el tejido cerebral circundante. Los antioxidantes son agentes que pueden impedir la acción dañina de los radicales libres y, por ende, ser utilizados en el tratamiento de la enfermedad de Alzheimer. Uno de estos medicamentos es la selegilina, cuyo nombre comercial en Estados Unidos es Eldepryl y Niar en México. Al inicio, este antioxidante pareció eficaz como tratamiento a corto plazo de la enfermedad de Alzheimer; sin embargo, actualmente consideramos que no tiene mucha utilidad a largo plazo (ibid).

La vitamina E es otro antioxidante probado en el tratamiento de este trastorno. Por azar, los pacientes que utilizaban ibuprofeno en el tratamiento de la artritis parecían estar protegidos de la enfermedad de Alzheimer, lo cual llevó a recomendar la utilización de esta droga en su tratamiento. Además del ibuprofeno (Advil, Motrin), otros medicamentos antiinflamatorios no esteroideos, como el naproxeno (Naxen) y la indometacina (Indocid), pueden proteger contra la enfermedad. La prednisona es otro agente antiinflamatorio, en este caso esteroideo, también utilizado como tratamiento para retardar el avance de la enfermedad de Alzheimer. Por último, un extracto de la planta denominada Gingko biloba, comercialmente conocido como Tebonin o Vasodil, puede enlentecer o revertir con moderación la pérdida de la memoria y otras manifestaciones clínicas en pacientes con Alzheimer (*The Merck Manual*, p. 1 398, 1999). Dicho extracto parece actuar como antagonista de los efectos de los radicales libres y, aunque sus efectos indeseables son mínimos, resultan necesarios más estudios para comprobar su eficacia (ibid).

Conclusiones

1. El proceso de envejecimiento en el sistema nervioso central es el resultado de la interacción entre las pérdidas relacionadas con la edad, las enfermedades y los mecanismos compensatorios generados para compensar los declives funcionales.

2. Aunque la mayoría de los estudios da énfasis a las pérdidas relacionadas con la edad, muchas propiedades de sistemas específicos se conservan, por ejemplo: la transmisión sináptica en vías específicas del cerebro y el metabolismo oxidativo cerebral.

3. La investigación neuroquímica del envejecimiento necesita ser considerada en el contexto de las funciones específicas y los parámetros más críticos para dichas funciones. La heterogeneidad es uno de los sellos de envejecimiento. Cualquier teoría molecular necesita tener en cuenta la heterogeneidad que existe entre los individuos e incluso entre los grupos de células en el cerebro.

4. Los mecanismos adaptativos y de plasticidad probablemente desempeñan un papel importante en el mantenimiento de las funciones durante el envejecimiento.

5. El envejecimiento cerebral probablemente es debido no a un solo factor, sino a una serie de mecanismos interdependientes que comprometen la precisión y exactitud computacional de las redes neuronales. Esto se manifestaría primero como una incapacidad para enfrentar desafíos extremos que con anterioridad eran manejados fácilmente.

6. La velocidad de procesamiento preciso de tareas cognoscitivas y no cognoscitivas puede reducirse, quizá porque el cerebro necesita realizar cada vez más ensayos para ser exitoso.

7. El enfoque multidisciplinario integrado parece ser esencial para entender el proceso de envejecimiento.

8. De hecho, cuanto más aprendemos acerca del envejecimiento, más podemos entender cómo perfeccionar el potencial para envejecer satisfactoriamente.

Bibliografía A

Adams, P. (trad.), (1939), "The Genuine Works of Hippocrates", Baltimore: Williams and Wilkins, en Rains, G. D. (2002), *Principles of Human Neuropsychology*, p. 4, Boston: McGraw-Hill.

Alloy, L. B., Jacobson, N. S. y Acocella, J. (1999), *Abnormal Psychology. Current Perspectives*, 8a. ed., Boston: McGraw-Hill College.

American Psychiatric Association (1994), *Diagnostic and Statistical Manual of Mental Disorders* (DSM-IV), 4a. ed., Washington: American Psychiatric Association.

Castañeda, M. (1994), *Envejecimiento: la última aventura. Preocupación humana, desinterés biológico y oportunidades eugéricas*, México: Biblioteca de la Salud, Secretaría de Salud, Fondo de Cultura Económica.

De Armond, S. J., Fusco, M. y Dewey, M. M. (1976), *A Photographic Atlas. Structure of the Human Brain*, 2a. ed., Nueva York: Oxford University Press.

Diccionario de la lengua española, (1992), Real Academia Española, 21a. ed., Madrid: Real Academia Española.

Halgin, R. P. y Whitbourne, S. K. (2003), *Abnormal Psychology, Clinical Perspectives on Psychological Disorders*, 4a. ed., Boston: McGraw-Hill.

Kaplan, H. J. y Sadock, B. J. (1998), *Sinopsis de psiquiatría. Ciencias de la conducta. Psiquiatría clínica*, 8a. ed., Madrid: Editorial Médica Panamericana, William and Wilkins.

Nicholi, A. M. (ed.), (1988), *The New Harvard Guide to Psychiatry*, Cambridge: The Belknap Press of Harvard University Press.

Nolen-Noeksema, S. (2001), *Abnormal Psychology*, 2a. ed., Boston: McGraw-Hill.

Pinel, J. P. J. (2001), *Biopsicología*, 4a. ed., Madrid: Pearson Educación.

Purves, D., Augustine, G. J., Fitzpatrick, D., Katz, L. C., LaMantia, A. S. y McNamara, J. O. (eds.), (1997), *Neuroscience*, Massachussets: Sinauer Asociates, Inc., Publishers.

Quiroz, F. (1952), *Tratado de anatomía humana*, tomo II, p. 298, México: Editorial Porrúa.

Robbins, S. L. (1975), *Patología estructural y funcional*, México: Nueva Editorial Interamericana.

Rossman, I. (1986), *Clinical Geriatrics*, 3a. ed., Filadelfia: Lippincott Co.

Schneider, E. y Rowe, J. W. (eds.), (1990), *Handbook of the Biology of Aging*, 3a. ed., San Diego: Academic Press.

Schroeder, S. A., Krupp, M. A., Tierney Jr., L. M. y McPhee, S. J. (1990), *Current Medical Diagnosis and Treatment*, Norwalk, Connecticut: Appleton & Lange.

Siegel, G. Agranoff, B., Albers, R. W. y Molinoff, P. (eds.), (1989), *Basic Neurochemistry*, 4a. ed., Nueva York: Raven Press.

The Merck Manual (1999), 7a. y 100a. ed., Whitehouse Station, Nueva Jersey: Merck Research Laboratories.

Vander, A., Sherman, J. y Luciano, D. (2001), *Human Physiology. The Mechanisms of Body Function*, Boston: McGraw-Hill.

Bibliografía B

Adams, J. M., y Cory, S. (1998), "The Bcl-2 Protein Family: Arbiters of Cell Survival", *Science*, 281: 1 322-1 326.

Ashkenazi, A., y Dixit, V. M. (1998), "Death Receptors: Signaling and Modulation", *Science*, 281, 1 305-1 308.

Asociación Internacional de Psicogeriatría, *International Association of Psychogeriatrics*, http://www.ipa-online.org/ipaonlinev3/ipaprograms/guidetoaddiagnosis/default.asp).

Barnes, C. A., Rao, G. y McNaughton, B. L. (1987), "Increased Electronic Coupling in Aged Rat Hippocampus: a Possible Mechanism for Cellular Excitability Changes", *J. Comp. Neurol*, 259: 549-558, en Cotman, C. W. y Peterson, C., *Aging in the Nervous System,* capítulo 27, pp 529, en Siegel, G. Agranoff, B., Albers, R. W. y Molinoff, P. (eds.) (1989), *Basic Neurochemistry*, pp. 527, 4a. ed., Nueva York: Raven Press.

Bartzokis, G. Beckson, M., Lu, P. H., Nuechterlein, K. H., Edwards, N., y Mintz, J. (2001), "Age Related Changes in Frontal and Temporal Lobe Volumes in Men: a Magnetic Resonance Imaging Study", *Arch. Gen. Psychiatry*, 58 (5): 5: 461-465.

Brody, H. (1955), "Organization of Cerebral Cortex: III. A Study of Aging in Human Cerebral Cortex", *J. Comp. Neurol*, 102: 511, en Rossman, I. (1986), *Clinical Geriatrics,* p. 18., 3a ed., Filadelfia: Lippincott Co.

Butler, R. N. y Lewis, M. I. (1977), en Horvath, T. B. y Davis, K. L. (1990), "Central Nervous System Disorders in Aging", en: Schneider, E. y Rowe, J. W. (eds.), (1990). *Handbook of the Biology of Aging*, p. 306. 3a. ed., San Diego: Academic Press.

Coleman, P. D. y Flood, P.D. (1986), "Dendritic Proliferation in the Aging Brain as a Compensatory Repair Mechanism", en Swaab, D. F., Fliers, E., Mirmiran, M., Van Gool, W. A. y Van Haaren, F. (eds.) (1986), *Progress in Brain Research*, Amsterdam: Elsevier, vol. 70, pp. 227-236, en: Cotman, C. W. y Peterson, C., *Aging in the Nervous System,* capítulo 27, p. 526, en Siegel, G. Agranoff, B., Albers, R. W. y Molinoff, P. (eds.), (1989), *Basic Neurochemistry*, p. 527, 4a. ed., Nueva York: Raven Press.

Corder, E. H., Saunders, A. M., Strittmatter, W. J., Schmechel, D. E., Gaskell, P. C., Small, G. W., Roses, A. D., Haines, J. L. y Pericak-Vance, M. A. (1993), *Science*, 261: 921-923.

Cotman, C. W. y Peterson, C., "Aging in the Nervous System", capítulo 27, p. 526, en Siegel, G. Agranoff, B., Albers, R. W. y Molinoff, P. (eds.), (1989), *Basic Neurochemistry*, 4a. ed., Nueva York: Raven Press.

Davis, P. J. M. y Wright, E. A. (1977), "A New Method for Measuring Cranial Cavity Volume and its Application to the Assessment of Cerebral Atrophy at Autopsy", *Neuropathol. Appl. Neurobiol.*, 3: 341, en Rossman, I. (1986), *Clinical Geriatrics,* p. 17, 3a. ed., Filadelfia: Lippincott Co.

Evan, G. y Littlewood, T. (1998), "A Matter of Life and Death, *Science*, 281, 1 317-1 320.

Goldgaber D., Lerman, M. I., McBride, O. W., Saffioti, U. y Gajdusek, D. C. (1987), "Characterization and Chromosomal Localization of DNA Encoding Brain Amyloid of Alzheimer's Disease", *Science* 235: 870-880.

Green, D. R. y Reed, J. C. (1998), "Mitochondria and Apoptosis", *Science*, 281: 1 309-1 316.

Hall, T. G., Miller, A. K. H. y Corsellis, J. A. N. (1975), en Rossman, I. (1986), *Clinical Geriatrics*, p. 18, 3a ed., Filadelfia: Lippincott Co.

Hardy, J. (1993), "Genetic Mistakes Point the Way for Alzheimer's Disease", *Journal of NIH Research*. 5:46-49, en Alloy, L. B., Jacobson, N. S. y Acocella, J. (1999), *Abnormal Psychology. Current Perspectives*, 8a. ed., p. 424, Boston: Mc-Graw-Hill College.

Henderson, G., Tomlinson, B. E. y Gibson, P. H. (1980), en Rossman, I. (1986), *Clinical Geriatrics*, p. 18, 3a. ed., Filadelfia: Lippincott Co.

Hollyday, M. y Hamburger, V. (1976), "Reduction of the Naturally Occurring Motor Neuron Loss by Enlargement of the Periphery," *J. Comp. Neurol.*, 170: 311-320, en Pinel, J. P. J. (2001), *Biopsicología*, p. 475, 4a. ed., Madrid: Pearson Educación.

Horvath, T. B. y Davis, K. L., "Central Nervous System Disorders in Aging", en Schneider, E. y Rowe, J. W. (eds.), (1990), *Handbook of the Biology of Aging*, p. 306, 3a. ed., San Diego: Academic Press.

Instituto del Envejecimiento y la Demencia (IED), Universidad de California en Irvine, página en la red: http://www.alz.uci.edu/.

Katzman, R. y Thal, L. J. (1989), "Neurochemistry of Alzheimer's Disease", capítulo 47, en Siegel, G. Agranoff, B., Albers, R. W. y Molinoff, P. (eds.), (1989), *Basic Neurochemistry*, pp. 830-832, 4a. ed., Nueva York: Raven Press.

Kemper, T. (1984), "Neuroanatomical and Neuropathological Changes in Normal Aging and in Dementia", en Albert, M. L. (ed.), *Clinical Neurology of Aging*, Nueva York: Oxford University Press, en Horvath, T. B. y Davis, K. L. (1990), *Central Nervous System Disorders in Aging*, en Schneider, E. y Rowe, J. W. (eds.) (1990), *Handbook of the Biology of Aging*, p. 308, 3a. ed., San Diego: Academic Press.

La Jornada, septiembre 22 de 2002.

Levi-Montalcini, R. (1952), "Effects of Mouse Motor Transplantation on the Nervous System", *Annals of the Nueva York Academy of Sciences*, 55: 330-334, en Pinel J. P. J. (2001), *Biopsicología*, p. 475, 4a. ed., Madrid: Pearson Educación.

— (1975), "NGF: An Uncharted Route", en Worden, F. G., Swazey, J.P. y Adelman, G. (eds.), *The Neurosciences: Paths of Discovery*, pp. 245-265, Cambridge, MIT Press, en Pinel, J. P. J. (2001), *Biopsicología*, p. 475, 4a. ed., Madrid: Pearson Educación.

McGeer, P. L., McGeer, G. G. y Susuki, J. S. (1977), "Aging and Extrapyramidal Function", *Arch. Neurol.*, 34: 33-35, en Cotman, C. W. y Peterson, C. *Aging in the Nervous System*, capítulo 27, p. 526, en Siegel, G. Agranoff, B., Albers, R. W. y Molinoff, P. (eds.) (1989), *Basic Neurochemistry*, 4a. ed., Nueva York: Raven Press.

Miller, A. K. H., Alston, R. L. y Corsellis, H. (1980), "Variation with Age in the Volumes of Gray and White Matter in the Cerebral Hemispheres of Man: Measurements with an Image Analyser, *Neuropathol. Appl. Neurobiol.*, 6: 119-132, en Castañeda, M. (1994), *Envejecimiento: la última aventura. Preocupación humana, desinterés biológico y oportunidades eugéricas*, p. 168, México: Biblioteca de la Salud, Secretaría de Salud, Fondo de Cultura Económica.

Nishi, R. (1994), "Neurotrophic Factors: Two are Better than One", *Science*, 265: 1 052-1 053.

Pilar, G., Landmesser, L. y Burstein, L. (1980), "Competition for Survival among Developing Ciliary Ganglion Cells, *J. Neurophysiol*, 43: 233-254, en Pinel J. P. J. (2001), *Biopsicología*, p. 475, 4a. ed., Madrid: Pearson Educación.

Rowe, J. W., Wang, S. Y. y Elawi, D. (1990), "Design, Conduct, and Analysis of Human Aging Research", en Schneider, E. y Rowe, J. W. (eds.) (1990). *Handbook of the Biology of Aging*, p. 63, 3a. ed., San Diego: Academic Press.

Schwartz y cols. (1985), "Computed Tomographic Analysis of Brain Morphometrics in 30 Healthy Men, Aged 31 to 81 Years", *Ann. Neurol.*, 17: 146-157, en Castañeda, M. (1994), *Envejecimiento: la última aventura. Preocupación humana, desinterés biológico y oportunidades eugéricas*, p. 167, México: Biblioteca de la Salud, Secretaría de Salud, Fondo de Cultura Económica.

Seltzer, B. (1988), "Organic Mental Disorders", capítulo 17, en Nicholi, A. M. (ed.) (1988), *The New Harvard Guide to Psychiatry*, pp. 366-379, Cambridge: The Belknap Press of Harvard University Press.

Takeda, S. y Matsuzawa, T. (1984), "Brain Atrophy during Aging: A Quantitative Study Using Computerized Tomography", *J. Am. Geriatr Soc.*, 32: 520, en Rossman, I. (1986). *Clinical Geriatrics*, p. 17, 3a. ed., Filadelfia: Lippincott Co.

Terry, R. D., DeTeresa, R. y Hansen, L. A. (1987), "Neocortical Cell Counts in Normal Human Adult Aging," *Ann. Neurol.*, 21: 530-539, en Cotman, C. W. y Peterson, C., *Aging in the Nervous System*, capítulo 27, p. 525, en Siegel, G., Agranoff, B., Albers, R. W. y Molinoff, P. (eds.) (1989), *Basic Neurochemistry*, 4a. ed., Nueva York: Raven Press.

Vijayashankar, N. y Brody, H. (1977), "A Study of Aging in the Abducens Nucleus", *J. Comp. Neurol.*, 173: 433, en Rossman, I. (1986), *Clinical Geriatrics*, p. 18, 3a. ed., Filadelfia: Lippincott Co.

Zarit, S. H. (1980), *Aging and Mental Disorders: Psychological Approaches to Assessment and Treatment*, Nueva York: Free Press, en Horvath, T. B. y Davis, K. L. (1990), "Central Nervous System Disorders in Aging", en Schneider, E. y Rowe, J. W. (eds.) (1990), *Handbook of the Biology of Aging*, p. 306, 3a. ed., San Diego: Academic Press.

Cuadro 1. Volumen de las cavidades y cisternas cefalorraquídeas por edad y género*

Edad	Hombres	Mujeres
10-19	20.7 ± 10	19.1 ± 8.5
20-29	23.1 ± 10.9	15.4 ± 7.2
30-39	21.0 ± 8.7	15.4 ± 8.7
40-49	32.0 ± 20.4	20.3 ± 10.2
50-59	39.9 ± 25.1	29.3 ± 16.0
60-69	59.6 ± 28.6	43.6 ± 21.7
70-79	84.0 ± 34.1	88.0 ± 28.4
80-89	124.3 ± 63.0	98.1 ± 20.0

* Datos calculados a partir de estudios tomográficos realizados en 980 sujetos japoneses (Takeda y Matsuzawa, 1984). Valores en ml.

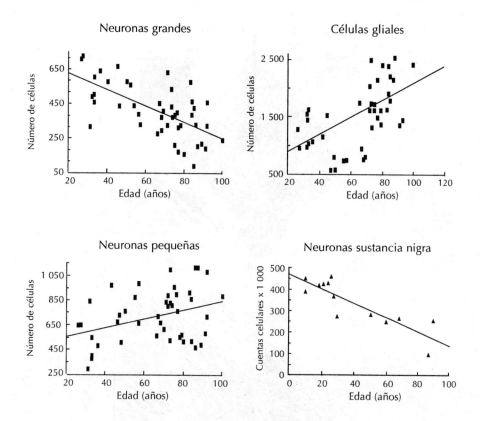

Figura 1. El envejecimiento es acompañado de cambios en las poblaciones celulares neuronales y gliales. En los datos mostrados en A, B y C (Terry y cols., 1987) fueron estudiados los cerebros de 51 sujetos humanos con funcionamiento cognoscitivo normal. Después de fijar y seccionar los tejidos, fueron teñidos con cresil violeta y cuantificado el número de células mediante métodos computacionales (Quantimet 920). A: las neuronas grandes (más de 90 micrómetros) muestran una disminución del número en función de la edad en todas las áreas prefrontales y temporales superiores e inferiores. B: las neuronas pequeñas (menos de 90, pero más de 40 micrómetros) tuvieron un aumento del número con la edad. C: el número de células gliales también aumenta con la edad. D: el número de células en la sustancia nigra disminuye con la edad (McGeer y cols., 1977, en Siegel y cols. [eds.], p. 526, 1989).

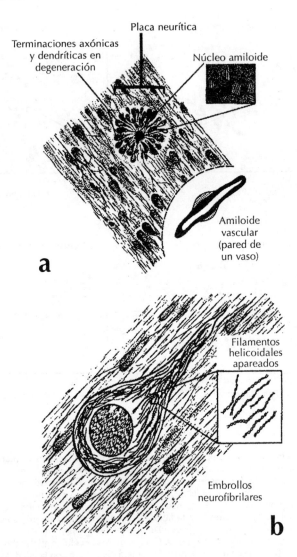

Figura 2. a: placas neuríticas. Estructuras de 20 a 50 micrómetros de diámetro formadas por cúmulos de procesos axónicos y dendríticos aumentados en tamaño y en degeneración. Los procesos se ubican alrededor de una porción central que contiene filamentos extracelulares filamentosos formados por la proteína anormal denominada beta-amiloide (tomado y modificado de Katzman y Thal, 1989, en Siegel y cols. [eds], p. 828, 1989). **b: Embrollos (o nudos o cúmulos) neurofibrilares.** Son somas neuronales anormales en los que el citoplasma está lleno de estructuras subcelulares filamentosas típicas, las cuales consisten en filamentos de aproximadamente 10 nanómetros de diámetro enrollados entre sí en forma de hélice (tomado y modificado de Katzman y Thal, 1989, en Siegel y cols. [eds.], p. 829, 1989).

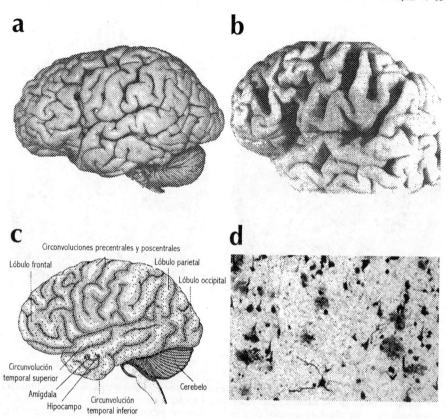

Figura 3. Cambios patológicos en el encéfalo en la enfermedad de Alzheimer. *a: vista lateral del cerebro normal de un adulto.* Se observa una abundancia de pliegues en la sustancia gris de la corteza cerebral. La cresta de cada repliegue es denominada *circunvolución.* Las cisuras o surcos separan entre sí las diversas circunvoluciones. Hay una pauta característica de cisuras y circunvoluciones relativamente constante de sujeto a sujeto. Cada hemisferio cerebral está subdividido en lóbulos denominados de acuerdo con los huesos craneales suprayacentes (tomado y modificado de DeArmond y cols., p. 5, 1976). *b: vista lateral del cerebro de un paciente con demencia de tipo Alzheimer de inicio tardío.* Se observa una atrofia difusa y severa con ensanchamiento de los surcos y cisuras. Los cambios afectan primordialmente los lóbulos frontales y parietales con preservación relativa de la corteza motora primaria (precentral) y modificaciones de menor grado en las áreas temporales y occipitales, al menos inicialmente (tomado y modificado de Kaplan y Sadock, p. 375, 1998). *c: áreas cerebrales más afectadas en la enfermedad de Alzheimer.* Los depósitos de beta-amiloide que forman las placas neuríticas, indicadas por puntos, se concentran en áreas cerebrales específicas (tomado y modificado de Selkoe, 1992; en Nolen-Hoeksema, p. 661, 2001). *d: microfotografía de las placas seniles (café) y los embrollos (o nudos) neurofibrilares (negro) presentes en el cerebro de un paciente con Alzheimer.* (Tomado de la página Web del Instituto del Envejecimiento y la Demencia (IED), Universidad de California en Irvine; Home Page, Institute for Aging and Dementia, University of California at Irvine, "http://www.alz.uci.edu/" http://www.alz.uci.edu/.)

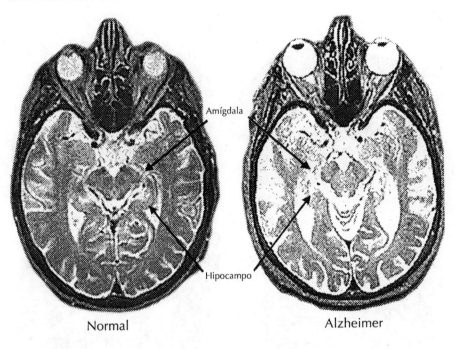

Amígdala

Hipocampo

Normal   Alzheimer

Figura 4. Comparación de imágenes horizontales por resonancia magnética de los cerebros de un adulto normal y de un paciente con enfermedad de Alzheimer. La técnica de imágenes por resonancia magnética (IRM) es utilizada para evaluar la estructura del cerebro viviente y constituye una técnica totalmente no invasiva. Se emplean ondas de radio en vez de rayos-x para construir una imagen basada en el contenido de agua de los tejidos. Cuando los protones de los átomos de hidrógeno del tejido cerebral son colocados en un campo magnético, pueden recibir y transmitir energía electromagnética. La magnitud de la energía transmitida es proporcional al número de protones presente en los tejidos. El sujeto estudiado es colocado en un dispositivo que contiene electroimanes muy poderosos. El campo magnético que dichos electroimanes generan provoca que los núcleos de los átomos de hidrógeno transmitan energía electromágnetica. Dicha actividad es medida a partir de miles de ángulos y enviada a una computadora que produce una imagen de alta resolución del área analizada. Esta representación distingue claramente entre las áreas de sustancia blanca y sustancia gris y resulta útil para diagnosticar alteraciones que ocurren en la sustancia blanca (fibras nerviosas), en la sustancia gris (primordialmente cuerpos neuronales) o en ambas a la vez. La imagen del lado izquierdo ilustra una sección horizontal del cráneo de un adulto normal en la parte media de los globos oculares. La imagen derecha fue obtenida de una mujer de 73 años con enfermedad de Alzheimer que presentaba alteraciones de memoria de tres años de evolución y dificultad para resolver sus problemas domésticos y financieros. El nivel de la sección es aproximadamente el mismo que en el caso del sujeto normal. En esta sección observamos las repercusiones de la enfermedad de Alzheimer en el hipocampo y en la amígdala que muestran atrofia severa. Dichas estructuras que participan en los procesos de memoria son algunos de los sitios más dañados por los mecanismos patológicos propios de la enfermedad. (Tomado y modificado del *Atlas de Harvard del cerebro*; Harvard Brain Atlas, Neuroimaging Primer, Keith A. Johnson, Harvard Medical School; ["http://www.med.harvard.edu/AANLIB/cases/caseM/mr3/032.html"].)

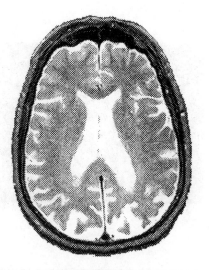 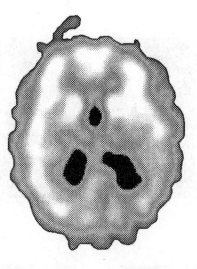

Resonancia magnética   Flujo sanguíneo cerebral (SPECT)

Figura 5. Dilatación ventricular y cambios en el flujo cerebral (SPECT) en la enfermedad de Alzheimer. La imagen de la izquierda es una sección horizontal del cerebro de un paciente con enfermedad de Alzheimer en el nivel de los ventrículos laterales que ilustra el hallazgo común de dilatación ventricular. La figura de la derecha es una tomografía computarizada de emisión de fotones únicos y positrones (SPECT/PET, single photon/positron emission computed tomography). La técnica consiste en lo siguiente: el sujeto inhala o se le inyecta por vía intravenosa un compuesto marcado con isótopos radiactivos en cantidades traza. Por ejemplo, en el primer caso se podría emplear Xe; en el segundo, iodoanfetamina con I. Los compuestos marcados se acoplan a los eritocitos de la sangre y se distribuyen por todo el organismo. Dichas sustancias, que tienen un decaimiento exponencial y una vida media muy corta, emiten fotones de alta-energía y electrones con carga positiva denominados positrones. El proceso de decaimiento radiactivo se cuantifica mediante una cámara gamma movida rápidamente alrededor de la cabeza para recoger las partículas emitidas a partir de numerosos ángulos. Con base en los datos se construyen imágenes en dos o tres dimensiones que representan la acumulación del compuesto marcado. Dicha acumulación puede reflejar, por ejemplo, el flujo sanguíneo, el consumo de oxígeno, el metabolismo de la glucosa o la concentración de ciertos neurotransmisores. Habitualmente las imágenes son representaciones en colores. En esta figura, las regiones que se representan con los colores fríos de la escala empleada (azul-verde-violeta) indican un menor nivel de flujo o perfusión cerebral. En contraste, los colores "cálidos (naranjas-rojos) representan un mayor nivel de flujo o perfusión cerebral. Dado que la extracción y la diferencia arteriovenosa de oxígeno se mantienen con la edad y también en la demencia por enfermedad de Alzheimer (aunque no así en las demencias por déficit vascular), la disminución del flujo es un cambio indicativo de actividad neuronal disminuida (Castañeda, p. 170, 1994). En este caso, la disminución del flujo observada en las áreas parietales, sobre todo el lado derecho, es debida en parte a la atrofia subyacente en estas regiones dañadas, y en parte a la desconexión funcional de tales áreas de otras regiones del cerebro también afectadas por la enfermedad. (Tomado y modificado del *Atlas completo de Harvard del cerebro*; Whole Brain Atlas, Neuroimaging Primer, Keith A. Johnson, Harvard Medical School ["http://www.med.harvard.edu/AANLIB/cases/caseM/mr3/032.html"] y de Purves y cols., pp. 32-33, 1997.)

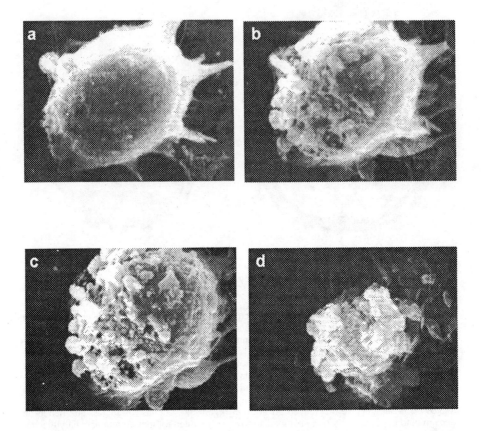

Figura 6. Muerte neuronal inducida en cultivos de neuronas por la presencia de concentraciones altas de la proteína beta-amiloide. Los científicos del Instituto del Envejecimiento y la Demencia de la Universidad de California en Irvine fueron los primeros en aportar evidencia de que la apoptosis es un mecanismo que ocasiona muerte neuronal en la enfermedad de Alzheimer. Este proceso ocurre muy rápidamente y cuando concluye queda poca o ninguna evidencia de la célula original, de manera que es muy difícil observar la ocurrencia del proceso en los tejidos de enfermos con Alzheimer. Por ello, utilizaron cultivos de neuronas para entender mejor los mecanismos involucrados; así, descubrieron que la beta-amiloide puede causar apoptosis en las neuronas cultivadas. Se muestra aquí un ejemplo de neurona en cultivo en proceso de muerte por apoptosis. *a*: neurona en la condición control. *b*, *c* y *d*: etapas sucesivas de evolución hacia la muerte celular debido a la adición al medio de cultivo de concentraciones altas de proteína ß-amiloide. La muerte ocurre finalmente y se ilustra en d. (Tomado y modificado de la página Web del Instituto del Envejecimiento y la Demencia [IED], Universidad de California en Irvine; Home Page, Institute for Aging and Dementia, University of California at Irvine, http://www.alz.uci.edu/.)

Procesos cognoscitivos y envejecimiento: un aporte de las neurociencias

Miriam Trápaga
Universidad de La Habana, Cuba

Hacia una justificación de los estudios sobre envejecimiento

Los cambios en el comportamiento relacionados con la edad han sido objeto de estudio de la psicología, particularmente de la psicología evolutiva, desde épocas remotas. La naturaleza cambiante del individuo a lo largo de su vida se manifiesta en diversos ejes o coordenadas, como los cambios biológicos, psicológicos y sociales, que abarcan todo el ciclo de la vida humana desde la fecundación del óvulo hasta la muerte –ciclo vital, término conocido en la literatura de habla inglesa como *life-span*.

La historia de la investigación de las características del ciclo vital humano se centró en sus inicios en el desarrollo infantil, de modo que en 1877 Charles Darwin publicó la biografía evolutiva de su hijo, estimulado por los estudios de la época acerca del tema (Vega Vega, 1987).

Si bien en la primera mitad del siglo XIX el científico alemán Friedrich August Carus (1770-1807) y el astrónomo y matemático belga Adolphe Quetelet (1796-1874), quien realizó interesantes trabajos biométricos y es considerado por muchos autores el primer gerontólogo de la historia, distinguían cuatro períodos generales en el desarrollo humano –infancia, juventud, edad adulta y tercera edad–, fue hasta bien avanzado el siglo XX cuando proliferaron los estudios acerca del desarrollo infantil, los cuales tuvieron sus mas elevados exponentes en los trabajos de Lev Semionovich Vigotsky (1896-1934), Arnold Gesell (1880-1961), Jean Piaget (1896-1980) y Henri Wallon (1879-1962), entre otros.

Los primeros estudiosos del desarrollo infantil suponían que la investigación de los primeros estadios de la vida serían la puerta de entrada de todo conocimiento psicológico de la conducta del ser humano adulto y se caracterizaban por un enfoque predominantemente biologicista, aunque los estudios de Vigotsky coadyuvaron de manera decisiva a incluir el enfoque histórico-cultural, concepción que establece que la actividad mental podrá ser comprendida correctamente y explicada de manera adecuada sólo si se analiza no como producto directo del funcionamiento biológico (del sistema nervioso), sino como consecuencia del desarrollo histórico del hombre y resultado de la actividad con base en la existencia de ciertos órganos biológicos que garantizan su realización.

De este modo, el enfoque del ciclo vital adquiere auge sólo a partir de la segunda mitad del siglo XX (Pelechano, 1987). Dicho enfoque considera que el desarrollo es un proceso que tiene lugar a lo largo de la vida como una expresión tanto del desarrollo ontogenético como de los principios del cambio histórico o evolucionista (biocultural), concepciones que originan un crecimiento sustancial de estudios longitudinales (observación y registro de sujetos nacidos el mismo año en diferentes momentos de su vida), y transversales (estudio de muestras de sujetos que han nacido en años diferentes y, por ende, pertenecen a distintas generaciones) (Vega Vega, 1987).

El siglo XX trajo consigo cambios sustanciales en la composición demográfica, así como en el campo de las ciencias económicas, sociales y médicas, entre otras, que coadyuvaron a incluir un redimensionamiento de determinadas etapas del desarrollo humano, sobre todo en lo concerniente al estudio del envejecimiento. Si bien la esperanza de vida de la población en el siglo XIX no sobrepasaba los 35-40 años de edad, hoy llega hasta los 75 en los países con mayor crecimiento económico y social. Reconociendo las diferencias existentes de acuerdo con el desarrollo socioeconómico y las políticas locales, el mundo de hoy está caracterizado por una considerable mejoría de los servicios de salud pública, surgimiento de tratamientos médicos que contribuyen a incrementar la longevidad y a disminuir las tasas de fertilidad, lo que, entre otras causas, ha provocado un gran aumento de la población perteneciente a la tercera edad (Hyman, 2001).

Este "triunfo demográfico" significa que si en el año 2000 el número de personas de más de 60 años era de alrededor de 600 millones, en el 2050 esta cifra llegará a casi 2 000 millones, mientras que se proyecta un incremento mundial de la proporción del grupo de población definido como personas de edad de 10% en 1998 a 15% en el 2025. En Asia y América Latina, la proporción de ancianos aumentará de 8 a 15% entre 1998 y 2025, mientras que en África se prevé que esa proporción crezca sólo de 5 a 6% durante ese período, y que después se duplique para el año 2050. En el África subsahariana, donde la pandemia del VIH/sida y las dificultades económicas y sociales continúan haciendo estragos, el porcentaje llegará a la mitad de ese nivel. En Europa y América del Norte, entre 1998 y 2025, la proporción de población envejecida aumentará de 20 a 28% y de 16 a 26%, respectivamente (ONU, 2002).

Los pronósticos en cuanto a los cambios demográficos establecen que el número de personas de edad supere al de los niños; de hecho, las tasas de natalidad han descendido por debajo del nivel de remplazo en los países desarrollados, de modo que en algunos de ellos el número de personas de edad para el año 2050 será más del doble que el de los niños. Por otro lado, el envejecimiento comienza a ser considerado por la comunidad mundial un problema que requiere soluciones y estudios diseñados especialmente, de modo que en 1968 este tema fue planteado por primera vez en la Asamblea Mundial de las Naciones Unidas por el representante de Malta.

En 1982 tuvo lugar la Primera Asamblea Mundial sobre el Envejecimiento en Viena, como resultado de la cual fue elaborado un Plan Internacional sobre el Envejecimiento, denominado Plan de Acción de Viena. Resulta interesante el dato de que, durante la celebración de ese evento, el secretario de la ONU estimó pertinente inculcar en la población el espíritu de que el envejecimiento fuera considerado un logro de la sociedad.

En ocasión del vigésimo aniversario de la Primera Asamblea Mundial sobre el Envejecimiento se celebró en Madrid en 2002 la Segunda Asamblea Mundial sobre el Envejecimiento, la cual generó el Plan de Acción Internacional sobre el Envejecimiento 2002. Esta asamblea fue convocada, entre otras razones, para proseguir la elaboración del programa de investigaciones de Naciones Unidas acerca del envejecimiento para el siglo XXI, cuyo objeto es servir de base para adoptar medidas normativas en relación con el envejecimiento, especialmente en los países en desarrollo. Estos planes de acción han orientado el pensamiento y la acción sobre el envejecimiento en los últimos 20 años y han generado iniciativas y políticas de vital importancia en múltiples direcciones de trabajo que incluyen a diversos sectores de la sociedad: políticos, dirigentes gubernamentales, autoridades sanitarias, instituciones jurídicas, comunitarias, educacionales y otras. Además, han contribuido a considerar que el envejecimiento no es una etapa terminal de la vida caracterizada por aislamiento, tristeza, invalidez y rechazo de los más jóvenes, sino una etapa que brinda determinadas oportunidades: llegar a la vejez con goce de mejor salud y de un bienestar realizado más plenamente, con la posibilidad de inclusión y participación plenas en la sociedad y haciendo aportes más efectivos a la comunidad y al desarrollo de está, o sea, a considerar que la vejez es un logro (Nussbaum, 1997; OPS/OMS, 2002; ONU, 2002).

Los cambios sociodemográficos y las acciones de organizaciones internacionales, entre otros factores, han influido de manera directa en todas las facetas de la humanidad y condicionado los cambios en los enfoques acerca del envejecimiento. Surgen grupos multidisciplinarios y nuevas ramas de las ciencias (geriatría y gerontología) o ramas híbridas (psicología gerontológica, neuropsicología de la tercera edad, gerontología social y otras) cuyo objeto de estudio es el envejecimiento humano (Rocabruno Mederos y Prieto Ramos, 1992; Quintero y González, 1997; Quintero y Trujillo, 1992).

El aporte de diversas ramas de las ciencias (médicas, psicológicas y sociales, entre otras) a la concepción conocida como ciclo vital a partir de la segunda mitad del siglo XX ha permitido concebir a la vejez como una etapa de la vida que puede transcurrir de manera exitosa (envejecimiento exitoso o normal) o patológica (envejecimiento usual o patológico). Esta concepción fue planteada por primera vez por Rowe y Kahn (1987) y se basó en la observación de que, aun cuando proliferaba la creencia de que las personas ancianas se caracterizaban por un deterioro cognitivo progresivo en la medida en que aumentaba la edad, diversas investigaciones atestiguaban que gran parte de ellas mostraban rendimientos cognitivos semejantes a los de personas adultas jóvenes y mantenían capacidades que les permitían llevar una vida más plena y placentera. Esta corriente teórica llevó a comprender la vejez con una perspectiva de desarrollo que tiene en cuenta diversas variables del contexto social y psicológico del anciano en interacción con factores genéticos y biológicos. Así, el envejecimiento exitoso ha sido introducido como un elemento que toma en cuenta la heterogeneidad entre la población anciana y favorece identificar factores predictores de éxito en ámbitos críticos, de modo que los cambios cognitivos en la tercera edad pueden ser explicados en términos de factores tales como estilo de vida, hábitos, dieta y factores psicosociales, más que por el envejecimiento en sí mismo (Rowe y Kahn, 1997).

Los mitos y estereotipos negativos acerca del envejecimiento, predominantes en épocas aún muy recientes, están siendo sustituidos en el actual milenio por una visión que convierte a esta etapa de la vida en un período de desarrollo, un envejecimiento con bienestar, productivo y saludable, lo que en lengua inglesa se reconoce con los términos *successful ageing* o *ageing well* (Hawkins, 2002)

En los cuadros 1 y 2 observamos las características biológicas, psicológicas y sociales relacionadas con ambas formas de envejecimiento (Quintero y González, 1997; Quintero y Trujillo, 1992).

Cuadro 1. Envejecimiento normal o exitoso (senectud)

Biológico	Psicológico	Social
Sincronismo en el envejecimiento de órganos	Desintegración o pérdida de algunos procesos psicológicos que pueden ser compensados	Sustitución o evolución de roles
Procesos morbosos diagnosticados con tratamiento y control periódico	Buen enfrentamiento al estrés y autovaloración positiva	Apoyo social. Posibilidades de autonomía. Contactos familiares y amistosos. Actividad
Hospitalización no frecuente	Sentido optimista de la vida	Discrepancias intergeneracionales no disruptivas

Cuadro 2. Envejecimiento patológico (senilidad)

Biológico	Psicológico	Social
Envejecimiento prematuro de órganos	Pérdida progresiva o irreversible de procesos psicológicos	Pérdida total de roles sin sustitución
Procesos morbosos descompensados	Mal enfrentamiento al estrés y autovaloración negativa	Ausencia de apoyo social
Hospitalización frecuente	Sentido pesimista de la vida	Baja autovaloración, dependencia, soledad, conflictos generacionales e inactividad

Esta concepción implica que las investigaciones biomédicas y del comportamiento en el anciano deben estar encaminadas no sólo a ampliar la longevidad, sino también a prevenir las discapacidades y a aumentar las capacidades individuales para una mejor adaptación a los diversos roles que corresponde desempeñar en esta etapa de la vida. En este sentido cobra particular importancia valorar un grupo de procesos, cuyo desempeño (normal o patológico) incide de manera decisiva en la calidad de vida del anciano, entre los cuales destacan los procesos cognitivos y afectivos.

Particular interés ha sido dedicado en las últimas décadas al estudio de las características de los procesos cognitivos en la tercera edad, en especial la memoria y la atención, funciones que supuestamente declinan con la edad y relacionadas de modo estrecho con diversas estructuras y funciones del sistema nervioso central.

Cambios cognitivos asociados con la edad

A menudo afirmamos que el envejecimiento es caracterizado de forma predominante por un declive progresivo de las funciones cognitivas; sin embargo, no siempre establecemos de manera explícita y científicamente fundamentada esta aseveración. Las teorías que abordan las definiciones y clasificaciones de los procesos cognitivos, las técnicas y métodos de registro de éstos y la selección de las muestras de estudio son tan variadas y disímiles que su estudio fuera de un marco teórico bien definido puede llevar en ocasiones a resultados erróneos o, cuando más, inválidos desde el punto de vista metodológico.

Los procesos que abarcan el ámbito cognitivo de la conducta humana son extraordinariamente variados y complejos, pero pueden ser agrupados en categorías más o menos precisas, en función de las posiciones teóricas de los autores que las describen (De León, 1997).

Según De León, cabe distinguir las siguientes funciones cognitivas:

a. *Atención*: este término no puede ser reducido a una definición única y está relacionado con diversos circuitos anatomofuncionales corticales y subcorticales. Los procesos atencionales abarcan desde el estado de alerta de la conciencia hasta la capacidad para controlar el procesamiento de la información en el cerebro.

b. *Lenguaje*: comprende la habilidad para codificar, decodificar e interpretar los elementos semánticos y sintácticos de símbolos empleados para comunicar información. Las funciones del lenguaje son representadas predominantemente en el hemisferio cerebral izquierdo.

c. *Memoria*: los mecanismos relacionados con la búsqueda de información almacenada gracias a la educación formal e informal y la experiencia acumulada a lo largo de la vida constituyen la memoria, la cual puede ser subdividida en varios componentes, cada uno ellos con sus bases neurales en diferentes grupos de estructuras cerebrales.

d. *Habilidades constructivas*: son procesos no verbales que requieren la integración de las funciones de los lóbulos frontales, parietales y occipitales. Necesitan, ante todo, la integración visoespacial, que es principalmente una función de los lóbulos parietales; además, abarcan la habilidad para dibujar, construir y manipular formas y dimensiones.

e. *Funciones cognitivas superiores*: agrupan una serie de procesos que no poseen correlaciones neurales específicas e incluyen los procesos de abstracción, conceptualización, uso de información aprendida en la solución de problemas, habilidad para el cálculo y otras, todas funciones intelectuales superiores y únicamente humanas.

f. *Funciones superiores de control mental*: son concebidas como actividades de control ejecutivo. Están relacionadas con la anticipación, planificación y selección de las respuestas o conductas. La planificación de la conducta está vinculada estrechamente con el funcionamiento de los lóbulos frontales, en particular la corteza prefrontal.

El sistema cognitivo humano puede ser concebido como un sistema de tratamiento de símbolos, de transmisión de mensajes, de señales portadoras de indicación sobre una operación, semejante al funcionamiento de las computadoras (Glass, 1986; De Vega, 1994). El supuesto fundamental de la ciencia cognitiva de hoy es que un sistema de maquinaria mental produce determinados patrones de ejecución observados cuando el sujeto ejecuta tareas que requieren procesamiento cognitivo. Esto es, la conducta humana hace referencia a un sistema de procesos mentales requeridos para realizar esas actividades (modelo funcional de procesos mentales).

El modelo científico que establece analogías entre las funciones cognitivas y el funcionamiento de los modernos ordenadores ha permitido a la psicología cognitiva establecer definiciones operativas de diversos procesos, como los de atención, memoria a corto, mediano y largo plazos, categorización (semántica, fonológica y otras), velocidad de procesamiento de la información (tiempos de reacción), etcétera.

Los aportes de diversas ramas de la psicología al estudio de los procesos cognitivos son esenciales para comprender el comportamiento humano; por ejemplo: la psicología cognitiva estudia aquellos procesos mentales que hacen posible al hombre reconocer objetos y personas familiares, hablar, leer, escribir, planificar y ejecutar acciones, pensar, tomar decisiones y recordar hechos, mientras que la neuropsicología estudia cómo estructuras cerebrales dañadas generan determinados cambios conductuales. La interacción cruzada entre la psicología cognitiva y la neuropsicología llevó al surgimiento de la neuropsicología cognitiva, cuyo propósito es esclarecer los mecanismos de funciones cognitivas, como memoria, pensamiento, atención, lectura, escritura, lenguaje, reconocimiento, recuerdo, etcétera, usando evidencias de la neuropatología y aportando modelos de organización dinámica de habilidades complejas en términos de componentes. Esto facilita observar la organización y los mecanismos de la cognición normal en las diferentes etapas del desarrollo humano.

Memoria

El reconocimiento de cambios en las estructuras y funcionamiento de los procesos cognitivos asociados con la edad, particularmente respecto a la memoria, es un rasgo común en las personas ancianas: sin embargo, la variabilidad interindividual de estas funciones en el envejecimiento normal es alta, dadas las influencias de múltiples factores en su funcionamiento, particularmente la educación, el nivel de actividad y los factores genéticos (Armilio y cols., 2002; Bartrés Faz y cols., 1999; Coffey y cols., 1999; Mazaux y cols., 1995; Park y cols., 1999; Quintero, 1999; Quintero y López, 1992; Rodrigo, 1987a; Rodrigo, 1987b).

El tema del desarrollo cognitivo del anciano parte de una concepción pesimista y desesperanzadora por cuanto las pérdidas cognitivas en esta etapa, sobre todo las relativas a la memoria, son asociadas generalmente a la creencia popular de que pueden constituir un síntoma inicial de demencia. En el plano de las neurociencias, el asunto era: hasta dónde los déficits cognitivos son un estado intermedio en un continuum que va del envejecimiento normal a la demencia, especialmente la enfermedad de Alzheimer (EA), o son un reflejo de la incrementada variabilidad en el rendimiento cognitivo de la población anciana. Importantes grupos de investigadores en Estados Unidos y Europa dirigieron su actividad a dilucidar este aspecto (Bartrés Faz y cols., 1999; Hänninen, 1996; Petersen y cols., 2001).

El primer intento por diferenciar las características de la memoria en los ancianos fue hecho por Kral (1962) a finales de la década de 1950, quien propuso los conceptos de olvidos seniles benignos o malignos para diferenciar los cambios atribuibles al envejecimiento normal o patológico, respectivamente. Estos conceptos no fueron operacionalizados de forma adecuada por el autor, por lo cual cayeron pronto en desuso.

En la década de 1980, el Instituto Nacional de Salud Mental, de Estados Unidos, y otros grupos de investigación europeos propusieron el término *alteración de la memoria asociada a la edad* (AAMI, age-associated memory impairment) para diagnosticar a personas de más de 50 años con quejas por pérdida gradual de memoria que afectan a la vida cotidiana, demostradas objetivamente por medio de tests estandarizados de memoria, con un adecuado rendimiento intelectual y ausencia de demencia u otra condición médica que pudiera producir deterioro cognitivo (cuadro 3).

Cuadro 3. Criterios de inclusión para la AAMI

Criterios de inclusión

Edad superior a 50 años

Quejas subjetivas de pérdida de memoria que afectan la vida cotidiana, como recordar números de teléfono o códigos, o dificultad para recordar cosas que deben hacerse o comprar, etcétera. Tales pérdidas deben ser de instalación gradual, sin empeoramiento súbito en meses recientes

Rendimiento en pruebas de memoria por debajo de una desviación estándar de la media establecida para adultos en uno de los siguientes tests estándares: test de retención visual de Benton, subtests de memoria lógica y de aprendizaje asociativo de la forma A de la escala de memoria de Wechsler

Funciones intelectuales generales conservadas, verificadas mediante la aplicación del subtest de vocabulario del WAIS (puntuación de 9 o más)

Ausencia de demencia, comprobada por una puntuación de 27 o superior en la escala del test de Folstein (Minimental State Examination)

Los intentos de comprobar la eficacia de este constructo para diagnosticar los trastornos cognitivos en poblaciones de sujetos normales de la tercera edad fueron múltiples; sin embargo, en seguida abundaron las críticas por sus deficiencias metodológicas, por lo cual fue revisado y modificado; a pesar ello, algunos autores plantean que ésta parece ser una categoría no progresiva hacia la demencia (Hänninen, 1996), mientras que otros la identifican con un estadio inicial o precoz de aquélla (Bartrés Faz y cols., 1999). Indiscutiblemente, éstos fueron los primeros intentos por definir un perfil neuropsicológico de la alteración cognitiva observada a menudo en el envejecimiento normal. No obstante, la enorme variabilidad de su prevalencia de acuerdo con la edad y el tipo de población estudiada (entre 18 y 85%, según refiere Hänninen) y el desconocimiento de su curso clínico los convirtió en criterios prácticamente inutilizables en la práctica clínica.

En 1994, la Asociación Internacional de Psicogeriatría, en colaboración con la Organización Mundial de la Salud, propuso nuevos criterios, identificados como declive cognitivo asociado con la edad (AACD, aging-associated cognitive decline). Al igual que la AAMI, este criterio excluye a sujetos con cualquier condición médica que produzca deterioro cognitivo (Levy, 1994). Como observamos en el cuadro 4, dicho criterio no se ciñe a alteraciones de memoria, sino que amplía la serie de alteraciones cognitivas a otras, como la atención y concentración, el razonamiento abstracto y el lenguaje. Los estudios realizados con este criterio diagnóstico tampoco son conclusivos: para unos es un estado que precede a la demencia, mientras que para otros es una condición relativamente estable.

Cuadro 4. Criterios de inclusión del declive cognitivo asociado con la edad (AACD)

Criterios de inclusión
Deterioro cognitivo de evolución progresiva con duración mínima de seis meses
Alteración objetiva de alguna de las funciones cognitivas (memoria y aprendizaje, atención, concentración, pensamiento, lenguaje o capacidad visoespacial) manifestada por una puntuación inferior a una desviación estándar en relación con las normas poblacionales de su edad
Sin evidencia de manifestación orgánica que pueda explicar el deterioro cognitivo

La necesidad imperiosa de perfeccionar el diagnóstico precoz de las demencias, en particular de la EA, llevó a desarrollar criterios diagnósticos especialmente definidos para incluir en ellos a personas con un proceso normal de envejecimiento y diferenciarlas de las consideradas en estadios iniciales de demencia, de modo que se introducen de forma constante nuevas clasificaciones, entre las que destacan las siguientes: alteración cognitiva leve (MCI, mild cognitive impairment) (Petersen y cols., 2001), trastorno cognitivo leve (MCD, mild cognitive disorder) (CIE-10), deterioro cognitivo relacionado con la edad (ARCD, age-related cognitive declive) (DSM-IV) y cognitivamente alterado, no demenciado

(CIND, cognitively impaired, not demented) (Ebly y cols., 1995). La crítica a tales criterios está centrada en diferentes aspectos de índole metodológica: poseen una pobre descripción operacional, existen pocos resultados de su aplicación, con frecuencia son reelaborados y los entremezclan distintos autores y no hay estudios longitudinales de largo tiempo que avalen su valor pronóstico (Bartrés Faz y cols., 1999; Hänninen, 1996).

A pesar de lo expuesto, una enorme cantidad de datos muestra la existencia de cambios cognitivos asociados con la edad. Estos estudios provienen de dos tipos fundamentales de fuentes: *a*) estudios en que son comparados sujetos normales de diferentes grupos de edades, y *b*) estudios en que son comparados sujetos de esos grupos de edades pero en condiciones neuropsicológicas distintas (normales y portadores de demencia u otro tipo de enfermedad neuropsiquiátrica). Green y sus colaboradores (2000) plantean que los estudios longitudinales muestran una serie de cambios neuropatológicos en los ancianos con declive cognitivo que no siempre se manifiestan con discapacidades funcionales, por lo cual definen a los cambios cognitivos asociados con la edad como un continuum relativamente estable que de modo infrecuente provocan demencia.

No es necesario ser muy suspicaz para reconocer la enorme cantidad de variables que intervienen en los estudios sobre el envejecimiento y sus características cognitivas, hecho que complica extraordinariamente la interpretación de los resultados obtenidos por diferentes colectivos de autores. En primer lugar está la propia definición de vejez, o sea, a partir de qué edad estimamos que una persona se halla en esta etapa de la vida y qué consideramos envejecimiento normal y patológico, clasificaciones y definiciones que varían de acuerdo con los marcos teóricos de los autores y las políticas para tratar el tema. Por otro lado, existen diversos factores que ejercen un efecto más o menos directo sobre el envejecimiento y sus manifestaciones neurocognitivas, entre otros la nutrición, estados de salud previos, estilos de vida y oportunidades educacionales, ocupacionales y socioculturales.

La composición de las cohortes en estudio, la variedad de diseños experimentales y las características de los métodos de registro, sobre todo en lo referente a los tests, así como las características del diagnóstico en el caso de los enfermos, varían de manera significativa de un estudio a otro, por lo cual la generalización de los resultados se torna especialmente compleja (Wilson y cols., 1997). No obstante, a menudo consideramos que los procesos cognitivos declinan, o al menos cambian, con la edad, aunque los enfoques teóricos para demostrar esto están sometidos a fuertes controversias.

Si bien varios procesos cognitivos han sido explorados en su relación con el envejecimiento, los procesos de memoria son los más ampliamente tratados en la literatura mundial. La memoria fue considerada un proceso único del cerebro hasta la década de 1930; sin embargo, durante la de 1950 comprendimos que la memoria es un proceso complejo compuesto por diversas etapas que difieren en su estructura psicológica, capacidad y duración de almacenamiento y formas de acceder y recuperar la información almacenada; por tanto, su funcionamiento implica diversas estructuras y complejos procesos de interacción mutua.

Las quejas subjetivas de memoria constituyen uno de los motivos de consulta más frecuentes en las personas adultas y no siempre están relacionadas con una entidad nosológica definida. Evidentemente, existe la creencia de que las pérdidas de memoria son un factor rector de la vejez; sin embargo, no siempre es posible constatar de manera objetiva este hecho y en muchos casos puede estar vinculado con factores como depresión, estados de estrés u otros.

La memoria es el proceso neurocognitivo que permite registrar, codificar, consolidar, almacenar, acceder y recuperar la información y, al igual que la atención, constituye un proceso básico para adaptarse el ser humano al mundo que le rodea. Sin información del pasado, es imposible vivir el presente ni proyectarse al futuro.

Los conceptos actuales de la neuropsicología cognitiva conciben a la memoria no como una función única, sino como un complejo sistema formado por diversos subtipos que pueden ser analizados de acuerdo con tres parámetros básicos: *a*) el temporal, que permite analizar la memoria en función del tiempo que persista la información almacenada (memoria sensorial, a corto plazo y a largo plazo); *b*) el secuencial, que divide el proceso mnéstico en fases sucesivas desde la entrada de la información hasta la fase de recuerdo o evocación del material (fase de recepción y registro de la información o memoria sensorial, fase de codificación de ésta para reforzar la adquisición, fase de modificación gradual o consolidación para posibilitar el almacenamiento, fase de recuperación de la información o "retrieve" y fase de evocación o recuerdo), y *c*) el dominio de la memoria, o sea, el contenido que distingue cómo puede ser recuperada y evocada la información (memoria declarativa, explícita o intencional y memoria implícita o no declarativa) (Estévez González y cols., 1997a; Kim y Baxter, 2001; Trápaga, 2001). La figura 1 muestra los diversos componentes de los sistemas de memoria.

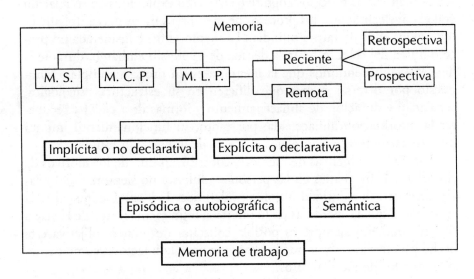

Figura 1. Sistemas de memoria

El diagnóstico de los trastornos de la memoria en el adulto mayor requiere un examen cuidadoso: en primer lugar, exige la búsqueda de fuentes de información alternativa para verificar la precisión de la información dada y, en segundo, debe conocerse el nivel educacional e intelectual premórbido del paciente para evaluar bien las preguntas de conocimiento general e histórico. También es muy importante el grado de cooperación, así como conocer si existen alteraciones de la conciencia, de la atención o disfunciones sensoriales o del lenguaje. Condiciones psiquiátricas como trastornos afectivos, psicosis o ansiedad y el consumo de medicamentos con acción sobre el sistema nervioso central pueden interferir con el resultado de las pruebas realizadas.

Lamentablemente, los conocimientos actuales sobre la memoria son incompletos, los resultados obtenidos en las investigaciones resultan en ocasiones contradictorios y están aún por corroborar muchas de las hipótesis y modelos establecidos; su comprobación depende, en gran medida, del desarrollo de nuevas tecnologías de las neurociencias, las cuales deben desempeñar un importante papel en la aclaración de este complejo problema.

Las principales alteraciones de la memoria en su relación con el envejecimiento han sido analizadas a la luz de los criterios temporales de aquélla, aunque siempre debemos tener en cuenta otros factores relacionados con las estrategias de empleo del material por recordar para llegar a conclusiones más realistas.

Ha sido planteado que la memoria sensorial es tan eficaz en personas jóvenes como viejas, mientras que las características de la memoria a corto plazo (MCP) de los adultos mayores son mucho más controvertidas. Algunos autores refieren que no hay diferencias atribuibles a la edad cuando examinamos la MCP con tests de amplitud de memoria, en especial el subtest de dígitos de la Escala de Inteligencia de Weschler en su primera parte (repetición de dígitos en orden normal) como paradigma clásico para su estudio; sin embargo, al emplear la repetición de dígitos en orden inverso y la Tarea de Velocidad de Rastreo en la Memoria a Corto Plazo o Paradigma de Sternberg, hemos observado que los sujetos mayores rinden mucho peor que los jóvenes, lo cual atribuimos a que los ancianos necesitan más tiempo para todas las operaciones que requiere elaborar el material (Rodrigo, 1987a). Estos resultados generan una serie de interrogantes: ¿están los déficits en los mayores relacionados con fallas en la adquisición, con pérdidas del material almacenado o con fallas en la recuperación?, ¿qué papel desempeña el conocimiento del material empleado para la medición? y ¿qué papel tienen las características de la tarea utilizada para la medición? Las investigaciones indican que el conocimiento de determinado material, así como su forma de estructuración facilita los procesos de memoria (Frieske y Park,1999; Park y cols., 1997; Rockey, 1997; Rodrigo, 1987a; Smith y cols., 1998).

Esas interrogantes resultan aún más controvertidas al examinar las características de la memoria a largo plazo (MLP) en su vinculación con el envejecimiento. Es ampliamente popular la creencia de que los ancianos recuerdan mejor los hechos del pasado remoto que los recientes; sin embargo, por tratarse de un almacén de capacidad supuestamente ilimitada, está sujeto también a un declive asociado con la edad y no es claro para los científicos si este déficit obedece a alteraciones en los procesos de codificación, de almacenaje, de recuperación o de trastornos en la interacción de la codificación y la recuperación. Las teorías que abogan por un déficit en los procesos de recuperación están basadas en que al proporcionar más indicios (niveles de ayuda) a los sujetos aumenta el número de ítems recordados, lo cual prueba que la información estaba almacenada y la dificultad se encontraba en su recuperación, mientras que las que aducen el defecto en el proceso de codificación se basan en las diferencias observadas al comparar los rendimientos de memoria en tareas de diferente naturaleza, por ejemplo: material sensorial, semántico, visoespacial, etcétera. Los déficits en la interacción de la codificación y la recuperación son mucho más difíciles de demostrar experimentalmente. Smith y sus colaboradores (1998), con una gran serie de variados experimentos, sugieren que los adultos mayores muestran déficit organizativos en el procesamiento de la información que comprometen los procesos de codificación y los de recuperación. Diversos resultados apoyan esta hipótesis (Frieske y Park, 1999; Hänninen, 1996; Moffata y cols., 2001) y agregan otros factores influyentes, como el estilo de procesamiento de la información de acuerdo con variables culturales y educacionales (Coffey y cols., 1999; Park y cols., 1999).

Independientemente del marco teórico de referencia, la mayoría de las investigaciones demuestran un deterioro de la memoria asociado a la edad (Coffey y cols., 1998; Coffey y cols., 1999; Frieske y Park, 1999; Hänninen, 1996; Montejo y cols., 2002; Montenegro Peña y cols., 2002a; Montenegro Peña y cols., 2002b), que durante años ha creado una visión muy pesimista acerca de las posibilidades de las personas envejecidas.

Dicha visión ha comenzado a cambiar en los últimos años. Entrevistas concedidas recientemente por los doctores Andrew Monjan y Molly Wagster, dirigentes de programas de investigación del Instituto Nacional sobre el Envejecimiento (NIA, por sus siglas en inglés), que forma parte de los institutos nacionales de la salud de Estados Unidos, expresan una concepción del fenómeno mucho más optimista (vea el contenido de la entrevista en el sitio http://www.nih.gov/news/WordonHealth/oct99/story02.htm). Según estos autores, el NIA lleva a cabo investigaciones que sugieren que la pérdida de la memoria no es necesariamente parte del proceso natural de envejecer, y que mantener activa la mente es la clave para tener un buen funcionamiento del cerebro. Las altas tecnologías imagenológicas están llamadas a desempeñar un papel decisivo en la demostración de estas hipótesis. Las neuroimágenes permitirán a los científicos explorar qué sucede en el cerebro de un individuo mientras realiza tareas o procesa información; Reuter-Lorenz (2002), al analizar resultados con técnicas de este tipo, sugirió que aún a edades avanzadas existe un elevado potencial de respuestas cognitivas, debido a la plasticidad y reorganización de los circuitos cerebrales.

Este enfoque, que muchos pueden estimar de biologicista, está integrado realmente en un enfoque holista que considera a la vejez una nueva etapa de desarrollo en la cual han sido modificadas diversas habilidades en función de las demandas ambientales, creando nuevas conexiones y relaciones interfuncionales relativamente estables que actúan como sistema y construidas sobre los logros de etapas anteriores (Febles, M., 2001; Reuter-Lorenz, 2002; Rodrigo, 1987a; Rodrigo, 1987b).

Atención

La atención es un complejo mecanismo de selección de señales que acompaña a todos los procesos cognitivos; sin embargo, las características de sus manifestaciones en los ancianos no han sido estudiadas con la misma intensidad y frecuencia que las de la memoria.

La complejidad conceptual de este fenómeno es tal que algunos autores plantean que puede ser considerado un tercer sistema neurofisiológico, el *sistema atencional*, en igual categoría que los sistemas motor (eferente) y sensorial (aferente) e identifican hasta nueve tipos clínicos de atención (Estévez González y cols., 1997b; Colmenero y cols., 2001). Es un fenómeno que no puede reducirse a una única definición, ni relacionarse con una estructura anatómica única y resulta básico en todos los procesos cognitivos (cuadro 5).

Cuadro 5. Estructura de los sistemas atencionales

Sistemas atencionales	Función	Manifestaciones clínicas y conductuales
Reacción de alerta (*arousal* o vigilia)	Mantener el nivel de conciencia y el tono de la atención	Estado de coma y vigilia (cambios fisiológicos)

continúa ⟶

⟶ continuación

Sistema atencional posterior (atención selectiva, reacción de orientación o atención automática)	Facilitar la orientación del organismo hacia el mundo circundante	*Span* de atención (amplitud), atención de desplazamiento, atención de localización de estímulos o selectiva espacial, y atención serial
Sistema atencional anterior (atención focal o atención ejecutiva)	Dirigida a la acción, programación, regulación, verificación y control de la actividad mental	Atención dividida. Atención de preparación. Atención sostenida. Inhibición de respuesta. Atención selectiva a propiedades del objeto.

La ejecución de tareas que requieren un esfuerzo cognitivo supone cambios en la selectividad, intensidad y duración de las respuestas neuronales durante la realización de aquélla. La selectividad, la amplitud y los niveles de vigilancia y alerta necesarios para lograr los objetivos propuestos en un momento dado cambian en función no sólo de determinados dispositivos biológicos, sino también de las necesidades internas, exigencias del medio y experiencia adquirida en el pasado, por lo que la evaluación de estos complejos procesos requiere cuidados particulares para valorar de forma adecuada los resultados.

Ha sido planteado que la disminución de los procesos atencionales en la tercera edad está más relacionada con determinados "artefactos" que con el proceso de atención, esto es, los cambios son atribuidos al enlentecimiento de las operaciones cognitivas, a un alargamiento de los tiempos de reacción que de algún modo tiene que ver con las características centrales y periféricas de los procesos sensoriales y perceptivos propios de la edad avanzada. Por tanto, una explicación del deterioro cognitivo en la tercera edad puede ser la reducción de la velocidad en el procesamiento de la información (Salthouse y cols., 2000), aunque algunos autores consideran también diferencias en las estrategias. Es posible que el enlentecimiento de las reacciones en la tercera edad no sólo sea debido a un deterioro de los mecanismos sensomotores, sino que además se conjugue con cambios de estrategia en la medida en que avanza la edad, como un aumento de la precaución.

Lo anterior fue confirmado por Armilio y sus colaboradores (2002), quienes hallaron que sujetos ancianos tienen resultados más inconsistentes y emplean estrategias distintas de las de sujetos más jóvenes cuando intentan sostener la atención en determinadas tareas, mientras que la capacidad de distribución de la atención entre dos tareas simultáneas se ve afectada tanto en ancianos normales como en demenciados, independientemente de la velocidad de procesamiento de la información (Grober y Sliwinski, 1991). En estudios realizados en grandes cohortes de ancianos también apreciamos deterioro de las capacidades atencionales y de la velocidad de ejecución con el incremento de la edad (Coffey y cols., 2001; Mazaux y cols., 1995). Incluso los estudios que examinan el funcionamiento de la memoria de trabajo atribuyen el deterioro de ésta no a trastornos de los sistemas de memoria, sino a déficits en el procesamiento atencional de la información con que operamos para solucionar las tareas (Daigneault y Braun, 1993).

Mientras que los sistemas atencionales y de memoria son los estudiados mayormente cuando hacemos referencia a las alteraciones cognitivas asociadas con la edad, otras complejas funciones cognitivas han sido objeto de una cantidad ínfima de estudios durante la adultez y la vejez.

El lenguaje es una función conservada en los ancianos, pero los procesos de comunicación (oral o escrita) pueden también sufrir cambios, en particular en tareas que requieren no simplemente la emisión de lenguaje, sino la operación con material semántico que implique categorización, como las tareas de fluencia verbal, la cual ha sido reportada disminuida en ancianos no demenciados por algunos autores (Galeote Moreno y Peraita Adrados, 1999) y conservada por otros (Coffey y cols., 2001).

Tareas relacionadas con el funcionamiento de los lóbulos frontales, como la manipulación mental de imágenes, las funciones ejecutivas y la toma de decisiones han sido afectadas en ancianos (Raz y cols, 1999; Kim y cols., 2002), lo cual es atribuido a la atrofia cerebral frontal, mientras que funciones de lenguaje y visoespaciales, relacionadas con el funcionamiento del hemisferio izquierdo y de los lóbulos parietales, las reportan intactas Coffey y sus colaboradores (2001).

Aunque las investigaciones están centradas en una u otra función cognitiva, las concepciones actuales acerca del desarrollo cognitivo en la tercera edad insisten en la necesidad de concebirlo como una integridad expresada de acuerdo con las demandas socioculturales, los cambios fisiológicos y las experiencias personales, por lo que la validación ecológica y funcional es imprescindible para llegar a resultados valederos (Pérez García y cols., 1998; Rodrigo, 1987a).

Cognición, cerebro y envejecimiento

La búsqueda de explicaciones al envejecimiento ha permitido crear diferentes teorías e hipótesis, muchas de las cuales esperan aun adecuadas verificaciones experimentales o demostraciones científicamente fiables (Rocabruno Mederos, 1996; Sapolsky, 1992). En esa búsqueda, las relaciones entre los cambios cognitivos asociados con la edad y las modificaciones que sufren las microestructuras y macroestructuras del cerebro constituyen un tema emergente en las neurociencias del actual milenio.

Aunque la meta primordial de la ciencia cognitiva es, en última instancia, relacionar cerebro y cognición de tal manera que una teoría del vínculo cerebro-mente pueda desarrollar datos informados por todos los dominios relevantes, tales alcances son limitados, aun a la luz de los adelantos científicos actuales, porque las arquitecturas cognitivas y anatómicas no corresponden entre sí de manera transparente, es decir, no resultan obvias las implicaciones psicológicas que pudieran tener determinados hallazgos neurofisiológicos y neuroanatómicos. Aun así, el advenimiento de técnicas de avanzada que permiten explorar las funciones y estructura cerebrales de manera inocua han revolucionado el campo del conocimiento en este importante ámbito del saber humano.

Los primeros intentos por descubrir los efectos del envejecimiento estuvieron centrados en los más groseros o evidentes cambios morfológicos cerebrales, reconociéndose en primer lugar la pérdida de peso y volumen del cerebro y dilatación ventricular (Earnest y cols., 1979; Kim, 1997; Vega García y Pérez Nellar, 1996). Las primeras observaciones de atrofia cerebral sólo fueron posibles en estudios posmortem, por lo cual era un dato que sólo permitía inferir sus posibles consecuencias desde el punto de vista comportamental y, por tanto, resultaba irrelevante desde el enfoque neuropsicológico.

Las posibilidades de estudiar el cerebro *in vivo* , tanto respecto a su estado funcional como estructural, contribuyeron de manera decisiva a conocer con mayor exactitud los cambios producidos por efecto de la edad.

Las técnicas electrofisiológicas (electroencefalografía y potenciales evocados), neurobioquímicas (determinaciones de neurotransmisores, neuromoduladores y hormonas) y de neuroimagenología (tomografía axial computarizada, tomografía de emisión de positrones, imágenes por resonancia magnética nuclear y tomografía de emisión fotónica simple), el perfeccionamiento de las preparaciones histológicas para estudiar la citoarquitectura de diferentes regiones del cerebro y los avances en biología molecular aplicados al estudio del sistema nervioso son técnicas de avanzada empleadas cada vez más frecuentemente no sólo para describir o investigar los correlatos cerebrales de cuadros más o menos complejos de los déficits cognitivos en diversas entidades neurológicas y neuropsiquiátricas para comprender mejor su patofisiología, sino también para esclarecer las bases neurobiológicas del comportamiento cognitivo normal en las diferentes etapas del desarrollo humano, en especial en la tercera edad (Bigler, 1997; Gur y Gur, 2002; Kumar, 2002; Martín y Rubin, 1997; Toga y Thompson, 2002).

La descripción de la neuroanatomía de los procesos cognitivos depende del nivel de organización biológica en observación, aunque básicamente es descrito un reforzamiento de las conexiones sinápticas y un crecimiento de nuevas conexiones entre las neuronas (Hänninen, 1996).

Las investigaciones que reportan cambios neuroanatómicos asociados con la edad están relacionados generalmente con la pérdida de tejido cerebral y volumen incrementado del flujo cerebroespinal. Coffey y sus colaboradores, al emplear técnicas de resonancia magnética en una muestra de ancianos sanos sometidos a un amplio examen neuropsicológico, demostraron la existencia de relación entre la disminución de la atención y la velocidad de ejecución psicomotora, así como el descenso de los volúmenes de los hemisferios cerebrales y el aumento de los volúmenes del flujo cerebroespinal periférico, de los ventrículos laterales y del tercer ventrículo, mientras que los pobres rendimientos en tareas de memoria eran asociados con un ensanchamiento de los ventrículos laterales y del tercer ventrículo; por otra parte, no hubo relaciones entre la atrofia cerebral y el rendimiento en tareas de lenguaje y visoespaciales (Coffey y cols., 2001). Resultados divergentes son reportados en la literatura, pero los autores del referido trabajo reconocen las limitaciones metodológicas de este tipo de estudio, vinculadas sobre todo con la selección de la muestra (niveles educacionales y de salud de los sujetos, rangos de edades, etc.), las técnicas neuropsicológicas empleadas en la medición de las características neurocognitivas y las limitaciones relacionadas con las técnicas imagenológicas utilizadas, las cuales sólo permitieron observar cortes axiales y no tridimensionales por falta de resolución del equipo empleado. Todo ello torna difícil la comparación de resultados de diferentes autores y experimentos (Price y Friston, 2002).

Los reportes sobre pérdida de tejido cerebral en su relación con déficits cognitivos empezaron a ser más específicos a partir de la década de 1990, de modo que comenzaron a aparecer datos de regiones más circunscritas del cerebro. Así, además de las pérdidas globales en los hemisferios, hay informes de atrofia de los lóbulos frontales (Coffey y cols., 1992; Raz y cols., 1998), temporales (Coffey y cols., 1992; Kaye y cols., 1997; Raz y cols., 1998), estructuras límbicas (Coffey y cols., 1992; Gur y cols., 2002; Kaye y cols., 1997; Steffens y cols., 2002), de materia blanca (Coffey y cols., 1992; Gunning-Dixon y Raz, 2000; Gur y cols., 2002; Yulin y cols., 2002a; Yulin y cols., 2002b) y de materia gris (Gur y cols., 2002; Yulin y cols., 2002a; Yulin y cols., 2002b).

Los lóbulos frontales están relacionados con la ejecución de funciones cognitivas de elevado nivel, como el control ejecutivo y la organización de complejos procesos mentales, y contribuyen al funcionamiento de diferentes aspectos de la memoria (Allegri y Harris, 2001; Estévez González, 2000); por ello, las pérdidas de volumen en estas zonas son asociadas con las alteraciones cognitivas constatadas en la población envejecida.

Por su parte, los lóbulos temporales y las estructuras diencefálicas, en sus complejas relaciones con el sistema límbico, contribuyen de manera especial al funcionamiento de la memoria. Este complejo de estructuras funciona como un circuito de enlaces múltiples: después que el estímulo sensorial activa la amígdala y el hipocampo, los circuitos de memoria recorren un intrincado camino de retroalimentación para regresar al área sensorial, activando por el camino diferentes estructuras diencefálicas (tálamo, hipotálamo, subtálamo y epitálamo), del cerebro basal anterior y de la corteza cerebral, modulándose así una compleja red de sinapsis neurales que coadyuvan a preservar el patrón de la conexión y la transforman en una memoria duradera. Dicha retroalimentación posiblemente fortalece y almacena la representación neural del evento sensorial que acaba de ocurrir (Goldman-Rakie, 1996). En este complicado proceso suponemos que el lóbulo temporal medial no sólo sirve como un almacén temporal eventual de memoria, sino también opera durante un tiempo limitado en la consolidación de los trazos de memoria; de ahí su importancia en la integridad de la memoria declarativa.

Los hallazgos en cuanto a las pérdidas de materia gris y materia blanca asociados con la edad y sus posibles relaciones con el deterioro cognitivo han sido muy contradictorios y son de importancia vital por cuanto abarcan estructuras tanto corticales como subcorticales. Gur y cols. (2002) informan de volúmenes reducidos de materia gris y conservados de materia blanca, mientras que Yulin y sus colaboradores (2002a, 2002b) observaron pérdidas constantes en el volumen de materia gris en función de la edad, al tiempo que la reducción de volumen en la materia blanca es mas tardía y aparece sólo a partir de determinado momento de la edad adulta media; ambos autores encuentran también diferencias relacionadas con el sexo, aunque éstas no han sido explicadas adecuadamente. La interpretación de tales estudios es muy compleja, además de las consideraciones metodológicas generales en cuanto a selección de las muestras y de las técnicas de exploración; así, demostrar cambios de volumen en determinadas áreas corticales no revela nada por sí solo. Las pérdidas de tejido neuronal no sólo pueden implicar pérdida de neuronas, sino también deberse a disminución en el tamaño de éstas, descenso de la arborización dendrítica o a otros procesos neurohistológicos y neurobioquímicos no observables *in vivo*, o que al menos no pueden ser apreciados de manera simultánea.

Las técnicas neurofuncionales han contribuido también a identificar funciones cognitivas en áreas tradicionalmente no relacionadas con estos procesos, como los lóbulos parietales (Culham y Kanwisher, 2001) y el cerebelo (Prats Viñas, 2000; Raz y cols., 2001), aunque las modificaciones sufridas por dichas áreas en su nexo con la edad están aún por dilucidar. Otros aportes a las características cognitivas del envejecimiento son debidos a estudios moleculares vinculados con los cambios neurometabólicos (Martin y Rubin, 1997).

Conclusiones

El análisis de las tendencias actuales en cuanto al estudio del envejecimiento permite concluir que las soluciones sólo pueden hallarse con el empleo de enfoques multidisciplinarios y marcos de referencia holísticos, que consideren al hombre en su integridad biológica, psicológica y social, contextualizados adecuadamente en una etapa de desarrollo de la vida que debe dar nuevas y peculiares oportunidades de interacción psicosocial.

El estudio de las características cognitivas del anciano ha sufrido cambios sustanciales, que van desde las posiciones más pesimistas, que consideraban esta etapa de la vida un período deficiente del desarrollo ontogénico, hasta las concepciones optimistas de la actualidad, que comprenden que las funciones cognitivas del anciano no son procesos aislados, sino que se manifiestan de manera integrada y están al servicio de la interacción entre el individuo, sus necesidades psicosociales de adaptación y su contexto.

La búsqueda de las relaciones existentes entre el rendimiento cognitivo y los cambios anatómicos y funcionales del sistema nervioso central constituye una tendencia emergente de las neurociencias que promete aportes decisivos para mejorar la calidad de vida de los ancianos.

Bibliografía

Allegri, R. F. y Harris P. (2001), "La corteza prefrontal en los mecanismos atencionales y la memoria", *Neurol.* 32: 449-453.

Armilio, M. L., Stuss, D. T., Murphy, K. J., West, R. y Craik, F. I. M. (2002), "Variability in Sustaining Attention in Young and Elderly Subjects", en: http://cognet.mit.edu/posters/poster.tcl?publication_id=964

Bartrés-Faz, D., Clemente, I. y Junqué, C. (1999), "Alteración cognitiva en el envejecimiento: nosología y estado actual", *Neurol.* 29(1): 64-70.

Bigler, E. D. (1997), "Neuroimaging in normal aging and dementia", en Nussbaum P. D. (ed.), *Handbook of Neuropsychology and Aging*, Nueva York: Plenum Pres, pp. 409-421.

Coffey, C. E., Wilkinson, W. E., Parashos, I. A, Soady, S. A., Sullivan, R. J., Patterson, L. J., Figiel, G. S., Webb, M. B., Spritzer, C. E. y Djang, W. T. (1992), "Quantitative Cerebral Anatomy of the Aging Human Brain: A Cross-Sectional Study Using Magnetic Resonance Imaging", *Neurology* 42 (3): 527-536.

— Lucke J. F., Saxton J. A., Ratcliffe, G., Unitas L. J., Billig, B. y Bryan, R. N. (1998), "Sex Differences in Brain Aging: A Quantitative Magnetic Resonance Imaging Study", *Arch. Neurol.* 55(2):169-179.

— Saxton, J. A., Ratcliff, G., Bryan, R. N. y Lucke J. F. (1999), "Relation of Education to Brain Size in Normal Aging: Implications for the Reserve Hypothesis", *Neurology* 53 (1):189-96.

— Graham, R., Saxton, J. A., Bryan, N., Fried, L. P. y Lucke J. F. (2001), "Cognitive Correlates of Human Aging", *J. Neuropsychiatry Clin. Neurosci.* 13: 471-485.

Colmenero, J. M., Catena, A. y Fuentes L. J., (2001), "Atención visual: una revisión sobre las redes atencionales del cerebro", *Anales de Psicología* 17(1): 45-67.

Culham, J. C. y Kanwisher, N. G. (2001), "Neuroimaging of Cognitive Functions in Human Parietal Cortex", *Currents Opinion in Neurobiology* 11: 157-163.

Daigneault, S. y Braun, C. M., (1993), "Working Memory and the Self-Ordered Pointing Task: Further Evidence of Early Prefrontal Decline in Normal Aging", *J. Clin. Exp. Neuropsychol.* 15(6): 881-895.

Earnest, M. P., Heaton, R. K., Wilkinson, W. E. y Manke, W. F. (1979), "Cortical Atrophy, Ventricular Enlargement and Intellectual Impairment in the Aged", *Neurology* 29 (8): 1 138-1 143.

Ebly, E., Hogan, D. B. y Parhad, I. M. (1995), "Cognitive Impairment in the Nondemented Elderly", *Arch. Neurol.* 52: 612-619.

Estévez González, A., García Sánchez, C. y Barraquer Bordas, L. L. (1997a), "La memoria y el aprendizaje: experiencia y habilidad en el cerebro", *Neurol.* 25(148): 1 976-1 988.

— y Junqué C. (1997b), "La atención: una compleja función cerebral", *Neurol.* 25(148): 1 989-1 997.

— García Sánchez, C. y Barraquer Bordas, L. L. (2000), "Los lóbulos frontales: el cerebro ejecutivo", *Neurol.* 31: 566-577.

Febles, M. (2001), "Una nueva etapa del desarrollo: la adultez", en *Psicología del desarrollo*, selección de lecturas, La Habana: Editorial Félix Varela.

Frieske, D. A. y Park, D. C. (1999), "Memory for News in Young and Old Adult", *Psychol. Aging* 14(1): 90-98.

Galeote Moreno, M. A. y Peraita Adrados H. (1999), "Memoria semántica y fluidez verbal en demencias", *Revista Española de Neuropsicología* 1(2-3): 3-17.

Glass, A. L., (1986), "Computer as a Model of Mind", en Squire L. R. y Butters N. (eds.), *Neuropsychology of Memory*, Nueva York: The Guilford Press, pp. 41-44.

Goldman-Rakie, P. (1996), "Memory: Recording Experience in Cells and Circuits: Diversity in Memory Research", *Proc. Natl. Acad. Sci.* 93:13 435-13 437.

Green, M. S., Kaye, J. A. y Ball, M. J. (2000), "The Oregon Brain Aging Study: Neuropathology Accompanying Healthy Aging in the Oldest Old", *Neurology* 54(1): 105-113.

Grober, E. y Sliwinski, M. J. (1991), "Dual-task Performance in Demented and Nondemented Elderly", *J. Clin. Exp. Neuropsychol*, 13: 667-676.

Gunning-Dixon, F. M. y Raz, N. (2000), "The Cognitive Correlates of White Matter Abnormalities in Normal Aging: A Quantitative Review", *Neuropsychology* 14(2): 224-232.

Gur, R. C., Gunning-Dixon, F. M., Turetsky, B. I., Bilker, W. B. y Gur, R. E. (2002), "Brain Region and Sex Differences in Age Association with Brain Volume", *Am. J. Ger. Psychiat.* 10: 72-80.

— Gur, R. E. (2002), "Neuroimaging Applications in Elderly Patients", *Am. J. Geriatric Psychiat.* 10: 5-11.

Hänninen, T. (1996), "Age-associated Memory Impairment. A Neuropsychological and Epidemiological Study", serie de informes, núm. 39, Department of Neurology, University of Kuopio, Finlandia, URL de la tesis: http://www.uku.fi/neuro/39the.htm

Hawkins, B. (2002), "Ageing Well. A Cross-Cultural Study of Adult Well Being a Collaborative Research Project", http://www.bangor. Ac.uk/csprd/posppr.html

Hyman, S. E. (2001), "Mental Health in an Aging Population", *Am. J. Geriat. Psychol.* 9: 330-339.

Kaye, J. A., Swihart, T., Howieson, D., Dame, A., Moore, M. M., Karnos, T., Camicioli, R., Ball, M., Oken, B. y Sexton, G. (1997), "Volume Loss of the Hippocampus and Temporal Lobe in Healthy Elderly Persons Destined to Develop Dementia", *Neurology* 48 (5): 1 297-1 304.

Kim, J. J., Baxter, M. G. (2001), "Multiple Brain-Memory Systems: The Whole does not Equal the Sum of its Parts", *Trends in Neurosciences* 24(6): 324-330.

Kim, K. (1997), "Geriatric Neuropsychiatry", en T. H. Jobe, T. H. Gaviria y Kovalparambil, A. (eds.), *Clinical Neupsychiatry*, Blackwell Science, Inc.

Kim, S. Y. H., Karlawish, J. H. T. y Caine, E. D. (2002), "Current State of Research on Decision-Making Competence of Cognitively Impaired Elderly Persons", *Am. J. Geriatr. Psychiatry* 10: 151-165.

Kral, V. A. (1962), "Senescent Forgetfulness: Benign and Malignant", *Can. Med. Assoc. J.* 86: 257-260.

Kumar, A. (2002), "Neuroimaging and Geriatric Psychiatry in the New Millennium. The Promise, the Reality, and the Need for More Integrated Approaches", *Am. J. Geriatric. Psychiat.* 10: 1-4.

León de O. A. (1997), "The Mental Status Examination", en Jobe, T. H., Gaviria T. H. y Kovalparambil, A. (eds.), *Clinical Neupsychiatry*, Massachusetts: Blackwell Science, Inc.

Levy, R. (1994), "Aging-Associated Cognitive Decline", *Int. Psychogeriatr.* 6: 63-68.

Manual diagnóstico y estadístico de los trastornos mentales (DSM-IV) (1995), Barcelona: Masson.

Martin, D. C., Rubin, F. H. (1997), "Anatomy and Physiology of the Aging Human Brain", en *Handbook of Neuropsychology and Aging*, Nussbaum, P. D. (ed.), Nueva York: Plenum Press, pp. 32-43.

Mazaux, J. M., Dartigues, J. F., Letenneur, L., Darriet, D., Wiart, L., Gagnon, M., Commenges, D. y Boller, F. (1995), "Viso-Spatial Attention and Psychomotor Performance in Elderly Community Residents: Effects of Age, Gender, and Education", *J. Clin. Exp. Neuropsychol.* 17(1): 71-81.

Moffata, S. D., Zondermanan, A. B. y Resnicka, S. M. (2001), "Age Differences in Spatial Memory in a Virtual Environment Navigation Task", *Neurobiology of Aging* 22(5): 787-796.

Montejo, P., Montenegro, M., Reinoso, A. I., de Andrés M. E. y Claver, M. D. (2002), "Cambios en el funcionamiento cognitivo en una muestra de 5 518 mayores de 65 años", http://www.interpsiquis.com/2002.

Montenegro Peña, M., Montejo Carrasco, P., Reinoso García, A. I., de Andrés Montes, M. E. y Claver Martín, M. D. (2002a), "Efectos obtenidos por un programa de entrenamiento de memoria para mayores de 65 años (método UNAM)", http://www.interpsiquis.com/2002.

—, Montejo Carrasco, P., Reinoso García, A. I., de Andrés Montes, M. E. y Claver Martín, M. D. (2002b), "El método UNAM: una intervención cognitiva desde el ámbito sanitario", http://www.interpsiquis.com/2002.

Nussbaum, P. D. (1997), *Handbook of Neuropsychology and Aging*, Nueva York: Plenum Press, pp. 1-4.

Organización de las Naciones Unidas (ONU), (2002), Segunda Asamblea Mundial sobre el Envejecimiento, Informe de la Comisión de Desarrollo Social constituida en comité preparatorio de la Segunda Asamblea Mundial sobre el Envejecimiento acerca de la labor de su segundo período de sesiones, anexo IV, Proyecto de Plan de Acción Internacional sobre el Envejecimiento 2002, Madrid, 8-12 de abril, en http://www.onu.prg/Agenda/conferencias/envejecimiento/pc2.pdf

Organización Panamericana de la Salud/Organización Mundial de la Salud (OPS/OMS), (2002), Resolución CE130.R19, *La salud y el envejecimiento*, 130a. sesión del Comité Ejecutivo, Washington, D. C., 24-28 de junio.

Park, D. C., Hertzog, C., Kidder, D. P., Morrell, R. W. y Mayhorn, C. B. (1997), "Effect of Age on Event-Based and Time-Based Prospective Memory", *Psychol. Aging* 12(2): 314-327.

— Nisbett, R. y Hedden, T. (1999), "Aging, Culture, and Cognition", *J. Gerontol. B. Psychol. Sci. Soc. Sci.* 54(2), pp. 75-84.

Pelechano, V. (1987), "Historia y panorama contemporáneo", en Vega Vega, J. L. (ed.), *Psicología evolutiva. Conceptos y problemas básicos. Métodos y estrategias de investigación*, tomo 1, Madrid: Universidad Nacional de Educación a Distancia, pp. 17-53.

Pérez García, M., Godoy García, J. F., Vera Guerrero, N., Laserna Triguero, J. A. y Puente, A. E. (1998), "Neuropsychological Evaluation of Every Day Memory", *Neuropsychol. Rev.* 8(4): 203-227.

Petersen, R. C., Doody, R., Kurz, A., Mohs, R. C., Morris, J. C., Rabins, P. V., Ritchie, K., Rossor, M., Thal, L. y Winblad, B. (2001), "Current Concepts in Mild Cognitive Impairment", *Arch. Neurol.* 58(12): 1 985-1 992.

Prats, Viñas, J. M. (2000), "¿Desempeña el cerebelo un papel en los procesos cognitivos?", *Rev. Neurol.* 31(4): 357-359.

Price, C. J., Friston, K. J. (2002), "Degeneracy and Cognitive Anatomy", *Trends in Cognitive Sciences* 6 (10): 416-421.

Quintero, G., González, U. (1997), "Calidad de vida, contexto socioeconómico y salud en personas de edad avanzada", en Buendía, J. (ed), *Gerontología y salud*, Madrid: Editorial Biblioteca Nueva, pp. 129-145.

— (1999), "Psicología del envejecimiento", en Rocabruno Mederos, J. C. (ed.), *Tratado de geriatría y gerontología*, La Habana: Editorial Científico-Técnica, pp. 91-99.

— López, M. B. (1992), "Envejecimiento psicológico", en Rocabruno Mederos, J. C. y Prieto Ramos O. (eds.), *Gerontología y geriatría clínica*, La Habana: Editorial Ciencias Médicas, pp. 41-44.

— Trujillo, O. (1992), "Aspectos sociales del envejecimiento", en Rocabruno Mederos, J. C. y Prieto Ramos, O. (eds.), *Gerontología y geriatría clínica*, La Habana: Editorial Ciencias Médicas, pp. 32-37.

Raz, N., Gunning-Dixon, F. M., Head, D., Dupuis, J. H. y Acker, J. D. (1998), "Neuroanatomical Correlates of Cognitive Aging: Evidence from Structural Magnetic Resonance Imaging", *Neuropsychology* 12(1): 95-114.

— Briggs, S. D., Marks, W. y Acker, J. D. (1999), "Age-Related Deficits in Generation and Manipulation of Mental Images: II. The Role of Dorsolateral Prefrontal Cortex", *Psychol Aging* 14(3): 436-444.

— Gunning-Dixon F., Head, D., Williamson, A., Acker, J. D. (2001), "Age and Sex Differences in the Cerebellum and the Ventral Pons: A Prospective MR Study of Healthy Adults", *Am. J. Neuroradiol.* 22(6): 1161-1167.

Reuter-Lorenz, A. (2002), "New Visions of the Aging Mind and Brain", *Trends in Cognitive Sciences* 6(9): 394-400.

Rocabruno Mederos, J. C. y Prieto Ramos, O. (1992), *Gerontología y geriatría clínica*, La Habana: Editorial Ciencias Médicas, pp. 1-26.

— "Teorías sobre el envejecimiento", en Prieto Ramos, O. y Vega García, E. (eds.), *Temas de gerontología*, La Habana: Editorial Científico-Técnica, pp. 49-59.

Rockey, L. S. (1997), "Memory Assessment of the Older Adult", en Nussbaum, P. D. (ed.), *Handbook of Neuropsychology and Aging*, Nueva York: Plenum Press, pp. 385-393.

Rodrigo, M. J. (1987a), "Aprendizaje y memoria", en Vega Vega, J. L. (ed.), *Psicología evolutiva. Conceptos y problemas básicos. Métodos y estrategias de investigación*, tomo III, Madrid: Universidad Nacional de Educación a Distancia, pp. 25-50.

— (1987b), "Desarrollo cognitivo y rendimiento intelectual", en Vega Vega, J. L. (ed.), *Psicología evolutiva. Conceptos y problemas básicos. Métodos y estrategias de investigación*, tomo III, Madrid: Universidad Nacional de Educación a Distancia, pp. 51-80.

Rowe, J. W., Kahn, R. L. (1987), "Human Aging: Usual and Successful", *Science* 237: 143-149.

— Kahn, R. L. (1997), "Successful Aging", *The Gerontologist* 37 (4): 433-440.

Salthouse, T. A., Toth, J., Daniels, K., Parks, C., Pak, R., Wolbrette, M. y Hocking, K. J. (2000), "Effects of Aging on Efficiency of Task Switching in a Variant of the Trail Making Test", *Neuropsychology* 4(1): 102-111.

Sapolsky, R. M. (1992), *Stress, the Aging Brain, and the Mechanisms of Neuron Death*, A Massachusetts: Bradford Book, Cambridge.

Smith, A. D., Park, D. C., Earles, J. L., Shaw, R. J. y Whiting, W. L. (1998), "Age Differences in Context Integration in Memory", *Psychol. Aging* 13(1): 21-28.

Steffens, D. C., Payne, M. E., Greenberg, D. L., Byrum, C. E., Welsh-Bohmer, K.A., Wagner, R. y MacFall, J. R. (2002), "Hippocampal Volume and Incident Dementia in Geriatric Depression", *Am. J. Ger. Psychiat.* 10: 62-71.

Toga, A. W. y Thompson, P. M. (2002), "New Approaches in Brain Morphometry", *Am. J. Ger. Psychiatry* 10(1): 13-23.

Trápaga, M. (2001), "Una aproximación al problema del diagnóstico y la rehabilitación neurocognitiva de los trastornos mentales", en *Fundamentos biológicos de la conducta*, La Habana: Universidad de La Habana.

Trastornos mentales y del comportamiento. Descripciones clínicas y pautas para el diagnóstico (CIE-10), (1992), Ginebra: Organización Mundial de la Salud.

Vega García, E. y Pérez Nellar, J. (1996), "Envejecimiento de los sistemas organismales", en Prieto Ramos, O. y Vega García, E. (eds.), *Temas de gerontología*, La Habana: Editorial Científico-Técnica, pp. 59-66.

Vega de M. (1994), *Introducción a la psicología cognitiva*, Madrid: Alianza Editorial.

Vega Vega, J. L. (1987), "La psicología evolutiva", en Vega Vega, J. L. (ed.), *Psicología evolutiva. Conceptos y problemas básicos. Métodos y estrategias de investigación*, tomo I, Madrid: Universidad Nacional de Educación a Distancia, pp. 11-16.

Wilson, R. S., Bennett, D. A. y Swartzendruber, A. (1997), "Age-Related Change in Cognitive Function", en Nussbaum, P. D. (ed.), *Handbook of Neuropsychology and Aging*, Nueva York: Plenum Press, pp. 7-14.

Yulin Ge, Grossman, R. I., Babb, J. S., Rabin, M. L., Mannon, L. J. y Kolson, D. L. (2002a), "Age-Related Total Gray Matter and White Matter Changes in Normal Adult Brain. Part I: Volumetric MR Imaging Analysis", *American Journal of Neuroradiology* 23: 1 327-1 333.

— Grossman, R. I., Babb, J. S., Rabin, M. L., Mannon, L. J. y Kolson, D. L. (2002b), "Age-Related Total Gray Matter and White Matter Changes in Normal Adult Brain. Part II: Quantitative Magnetization Transfer Ratio Histogram Analysis", *American Journal of Neuroradiology* 23: 1 334-1 341.

Avances en la prevención del envejecimiento

JOAQUÍN GONZÁLEZ ARAGÓN G.
Instituto Mexicano de Estudios en Longevidad, México

Prevención del deterioro biológico

Desde tiempos remotos, la preocupación del ser humano por conservar el vigor de la juventud y la vitalidad de su madurez y, aún más, por tratar de prolongar su longevidad se ha convertido en una búsqueda incesante. En todas las épocas, en las diferentes culturas encontramos evidencias; incluso los avances en gerontogeriatría en este siglo tienen su inicio en la teoría de la autotoxemia intestinal de Metchikoff, el suero de Bogomoletz y el trasplante de testículos de Brown Seguard, hasta las más recientes terapias celulares de Paul Niehans y la procainoterapia de la doctora Aslan.

Lo cierto es que en los últimos 50 años, la medicina ha alcanzado logros impresionantes; su nivel de desarrollo se refleja en un notable descenso en las tasas de mortalidad y un aumento en la expectativa de vida; las cifras son elocuentes, ya que pasamos de 65 años en 1975 a 75 años en el año 2000. Podemos referir que todo el desarrollo de la ciencia médica ha sido encaminado a extender y mejorar la calidad de vida del ser humano, por lo que en las últimas décadas hemos alcanzado mayores progresos que en toda la historia de la humanidad.

Esta transición demográfica es destacada por el control de la natalidad, de modo que al disminuir el número de nacimientos sobresale una población creciente de personas mayores y adultos envejecientes, que al darse cuenta del reto que implica llegar a la vejez, empiezan a interesarse por prevenir las repercusiones negativas del envejecimiento en lo biológico, mental y social.

Prevención y envejecimiento

En cuanto a la prevención y el autocuidado, destaca que un número creciente de pacientes acuden a consulta desde la juventud y madurez en busca de información sobre técnicas, productos y procedimientos que les ayuden a conservarse activos y lozanos. Lograr una buena apariencia física, resaltar la vitalidad y evitar las consecuencias negativas del deterioro de la vejez son algunos de los aspectos que han adquirido gran relevancia para la población en general, logrando con ello despertar el interés de los profesionales de la salud.

Cabe mencionar al respecto que el envejecimiento es un proceso dinámico que inicia en la concepción y termina con la muerte; es universal, individual e irreversible, los órganos envejecen a distinta velocidad en el mismo individuo y es determinado por factores intrínsecos o genéticos (herencia) y extrínsecos o ambientales (nutrición, contaminación, estrés, estilos de vida, medio ambiente). El envejecimiento, al ser determinado por el tiempo, es inevitable e irreversible; sin embargo, es posible prevenir, retardar, lentificar, detener e incluso revertir el deterioro del cuerpo humano producido por el descuido, falta de información, las deficiencias nutricionales, estilos de vida erróneos y demás factores ambientales.[10]

En ese contexto, adquieren gran relevancia los conceptos expresados por la Organización Mundial de la Salud en su Programa Global sobre el Envejecimiento, al contemplar la necesidad de prevención y autocuidado en el transcurso del ciclo vital del individuo; destacan la necesidad de intervenir desde las etapas tempranas y en particular a partir de los 25 años de edad, cuando empieza la decadencia biológica, que al ser influida por los factores extrínsecos producirá el deterioro funcional, con serias repercusiones conforme avanza la edad.

Conforme nos adentramos en una era de grandes adelantos en biomedicina y biotecnología, con la aparición de avances extraordinarios, hemos constatado que es posible mejorar la salud y la calidad de vida y llevar una actividad productiva, al mismo tiempo que cumplir con nuestras expectativas como especie de vivir más allá de los 100 años de edad.[4]

Como respuesta a los escépticos que ponen en duda estos avances, es posible afirmar que hasta hace algunos años, la mayor parte de los descubrimientos hubieran sido considerados imposibles. A principios del siglo XX dudábamos de que el hombre pudiera volar y el submarino de

Julio Verne era considerado una fantasía irrealizable. En lo que respecta a medicina, creíamos inverosímil pensar en los antibióticos y todavía en la actualidad estimamos muy difícil la curación del cáncer.

Programa genético

El cuerpo está compuesto por más 100 trillones de células, que en su mayoría se hallan en continuo crecimiento y renovación. Estas células contienen en su núcleo el ácido desoxirribonucleico (DNA), donde están compilados todos los genes de nuestro organismo con las instrucciones grabadas en el programa genético. A su vez, cada célula solicita a este DNA la impronta y el mensaje en el ácido ribonucleico mensajero (RNAm) que le permitirá realizar su fisiología, regenerarse, reproducirse y morir. La conservación de DNA y la preservación de un código genético inalterado es la clave para extender la calidad y la cantidad de la vida.[9]

A nivel molecular, las moléculas proteicas son remplazadas de forma continua; ciertos tejidos como la piel y la mucosa intestinal remplazan sus células en unos cuatro días, mientras que las de la pared vesical, cada dos meses y los eritrocitos cada cuatro. Otras células, como las hepáticas y óseas, son remplazadas a lo largo de varios años. Este remplazo es determinado por los genes y nos protege de moléculas dañinas que pudieran causar envejecimiento prematura. El remplazo periódico permite una atorreparación y la protección del plan genético maestro. Tal proceso de renovación implica la sustitución de células que deben ser eliminadas con un proceso de muerte celular programada (apoptosis), el cual, de no realizarse de manera correcta, será un factor primordial en el desarrollo de enfermedades cronico-degenerativas y del cáncer.[5]

La investigación genética promete más resultados para este siglo, en el que cada vez escuchamos más sobre los estudios que se realizan en el proyecto denominado *Genoma humano*, en el que han sido determinados y están decodificándose los mensajes contenidos en los genes; esto favorecerá conocer exactamente cómo y por qué ocurre el envejecimiento. Los científicos encontraron 38 000 genes, mucho menos de los 100 000 que habían pronosticado. De los decodificados, 20% de ellos tienen un papel muy importante en nuestro metabolismo, 12% están involucrados en la comunicación intercelular y 5% nos ayudan a la reproducción celular. Asimismo, estamos descubriendo genes que participan en problemas clínicos, como cataratas, obesidad, cáncer de próstata, esquizofrenia, enfermedad de Alzheimer, cáncer mamario, etcétera. El conocimiento científico está duplicándose cada tres y medio años y para el año 2010 tendremos avances maravillosos para la humanidad. [9]

El código genético está conectado en forma directa o indirecta con todas las funciones y sistemas de nuestro cuerpo y puede ser influido de un modo positivo o negativo por factores extrínsecos, como el estrés, la nutrición, los estilos de vida, la contaminación y factores ambientales. Mantener intacto este código y programa genético implica considerar un plan integral de prevención del envejecimiento que abarque todos los aspectos.

Medio interno

Nuestras células están rodeadas por un líquido extracelular pleno de moléculas, nutrientes, hormonas, enzimas, etc., que determinan un equilibrio denominado *homeostasis* en el cual se desarrolla la vida en condiciones óptimas. Una gran variedad de factores: enfermedad, mala alimentación, carencia de nutrientes y vitaminas, consumo de drogas (tabaco, medicamentos) y alcohol, factores emocionales (estrés), etcétera, alteran su equilibrio. Por otro lado, conforme avanza la edad, son acumulados en este medio interno materiales de desecho y sustancias tóxicas producidas por las células, así como los radicales libres nocivos derivados de las reacciones bioquímicas vitales, que con su lipoperoxidación oxidativa destruyen las membranas celulares y el DNA, causando el envejecimiento celular y tisular.[5]

Los principales efectos causados por el tiempo en los seres vivos son la disminución global de las funciones de los órganos y sistemas del organismo y el desarrollo de trastornos asociados al envejecimiento, sobre todo en el sistema endocrino, lo cual produce alteraciones en la vitalidad y el funcionamiento sexual; a su vez, el sistema inmune sufre una inmunodepresión, con lo que existe mayor propensión hacia los procesos infecciosos, enfermedades autoinmunes y el desarrollo de enfermedades cancerosas. El estrés y los factores psicológicos y emocionales tienen un gran impacto en el proceso de envejecimiento, mientras que una serie de síntomas y de problemas de conducta están asociados con la edad: pérdida de la memoria, desorientación, confusión, depresión, enfermedades mentales y problemas emocionales.

Las terapias de prevención del envejecimiento están basadas en conservar intactos nuestros genes y con ello el código genético y su programa vital, así como en mantener la homeostasis o equilibrio del medio interno.[8]

Los cambios fisiológicos del envejecimiento determinan mayor vulnerabilidad a los agentes bióticos y abióticos que hacen a los individuos más propensos a padecer las enfermedades cronicodegenerativas relacionadas con la edad, como las enfermedades cardiovasculares, osteoporosis o la artritis reumatoide. Cuando estos procesos se han establecido, las terapias antienvejecimiento pueden ayudar tanto al cuerpo como a la mente a funcionar en forma más eficaz y a que los tratamientos farmacológicos sean más efectivos para conservar la función, minimizar la cronicidad y evitar la discapacidad física y mental.

El programa genético y el medio interno guardan una relación estrecha con lo siguiente:

1. Los mecanismos reparadores a nivel molecular, que eliminan moléculas defectuosas o reparan aquellas dañadas, como resultado de errores en la producción de nuevas proteínas, enzimas, ARN, etc. Con la edad aumentan los errores o hay deficiencia en los mecanismos reparadores y, como consecuencia, la acumulación de defectos y productos tóxicos, así como la generación de mutaciones. Una de las soluciones para evitar el deterioro del envejecimiento es mejorar la eficiencia de estos mecanismos reparadores.[3]

2. Los enlaces cruzados, los cuales constituyen el más notorio de los errores, como puentes formados entre las proteínas y que los mecanismos reparadores no pueden romper, haciendo que las estructuras como arterias, piel, articulaciones y el cristalino se endurezcan y originen procesos degenerativos, como la arteriosclerosis, arrugas, reumatismo y cataratas. Ciertas sustancias, como el plomo y el humo del tabaco, producen gran cantidad de enlaces cruzados y enfermedades como la diabetes, mientras que el exceso de glucosa genera gran cantidad de enlaces y envejecimiento prematuro (Anthony Ceramil y Michael Brownlee, Universidad Rockefeller, Nueva York).[1]

3. Los radicales libres, que son átomos cuyos electrones escapan de sus órbitas en las reacciones químicas de los procesos vitales de nuestro organismo: respiración celular, detoxificación hepática y sín-

tesis de proteínas. Son partículas muy peligrosas y reactivas capaces de producir reacciones en cadena semejantes a una radiación interna y que materialmente generan oxidación con daños a órganos como el corazón, las arterias, el tejido nervioso, el sistema inmune, etc. Los radicales libres hidróxidos, superóxidos, aldehídos y oxígeno singulete son, a su vez, neutralizados por enzimas que nuestro organismo produce, como la superóxido dismutasa (SOD), catasas, peroxidasas y algunos nutrientes con actividad antioxidante, como las vitaminas C, E, betacaroteno, B1, B5 y B6, y aminoácidos como la cisteína, tirosina, etc., los cuales han sido estudiados por Denham Harman, Lester Packer y Richard Cutler. Entre las enfermedades causadas por radicales libres tenemos arteriosclerosis, demencia, cáncer, osteoartrosis, enfisema, angina de pecho e infarto, daños al sistema genético y a las membranas y estructuras celulares de todas las células del organismo.[6]

Las investigaciones aportan evidencias abrumadoras acerca del papel de los antioxidantes en la prevención y control de las enfermedades degenerativas asociadas con el envejecimiento, en especial los padecimientos cardiovasculares.[2]

4. El sistema inmunológico, que es el responsable de las funciones de defensa contra las infecciones, detección y eliminación de alérgenos nocivos inertes (alergias), reconocimiento y no agresión a las células de nuestro organismo, mecanismos reparadores y vigilancia y destrucción de células cancerosas. Sus elementos principales son los linfocitos B, encargados de la inmunidad humoral o inmediata por medio de los anticuerpos y los linfocitos T, responsables de la inmunidad celular o tardía, con acción directa contra las células cancerosas y microbios agresores. Ambas células se reproducen en el tejido linfoide (bazo, hígado y ganglios). El timo es el regulador por intermedio de una hormona denominada *timosina*. Roy Walford, el principal investigador en esta área, señala que con el envejecimiento disminuye la efectividad de los mecanismos inmunológicos y, como consecuencia, hay envejecimiento acelerado, enfermedades autoinmunes (artritis reumatoide y lupus eritematoso), mayor vulnerabilidad a las infecciones y, sobre todo, un aumento en la susceptibilidad a desarrollar el cáncer. Esta teoría fue propuesta 25 años antes de conocer el sida,

enfermedad en la que el virus HIV destruye el sistema inmunológico. El doctor Vincent Cristofalo dice que todos los ancianos son portadores de cierto grado de *inmunodeficiencia adquirida por la edad* [9], por lo que el reforzamiento del sistema inmunitario constituye un pilar en la geroprofilaxis.

5. El envejecimento cerebral es muy importante de considerar, ya que desde los 30 años empezamos a perder 4 000 neuronas por hora, es decir, 96 000 por día (estas células ya no se reponen); sin embargo, Joseph Rogers hizo estudios que demuestran que, no obstante esta disminución, la actividad física e intelectual y los nutrientes adecuados para la formación de neurotransmisores (adrenalina, serotonina, dopamina y acetilcolina, entre otros) determinan un mayor número de prolongaciones llamadas *dentritas*, que establecen nuevas sinapsis y circuitos redundantes, que compensan el déficit e incluso pueden sobrepasar el nivel intelectual de la juventud, previniendo además el deterioro mental y conservando la integridad y la salud mental.

   Prevenir el deterioro neuronal y mantener un sistema nervioso en óptimas condiciones son fundamentales para evitar un envejecimiento activo y productivo.[1, 4]

6. El sistema endocrino, junto con los sistemas inmunológico y nervioso, que es intermediario del programa genético, por medio de las glándulas hipófisis, epífisis, tiroides, suprarrenales, ovarios, testículos, páncreas, etc., cuyas hormonas regulan el complejo mecanismo para mantener el equilibrio interno y con él el vigor de la juventud y una óptima salud física y mental. El hipotálamo es el marcapaso y regulador de la forma de envejecer. Todas las glándulas, con excepción de los ovarios de la mujer, siguen produciendo hormonas aún en la vejez, con funciones muy específicas de mantenimiento de la fuerza, vigor juvenil y óptimo desempeño. Basados en el conocimiento científico, podemos afirmar que el control genético, los mecanismos reparadores, los sistemas nerviosos, endocrino e inmunitario, el cáncer y las enfermedades degenerativas están ligados entre sí.[2, 5]

7. El aparato digestivo, que es la entrada de los nutrientes, los cuales desde la masticación reciben la influencia enzimática de la tialina. En el estómago, la acción del ácido clorhídrico y de las enzimas gástricas pancreáticas e intestinales desdobla los carbohidratos, las

grasas y las proteínas para ser absorbidos por unas vellosidades intestinales que deben estar limpias y libres de bacterias nocivas y factores de putrefacción. El mal estado fisiológico del aparato digestivo y el envejecimiento intestinal debido a los hábitos erróneos de alimentación y a la falta de mantenimiento son causa de mala absorción de nutrientes, con absorción de sustancias tóxicas con efectos aceleradores del envejecimiento.

8. El hígado, que es el órgano más grande de nuestro cuerpo y un elemento fundamental en el control de la homeostasis, como barrera metabólica entre el intestino y la circulación y constituye un maravilloso laboratorio orgánico que detiene, transforma, neutraliza, construye, detoxifica, degrada, acumula, procesa, regula y actúa en los infinitos procesos biológicos del metabolismo humano. Su conservación en condiciones óptimas es fundamental para la salud y longevidad, mientras que los factores agresivos a los hepatocitos son inductores de multipatología y envejecimiento acelerado.

La nutrición es la piedra angular de la salud y el envejecimiento; además, debe ser completa, balanceada en macronutrientes (carbohidratos, grasas, proteínas) y micronutrientes (enzinas, vitaminas, minerales, aminoácidos) abundante en nutrientes que no aceleren el envejecimiento ni acidifiquen el medio interno. En su proporción deben incluirse los nutrientes antioxidantes que combaten los radicales libres y los reforzadores del sistema inmunológico, con el fin de proteger la integridad del código y programa genético (DNA), así como los precursores y liberadores de las hormonas de la orquesta neuroendocrina y los mantengan en relación correcta con los radios de hormona del crecimiento e IGF y de insulina/glucagón. Los nutrientes contribuyen a crear una homeostasis integral del medio interno y la conservación celular en sus estructuras y en su totalidad. Asimismo, los elementos necesarios para obtener el óptimo estado molecular y el equilibrio bioelectromagnético de los átomos son básicos, en una perspectiva de física cuántica. [11]

Es importante recordar que la dieta está formada por los alimentos que ingerimos, mientras que la nutrición se halla determinada por la cantidad de nutrientes asimilados por la célula. En este contexto destaca el papel que tienen las membranas celulares en los procesos de asimilación y eliminación de desechos producidos por el metabolismo. Mantener la flexibilidad y permeabilidad membranal por medio de los ácidos grasos esenciales omega 3 y 6 es fundamental para conservar energía, vitalidad y vigor juvenil.[2, 10]

Intervención en el envejecimiento

La combinación de la medicina preventiva y las terapias modernas en una ciencia integral de medicina antienvejecimiento empieza a implantarse a nivel mundial, esto es, cada vez más mayor número de individuos pueden obtener beneficios de las pruebas de valoración de su estado metabólico, seguidas de programas integrales de autocuidado, modificaciones de estilos de vida, nutrición adecuada, complementos vitamínicos, suplementos nutricionales, fitonutrientes, nutracéuticos, productos farmacéuticos, hormonas, precursores hormonales y terapias progresivas.

Un dato importante es que el envejecimiento no constituye un suceso cronológico sencillo, sino la interacción completa de disfunciones de todo el organismo. Sus síntomas suelen identificarse a nivel general, órganos y sistemas, celular, cromosómico y molecular. Desde el punto de vista elemental, podría enfocarse a cada uno de estos niveles con estrategias específicas; sin embargo, los proyectos más eficaces para enfrentar el envejecimiento son dirigidos a los mecanismos genéticos y moleculares, con el objeto de mantener en óptimas condiciones la fisiología celular, el terreno biológico y la homeostasis del medio interno.[11]

En este contexto es necesario hacer una reflexión: el envejecimiento resulta inevitable, pues el tiempo no se puede detener; por ello, el rejuvenecimiento no existe; empero, es posible prevenir, lentificar, posponer, detener y/o revertir el deterioro biológico causado por el descuido y la falta de conciencia sobre la salud de las personas que promueven un envejecimiento prematuro y acelerado, plagado de problemas clínicos.[10]

Es primordial destacar que no existe ningún remedio mágico ni píldora milagrosa que detenga el deterioro del envejecimiento, sino que se requiere la responsabilidad de los individuos en participar activamente en su salud por medio de la conciencia y la educación. En especial, los estilos de vida saludables desempeñan un papel clave en este proceso; por tal motivo, es elemental considerar que la motivación y la autoestima de los individuos para fomentar el autocuidado y la promoción de la salud son el eje sobre el que giran todos los procedimientos para revestir el deterioro del envejecimiento. No es posible que lo logren individuos que fuman, son alcohólicos, obesos o sedentarios.

Las recomendaciones del Programa Global del Envejecimiento de la OMS señalan la necesidad de proporcionar a los médicos, nutriólogos y profesionales de la salud la información y motivación para recomendar lo siguiente:[14]

a. Fomentar la educación y promoción de la geroprofilaxis y el autocuidado.

b. Promover cambios vigorosos en los estilos de vida (evitar tabaquismo, alcoholismo, sedentarismo, obesidad y adicción).

c. Fomentar cambios hacia una nutrición que prevenga el envejecimiento por medio de estimular mayor consumo de frutas, verduras, fibra, soya, lipotrópicos, aminoácidos, antioxidantes, ácidos grasos esenciales Omega III, fitolípidos y esteroles vegetales como el betasitosterol y gamaorizanol y minerales como el magnesio, selenio y zinc, entre otros.

d. Apoya el terreno biológico, con suplementos nutricionales, fármacos y tratamientos geriátricos.

El objetivo final de un buen protocolo de prevención de deterioro del envejecimiento debe abarcar los aspectos siguientes:[11]

- Protección y conservación del genoma.
- Protección del código genético y de la expresión genética de genes que intervienen en enfermedades cronicodegenerativas.
- Supresión de oncógenos promotores de cáncer.
- Modulación en la transducción y transcripción de señales intracelulares.
- Mantenimiento de la comunicación y señalización intercelular.
- Aporte apropiado de proteínas, grasas y carbohidratos a las células.
- Funcionamiento eficaz de los sistemas energéticos (ATP).
- Control del factor genético NF kappa beta, promotor de inflamación.
- Modulación de los mecanismos de regulación de señal relacionados con mitosis, renovación normal, mutaciones anormales y adoptosis celular.
- Eliminación de los desechos (detoxificación celular y del organismo).[13]
- Optimizar los mecanismos de reparación y renovación celular.
- Estimular y fortalecer la producción de hormonas y el equilibrio neuroendocrino.

- Conservar el equilibrio de los neurotransmisores que participan en la función cerebral.[12]
- Mantener los principales sistemas, aparatos y órganos de nuestro cuerpo funcionando a niveles óptimos (circulatorio, digestivo e inmune).[11]
- Aumentar la capacidad de los mecanismos naturales de autocuración.

Todas estas premisas fundamentan el nacimiento de la medicina antienvejecimiento, la corriente médica de prevención más nueva y con mayor futuro del milenio, basada en una nueva visión multifacética e integral del ser humano formado por 100 trillones de células que aunque actúan en forma coordinada, son unidades con vida propia, sobre las que ejercen acción clave la nutrición y la bioquímica por medio de los fitoquímicos presentes en los nutrientes. Estas premisas extienden el campo de los médicos y geriatras más allá de la geroprofilaxis y el manejo de la enfermedad cronicodegenerativa, ampliando los horizontes del autocuidado y la promoción de la salud.[11, 7]

Conclusión

Hoy día, la medicina antienvejecimiento como ciencia es totalmente novedosa y tiene que enfrentar las críticas y el escepticismo de sus detractores, como lo han sufrido otras especialidades en su devenir histórico. Los profesionales de la salud interesados en esta ciencia deben separar los hechos y la verdad de la ficción y la charlatanería a fin de determinar cuáles son los mejores tratamientos y técnicas para sus pacientes. La educación continua y el análisis detallado de la gran cantidad de información que recibimos por medio de materiales impresos, Internet y todo lo que la comunicación moderna nos da a conocer nos permitirá establecer las bases y el criterio de una corriente médica basada en el conocimiento científico. Baste saber que cientos de especialistas e investigadores trabajan en este campo tratando de incrementar la calidad y duración de la vida humana, un área que ha acumulado un enorme acervo de datos científicos en la búsqueda de la longevidad.[7, 8]

Es muy importante considerar que la clave para conservar un cuerpo joven, saludable y lleno de vitalidad en los 60, 70, 80 o más años es adoptar estilos de vida saludables, eliminar los hábitos y creencias erróneas y destructivas, así como las actitudes negativas ante la vida, asumir la responsabilidad de la salud y el cuidado del único cuerpo que poseemos, adquirir información avalada, consultar a profesionales de la salud actualizados en medicina preventiva del envejecimiento, y adoptar las acciones necesarias en nutrición, consumo de suplementos y uso de terapias científicas. Las personas que lo hagan tendrán una influencia nueve veces mayor sobre su modo de envejecer que el resto de la población.

Bibliografía

1. Bradford, W. R. (1997), *Oxidology*, 1a. ed., Chulavista, Cal.: The R. W. Bradford Foundation.
2. Bruce, A. N. y Shigenaga, D. M. (1993), *Oxidants, Antioxidant and the Degenerative Diseases of Aging. Procedures of The National Academy of Sciencies*, vol. 90, Nueva York, (160 referencias).
3. Cutler, G. R. (1998), "Molecular Aspects of Human Aging and Longevity", *Journal of Anti-Aging Medicine*, vol. 1, núm. 1.
4. Danon, D. y Shock, N. (1981), "Aging: A Challenge to Science ans Society", *Biology*, vol. 1, Nueva York: Oxford University Press.
5. Finch, C. y Schneider E. (1985), *Handbook of Biology of Aging*, 2a. ed., Nueva York: Van Nostrand Reinhoed Company.
6. Harman, D. (1992), "Role of Free Radicals in Aging and Disease", Nueva York: *Annals of the New York Academy of Sciences*, vol. 67: 126:141.
7. Klatz, R. y Goldman, R. (1996), *The Science of Anti-Aging Medicine*, 1a. ed., Colorado Springs, Cal: American Academy of Anti-Aging Medicine.
8. — (1997), *Anti-Aging Medical Therapeutics*, 1a. ed., Cal.: Health Quest Publications, Marina del Rey.
9. Rose, M. (1991), *Evolutionary Biology of Aging*, Nueva York: Oxford University Press.
10. Strehler, B. (1977), *Time, Cells and Aging*, 2a. ed., Nueva York: Academic Press.
11. González Aragón, J. (2000), *Plan integral antienvejecimiento*, 1a. ed., México: Costa Amic Editores.
12. — (2001), *Antienvejecimiento cerebral*, 1a. ed., México: Costa Amic Editores.
13. — (2001), *Antienvejecimiento y detoxificación*, 1a. ed., México: Costa Amic Editores.
14. (2001), *Aprendamos a envejecer sanos*, 7a. ed., México: Costa Amic Editores.

Más allá de la menopausia

María Luisa Marván
Universidad de las Américas, Puebla, México

Concepciones de la menopausia

La *menopausia*, que en griego significa mes y terminación, literalmente alude al último período menstrual de una mujer. La Organización Mundial de la Salud (OMS) la define como "cese permanente de la menstruación como resultado de la pérdida de la actividad folicular ovárica"; sin embargo, la última menstruación en sí misma no tiene tanta importancia para las mujeres como en los años previos y posteriores a que ocurre este evento. La necesidad de destacar estos años ha hecho que algunos expertos definan la menopausia como la transición de la vida que tiene lugar antes y después de la última menstruación (Defey, 1996). La forma como es interrumpida la menstruación varía de modo considerable: puede ser abrupta, gradual o irregular. Los ciclos irregulares son la forma más común de cesar los períodos menstruales, los cuales pueden resultar más frecuentes, más distanciados, ser más abundantes o más débiles y sin un patrón definido entre cada mes. Debido a estas variaciones, utilizamos los términos siguientes para referirnos a los estadios de la menopausia: *premenopausia*, cuando la menstruación es regular; *perimenopausia*, cuando la menstruación se vuelve irregular, pero ha ocurrido durante los 12 meses previos; y *posmenopausia*, cuando la mujer no ha menstruado durante 12 meses como mínimo.

Otro término también empleado y que tiene un significado más amplio es el de climaterio, el cual abarca todo el período de reducción gradual de la ovulación y de producción de hormonas ováricas. OMS define el climaterio como "el período inmediatamente previo a la menopausia (cuando comienzan las características endocrinológicas, biológicas y clínicas de la próxima menopausia) y, como mínimo, el primer año después de la menopausia". Por lo tanto, el climaterio comprende los años que abarcan la transición entre la vida reproductiva y no reproductiva, pero no hay mucha coincidencia con respecto a cuándo comienza y cuánto dura.

Desde la perspectiva biomédica, la menopausia es definida como una enfermedad de deficiencia *(deficiency disease)*, causada por la disminución de los niveles de estrógenos. De esta manera, tal perspectiva es enfocada a los aspectos somáticos de la menopausia, así como al tratamiento y prevención de las posibles consecuencias de la deficiencia hormonal. Básicamente, son utilizados tratamientos de remplazo hormonal y, en un nivel secundario, se proponen ciertas medidas para mejorar el estilo de vida, como el ejercicio, la supresión de alcohol y tabaco, la ingestión de calcio, etcétera (Olazábal Ulacia, García Paniagua, Montero Luengo, García Gutiérrez, Sendín Melguizo y Holgado Sánchez, 1999).

En contraposición con la perspectiva biomédica que ignora los aspectos psicosociales de la experiencia de la menopausia, ha sido propuesto un paradigma alternativo. Se trata de un enfoque psicosocial, según el cual la menopausia es concebida como un proceso natural del desarrollo que señala una transición en la vida, como la pubertad. Los cambios endocrinológicos que tienen lugar en la pubertad pueden ocasionar ciertos síntomas, como algunos problemas de la piel y/o cambios emocionales, pero éstos no son vistos como un desorden clínico, ni hay intentos de prevenir la pubertad mediante la supresión de la producción de hormonas. Este enfoque considera que la menopausia es una etapa de la vida asociada con nuevos retos y libertades (Gannon y Ekstrom, 1993).

Finalmente, existe un modelo integral basado en la premisa de que un fenómeno humano debe ser entendido desde diferentes perspectivas, las cuales pueden ser complementarias. De esta manera, la menopausia es concebida como un proceso complejo y multifacético que responde a la interacción de diferentes factores biopsicosociales, que conducen a diversos cambios y a sus consecuentes adaptaciones (Olazábal y cols., 1999).

Cambios asociados a la menopausia

Cambios físicos

La edad promedio en que comienza la menopausia es a los 50 años, aunque puede variar entre los 40 y 60. Existen algunos estudios realizados en

México, los cuales han arrojado diferentes resultados concernientes a la edad de la menopausia, dependiendo del criterio utilizado para estimar dicha edad. Considerando estas diferencias, la edad promedio de la menopausia en zonas urbanas de nuestro país varía de 45 a 50 años (Leidy Sievert y Hautaniemi, 2003). La menopausia llega cuando empiezan a observarse algunas complicaciones resultantes de la edad, por lo cual a menudo se le atribuyen problemas que, en realidad, están vinculados con el envejecimiento. Lamentablemente, la imagen negativa de la mujer menopáusica en las sociedades occidentales hace que haya una tendencia a conferir a la menopausia problemas que pueden tener otras causas.

Además de los cambios en el ciclo menstrual, los principales signos del comienzo del proceso menopáusico son las tufanadas de calor (bochornos) y sudoración nocturna. Algunas mujeres también experimentan sequedad vaginal. Es importante destacar que estos síntomas son los únicos asociados definidamente con la menopausia, pero no son signos de enfermedad.

Bochornos. Son sensaciones de calor repentinas que van desde una ligera hasta una muy intensa en la cara, el cuello y el pecho y que pueden extenderse por todo el cuerpo. Duran uno o dos minutos y son seguidos por un escalofrío o transpiración. Aproximadamente tres cuartas partes de las mujeres menopáusicas los presentan durante el primer año, alrededor de la mitad suele sentirlos durante dos a cinco años y la cuarta parte continúa sintiéndolos después de cinco años (Hunter, 1995).

Cambios vaginales. Después de la menopausia hay cambios graduales dentro y alrededor de la vagina, pero no todas las mujeres los experimentan. La pared vaginal se torna más delgada y pierde algo de su elasticidad, lo cual puede producir una sensación de sequedad y, si no tenemos cuidado, dolor durante el coito. Las infecciones o irritaciones vaginales también pueden tornarse más frecuentes.

Es importante destacar que las relaciones sexuales placenteras pueden continuar durante la menopausia y después de ésta. El único síntoma sexual que está vinculado claramente con los niveles de estrógenos es la sequedad vaginal, lo que no impide tener una vida sexual satisfactoria.

Como se mencionó en líneas anteriores, existen muchos otros cambios atribuidos con frecuencia a la menopausia, pero que no necesariamente son producidos por los cambios hormonales que caracterizan a la mujer menopáusica. Algunos de ellos son los siguientes:

Insomnio. Las mujeres perimenopáusicas y posmenopáusicas suelen quejarse de mayores dificultades con el sueño que las premenopáusicas. Probablemente el sueño interrumpido sea exacerbado por los bochornos y sudoraciones nocturnas, ya que cuando las mujeres están bajo tratamiento para reducirlos, también disminuye el insomnio.

Frecuencia urinaria e incontinencia por estrés. Muchas mujeres, alrededor de los 50 años, necesitan ir al baño con más frecuencia y tienen menos control de la vejiga del que solían tener. La incontinencia por estrés significa que puede perderse un poco de orina al toser, reír o durante algún ejercicio físico. Parece que no hay un aumento real de estos síntomas durante la menopausia, pero son gradualmente más comunes con la edad. Si bien la disminución de los niveles de estrógenos puede reducir el control urinario en algunas mujeres, probablemente sean más importantes otros factores que provocan debilitamiento de los músculos pelvianos (o pubocoxígeos), como partos múltiples, falta de ejercicio, obesidad o constipación crónica.

Cambios en la piel. Las arrugas y el deterioro en el tono y humedad de la piel generalmente son los primeros signos de envejecimiento. Con la edad, la piel pierde elasticidad y puede parecer más translúcida o delgada; además, las manchas mielínicas son gradualmente más comunes.

Osteoporosis. Diversos estudios relacionan las reservas de estrógenos con la osteoporosis, que literalmente significa "huesos porosos", caracterizada por la reducción de la densidad ósea, causando fragilidad. Las áreas más afectadas son los huesos de la columna vertebral, las muñecas y las caderas que se fracturan con mayor facilidad. Hay varias formas de osteoporosis, pero la más común ocurre en mujeres después de la menopausia. La pérdida ósea en las mujeres aumenta más rápidamente durante los tres a cinco años posteriores a la menopausia, y luego la frecuencia decae de nuevo.

Obviamente, existen otros factores, además de la disminución de los niveles de estrógenos, que pueden hacer a una mujer propensa a la osteoporosis, como llevar una vida sedentaria y padecer deficiencia de calcio. Aunque alguien afirma que los suplementos elevados en calcio pueden ser útiles después de la menopausia, parece que lo importante para fortalecer los huesos y prevenir la osteoporosis es la ingestión regular de calcio antes de la menopausia.

Enfermedades cardiovasculares. El riesgo de padecer enfermedades cardiovasculares después de la menopausia aumenta considerablemente;

sin embargo, no se sabe a ciencia cierta qué papel desempeña la falta de estrógenos en el riesgo de padecer este tipo de enfermedades.

Otros cambios físicos. Algunas mujeres describen varios de los síntomas siguientes durante la menopausia: hormigueo en brazos y piernas, comezón, mareos, cefaleas, hipersensibilidad en los senos, temblor de piernas y dolor de músculos y de articulaciones. Estos síntomas tienden a presentarse en grupos y pueden estar asociados con problemas emocionales, mala salud y/o estrés. Es importante señalar que la edad puede conllevar dolores y malestares generales, en especial si llevamos una vida sedentaria, por lo cual aquélla no es considerada un signo de enfermedad. Como mencionamos anteriormente, con excepción de los bochornos y de la sequedad vaginal, la mayoría de los síntomas tienen otras causas.

En los últimos años ha habido gran cantidad de investigaciones sobre los beneficios y riesgos del tratamiento de remplazo hormonal (TRH), el cual, como su nombre lo indica, sirve para suplir la disminución de hormonas ováricas –particularmente estrógenos– que acompaña a la menopausia. Las hormonas utilizadas en este tratamiento son estrógenos sintéticos, o una mezcla de estrógenos naturales y equinos, o estrógenos naturales.

Beneficios del TRH. Eventualmente, los bochornos pueden detenerse de forma espontánea, pero para algunas mujeres pueden ser muy molestos. Con el TRH, los bochornos desaparecen casi por completo. Respecto a la sequedad vaginal, asociada también con bajos niveles de estrógenos, suele aliviarse con el TRH. La osteoporosis es otro padecimiento que, en cierta medida, puede prevenirse con el TRH, pero éste no fortalece los huesos debilitados; de hecho, no ejerce efectos benéficos en este sentido cuando empieza a una edad avanzada. Otro efecto benéfico del TRH, aunque no hay datos concluyentes, es el que recae en el corazón y la circulación sanguínea.

Desventajas del TRH. El TRH tiene ciertos riesgos para la salud, como el cáncer del endometrio y ciertos tipos de cáncer de mama; sin embargo, esto depende de la combinación entre estrógenos y progestágenos prescritos, y hoy día es objeto de controversia. En el corto plazo, el TRH es relativamente seguro, pero con el uso a largo plazo durante un período de seis a 10 años parece que hay un aumento del riesgo.

A los estrógenos sintéticos se les asocia con trombosis e hipertensión, especialmente en mujeres obesas, que fuman o que de por sí tienen problemas de circulación sanguínea; sin embargo, los estrógenos también pueden tener un efecto benéfico sobre el sistema cardiovascular al dilatar las paredes de los vasos sanguíneos, lo que en cierta medida puede contrarrestar sus efectos negativos.

Los estrógenos aumentan las probabilidades de desarrollar enfermedades biliares; además, cuando existen fibromas o endometriosis (crecimiento del revestimiento uterino dentro del área pelviana), éstos pueden empeorar con el TRH debido a que éste estimula el crecimiento del revestimiento.

Cambios emocionales

Han sido descritos algunos síntomas emocionales relacionados con la menopausia, como irritabilidad, fatiga, tensión nerviosa, depresión, falta de motivación y sentimientos de soledad; no obstante, Hunter (Hunter, 1995) entrevistó a más de 700 mujeres y observó que quienes describieron un aumento de irritabilidad y poca autoestima durante la menopausia solían ser las que estaban deprimidas antes de cesar su menstruación y cuyas ideas sobre la menopausia eran negativas. De hecho, no hay evidencia concluyente de que el TRH tenga un efecto directo en los cambios psicológicos que pueden presentarse en la menopausia.

Aunque éste es un tema controvertido, la disminución de estrógenos no parece una causa importante de depresión en las mujeres menopáusicas. De hecho, los niveles sanguíneos de estrógenos no son menores en las mujeres menopáusicas con depresión (Ballinger, 1987); empero, los estrógenos tienen un efecto activador en algunas mujeres, y las pacientes que están bajo tratamiento de estrógenos mencionan a veces una mejoría en su carácter. Sin embargo, ello puede deberse en parte a que se alivian los bochornos y las sudoraciones nocturnas, o al propio efecto placebo que tiene el hecho de estar bajo tratamiento (Hunter, 1995). Si la depresión de una mujer es atribuido equivocadamente a la menopausia, el TRH no evitará que continúe la depresión.

Aspectos psicosociales de la menopausia

A pesar de que la menopausia es un fenómeno universal, no todas las mujeres la viven igual. Muchos de los síntomas y los sentimientos experimentados en ese período son determinados por la cultura y las características individuales de las mujeres; en efecto, ha sido demostrado que, de acuerdo con las creencias culturales, valores y actitudes, la menopausia puede ser experimentada por una mujer de manera trivial o traumática, positiva o negativa (Gannon y Ekstrom, 1993).

La mayoría de las mujeres presentan algunos síntomas durante el climaterio, pero éstos no les impiden seguir realizando sus actividades cotidianas; asimismo, algunas mujeres no presentan ningún tipo de síntoma y, finalmente, algunas otras perciben a la menopausia como una época muy difícil de su vida (Olazábal y cols., 1999). Las mujeres con actitudes más negativas hacia la menopausia generalmente reportan tener más síntomas, tanto físicos como emocionales (Avis y McKinlay, 1991). En México, hemos observado que las mujeres con actitudes negativas hacia la menopausia experimentan mayor grado de fatiga, irritabilidad, inestabilidad emocional y depresión (Jiménez y Pérez, 1999). De la misma manera, las mujeres que reportan tener mejor salud física y emocional son las que tienen actitudes más positivas hacia la menopausia (Theisen, Mansfield, Seery y Voda, 1995).

Desafortunadamente, en los países occidentales, los estereotipos sobre las mujeres menopáusicas casi siempre son negativos, lo cual puede influir en que una mujer tenga una actitud negativa hacia la menopausia. La idea de que las mujeres se tornan confusas e irracionales durante la menopausia está difundida con amplitud. Una mujer menopáusica puede ser catalogada de agresiva, irracional, insana o deprimida, o ser acusada de no interesarse en el sexo, además de que comienza a declinar en lo físico, lo cual indica que envejecerá pronto. Hasta la etiqueta de *mujer menopáusica* suele usarse a menudo de manera despectiva.

Al explorar lo que la menopausia significa para las mujeres, hemos encontrado que existe mucha incertidumbre originada por la falta de información. Esta incertidumbre es muy común en las mujeres premenopáusicas (Lemaire y Lenz, 1995), quienes además muestran actitudes más negativas hacia la menopausia que las posmenopáusicas (Gannon y Ekstrom, 1993). De hecho, las mujeres tienden a ser más positivas después de su propia menopausia de lo que lo eran antes (Avis y McKinlay, 1991; Theisen y cols., 1995; Wilbur, Miller y Montgomery, 1995). Parece que la propia experiencia y la comprensión de lo que realmente ocurre durante la menopausia puede llevar a una impresión más positiva, pues algunas mujeres se dan cuenta de que la menopausia no es una transición tan difícil como la esperaban. En otras palabras, las creencias de las mujeres que no han experimentado la menopausia están basadas en estereotipos que, como mencionamos anteriormente, en nuestra sociedad tienden a ser negativos, en tanto que las mujeres que ya experimentaron la menopausia basan sus actitudes en sus experiencias personales.

Hvas (Hvas, 2001) hizo un análisis cuidadoso de los reportes que hicieron 393 mujeres sobre su experiencia de la menopausia, y encontró que 49% mencionaron al menos un aspecto positivo. Los reportes positivos variaron desde expresiones no específicas, que describen a la menopausia como un período de bienestar, hasta narraciones más concretas sobre el alivio que sentían al no menstruar más (por ejemplo: no tener que preocuparse por un posible embarazo, o no padecer más síntomas relacionados con la menstruación). Finalmente, otras mujeres percibieron a la menopausia como un período que les da la posibilidad de un crecimiento personal y de tener la libertad para concentrarse en asuntos personales.

Por otro lado, es importante tener en cuenta que durante la menopausia las mujeres pueden experimentar múltiples estresores, incluido el significado de la pérdida de la fertilidad, la redefinición de roles, el síndrome del nido vacío, aumento de enfermedades y malestares, disminución de las capacidades y habilidades, inseguridad financiera, enfermedades y/o muerte de padres, hermanos o amigos, etcétera.

El síndrome del nido vacío se refiere a las dificultades que la mujer enfrenta cuando sus hijos dejan el hogar, ya que ella puede encontrar poco significado a su vida. En México, este síndrome es agudo después de la menopausia (Huerta, Mena, Malacara y Díaz de León, 1995). Cuando una mujer disfruta de otra ocupación además de ser madre, puede evitar la experiencia del síndrome del nido vacío, puede redirigir sus energías a otros objetivos y ocupaciones a medida que sus responsabilidades maternales disminuyen. Al parecer, no es tan importante el rol que desempeña una mujer en la vida como tal, sino la satisfacción que ésta tenga con su rol al experimentar la menopausia, ya que esto realmente influirá en su bienestar psicológico (Richters, 1997).

Otro estresor que vale la pena describir es el sentimiento de pérdida, el cual incluye tanto sensación de envejecimiento como pérdida de la belleza y de la fortaleza física. En las culturas occidentales modernas, en las que el sexo ha sido desligado de la procreación, la mujer es valuada conforme a su juventud y atractivo físico. Por ello, en algunas mujeres, los cambios descritos pueden desencadenar sentimientos de soledad, tristeza e impotencia (Lee, 1997). Un estudio realizado en el Reino Unido demostró que, para la mayoría de las mujeres, la menopausia es un indicador de pérdida del atractivo físico, por lo que cualquier experiencia relacionada con la menopausia tiene una connotación negativa (Shore, 1999). Sin embargo, las mujeres que tienen objetivos bien definidos acordes con su nueva condición y que perciben a la menopausia como un período de desarrollo personal no tienen por qué presentar estos sentimientos negativos.

Aunque durante el climaterio la mayoría de las mujeres experimentan varios estresores con sus consecuentes repercusiones, normalmente pueden "vencerlos" y seguir con sus actividades cotidianas; sin embargo, algunas mujeres presentan un panorama desolador de la menopausia, la cual describen como una experiencia extremadamente negativa (Daly, 1997). Estas mujeres encuentran difícil o incluso imposible el cambio en sus estilos de vida, principalmente por la falta de creatividad y flexibilidad. Es común que tener más tiempo para ellas les provoque ansiedad, incertidumbre y miedo, lo que a su vez puede conducir a experimentar depresión y sentimientos de soledad (Defey, 1996).

Conclusión

A pesar de que la menopausia es un fenómeno universal, no todas las mujeres la experimentan de la misma manera. Existen muchas variables de tipo biológico, psicológico y sociocultural que interaccionan para determinar los cambios que una mujer presenta durante la menopausia, así como los sentimientos que experimenta durante tal período. De esta manera, la menopausia puede ser una experiencia positiva o negativa, lo cual dependerá del modo como se conjuguen las variables mencionadas. Las actitudes que tiene una mujer hacia la menopausia influyen significativamente en los síntomas que presenta, así como en la forma de afrontar los estresores característicos de esta etapa de la vida. Por ello, las mujeres con actitudes negativas pueden estar en riesgo de vivir su menopausia como una experiencia negativa, y viceversa.

Bibliografía

Avis, N. E. y McKinlay, S. M. (1991), "A Longitudinal Analysis of Women's Attitudes toward the Menopause: Results from the Massachusetts Women's Health Study", *Maturitas*, 13, 65-79.

Ballinger, C. B. (1987), "Hormone Profiles and Psychological Symptoms in Perimenopausal Women", *Maturitas*, 9: 235-251.

Daly, J. (1997), "Facing Change. Women Speaking about Midlife", en P. A. Komesaroff, Rothfield, P., y Daly, J. (eds.), *Reinterpreting Menopause. Cultural and Philosophical Issues*, pp. 159-175, Nueva York: Routledge.

Defey, D., Storch, E., Cardozo, S., Díaz, O. y Fernández, G. (1996), "The Menopause: Women's Psychology and Health Care", *Social Science and Medicine*, 42, 1 447-1 456.

Gannon, L. y Ekstrom, B. (1993), "Attitudes toward Menopause: The Influence of Sociocultural Paradigms", *Psychology of Women Quarterly*, 17, 275-288.

Huerta, R., Mena, A., Malacara, J. M. y Díaz de León, J. (1995), "Symptoms at the Menopausal and Premenopausal Years: Their Relationship with Insulin, Glucose, Cortisol, FSH, Prolactin, Obesity and Attitudes towards Sexuality", *Psychoneurendocrinology*, 20: 851-864.

Hunter, M. (1995), *La menopausia*, México: Hermes.

Hvas, L. (2001), "Positive Aspects of Menopause. A Qualitative Study", *Maturitas*, 39, 11-17.

Jiménez, L. J. y Pérez, S. G. (1999), "The Attitude of Women in Menopause and its Influence on the Climateric", *Ginecología y Obstetricia de México*, 67: 319-322.

Lee, K. H. (1997), "Korean Urban Women's Experience of Menopause: New Life", *Health Care for Women International*, 18, 139-148.

Leidy Sievert, L. y Houtaniemi, S. I. (2003), "Age at Menopause in Puebla, México", *Human Biology*, 75, 205-226.

Lemaire, G. S. y Lenz, E. R. (1995), "Perceived Uncertainty about Menopause in Women Attending an Educational Program", *International Journal of Nursing Studies*, 32, 39-48.

Olazábal Ulacia, J. C., García Paniagua, R., Montero Luengo, J., García Gutiérrez, J. F., Sendín Melguizo, P. P. y Holgado Sánchez, M. A. (1999), "Models of Intervention in Menopause: Proposal of a Holistic or Integral Model", *Menopause: The Journal of The North American Menopause Society*, 6, 264-272.

Richters, J. M. A. (1997), "Menopause in Different Cultures", *Journal of Psychosomatics Obstetrics and Gynecology*, 18, 73-80.

Shore, G. (1999), "II. Soldiering on: An Exploration into Women's Perceptions and Experiences of Menopause", *Feminism and Psychology*, 9, 168-178.

Theisen, S. C., Mansfield, P. K., Seery, B. L. y Voda, A. (1995), "Predictors of Midlife Women's Attitudes toward Menopause", *Health Values*, 19, 22-32.

Wilbur, J., Miller, A. y Montgomery, A. (1995), "The Influence of Demographic Status, and Symptoms on Women's Attitudes toward Menopause", *Women and Health*, 23, 19-39.

Salud y autocuidado

FELIPE MARTÍNEZ ARRONTE
(Hospital para enfermos crónicos: Doctor Gustavo Baz Prada, División Geriatría,
Instituto de Salud del Estado de México)

Aproximadamente desde hace 20 años empezaron algunas acciones en beneficio de la salud de la población de edad avanzada, en los países en vías de desarrollo, pero fueron de forma aislada y con mayor participación de grupos e instituciones no gubernamentales. Con esto se evidencia la poca prioridad que tenía este grupo en los programas de salud.

El conocimiento y el debate sobre sus necesidades actuales han sido cada vez más importantes; sin embargo, el avance ha sido lento, en parte por la gran dificultad que implica analizar las necesidades de un grupo tan heterogéneo.

En este capítulo mencionaremos en primer lugar los antecedentes de importancia que sentaron las bases para establecer propuestas de atención de la salud de la población de edad avanzada, haciendo énfasis en el papel que tiene el autocuidado para lograr el bienestar de este grupo, así como los medios que debemos tener presentes para mantener su salud

Finalmente, señalamos la propuesta de un envejecimiento exitoso sin considerarlo una utopía y sí una realidad para las próximas generaciones de personas de edad avanzada, para lo cual nos basamos en estrategias de organismos internacionales como la Organización Panamericana de la Salud, que propone como meta promover un envejecimiento funcional.[1]

Antecedentes

En 1977, el doctor Mahler, director de OMS, dijo: "Si el asunto de la salud no comienza a nivel del individuo, del hogar, del lugar de trabajo y de la escuela, nunca alcanzaremos la meta de salud para todos. Todo aumento significativo del bienestar físico, mental o social dependerá en gran medida de la determinación del individuo y de la comunidad de ocuparse de sí mismos".[2]

En 1978 hubo una reunión internacional en la cual fue declarado formalmente que debíamos trabajar con el fin de lograr una "salud para todos en el año 2000" y en la cual quedaba incluido también el grupo de población de edad avanzada. En esa reunión se había propuesto que para llegar a esa meta tenían que cambiarse los estilos de vida con la integración de hábitos más saludables.

En conclusión, las acciones que debían cumplirse eran tres: *a*) hacer ejercicio, *b*) tener una alimentación más sana, y *c*) ser responsable con la salud propia. Con todo esto se impulsaba y orientaba a todos los individuos para tomar medidas que preservaran su salud, por ejemplo: dejar de fumar, no abusar del alcohol y de otras drogas, así como dejar de usar el elevador y subir las escaleras, o ir a la tienda caminando en vez de utilizar el automóvil cuando esto era posible.

En México estamos ante una generación de personas de edad avanzada que viven cambios sociales importantes y que, en una proporción más o menos grande, no tuvieron acceso a toda esta información. Por lo tanto, no debe ser nuestro papel juzgarlos por llevar estilos de vida poco saludables.[3]

Además, existieron muchos mitos alrededor de la vejez: pensábamos que al llegar a esta etapa de la vida, uno tenía que estar en malas condiciones de salud, al grado de que en muchos lugares se usaba la palabra *vejez* como sinónimo de enfermedad.

En algunas instituciones de salud era utilizada la palabra *senilidad* como uno de los diagnósticos que tenían los pacientes geriátricos, sin que tuviera un verdadero significado y, por consiguiente, sin ofrecerles alternativas de solución a sus problemas de salud. Cuando algunas instituciones internacionales comenzaron a dar importancia a la salud de estos grupos de edad, realizaron investigaciones tanto en países desarrollados como en aquellos en vías de desarrollo, para conocer la situación real acerca de sus necesidades, y fue dado a conocer que en su mayoría se trataba de población sana. En Latinoamérica: 90% de personas de edad avanzada eran sanas y mantenían una independencia para llevar a cabo sus actividades de la vida diaria, requiriendo únicamente apoyo en servicios sociales y control de su salud mediante programas más accesibles, y solamente 10% eran personas con graves problemas de salud, que necesitaban contar con programas específicos para su atención y con servicios de salud especializados en geriatría. Asimismo, observamos que este último grupo eran en su mayoría personas de 80 años y más y que no acudían a los servicios de salud por ser poco accesibles a ellos.

Entre las causas más importantes de la poca accesibilidad a dichos servicios tenemos: *a*) transportes inadecuados, *b*) no contar con alguien que los llevara, y *c*) el trato inadecuado del personal de salud que los atendía.[4]

En México hay aproximadamente 200 especialistas en geriatría, que son insuficientes para atender las necesidades de la población de edad avanzada. Hasta ahora, dicha población ha sido atendida por médicos generales o médicos familiares, que en algunos casos no han estado capacitados para atenderlos adecuadamente. Por lo tanto, deberán capacitarse los profesionales de la salud en geriatría y gereontología para que atiendan a esta población en su comunidad y, en caso necesario, canalizarlos con el especialista en geriatría, pero también será necesario que en todo el país existan más centros hospitalarios que tengan la especialidad, que sean entrenados adecuadamente los profesionales, con los programas establecidos por las universidades, y que sea difundida la especialidad de geriatría en las diferentes instituciones de salud del territorio nacional.

En los últimos años hemos observado que la población ha adquirido conciencia de la necesidad de acudir con el especialista en geriatría, por lo que en las próximas décadas será necesario un número mayor de especialistas. Por otra parte, deberemos capacitar no sólo al médico, sino también a todo el personal de las diferentes áreas de la salud, como enfermería, psicología, trabajo social, odontología y nutrición, con el fin de que participen en los diferentes programas de atención para la población envejeciente, ya que el acercamiento hacia este grupo de edad deberá hacerse en forma integral mediante la participación de un verdadero equipo interdisciplinario, que interactúe profesionalmente y brinde al anciano una verdadera calidad de vida.

Este equipo de trabajo requiere un proceso de desarrollo para que funcione con eficiencia. El equipo interdisciplinario es el grupo de profesionales que trabaja en los mismos programas, con las mismas metas y cada quien en su área correspondiente, de modo que siempre exista una comunicación constante entre los participantes. En este trabajo es recomendable que haya un coordinador con características de líder.

Por otra parte, hemos recomendado que cuanto más pequeño sea el equipo de trabajo, trabajaremos mejor. En relación con los participantes, sugerimos que sean el médico (geriatra), la enfermera, el psicólogo y la trabajadora social y solamente participe algún otro miembro, según las necesidades del paciente.[5-6]

En la experiencia profesional del autor del presente artículo, con más de 15 años de trabajo en esta área, incorporamos a la familia cuando analizamos un caso especial, ya que de esta forma hemos obtenido más beneficios para el paciente, para la familia y para todos los miembros del equipo. Con estos antecedentes y propuestas, destacamos la importancia que tiene considerar la atención de esta población de edad avanzada como prioritaria en los programas de salud.

En México ha habido un envejecimiento de la población como sigue: en 1940, la población de edad avanzada representaba 5%, en 1996 aumentó a 6.4% y en el año 2010 llegará a 8%. Este grupo de población de 60 años o más se ha caracterizado por ser portador de múltiples patologías con predominio de las enfermedades cronicodegenerativas o crónicas no transmisibles; así, un estudio de la Organización Mundial de la Salud demostró que 80% de esta población tenía por lo menos una enfermedad crónica no transmisible.

Sin embargo, por propuesta de algunos expertos en gerontología, como Berenice Neugarten, dicha población fue dividida en dos grupos: los que tienen de 60 a 75 años de edad y los de más de 75 años, con la finalidad de estudiar mejor sus necesidades. En el caso de la salud, el primer grupo está en mejores condiciones, a diferencia del segundo, que tiende a ser más vulnerable y, por lo tanto, a presentar mayor deterioro en sus funciones físicas, psicológicas y sociales.[7]

Por todo lo anterior, a continuación analizaremos el concepto de salud en el adulto mayor, otro término que ha propuesto la Organización Panamericana de la Salud para describir a la población de 60 años y más.

Salud del adulto mayor

La Organización Mundial de la Salud define a la salud como el bienestar físico, mental y social; sin embargo, el concepto es más amplio y significa no únicamente estar libre de enfermedades. En el adulto mayor, la salud es definida como la capacidad para atenderse a sí mismo y desenvolverse en el seno de la familia y la sociedad, la cual le permite desempeñar sus actividades de la vida diaria por sí solo.[8]

Cuando el adulto mayor presenta una enfermedad y, como consecuencia de ella, tiene una limitación funcional, para él es esencial darle toda la información acerca de su diagnóstico en forma clara y oportuna, pero es aún más importante decirle cuándo podrá ser independiente de nuevo, por ejemplo: ¿cuándo podrá vestirse por sí solo?, ¿cuándo comerá por sí solo?, ¿en qué momento podrá prepararse sus alimentos?, o ¿cuándo podrá realizar sus actividades como las hacía antes en forma independiente?

El hecho de que la persona tenga una limitación funcional para realizar alguna de sus actividades de la vida diaria le afectará enormemente en su calidad de vida. Por ello, una de las prioridades para las próximas décadas es establecer programas que tengan como objetivo lograr mejores niveles de salud y bienestar para esa población, con lo cual evitaremos enfermedades y discapacidad.

La promoción de la salud propone una serie de medidas que debemos tomar en cuenta a lo largo de la vida, para combatir consecuencias negativas del envejecimiento.[9-10]

El grupo de población de edad avanzada desea estar libre de enfermedades, pero para esto lo recomendable es iniciar una prevención antes de los 60 años de edad, logrando cambios en la actividad física y en la alimentación para posponer la aparición de enfermedades crónicas. Una de las estrategias más importantes para obtener estos cambios es la participación del individuo con responsabilidad, mediante el autocuidado.

Autocuidado

El autocuidado de la salud consiste en todas las medidas y decisiones que adopta un individuo para prevenir, diagnosticar y tratar su enfermedad, además del comportamiento personal dedicado a mejorar y mantener la salud, utilizando tanto los servicios de salud informales como los servicios médicos formales.

En el autocuidado, el individuo adquirirá diferentes tipos de aptitudes, como aquellas que pueden ejercitarse, con una evaluación del estado de su salud, por ejemplo: la toma de temperatura y del pulso o un autoexamen de los senos.

También podemos tener aptitudes para prevenir diversas enfermedades, como tener estilos de vida más saludables consistentes en hacer ejercicio, llevar alguna dieta y tener una higiene dental adecuada. La mayoría de estas aptitudes pueden enseñarse con facilidad y no conllevan riesgo de complicaciones para la salud aun en ausencia de un profesional.[11]

El aprendizaje y el autocuidado son dos actividades vinculadas estrechamente. El aprendizaje es la vía con la cual es posible la adquisición voluntaria de conductas favorables para la salud. El aprendiz se convertirá en el motor y protagonista de su aprendizaje; sin embargo, para el éxito del aprendizaje en el adulto mayor, debemos tener presente la utilización de experiencias pasadas y la selección del momento y lugar apropiados. La persona debe sentirse físicamente cómoda, estar motivada y tener los niveles de energía suficientes para incorporarse al proceso de aprendizaje.[12]

En diferentes partes del mundo, las personas de todas las edades adquieren conocimientos sobre el autocuidado, mediante las experiencias de la vida cotidiana, al haber participado en situaciones que afectaron su salud o la de otras personas. Pero esto no suele ser suficiente, por lo que en muchos países han sido diseñados programas de autocuidado para favorecer que la población de edad avanzada se ocupe mejor de sí misma.

Existen programas de adultos mayores que gozan de buena salud y para aquellos que tienen alguna discapacidad. Dichos programas se presentan de formas diversas en sesiones cortas de una hora de duración o talleres con una duración de hasta meses.

Luego de varios años de experiencia con estos programas de autocuidado, ha mejorado la capacidad funcional de la población de edad avanzada y hemos prevenido las enfermedades, han sido más llevaderas las discapacidades y ha mejorado la interacción entre los adultos mayores y el sistema de servicio social, procurando que aquéllos tengan una información más detallada acerca de sus problemas de salud. Por todo esto debemos considerar que el autocuidado es una de las estrategias para mantener en óptimas condiciones la salud del adulto mayor.

A continuación mencionaremos algunos principios fundamentales para la conservación de la salud en la población de edad avanzada:

1. La prevención de las enfermedades debe empezar en edades más tempranas y no esperar a que la persona tenga 60 años. Hemos identificado al grupo de 45 a 59 años como aquel que debe poner más atención en su salud, para lo cual ha de cambiar estilos de vida poco saludables. Sin embargo, también deberá hacer preven-

ción después de los 60 años de edad, mediante programas de promoción de salud.

2. Evitar cometer iatrogenias y actuar con sobreprotección, ya que puede ser común que de una manera equivocada sobreprotejamos al adulto mayor, ya sea proporcionándole una silla de ruedas para evitar caídas cuando haya tenido alguna o prescribiéndole reposo de forma innecesaria, con todas las consecuencias inherentes a la inmovilidad. Una iatrogenia podría ser ingresar a un adulto mayor a una institución sin tomar en cuenta su decisión.

3. Evitar romper estilos de vida innecesariamente, como prohibir que fume una persona de 80 años que lo ha hecho toda su vida o prescribir dietas muy rígidas.

4. Preservar la autonomía del paciente, permitiéndole participar en la toma de decisiones para su atención, y en el último momento de su vida dar oportunidad a la muerte como una necesidad del paciente moribundo, identificando en qué momento ya no se justifica la aplicación de alguna tecnología, que sólo ocasionará sufrimiento al paciente, evitándole morir con dignidad y calidad.

5. Permitir la participación de la familia, identificando sus necesidades y evitando la claudicación que pueda llevarlo al colapso y al maltrato de su paciente. En estos casos, la familia tendrá que estar bien informada acerca de las enfermedades y de los problemas de su paciente, y se le tendrá que enseñar cómo cuidarlo aun dentro de las instituciones.

6. Minimizar el costo de las medidas empleadas, sin llegar a limitar la tecnología ni discriminarlo por su edad avanzada o por sus pocos recursos económicos.

7. Identificar todas las necesidades del adulto mayor para lograr su calidad de vida, meta importante en todos los programas de geriatría y gerontología.[13]

Envejecimiento exitoso

En la década de 1980, algunas publicaciones en revistas científicas apoyaban que en países desarrollados (como Estados Unidos) las personas de edad avanzada morirían de vejez y no de enfermedades, como había ocurrido con anterioridad; sin embargo, estas hipótesis no fueron aceptadas del todo porque, aún 23 años después, las personas de edad avanzada en la gran mayoría siguen muriendo de enfermedades crónicas no transmisibles, debido en gran parte a los hábitos poco saludables que han tenido, como una vida sedentaria, malos hábitos alimenticios y el poco interés que muestran en el cuidado de su salud. Por otro lado, el cambio hacia hábitos más saludables en etapas más tempranas de la vida favorecerá llegar a esta etapa de la vida de manera más saludable y lograr un envejecimiento exitoso, en el que observaremos únicamente los cambios del envejecimiento.

Actualmente sabemos que una importante pérdida funcional ocurre por desuso. La falta de actividad física ha sido descrita como asociada a diversas condiciones crónicas, que incluyen: osteoporosis, diabetes tipo 2, enfermedad vascular cerebral, depresión y ansiedad.[14]

El ejercicio físico contribuye a prevenir y retrasar la progresión de pérdidas funcionales, pues todo elemento que disminuya la velocidad del deterioro físico contribuirá a mantener la calidad de vida del individuo. Diversos estudios han reportado que la actividad física disminuye la mortalidad prematura, lo cual adquiere gran importancia en la vejez, porque en la actualidad hablamos no sólo de llegar a viejos, sino también de serlo probablemente durante varias décadas. Por lo tanto, la visión de esos años por vivir debe ser diferente, anticipada y dirigida hacia la prolongación de la funcionalidad y la independencia, de modo que la realización de actividad física es indispensable en un estilo de vida saludable.

Hasta ahora, los beneficios alcanzados con el hábito del ejercicio tanto en el área física como en el área psicoafectiva son muchos; por ende, tenemos que motivar en este grupo de edad la realización de ejercicio. El ejercicio debe considerarse un importante componente de la salud, que la vida moderna dificulta, pero que al abrirse paso el hombre hacia una vida mejor busca el movimiento como un elemento esencial. En esta etapa de la vida, cuando el tiempo libre es el común denominador en los días que transcurren, debería convertirse en una meta de salud pública promoverla para todas las edades, para ambos sexos y en todos los niveles sociales.[15]

El término *envejecimiento exitoso* fue ideado por John Rouse en 1987, concepto que ha sido motivo de diversos trabajos publicados y de investigaciones. Al respecto preguntamos: ¿cómo lograr un envejecimiento exitoso? Las personas que en la actualidad llegan a la jubilación quieren envejecer con éxito. Para llegar a esta etapa exitosamente deben tener en cuenta los aspectos que siguen:

a. Poseer una funcionalidad adecuada en el área física con ejercicio constante, en el área mental con actividades que ejerciten la memoria, como la lectura, la escritura, etcétera.
b. Contar con un buen estado nutricional.
c. Tener metas y proyectos de vida que les permitan seguir siendo activos en su comunidad.
d. Evitar la inactividad, sustituyendo actividades que ya no se puedan realizar por otras.[16]

En la próxima década, dichas personas tendrán que fortalecer las acciones de protección de salud y prevención para llegar a la vejez con éxito y con plena actividad. Existirá no sólo un gran número de interrogantes que nos llevarán a investigar cómo lograr este envejecimiento activo, sino también un importante compromiso para ofrecer servicios adecuados, principalmente al grupo de 75 años y más.

Bibliografía

Coppard, L. C. (1985), "La autoatención de la salud y los ancianos", *Hacia el bienestar de los ancianos,* núm. 492, OPS.

Fillenbzon, G. (1984), *Approaches to Multidimensional Assesment, the Wellbeing of the Elderly,* OMS, núm. 84.

González, M. J. (2000), "Promoción para una vejez sana", *Gerontología y Geriatría,* año 2, núm. 3, IMSS y OPS.

Martínez Arronte, F. (1993), *Problemas de salud en el anciano. Atención médico-social a la tercera edad en América Latina,* CIESS, 18:233.

— (1997), *Prospectivas del adulto mayor. Problemas y programas del adulto mayor,* CIESS, 6:8.

— (1998), "La evaluación integral del adulto mayor", en *Tópicos de Gerontología,* caps. 9 y 74, serie de monografías científicas de la FESZ, UNAM.

Organización Panamericana de la Salud (1999), *Plan de acción en salud y envejecimiento: los adultos mayores en las Américas, 1999-2002.*

— (1985), *Hacia el bienestar de los ancianos,* núm. 492.

Ottawa Charter for Health Promotion (1986), *Canadian Journal of Public Health,* 77:425.

Prieto Rocabruno, M. R. (1992), "Evaluación del paciente geriátrico", en Rocabruno M., *Gerontología y geriatría clínica,* La Habana: Ciencias Médicas, 27–36.

Quintero, M. (1994), *El autocuidado en la atención de los ancianos,* núm. 546, OPS: 352.

Rubenstein, I. (1987), "Geriatric Assessment", en Rubenstein, I., *Clinics in Geriatric Medicine,* W. B. Saunders, vol. 3:1–14.

Vellas, P., "Envejecer exitosamente", *Salud Pública,* México, 38: 513–522.

Parte II ⊛ Intelecto y emoción

El rendimiento y las capacidades intelectuales

Juan Carlos Carena y Liliana Ferranti
Universidad Católica de La Plata (sede Rosario), Argentina

> *Quienes son responsables de interpretar los resultados de la inteligencia deben poner especial atención para diferenciar entre aptitudes cognitivas, factores conativos o volitivos (del tipo rasgos de personalidad, como la ansiedad, la persistencia, el entusiasmo y la conciencia de las metas) y otras variables no intelectivas que influyen sobre los resultados de las mediciones intelectuales, tanto como en la efectividad individual de la conducta diaria y en hacer frente al mundo y sus retos.*
>
> David Wechsler

Reflexionar sobre las peculiaridades que adoptan las funciones intelectuales durante la etapa senil será una tarea inconsistente si no discurrimos antes acerca de algunos aspectos centrados en el problema y referidos principalmente a las ideas que conciernen a esta etapa de la vida.

Las diversas disciplinas han intentado esclarecer este proceso: las teorías biológicas analizan el envejecimiento de los órganos y sistemas, al tratar de hallar su relación con los factores genéticos. Las recientes investigaciones acerca del genoma humano comienzan a aportar valiosas contribuciones en este sentido.

Desde el punto de vista de la psicología, hemos verificado que las diferencias individuales que caracterizan el rendimiento cognitivo en estadios anteriores aumentan en la ancianidad, pero al mismo tiempo hemos comprobado que el deterioro no es un proceso inevitable ni universal, y que la calidad de vida de este período está en estrecha relación con la forma como hemos vivido los anteriores. En este orden de ideas, Erikson plantea que las personas ancianas alcanzan un estado de madurez en el que es posible integrarse en la reconciliación y satisfacción con su vida pasada o en la desesperación y el disgusto por los fallos cometidos.

Las teorías sociales, por su parte, han confirmado que los intercambios sociales se vuelven más costosos con la edad y que mantenerse activos es imprescindible para los ancianos. Desde este abordaje complejo, es posible comprender mejor algunas de las hipótesis construidas acerca del rendimiento intelectual en la ancianidad. Así, Raven, Raven y Court (1993) han verificado que, estadísticamente, la capacidad eductiva ha crecido en la población en general a razón de un desvío estándar por generación, y han relacionado tal incremento con el mejoramiento de la alimentación, las condiciones de vida y la higiene, lo cual es extensivo a los ancianos, pero ha habido diferencias en los resultados de los tests que serían atribuibles a las condiciones de crianza y desarrollo (Bouvier, 1969). Katz (1968), en su conocida obra *Psicología de las edades*, había planteado que las diferencias de rendimiento debidas a la vejez resultan de menor importancia que las diferencias individuales condicionadas por la disposición y las características culturales. Por su parte, las nuevas estandarizaciones realizadas en la actualización de la Escala de Weschler para adultos (WAIS III, 1997) exigieron la ampliación de los baremos hasta los 89 años en Estados Unidos y sin tope máximo de edad en la tipificación española, mientras que la muestra normativa llegaba a los 74 años en el WAIS-R (1981), señalándose también la incidencia de las condiciones sanitarias, el sistema de nutrición y las mejoras en el sistema educativo sobre el CI (Matarazzo, 1972; Flynn, 1987).

La existencia de mayor número de ancianos en la población, rasgo propio de muchas sociedades en el tercer milenio, exige, en consecuencia, estudios cada vez más rigurosos en muestras establecidas adecuadamente para consignar cuáles de las variables intervinientes en el rendimiento intelectual son atribuibles a la edad y cuáles a las diferencias individuales.

Las investigaciones parecen indicar también que la extensión del promedio de vejez en algunas sociedades, acompañada de mayores cuidados médicos y farmacológicos, mejores condiciones de vida, nuevas propuestas institucionales de corte educativo, cultural y artístico –por medio de instancias formales y no formales– brindan al anciano de hoy mejores condiciones de entrenamiento intelectual y, por lo tanto, de rendimiento.

Warner y Schaie (1986), investigadores de la Universidad del Estado de Pennsylvania, realizaron un estudio longitudinal, en el que participaron varios miles de sujetos para analizar la variación de las capacidades y el rendimiento intelectual a medida que el individuo evoluciona hacia la vejez, y hubo casos de hasta 95 años de edad. Entre los resultados más significativos encontrados, vimos que la variable *declinación* o *pérdida intelectual* está en proporción o correlato directo con la falta de estímulo, la pasividad laboral o la inactividad social; aquellos individuos (uno de cada tres) cuyo promedio de edad era de 80 años ofrecían un perfil psíquico muy bueno, lucidez en el razonamiento y enorme productividad en el campo de las ideas. Estos hallazgos pueden constatarse con la fuerza y la creatividad que mostraron grandes artistas, científicos, líderes políticos, religiosos, etcétera, como Leonardo, quien pintó la *Mona Lisa* a los 77, Sigmund Freud, quien elaboró su esquema del psicoanálisis poco antes de los 83, Wilhelm Wundt, titular de la cátedra de filosofía de Leipzig hasta los 86, o como Churchill, Franco y Perón, quienes presidieron sus respectivos países cuando eran octogenarios. En suma, las investigaciones de Shaie parecen confirmar que si cumplimos al menos tres factores: *a*) mantener la mente en actividad, *b*) continuar asumiendo responsabilidades y trabajo, y *c*) sentirnos escuchados, valorados y respetados, lograremos un rendimiento intelectual sostenido o aun marginado en edades avanzadas.

Interesa destacar aquí algunas puntualizaciones acerca del concepto de *rendimiento*, en particular del *rendimiento intelectual*. En primer lugar, es imprescindible subrayar que rendimiento no es sinónimo de capacidad, sino una manifestación de ésta en determinadas circunstancias o contextos.

El rendimiento también debe analizarse desde un enfoque de la psicología general, que alude a aquellas funciones de representación que pueden estar mermadas o disminuidas por efectos de la edad: sensaciones, percepciones y procesos imaginativos. Las sensaciones están relacionadas estrechamente con los sentidos, que al perder agudeza (sobre todo aquellos *sentidos sociales*, como denomina Katz a la vista y al oído) afectan la captación de los estímulos del entorno, con la consecuente perturbación de los procesos cognitivos subsiguientes a ellas. Si en la edad adulta –de acuerdo con las investigaciones de la psicología informacional– percibimos en promedio 10^7 bits/seg como información captada por medio de los sentidos, dicho valor decrecerá en cierta medida, con el paso de los años, particularmente por la disminución de la agudeza de las vías visual y auditiva. Los avances logrados en la medicina merced al desarrollo tecnológico han paliado en medida considerable los efectos de este natural deterioro, aunque el grupo poblacional que tiene acceso a ellos es relativamente limitado, sobre todo en los países latinoamericanos.

Por otra parte, también disminuyen la fuerza y resistencia muscular tanto como la coordinación, la firmeza y el ritmo en los movimientos, por lo cual las tareas que exigen velocidad de procesamiento y ejecución son afectadas en particular. Ello resulta especialmente importante al evaluar las funciones intelectuales, tanto que en el WAIS III ha sido remplazado el tradicional subtest de rompecabezas, muy influido en la puntuación por la rapidez de ejecución, por un test de matrices sin limitación de tiempo, considerando especialmente lo problemática que es esta restricción en los adultos de mayor edad.

De ese modo, analizar el rendimiento intelectual del anciano teniendo en cuenta las limitaciones en el nivel de respuesta, propias del envejecimiento, permite un acercamiento más fidedigno a sus verdaderas capacidades, como lo demuestran las tradiciones culturales en las que la figura del anciano aparece como sinónimo de *sabiduría*, sostenida básicamente sobre los alcances de su discurso y la amplitud de su horizonte experiencial. El término *sabiduría* es tomado por Gardner (1995) en su teoría de las inteligencias múltiples, quien expresa con claridad:

> Una forma todavía más general de inteligencia, algo relacionada con la metaforización pero más amplia, ha sido llamada indistintamente *poder sintetizador general* o incluso *sabiduría*. Esta inteligencia es lo que uno puede esperar de individuos mayores que han tenido una amplia gama de experiencias críticas en su vida más temprana y que ahora pueden aplicarlas de forma apropiada y juiciosa en las circunstancias adecuadas (pp. 343 y 345).

Desde la Antigüedad, el Consejo de Ancianos en Grecia y Roma configuraba parte del poder político y religioso de dichas culturas. Se recurría a ellos porque poseían sentido común, originalidad y capacidad para metaforizar, que quiere decir "percibir por analogías para cruzar diversos dominios intelectuales en el proceso de establecer conexiones iluminadoras".

Como expresa Gardner, dicha sabiduría está en relación estrecha con la experiencia previa y, por lo tanto, sería inscrita dentro del ámbito de lo que Horn (1978) dio en llamar *inteligencia cristalizada*, al hacer referencia al conocimiento y habilidades que una persona posee en relación con su nivel de educación y el contexto en que vive. Desde la perspectiva de la psicocibernética, Helmar Frank (1984) retoma tales conceptos y considera que debería denominarse *inteligencia adquirida* y ser definida en términos de *competencias* susceptibles de medición y evaluación; ello sería comparable con el *software* y con el conjunto de datos almacenados por una computadora. Tales habilidades o competencias permanecerían hasta la vejez y aumentarían constantemente hasta los 50 años (cuando alcanzan su máximo desarrollo) para decrecer luego con lentitud entre los 70 y 80 años.

Lamentablemente, a partir de factores socioeconómicos y del progreso científico tecnológico sobrevenido en la última centuria, pareciera que la sabiduría del anciano no alcanza para iluminar a las nuevas generaciones en el devenir de su historia. El rendimiento del anciano, de forma paralela, muchas veces está influido por las mismas condiciones de dicho contexto, que hace que ya no sea productivo o eficaz y lo coloca en una situación de retiro o jubilación; esta situación incidiría recursivamente en su desempeño y pondría en evidencia la influencia de los aspectos *no intelectivos* (Weschler, 1958) sobre el desempeño intelectual.

Sin embargo, si bien resulta innegable que las funciones cognitivas están afectadas por procesos propios del envejecimiento orgánico y fisiológico, es necesario profundizar en el análisis de los procesos y estrategias de acopio, codificación, organización, mantenimiento y recuperación de la información, que normalmente configuran el proceso psíquico y basadas en la posibilidad de resolver problemas nuevos, que no dependen de la educación ni de la cultura, para ver en qué medida permanecen en equilibrio o desequilibrio en la vejez. Estas habilidades corresponden a lo que Horn y Cattell (1978) llaman *inteligencia fluida* y alcanzarían su cima al final de la adolescencia para declinar después rápidamente durante el resto de la vida.

Según Frank, lo anterior debería denominarse *inteligencia de fondo*, ya que establece las bases neurofisiológicas de la posibilidad de aprender, de modo análogo al *hardware* de una computadora; es expresada en términos de "capacidades" susceptibles de medición y estaría constituida por un conjunto de componentes o subsistemas. El mismo Frank ha diseñado un modelo explicativo del funcionamiento mental, en términos de procesamiento de información: la psicoestructura.

Modelo de la psicoestructura

La psicoestructura es el modelo que describe las variables intervinientes en el funcionamiento psíquico, en el acto de recibir y procesar la información, conservarla y provocar de forma paralela los mecanismos básicos de la acción. Intenta así resolver los modos de actuación generados por los estímulos, la cognición y las respuestas que, medidas en unidades informacionales (bits/seg), constituyen el sistema cibernético del input y output psíquicos. Según este modelo, la psicoestructura está constituida por tres componentes: el cognitivo, el sensoriomotor y el afectivo.

Los sentidos, junto con los efectores, establecen el *componente sensoriomotor*. El *componente cognitivo* incluye tres subsistemas: acomodador, memoria actual y memoria preconsciente. En cuanto al *componente afectivo* o motivacional, si bien la literatura sobre psicología cibernética había postulado un motivador como componente afectivo de todo el sistema humano de elaboración de información, éste no había sido incluido por Frank en el modelo de la psicoestructura hasta 1984. Nuevos aportes (Meder y Carena, 1985) ampliaron esencialmente el modelo del motivador, al afirmar que: "Los motivos del individuo (objetivos del tipo mediato o deseos de tipo inmediato) dirigen la conducta tanto a partir del campo consciente como del inconsciente. (...) Ambos tipos de motivos influyen en la percepción, elaboración y procesamiento de la información".

Modelo de la psicoestructura

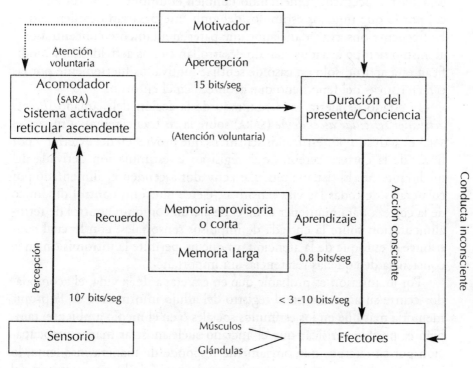

Figura 1

El procesamiento de la información en la ancianidad: bases neurofisiológicas y valor informacional

Acomodador

Cuando un estímulo irrumpe de manera brusca en el sistema nervioso, se producen reacciones distintas según estemos dormidos o despiertos. Ambas son denominadas *reacción de alerta*. Cuando esta reacción de alerta es desencadenada y el sujeto está dormido, ocurre la *reacción de despertar*. Cuando se produce mientras el individuo está despierto, puede implicar un *alerta inespecífico* que tiende a predisponer al SNC para procesar cualquier estímulo, en tanto que el *alerta específico* sólo sucederá en el sujeto despierto y estará orientado a procesar un aspecto de la información. Todo estado de alerta conlleva un estado de *atención*.

Es probable que la consecución repetitiva de hábitos y rutinas –típicas del comportamiento del anciano– modifique el nivel atencional de carácter inespecífico, aumentando también el umbral de alerta específico, por lo que muchos estímulos del ambiente pasarían desapercibidos. Es frecuente observar a ancianos que parecen altamente concentrados y al mismo tiempo aislados cuando desarrollan ciertas actividades, y modifican esta actitud sólo en caso de sentirse motivados fuertemente por las características del fenómeno que acontece en el entorno.

El estado de alerta es el resultado de la acción del llamado *sistema activador reticular ascendente* (SARA) sobre la corteza cerebral; a su vez, el SARA es activado por estímulos sensitivos que provienen del exterior y por fibras de la corteza cerebral que registran la estimulación derivada del medio interno. El sistema reticular activador ascendente, alimentado por colaterales de todas las vías sensitivas, ejerce tanto un control dinámico de la corteza para mantener el nivel de alerta, como un control de retroalimentación sobre la entrada de impulsos sensoriales, con lo cual contribuye al enfoque de la atención, ya que no permite la intromisión en la conciencia de aquellas referencias sin importancia.

Por lo anterior, es probable que en esa etapa de la vida, el acomodador centre su atención en el registro del aflujo informativo de la propia memoria más que en los estímulos sociales o en el medio ambiente; también es posible verificar que el anciano suele mostrar mayor preocupación por su cuerpo, que obviamente responde de manera más lenta, lo cual exige al acomodador un registro prioritario de lo que proviene del campo propio e interoceptivo, de modo que el octogenario muchas veces está distante, lejano de las situaciones de su entorno u ofrece un perfil silencioso o meditativo.

Hemos comprobado experimentalmente que —en la edad adulta— el sensorio funciona captando un promedio de 10^9 a 10^{11} bits/segundo, lo cual implica que cada fuente sensorial lleva información en cantidades distributivas en el interior del sujeto. Así, en orden descendente, la vista puede captar 10^7 bits/seg, el oído 10^6 bits/seg, el olfato sólo 20 bit/seg y el gusto 13 bits/seg.

El acomodador filtra la información que proviene por vía sensorial y envía a la conciencia un promedio de 15 bits/seg de información total. Como expresamos anteriormente, por acción del envejecimiento, es esperable que el caudal de información captado por los sentidos disminuya en las personas de mayor edad; en este sentido, se efectúan mediciones —de acuerdo con este modelo— para objetivar más acabadamente cuál es el promedio de bits/seg captados entre los 70 y 90 años. Y aunque la declinación sea verificable, cabe remarcar, como explicamos en líneas precedentes, que con esto *no afirmaríamos una merma en la capacidad intelectual.*

Motivador

El motivador es el conjunto de impulsos, tendencias y deseos que llevan al individuo a focalizar sus intereses, previo a cada acción o tarea. Gran parte del acto volitivo está relacionado con la energía surgida del motivador, quien, vinculado con el acomodador, permite la atención voluntaria. Según Vygotsky, la atención voluntaria tiene raíces distintas de las biológicas e innatas del reflejo de orientación, así como una base social.

Los mecanismos del tallo cerebral superior y la formación reticular activadora ascendente (primer bloque) son responsables sólo de una forma de atención, la más elemental, mientras que la atención superior o voluntaria parece depender de los lóbulos frontales unida íntimamente al lenguaje. Los lóbulos frontales participan en la activación inducida por instrucción verbal, es decir, en la forma voluntaria de atención; además, especialmente en su parte medial y basal, dichos lóbulos están conectados íntimamente con el sistema límbico y la sustancia reticular. El conjunto total de información se filtra hasta que la percepción se acomoda al significado y al interés del dato por considerar mediante un proceso que domina el acomodador.

En referencia a la ancianidad, podemos notar que tanto deseos como impulsos, dentro de un cuadro normal, parecen más aquietados, y muchos autores –sobre todo en la línea de la psicología humanista– han demostrado con claridad que los intereses en la última etapa de la vida están definidos más claramente por el área metafísica, religiosa y de los valores ónticos. La cercanía del final de la vida pone al anciano en situación muy particular respecto a qué lo motiva; en tal sentido, si hay cierta estabilidad socioeconómica (lo que en los países latinoamericanos no ocurre siempre), el anciano estará más dedicado a revisar su existencia, a reconocer los errores y los éxitos que ha tenido a lo largo de su vida y, dentro de su contexto cultural, prepararse para la muerte; esto significa que su actitud es menos competitiva y se preocupa menos por el rendimiento, el progreso o la eficiencia. De este modo, hay en él una intencionalidad menor por obtener alta ejecución en una prueba o salir exitoso en una evaluación determinada, lo que debe ser tenido muy en cuenta a la hora de analizar, por ejemplo, los resultados de un test administrado a una persona añosa. Como lo expresaran Raven y sus colaboradores (1993), "la información sobre las competencias de alto nivel desplegadas por los examinados debe ubicarse en el contexto de los datos acerca de si la situación de observación sondeó los valores del sujeto y lo llevó a poner de manifiesto las competencias que posee" (p. 141).

Duración del presente/conciencia

La conciencia es la actividad mental que permite advertir a nuestro yo de lo que ocurre dentro y fuera de él. Estar consciente o autoconsciente implica diferenciarnos del entorno. Para que esta separación se realice es necesario establecer una referencia que marque el "aquí y ahora".

En cada estado de conciencia, el reconocimiento de lo denominado *duración del presente* posee determinada capacidad informacional, relacionada directamente con la rapidez de apercepción (CK), descrita con anterioridad y que oscila alrededor de 16 bits/seg y con el tiempo de presencia (T) o capacidad de atención, que es el tiempo durante el cual la información recién apercibida permanece consciente, sin mediar una conservación intencional, estimándose en algo más de 5 seg. De este modo, podemos inferir que la capacidad informacional de la memoria actual referida a la cantidad de información que puede ser consciente al mismo tiempo es de alrededor de 80 bits.

Con la inserción del acá y ahora aparece una identidad –el yo– con la que es posible diferenciar ambos mundos. En el anciano observamos una típica forma de comportamiento que fenomenológicamente podríamos denominar *ensimismamiento*; acorde con lo definido en líneas anteriores, esto coincide con un estado de autoconciencia aumentado respecto a la conciencia de las cosas que lo rodean, separando el yo del entorno. De hecho, la psicopatología nos ofrece desde hace mucho tiempo descripciones exhaustivas de que éste parece ser el "tendón de Aquiles" de la vida psíquica de la persona mayor. La mayoría de los cuadros morbosos que implican deterioro cerebral, pérdida de irrigación cortical, mal de Parkinson, cuadros de demencia y otros manifiestan una rápida y aguda pérdida de la duración del presente psíquico, es decir, del estado de conciencia. Empero, no debemos confundir el estado de ensimismamiento normal con los estados de ausencia o confusión de los estados de conciencia, típicos de los cuadros psicóticos o demenciales. Cuando hablamos de ensimismamiento, nos referimos a que el *cuantum temporal subjetivo* suele estar dominado en el anciano por el aflujo informativo proveniente de su mundo interno, que bajo la acción del motivador, rescata fundamentalmente contenidos de la memoria de largo plazo.

Memoria provisoria o corta y memoria larga

El ordenamiento del medio interno es la etapa siguiente y permitirá reconocer de manera ordenada el propio pasado histórico que favorece elaborar un yo más completo: el "yo de siempre", donde es estructurada la memoria. Desde la perspectiva de la introspección podemos afirmar que existen: *a*) la memoria provisoria o de corto plazo, y *b*) la memoria larga o de conservación de largo plazo.

1. *La memoria provisoria o de corto plazo.* Es concebida en la actualidad como *memoria operativa o de trabajo*, cuya función sería mantener temporalmente activa la información necesaria (procedente del mundo externo o del mundo interno) para realizar tareas de razonamiento complejas. Aguado (1999), al citar a Baddeley, (1998) considera que la memoria operativa está constituida por tres subsistemas: el *bucle fonológico* –que conserva temporalmente

las huellas acústicas de los estímulos acústicos–, la *agenda visoespacial* –que mantiene activa la información perteneciente al dominio espacial y visual– y el *ejecutivo o procesador central* –sistema hipotético de control atencional que administra diversos recursos cognitivos y controla las estrategias por adoptar ante diversas tareas.

De acuerdo con investigaciones recientes, la memoria operativa, si bien se halla entre las funciones vulnerables, decrece en menor medida que la velocidad de proceso. Los datos de la tipificación del WAIS III (1997) muestran que la media más alta de la puntuación índice en memoria de trabajo (alrededor de 101) es obtenida entre los 20 y 24 años, pero entre los 85 y los 89 sólo se ubica nueve puntos por debajo (92), en tanto que la velocidad de proceso, que alcanza su máximo con una media similar entre los 25-29, al llegar al intervalo 85-89 decrece a una media de 80 y muestra una disminución de casi 20 puntos. Riedel (1964) evaluó que la información llega a la memoria corta con una velocidad de 0.5 a 1.5 bits/seg en adultos, pero, de acuerdo con los datos normativos mencionados, esta velocidad seguramente será menor en ancianos, por lo que debería ser tomada en cuenta al analizar el funcionamiento de la memoria operativa, toda vez que los datos llegarán a ella con más lentitud, porque se decodifican con menor rapidez.

A nivel neurológico, los estudios parecen corroborar que si bien en el funcionamiento de la memoria operativa intervienen numerosos sistemas cerebrales, la corteza prefrontal estaría implicada directamente en él. A su vez, las perturbaciones en el funcionamiento del ejecutivo central –evidentes en las deficiencias atencionales– estarían relacionadas con daño en los lóbulos frontales.

Las investigaciones de Schaie, citadas anteriormente, también confirmaron la hipótesis de que el entrenamiento y la práctica de habilidades (psíquicas y psicofísicas) producen mejoría sostenida en la memoria y las funciones aledañas. De hecho, siempre fue afirmado que los ancianos recuerdan cosas lejanas de su pasado y no retienen aquellas acciones de la llamada *memoria inmediata*; así, los ejercicios lúdicos como ajedrez, cartas y crucigramas, además de la lectura de novelas y poesías, la ejecución de instrumentos musicales, etc., pueden provocar excelente mejoría en dicha memoria de acontecimientos recientes.

2. *Memoria de largo plazo.* Suele distinguirse entre *memoria episódica* –que alude a la conservación de hechos específicos o episodios particulares– y *memoria semántica* –que remite a la posibilidad de conservar y recuperar conocimientos generales integrados en sistemas conceptuales–. Si bien estos sistemas actúan de manera interrelacionada, existiría una posible independencia neuroanatómica; según Aguado (1999), las dificultades en la memoria episódica estarían asociadas con la desconexión del hipocampo y con los sistemas de análisis sensorial, en tanto las fallas en la memoria semántica podrían deberse a patologías de la neocorteza temporal. Las investigaciones de Riedel corroboraron que a la memoria de largo plazo llega información a razón de 0.05 a 0.2 bits/seg.

Importancia del enfoque informacional en el trabajo con ancianos

El interés por el rendimiento intelectual de los ancianos y el funcionamiento de las variables informacionales no sólo resulta importante desde el punto de vista de la reflexión teórica, sino también adquiere gran significación al considerar las situaciones prácticas propias de la cotidianeidad, que hacen la dinámica relacional de la vida de las personas de edad avanzada. En particular, estos planteamientos revisten interés para los médicos, con quienes los gerontes mantienen estrecha y constante relación en esta etapa de la vida.

La comprensión de las indicaciones del médico, así como la cantidad de detalles por tener en cuenta en ellas (dosis de medicamentos, frecuencia, controles, etc.) son influidos probablemente por los valores que adquieren los parámetros de la psicoestructura: una persona con una duración del presente de 4 segundos apenas logrará retener más de cuatro detalles por corto tiempo; más de cinco causan dificultades incluso a personas con mayor capacidad informacional. A ello sumamos que las personas que tienen mayor fluidez en el procesamiento de información poseen un saber más amplio y profundo, no sólo general sino también médico; por eso, las mismas indicaciones terapéuticas les resultan menos desconocidas que a otras con un acumulador corto de menor volumen y, por lo tanto, les son más fáciles de incorporar correctamente en su saber, mientras que quienes presentan valores inferiores están obligados a aprender mecánicamente ese material, subjetivamente de poco sentido. Evaluar de forma adecuada el funcionamiento de los subsistemas de la psicoestructura permitirá al médico valorar la capacidad de los pacientes añosos para procesar información diferenciada y precisa sobre su estado corporal y anímico, para comprender preguntas y órdenes, observarlas y cumplirlas.

De un modelo que tiene en cuenta la captación y retención de la información se deriva que las actividades que pongan en juego estos procesos de manera sistemática –como las mencionadas al hablar de la memoria corta– contribuirán a mantener estas funciones. En el mismo sentido, Seymour Papert (1997) ofrece interesantes ideas para incluir a los abuelos en la "cultura de aprendizaje de la familia", y propone, por ejemplo, que éstos se conviertan en "alumnos" de computación de sus nietos, lo cual contribuiría no sólo a compartir tiempos y proyectos sino también a acercar a los ancianos a los avances tecnológicos, paliando de este modo una fragmentación generacional cada vez más evidente.

Si a ello sumamos las posibilidades que la sociedad debe ofrecer a este grupo etario, de mantenerse activo e integrado a la vida comunitaria, habrá caminos de rehabilitación y de mantenimiento. Ésta es una responsabilidad de todos los miembros de una sociedad y deberá estar incorporada a las estrategias políticas de los estados. No basta con ofrecer mejores recursos médicos o atención hospitalaria, sino también fundamentalmente prevenir deterioros y patologías gestando acciones adecuadas hacia la ancianidad, para que pueda ser vivida como una etapa serena y profunda que corona la trayectoria de la vida.

Bibliografía

Aguado, L. (1999), "Aprendizaje y memoria", primera conferencia internacional sustentada en el Congress on Neuropsychology in Internet.
http://www.uninet.edu/union99/congress/confs

Bouvier, U. (1969), *Evolution des Cotes a Quelques Tests*, Bélgica: Centre de Recherces, Forces Armees Belges, citado por Raven, Court y Raven (1993).

Erickson, E. (1978), *Infancia y sociedad*, Editorial Hormé, 7a. ed.

Frank, H. (1985), "¿Es la inteligencia mensurable? ¿Es heredable?", conferencia, V Jornadas Argentinas de Cibernética, Rosario, Argentina.

Gardner, H. (1995), *Estructuras de la mente. La teoría de las inteligencias múltiples*, México: Fondo de Cultura Económica.

Katz, D. (1968), *Psicología de las edades. Del nacer al morir*, Madrid, España: Morata.

Kaufman, A. y Lichteuberger, E. (1999), *Claves para la evaluación con el WAIS III*, TEA, Madrid.

Lehrl y Ferretti, "El cuantum temporal subjetivo (SZQ): eslabón entre la psicología de la inteligencia y la neurofisiología", en *Folia Humanística*, núm. 279, Barcelona, España.

Meder, B. y Carena, J. C. (1985), "La teoría psicocibernética y la influencia de los motivos", en *Rev. Huminitisa*, núm. 275, Barcelona, España.

Papert, S. (1997), *La familia conectada. Padres, hijos y computadoras*, Buenos Aires, Argentina: Emecé.

Raven, J. C., Court, J. H. y Raven, J. (1993), *Test de matrices progresivas. Escalas coloreada, general y avanzada. Manual*, Buenos Aires, Argentina: Paidós.

Riedel, H., "Psychostruktur", citado por Carena, J. (1986), en *El análisis propuesto por K. Weltner para un diseño de la enseñanza*, Rosario, Argentina: ARPEC.

Schaie, K. W. y Warner, K. (1986), *Adult Development and Aging*, Little Brown, Boston, EUA.

Wechsler, D. (1994), WAIS III, *Test de inteligencia para adultos*, Buenos Aires, Argentina: Paidós.

Weiss-Lehrl-Frank- (1986), *Psychogenetik der Intelligenz*, Verlaq, Dortmund, Alemania.

Personalidad y vida afectiva en la vejez

NÉLIDA ASILI PIERUCCI
Universidad de las Américas, Puebla, México

El pasado condiciona hábitos, el porvenir iniciativas.

FAHRER, 1986

Introducción

Para iniciar el estudio de la personalidad en la vejez, ayudará definir qué entendemos por personalidad.

De León V. (1995) explica que persona (del latín *persona*) es el nombre que se daba a las máscaras que usaban los antiguos actores. Es importante recordar que *persona* era el nombre de una cosa física, mientras que *personalidad* es el nombre de algo abstracto. Los antiguos griegos no concebían a la persona como un ente individual, por lo que para ellos el individuo no era capaz de reflexionar por sí mismo, ni podía expresar su diálogo interno. La persona sólo podía explicarse si, por las influencias de los dioses, una sustancia procedente del organismo era inspirada. De aquí que en el clásico teatro griego, los atributos del personaje debían exponerse objetiva y concretamente mediante una máscara y las narraciones eran interrumpidas por la aparición de dioses que expresaban el diálogo interno de los actores. Debieron pasar tres siglos para que la poetisa Safo (620 o 628-563 o 568 a. C.) y el poeta Arquíloco (700-665 a.C) expresaran en sus obras el diálogo interno como perteneciente al propio sujeto. Con este progreso, *persona* dejó de ser el nombre de algo físico para convertirse en un sustantivo abstracto y el contenido de la vida interna fue concebido como una estructura a la que se llamó *personalidad*.

Tal vez, continúa el autor, esa tendencia integradora hizo reflexionar a los antiguos sobre las relaciones entre constitución física y personalidad. Debido a ello, la comprensión de la personalidad sufrió numerosas modificaciones a lo largo de la historia. Fue Platón (427-347 a.C.) quien introdujo un concepto multifactorial y señaló las influencias ambientales e interpersonales en la determinación de la personalidad. Fue él quien afirmó que ningún hombre era malo voluntariamente, sino que llegaba a ello por obra de una disposición constitucional o de una mala educación. Otro pensador, Epicuro (341-271 a.C.), recordándonos sin citarlo a Sócrates y adelantándose a los conceptos cognoscitivos modernos, dijo que nada influía en el ser humano sino por intermedio de la razón y que, eliminadas las falsas concepciones, la razón era capaz de hacer placentera la vida.

Hoy muchas de las perspectivas históricas continúan siendo parte importante de las concepciones actuales sobre la personalidad. Sin embargo, es necesario tener en cuenta que no todos los expertos sobre el tema aceptan la existencia de una estructura llamada personalidad. Los que defienden esta posición argumentan que la personalidad no es más que la simple suma de numerosas respuestas a diferentes estímulos sin que podamos demostrar la existencia de una estructura duradera. Otro grupo de autores que aceptan la teoría de la existencia de una estructura llamada personalidad no comparten las mismas concepciones teóricas en cuanto a los aspectos constitutivos y de desarrollo de dicha estructura (De León V., 1995).

En este trabajo abordaremos el tema de la personalidad desde un enfoque integrador que la estudia tomando en cuenta sus aspectos biopsicosociales.

Entonces, ¿qué se entiende por personalidad? El *Diccionario de la Real Academia Española* (2001) la define como la diferencia individual que constituye a cada persona y la distingue de otra. Desde una aproximación psiquiátrica, Freedman, Kaplan y Sadock (1982) mencionan que es el conjunto de tendencias individuales emergentes para actuar o conducirse, o la organización de los rasgos, actitudes o hábitos distintivos del individuo. Desde la misma perspectiva, Vidal, Alarcón y Lolas (1995) la definen como la organización individual y relativamente estable de características psíquicas en los planos cognoscitivo, motivacional y comportamental. Los mismos autores mencionan que para Allport, defensor de los estudios especializados de la individualidad, la personalidad es un conjunto de rasgos dominantes (afabilidad, irritabilidad, orden, puntualidad, generosidad, tacañería, altruismo, tolerancia, impaciencia, etcétera), que constituyen una entidad psicofísica que provoca múltiples estímulos. Para Mischel (1986), la personalidad es el conjunto de patrones distintivos de comportamiento (incluidos los pensamientos y las emociones), que caracterizan la adaptación del individuo a las situaciones de su vida.

Para los propósitos de este capítulo e integrando las definiciones anteriores, entendemos por personalidad al esquema único y organizado de los procesos y estados psíquicos del individuo, los cuales perduran a través del tiempo y lo caracterizan en su interacción y adaptación con el entorno.

Estudios científicos sobre la personalidad del anciano

Respecto a los estudios científicos sobre la personalidad en la vejez (desarrollados a partir de mediados del siglo XX), según Schaie y Schooler (1989), se encuentran aún en una coyuntura crítica. Estos autores dicen que la preocupación en torno a la *estabilidad versus cambio* en la personalidad en la vejez es análoga al debate que había entre *persona versus situación*, en el campo de la personalidad. Esta polarización fue, en parte, muy útil porque estimuló la investigación, pero se llegó a un punto en el que fue más fructífero reconocer que los extremos no necesariamente se excluían uno a otro, sino que la interacción entre ellos era, tal vez, la aproximación más realista. A partir de ese momento, los investigadores comenzaron a tomar en cuenta ambos aspectos en sus trabajos, o sea, consideraron tanto variables individuales de personalidad como aspectos situacionales. Los resultados que revelaron los trabajos contribuyeron a esclarecer el tema de la personalidad, a tal punto que hoy sólo algunos niegan que *el comportamiento se encuentra determinado tanto por la persona como por la situación.*

Entonces, reconsiderando nuestro interés en la personalidad durante el proceso de envejecimiento, ¿qué resultados muestran las investigaciones recientes sobre el tema?

Kogan (1990), en la revisión que hizo de la literatura sobre el tema, señala que los modelos o aproximaciones seguidos para estudiar los cambios y la estabilidad de la personalidad durante el proceso de envejecimiento son tres: el *modelo de los rasgos* (Costa y McCrae, 1976, 1986; Rotter, 1966; Kelly, 1955), el *modelo contextual* (Helson, Mitchel y Moane, 1984; Capsi, 1987; Veroff y cols., 1984) y el *modelo de las etapas del desarrollo* (Erikson, 1950, 1986; Loevinger, 1976; Levinson, 1978, 1986).

1. En relación con el *modelo de los rasgos*, esta aproximación ha sido y es la que ha dado lugar a realizar más investigaciones sobre el tema, debido a su superioridad científica respecto a los otros modelos. Estos trabajos han utilizado, casi en su mayoría, los instrumentos de personalidad diseñados por Costa y McCrae (1976, 1986), que estudian la personalidad mediante cinco factores: neuroticismo, extraversión, apertura a la experiencia, agradabilidad y escrupulosidad. Otros trabajos han estudiado también el locus de control (desarrollado por Rotter, 1966) y el estilo cognoscitivo (Kelly, 1955). Estos rasgos han sido analizados tanto en estudios transversales como longitudinales. Sobre las dimensiones que han mostrado ser estables en la vejez, Schaie y Schooler (1989) listan una serie de rasgos: aquellos asociados con el temperamento como la extraversión, la sociabilidad y la apertura a la experiencia, otros como el neuroticismo, la capacidad de adaptación, la ansiedad, el logro, la escrupulosidad, la agradabilidad, la amabilidad, las actitudes generales hacia sí mismo, el locus de control, la autoconfianza, la competencia, la eficacia personal y el estilo cognoscitivo. En contraste, hay evidencia de cambios en un número considerable de dimensiones: en variables intrapsíquicas, como la introspección, los estilos de afrontamiento, los mecanismos de defensa, los valores y el autoconcepto, otros rasgos como la masculinidad, la femineidad, los roles sociales, la autoestima, la motivación de logro, las aspiraciones y variables afectivas, como la ansiedad, la depresión, la fatiga, el bienestar general y la satisfacción en la vida.

Recientemente, Costa, Terracciano y McCrae (2001) investigaron los rasgos de personalidad tomando en cuenta el género (femenino y masculino), la cultura (personas de distintas culturas) y las edades (jóvenes y adultos). El estudio reveló que las mujeres tienen puntuaciones más altas en neuroticismo (predisposición a la ansiedad, enojo, depresión, culpa, vergüenza y emociones estresantes), agradabilidad y en ser más acogedoras y abiertas a los sentimientos, mientras que los hombres obtuvieron puntuaciones más altas en asertividad y apertura a las ideas. Estos resultados fueron similares en las distintas culturas.

En un estudio longitudinal previo, Jorm, Christensen, Henderson, Jacomb, Korten y Rodgers (2000), cuya muestra fue una población de personas de 70 años en adelante, encontraron que la ansiedad fue asociada con altos niveles de neuroticismo y que en el grupo de mujeres los bajos niveles de extraversión estaban relacionados con la depresión.

Pero, siguiendo la pregunta inicial acerca de si la personalidad cambia o permanece constante con el paso del tiempo, las investigaciones basadas en el modelo de los rasgos muestra, por medio de estudios longitudinales, que los rasgos temperamentales tienden a permanecer constantes a lo largo de la vida, debido a su naturaleza endógena.

Así, al hacer una síntesis de los estudios sobre el comportamiento de la personalidad en los que fueron tomados en cuenta aspectos genéticos, educación parental, reacción de los hijos a los estilos educativos y estructura de personalidad, observamos una gran constancia del comportamiento a lo largo de la vida. Los resultados encontrados en las distintas investigaciones arrojaron resultados similares, a pesar de haber analizado muestras diferentes, empleado distintos instrumentos y utilizado variados métodos de medición estadística. Independientemente de todo lo anterior, los resultados revelan un patrón consistente de *estabilidad*.

La estabilidad se mantiene a pesar de que las personas que participaron en las investigaciones (durante 30 años) tuvieron grandes cambios en sus vidas, como ocupación, estado civil, etapas de la familia, salud física, lugar de residencia, así como que compartieran con su cohorte experiencias contextuales similares, como guerras o recesiones, que leyeran docenas de libros y que pasaran miles de horas frente a la televisión. Los resultados muestran que la fuerza acumulativa de todas estas influencias externas apenas son detectables en los resultados de las pruebas de personalidad. Si bien algunos eventos externos pueden afectar determinados rasgos de personalidad, los demás factores demuestran no tener repercusiones (McCrae, Costa y cols., 2000).

2. En cuanto al *modelo contextual*, éste representa una expansión del modelo de rasgos. Dicho modelo toma en consideración parámetros socioculturales e históricos que destacan durante cierto tiempo, además de contemplar otros, como la transición de papeles y eventos (por ejemplo: la Gran Depresión, la Segunda Guerra Mundial, la época de los sesenta, etcétera), los cuales representan

situaciones que pueden ejercer una influencia en los años de formación. Este modelo presume que tales aspectos pueden repercutir en el comportamiento de la persona .

Para la obtención de datos el modelo de rasgos depende fuertemente de los autorreportes y de la información que proporciona el observador; en cambio, en el modelo contextual, el investigador debe esforzarse por articular la personalidad con eventos actuales de la vida, como un divorcio, el estatus ocupacional alcanzado, decisiones sobre la paternidad, entre otros aspectos (Kogan, 1990).

En ese modelo o aproximación hay, a su vez, tres enfoques para estudiar la personalidad durante la vejez:

A. El del *proyecto del reloj social* (Helson, Mitchell y Moame, 1984). Este enfoque considera que los cambios de la personalidad en la adultez pueden estar asociados con los proyectos del reloj social, como el matrimonio, planes vocacionales o parentales, trabajo, etcétera. Ejemplo de esto es un estudio realizado con una muestra de mujeres, las cuales fueron entrevistadas al cabo de cinco y 20 años. Este trabajo reveló que los eventos del reloj social delinearon un número considerable de patrones de comportamiento de las mujeres del estudio.

B. El del *temperamento y la interacción con el papel*. A este respecto, Caspi (1987) ha argumentado que en el estudio de la personalidad es necesario examinar cómo las personas confrontan, se adaptan y hacen ajustes a la transición de roles (escuela, el servicio militar, el trabajo, el matrimonio y la paternidad) según la edad. Durante el tiempo que implican esas transiciones observamos cómo una dimensión de la personalidad repercute en la transición de tales papeles. Por ejemplo: hombres con mal temperamento presentan dificultades en el área laboral, mientras que un mal temperamento en la mujer ocasiona que se adapte menos bien a los roles parentales, típicamente femeninos.

C. El de las *motivaciones a lo largo de la adultez*. Veroff y sus colaboradores (1984) estudiaron en dos grupos de cohortes diferentes (1957 y 1976) la motivación de logro, afiliación, poder como temor a la debilidad y poder como esperanza de poder. Los autores observaron una consistencia respecto a la edad y el grupo de pertenencia (cohorte). En los grupos que estudiaron encontraron que la motivación de afiliación en las mujeres declinó a lo largo de la vida, y en los hombres, aumentó la motivación de esperanza de poder en la mitad de su vida. Lo que ubica al estudio entre el modelo contextual es haber usado las diferencias entre las cohortes y la interacción con variables demográficas (distintos niveles educativos, mujeres que trabajaban, mujeres amas de casa, etétera) para demostrar cómo los factores sociales e históricos influyen en los patrones motivacionales, ligados a la edad. Por ejemplo, respecto a la motivación de logro en las mujeres, observaron que declina en la mitad de la vida y no después. Esto se encontró sólo en las mujeres que trabajan y no en las amas de casa. Aparentemente, las mujeres que trabajan y que tienen un nivel educativo de preparatoria (*high school*), empiezan con elevadas aspiraciones de carrera, pero sus antecedentes educativos las confinan a trabajos con pocas posibilidades de avances y logros. Debido a esto, el decline en la motivación de logro en la mitad de la vida parece ser resultado de un buen sentido intuitivo de las mujeres (Kogan, 1990).

3. El *modelo de las etapas del desarrollo*. Las investigaciones llevadas a cabo toman en cuenta las etapas del desarrollo que han propuesto tres autores: Erikson, Loevinger y Levinson.

A. Respecto a la teoría de Erikson (1950, 1986) en la que describe las ocho etapas del desarrollo del ego ha habido hasta el momento pocos estudios empíricos enfocados en el estudio de las etapas de la mitad de la vida (generatividad versus estancamiento), así como la etapa de la vejez (integración versus desesperación). En un estudio reciente, Sheldon y Kasser (2001) analizaron la madurez psicológica y en él hipotetizaron que la edad estaría relacionada positivamente con la integración de la personalidad. Por lo tanto, cabía esperar que las personas ancianas mostraran más tendencias a la generatividad e integridad del ego y menos tendencias concernientes a la identidad e intimidad. Asimismo, los autores hipotetizaron, basados en previos hallazgos, que la madurez psicológica y la edad estaban correlacionadas con el bienestar subjetivo. Los resultados apoyaron las hipótesis planteadas. Por ende, eon base en estos resultados, las personas ancianas muestran ser psicológicamente más maduras que las jóvenes y, en consecuencia, más felices.

B. En cuanto a la teoría del desarrollo del ego de Loevinger (1976) cabe decir que es una de las aproximaciones más populares y la que dio lugar a la creación de un instrumento para evaluarla; sin embargo, las etapas que propone el autor han mostrado tener poca relación con la edad cronológica que él plantea en cada una de ellas. Kogan (1990) comenta que Loevinger está poco preocupado por tales hallazgos y mucho más interesado en examinar las diferencias individuales del desarrollo del ego, dentro de una cohorte. Este interés se diferencia del de Erikson, para quien las etapas están vinculadas con la edad cronológica de las personas a lo largo de su vida.

C. Las etapas del desarrollo que Levinson (1978, 1986) analizó en su teoría tienen entre sí intervalos cronológicos muy estrechos, lo que la ha hecho sumamente controversial. A pesar de que esta teoría es vulnerable a la crítica en diversos aspectos, ha habido sólo algunos ataques basados en estudios empíricos. Uno de ellos es el de McCrae y Costa (citados por Kogan, 1990), quienes diseñaron una escala para medir las crisis de la mitad de la vida y no encontraron ni la más mínima evidencia de aumento de angustia y tensión en esa etapa.

Sintetizando lo visto hasta estas líneas y retomando el planteamiento inicial sobre la *estabilidad versus cambios*, Kogan (1990) menciona que al respecto el *modelo de los rasgos* revela que hay evidencias bastantes sustanciales sobre la estabilidad de determinados rasgos a lo largo de períodos extensos; también que actualmente hay considerables evidencias acerca de la estabilidad a lo largo de la adultez y que esta estabilidad es más fuerte después de la mitad de la vida. Sin embargo, este asunto aún no está resuelto. Aún hoy existe mucha controversia sobre el término medio relacionado con la estabilidad y los cambios, pues para algunos los cambios son triviales y para otros son considerables y psicológicamente significativos.

Sobre el *modelo contextual*, si bien éste es neutral respecto a la estabilidad en oposición al cambio, la pregunta clave es qué tanto el entorno sociocultural contribuye a la estabilidad o los cambios.

Por último, en cuanto al *modelo de las etapas del desarrollo*, si bien tres autores fueron más allá del período de la adultez temprana, sólo el modelo de Erikson ofrece una etapa que rebasa la mitad de la vida (integridad versus desesperación, que abarca desde los 60 años hasta la muerte) y la que tiene claro contenido psicológico. Pero, a pesar de que la teoría de Erikson lleva más de 50 años, es sorprendente constatar que no se han llevado a cabo más estudios empíricos. El trabajo de Loevinger es el más accesible a la investigación debido a que cuenta con un buen instrumento, el cual reúne riguroso estándares psicométricos, pero las etapas desarrolladas no están relacionadas directamente con la edad cronológica. Finalizando, en el modelo de Levinson, el cual ha extendido su modelo más allá de la mitad de la vida, el autor la detiene en la transición a la adultez (de 60 a 65 años). De los tres autores, esta teoría es la que tiene, desde la perspectiva científica, serios conflictos para investigar el desarrollo de los adultos.

En conclusión, el debate sobre la estabilidad y los cambios continúa, por lo cual es necesario, a partir de los resultados obtenidos, formular otros planteamientos que integren los actuales, así como incluir otros nuevos. Schaie y Schooler (1989) y Kogan (1990) concluyen que la personalidad en la vejez evidencia tanto estabilidad como cambios, que los rasgos tienden a permanecer estables a lo largo de la vida y que cuando observamos cambios dramáticos, estos tienden a deberse a una marcada psicopatología.

En lo concerniente al planteamiento que ha propiciado el desarrollo de la investigación en las últimas décadas, Stokes (1992) señala que tal vez los investigadores se han planteado la pregunta equivocada, la cual es demasiado general y ambigua. Otros planteamientos podrían estar orientados a indagar lo siguiente: ¿a qué edad los cambios de los rasgos de personalidad son más frecuentes de ocurrir? y ¿cuáles rasgos tienden a permanecer más estables o a cambiar con el paso del tiempo? A estas preguntas podrían agregarse otras, como ¿qué variables se asocian con los cambios y con la estabilidad de la personalidad? ¿en qué condiciones socioculturales la personalidad muestra estabilidad y cambios?, y ¿cuáles son los antecedentes y las consecuencias de la personalidad estable y de la cambiante?

Sin duda, esas y otras preguntas deberán plantearse los investigadores sobre el tema, a fin de entender, describir, predecir y modificar la personalidad durante la vejez.

Personalidad y vida afectiva

Abordar el tema de la afectividad es introducirnos a una de las áreas más importantes de la psicología. Enrique Rojas (1995) coincide en que todos sabemos de ella, pero pocos estudiosos del tema se atreven a emitir una noción rotunda y de claros perfiles que sea capaz de sintetizar la frondosidad de los fenómenos que comprende.

La afectividad, continúa el autor, es el modo como somos afectados interiormente por las circunstancias que se producen a nuestro alrededor. Un mismo hecho, por ejemplo la depresión que sufre un paciente, resuena de forma distinta según se trate del propio paciente, de su médico, su esposa o un amigo. Todo lo afectivo consiste en un cambio interior que se opera de forma brusca o paulatina y que va a significar un estado singular de encontrarse, de darse cuenta de sí mismo. Por tal razón se funden en la misma persona la afectividad y la conciencia; esta última como la capacidad de la persona de darse cuenta de lo que le sucede, ya que puede reflexionar sobre el desencadenamiento de tal estado afectivo y sobre su contenido.

El complejo sistema comportamental del ser humano está estrechamente vinculado no sólo a su forma de pensar (procesos cognoscitivos como interpretar, recordar, memorizar, describir, generalizar, posponer, remembrar su pasado, evaluarse a sí mismo, a otros y a su entorno, por ejemplo), sino también a su forma de sentir la vida (sentimientos y emociones).

La forma habitual de discurrir la afectividad es a través de los sentimientos y las emociones. La manera que tiene el hombre de sentir su vida, de experimentar los estímulos externos e internos se manifiesta en su estado de ánimo (sentimiento), el cual caracteriza y matiza toda su existencia. Este sentimiento puede ser positivo o negativo, grato o ingrato, de aproximación o de rechazo, pero nunca podrá ser neutro. La naturaleza del sentimiento hace que el hombre se vea compelido, una y otra vez, a decidir su manera de ser y estar en el mundo.

El modo de sentir de la persona pone de manifiesto su afectividad. Para Enrique Rojas (1995), la afectividad está constituida por un conjunto de fenómenos de naturaleza subjetiva, los que suelen ser difíciles de verbalizar y provocan un cambio interior que se mueve entre dos polos: agrado-desagrado, inclinación-rechazo, acercamiento-repulsa. Entre estos dos puntos extremos se sitúa toda una gama de vivencias que van a constituir los elementos principales del mundo emocional.

Según el autor, el término *vivencia* es decisivo para comprender la afectividad. *Vivencia* significa "experiencia vivida" y tiene las siguientes características: *a*) es un estado subjetivo, interior, personal en que el protagonista es el propio individuo que recibe ese cambio interno; *b*) es algo que experimenta personalmente el sujeto que la vive, no es algo que le cuentan o de lo que se entera por terceras personas, sino que es algo vivido por él mismo; *c*) el contenido de la vivencia se manifestará a través de las principales experiencias afectivas (sentimiento, emoción, pasión y motivación), y *d*) toda vivencia es una "huella" emocional. Esta huella es el impacto de esa experiencia incrustada en el desarrollo biográfico de la persona, la cual, dependiendo de la intensidad y duración de aquella, puede ser decisiva en el curso posterior de la historia vital interna del ser humano.

Por lo anterior, Enrique Rojas (1995) explica que la afectividad posee cuatro facetas interconectadas: las vivencias, las reacciones fisiológicas que se movilizan a partir de ellas, el comportamiento y los aspectos cognoscitivos. Así, frente a una manifestación afectiva, nos preguntamos cómo se produce (génesis), qué se siente interiormente (vivencia), qué reacción corporal provoca (fisiología), qué conductas pone el marcha (comportamiento) y, por último, qué se percibe como ideas, juicios y pensamientos (plano cognoscitivo).

Tomando en cuenta lo anterior, comprendemos que la personalidad, definida como el modo de sentir (afectividad), pensar (cognición) y actuar (comportamiento), tenga una repercusión muy importante en la capacidad de adaptación del hombre a su entorno social.

La salud y la enfermedad mental son resultado del funcionamiento de la personalidad y del esfuerzo del ser humano para adaptarse a su entorno social. A este respecto, Vidal (1995) afirma que cuando la enfermedad irrumpe en la vida del sujeto en sus diversas manifestaciones, desde síntomas aislados a síndromes y cuadros clínicos identificados claramente, todos son derivados del esfuerzo del hombre por hacer frente a las situaciones que plantea su vida.

Al tratar de comprender cómo se generan los trastornos mentales, el autor comenta que probablemente se deban a la interacción entre el organismo humano y su medio o, quizá, a la construcción de cada conciencia individual. Se trate de una fobia, de una depresión o de simple ansiedad, surge a consecuencia de un problema existencial. Detrás de la enfermedad siempre aparece la crisis o el conflicto.

Para Enrique Rojas (1995), la depresión constituye la enfermedad por antonomasia de los sentimientos: aloja a la tristeza, el desconsuelo, la pena, la falta de esperanza en la vida, el cansancio, la apatía, entre otros, mientras que la angustia es la enfermedad de las emociones. Las emociones (enojo, euforia, terror, por ejemplo), a diferencia de los sentimientos, se presentan de modo más agudo y súbito. Los sentimientos (gozo, alegría, serenidad o, al contrario, abatimiento, tristeza, inquietud) son más crónicos y carecen de esa nota imprevista y repentina. Las emociones pasan pronto; en cambio, los sentimientos son la instalación afectiva habitual de la vida de la persona. Las emociones tienen cambios fisiológicos importantes (alteraciones de la respiración, sudoración, aceleración del ritmo cardíaco), ya que están reguladas por el sistema nervioso vegetativo simpático y parasimpático y por descargas de adrenalina y noradrenalina, respectivamente. Los sentimientos, por su parte, tienen escaso o inexistente correlato vegetativo.

Retomando el tema de la personalidad y la vida afectiva, Vidal (1995) afirma que toda vida humana es una aventura incitante y arriesgada que cada persona protagoniza con variado éxito, según su estilo personal. En algunos casos, la peripecia resulta creativa y reconfortante para la conciencia y el amor propio; en cambio, para otros, las decisiones erróneas y los fracasos son de tal magnitud que el ser del hombre naufraga o se pone en peligro de naufragio. Entonces aparecen los síntomas y todas las manifestaciones psicológicas que conocemos con el nombre de trastornos mentales. Así, los aciertos y decisiones correctas que toma el ser humano ante las situaciones críticas o conflictivas de su vida lo conducirán a la salud; en caso contrario, los errores y equivocaciones lo conducirán a la enfermedad.

En relación con los problemas propios de la ancianidad, Fahrer y su colaborador (1990) sostienen que son de orden psíquico y no siempre patológicos. Para esto es necesario diferenciar entre vejez normal, llamada senectud y vejez patológica, denominada senilidad. La primera manifiesta el proceso involutivo o regresivo de la vida, o sea los cambios normales que se dan con el paso del tiempo. La segunda muestra las perturbaciones ocasionadas por la enfermedad durante la vejez.

Para comprender las características psicológicas del anciano, cabe recordar que desde que nace, el ser humano pasa por etapas de crecimiento, maduración y declinación, cada una de ellas con características de funcionamiento, tanto normal como patológico.

A medida que el ser humano avanza en cada etapa (infancia, niñez, pubertad, adolescencia y adultez) logra el desarrollo pleno de su personalidad y de la potencialidad de su yo; resultado de lo anterior, refleja el nivel de maduración psicológica alcanzado. Se entiende por madurez psicológica la capacidad del yo para soportar y elaborar tensiones emocionales sin deterioro de la personalidad. Vale decir, sin angustia y en condiciones de enfrentar eficazmente los problemas que imponen la realidad y los retos de la vida adulta. Esta madurez psicológica se pone de manifiesto en la capacidad de adaptación.

Es innegable que los cambios de las funciones psíquicas de la senectud (debilitamiento global de la actividad intelectual, disminución de la memoria y de la capacidad de concentración, rigidez en los juicios e ideas, entre otros cambios), repercuten en la capacidad de integración vital y se reflejan en una mayor rigidización de los hábitos de conducta. Como consecuencia de ello se remarca el carácter egocéntrico del anciano, la retracción e interiorización de la vida afectiva, la hipertrofia del instinto de conservación, su irritabilidad y su avaricia de lo material. Debido a lo anterior la persona anciana comienza a refugiarse en los hábitos que conoce desde antes.

Es por esto, según Fahrer y su colaborador (1990), que cuanto más prevalezca psicológicamente el pasado sobre el porvenir, tanto más tenderá la persona a dejarse gobernar por hábitos. Si el ser humano carece de un proyecto de vida orientado al futuro, ello lo conducirá a no tener una iniciativa condicionada por el porvenir. Ésta es la situación que determina la rigidez de la personalidad del anciano.

A este respecto cabe mencionar a Simone de Beauvoir (1982), para quien todo goce es proyecto. Según dicha autora, el goce trasciende el pasado hacia el porvenir y hacia el mundo, que es la imagen fija del porvenir. Si el goce es reducido a sí mismo, el goce es una existencia inerte y se torna en aburrimiento. No habrá goce si la persona no sale de sí misma y mediante su vinculación con un objeto compromete su ser en el mundo. Pues la capacidad para gozar tiene que ver con estar en el mundo, vinculado con un proyecto y orientado al porvenir.

Tomando en cuenta estas reflexiones entendemos que para el bienestar general del anciano y de las personas en general, independientemente de la edad, es necesario contar con un proyecto, un interés orientado al porvenir. Sin embargo, sabemos que, dados los retos planteados por la vejez, lo anterior no siempre se logra, por lo cual el anciano puede recurrir a su repertorio de hábitos como una manera de hacer frente a su existencia.

Resumiendo, podemos concluir que los problemas tanto psicológicos como psiquiátricos del anciano se deben a la estrecha relación de diversos aspectos:

a. *Integración y madurez de su personalidad*, o sea, de haber superado, soportado y elaborado tensiones emocionales sin deterioro de la personalidad. Vale decir, sin angustia y en condiciones que le permitan enfrentar eficazmente los problemas que imponen la realidad y los retos de la edad avanzada. Esta madurez psicológica se pone de manifiesto en la capacidad de adaptación a los cambios que plantea la vejez.

b. *Los cambios de naturaleza endógena*, o sea, los cambios que experimenta el organismo envejecido como resultado del propio proceso involutivo, regresivo de la personalidad psicofísica (los cambios en el funcionamiento psicológico, biológico y fisiológico).

c. *Los cambios de origen exógeno*, es decir, aquellos debidos a las influencias de las circunstancias socioculturales, económicas y políticas, como la pérdida del papel social, las diversas implicaciones de la viudez, la discriminación, el retiro de la actividad laboral, los problemas de vivienda y aislamiento, los cambios de la estructura y dinámica familiar, la disminución del ingreso económico, la carencia de asistencia social adecuada, la urbanización, entre otros.

De acuerdo con Fahrer y su colaborador (1990), todos esos factores repercuten en la estabilidad psíquica y emocional del hombre viejo. Dependiendo de ello, el anciano tal vez no encuentre posibilidades de reorganización frente a las nuevas circunstancias o ante la presión que ejercen los condicionamientos inadecuados que arrastra desde etapas anteriores.

Según el autor, el resultado de todo ello puede manifestarse en una dificultad por parte del anciano de ajustarse a los cambios internos y externos. De ser así, puede dar lugar a un sentimiento depresivo susceptible de manifestarse a través de diversos cuadros clínicos: *a*) alteraciones patológicas funcionales, como reacciones patológicas de adaptación, neurosis y psicosis, y *b*) cuadros psiquiátricos con trastornos orgánicos cerebrales, como síndrome confusional y demencias.

Sin embargo, a pesar de los riesgos que conlleva el desarrollo de algún cuadro clínico a lo largo de la vida, la vejez puede presentarse no sólo sin enfermedad sino con un desarrollo moralmente positivo, como lo enseñaron algunos pensadores.

Las virtudes del arte de envejecer

Es innegable que la vejez llega acompañada de dificultades. La más evidente es el deterioro y desgaste físico que el proceso involutivo del desarrollo trae consigo. Salvo excepciones, pues un cuerpo que envejece es como un motor gastado, el cual depende del cuidado que se le haya dado, así como de factores hereditarios y ambientales, es evidente que ese organismo ya no es lo que fue.

A partir de cierta edad, la acción resulta más penosa, el trabajo manual es a veces imposible y el trabajo intelectual se torna de calidad variable. A estas características que enmarcan la vejez le siguen las pérdidas naturales de la vida, que todos conocemos: la partida de los hijos, la muerte de familiares y amigos, la pérdida del trabajo y del papel social, etcétera.

Ropp (1960) menciona que a simple vista parece fácil enumerar las pérdidas de la vejez, pero ¿cuáles son las ganancias? A este respecto, él compara al hombre con la fruta, la cual madura muy lentamente. Dice que en otros animales del planeta no existe este proceso de maduración, por ejemplo: el gato, el perro y el chimpancé alcanzan la madurez tan pronto como sus glándulas sexuales empiezan a funcionar; después de ello existe muy poco o casi ningún desarrollo posterior, excepto aquellas conductas emitidas para preservar la especie. Fuera de ello, dice, la madre naturaleza no requiere nada más de los animales.

Empero, en los hombres la situación es diferente, ya que su enorme complejo mental y equipo emocional establecen en él una categoría totalmente remarcable. La madurez sexual, que obtiene a edad temprana, no se iguala con la madurez emocional, pues esta la aquilata a lo largo de la vida. En el hombre, señala el autor, las posibilidades de crecimiento emocional continúan aún sin actividad sexual, descansan en la mente del hombre y ahí existe un potencial ilimitado de desarrollo.

En este sentido, Cicerón (44 a. de J.C., 1982) sostiene que las grandes cosas se llevan a cabo no por la fuerza y la agilidad del cuerpo sino por la prudente madurez, de las cuales la vejez, lejos de hallarse desprovista, está dotada más abundantemente.

Platón (428?-348? a de J.C.) describe en *La república* el diálogo que sostuvo el anciano Céfalo con Sócrates, a quien le comentaba que muchos hombres se lamentan de su suerte "echando de menos los placeres del amor, de la bebida y los banquetes y muchas otras cosas de este tenor que llenaron sus años juveniles. Lloran su pérdida como si en realidad hubiesen dejado de poseer grandes bienes, y se lamentan de que entonces les sonreía la vida, mientras que ahora ni siquiera viven".

> A mi parecer –dice Céfalo–, no dan con la causa real que los produce; porque si la vejez fuera la causa, habría sufrido yo lo mismo que ellos, con el peso de los años, e igualmente todos cuantos han llegado a esa edad… he conocido a otros que no reaccionan así… Recuerdo que en una ocasión el mismo poeta Sófocles, a quien alguien le preguntó respecto a los placeres amorosos, éste respondió… que "se había librado hace tiempo de ellos con la mayor alegría, ya que era como liberarse de un amo furioso y cruel". "Tan pronto como las pasiones se relajan y dejan de hacer sentir su aguijón, nos vemos –dijo– libres de una gran multitud de furiosos tiranos"…
>
> Por tal razón –afirma Céfalo–, es en la vejez cuando se produce una gran paz y libertad respecto a estas cosas… Pero –continúa diciendo– de estas lamentaciones… sólo una causa puede invocarse y que es, no la vejez, sino el *carácter de los hombres*…

El carácter del hombre refleja el trabajo que éste fue haciendo a lo largo de su vida sobre su propia naturaleza y pone de manifiesto, mediante las virtudes que ha logrado desarrollar, el nivel de humanidad que ha alcanzado. Pero ¿qué se entiende por virtud? La virtud –dice Comte-Sponville (1995) recordando a Aristóteles– es una fuerza que actúa o que puede actuar; por ejemplo, la de un medicamento es sanar; la de un cuchillo, cortar y la de un ser humano, la voluntad de actuar humanamente.

La virtud es una fuerza específica, lo que constituye su valor, o sea, el buen cuchillo corta bien y el buen remedio sana. Entonces observamos que la virtud del cuchillo es la misma en manos de un malvado o de un cocinero. Un excelente cuchillo en manos de un malvado sigue siendo un excelente cuchillo. Su virtud es potencia y ésta basta a su virtud.

Sin embargo, en el ser humano no es lo mismo. Entonces, ¿cuál es la excelencia propia del hombre? Comenta el autor que, para Aristóteles, era lo que lo distinguía de los animales, es decir, la razón. Pero sabemos que la razón no basta, sino también es necesario el querer (y el querer de un hombre educado no es el mismo que el de un salvaje o ignorante), la educación, la costumbre, la memoria… La virtud y la humanidad son históricas y ambas se conjugan en el hombre virtuoso.

La virtud logra que el individuo sea humano, es la potencialidad específica que tiene para afirmar su excelencia, es decir, su humanidad. Según Aristóteles, *la virtud es una manera de ser* pero *adquirida y durable: es lo que el hombre es o lo que ha llegado a ser gracias a su esfuerzo.* Para concluir, la virtud surge en el cruce entre la hominización (hecho biológico) y la humanizacion (exigencia cultural), o sea, es la manera de ser y actuar humanamente, es decir, la capacidad para actuar bien.

¿Y cuáles son algunas de las virtudes que el hombre debe esforzarse por aquilatar? Comte-Sponville (1997) lista las siguientes: la cortesía, la fidelidad, la prudencia, la temperancia, el coraje, la justicia, la generosidad, la compasión, la misericordia, la gratitud, la humildad, la simplicidad, la tolerancia, la pureza, la dulzura, la buena fe, el humor y el amor.

La integración de todas o gran parte de esas virtudes no es tarea fácil, pero, de lograrse, será más probable que ocurra en la vejez.

El hombre que ha llegado a la vejez ha sido un actor en las diferentes etapas de su vida y ha visto la representación desde muchos puntos de vista, lo que le permite, *si tiene capacidad reflexiva y entendimiento,* ver el problema desde diferentes ángulos y de sopesar pros y contras con imparcialidad, tareas que en su juventud no pudo hacer. Lo que la vejez le trajo es la *capacidad de juicio,* o sea, un criterio para juzgar.

La *cautela* es otra virtud que aquilatamos en la vejez: es la capacidad para hacer o emitir un juicio equilibrado resultante de la experiencia. Esto resulta beneficiado por la *calma emocional,* la cual es, en muchos casos, consecuencia de la edad.

Según Ropp (1960), las situaciones que en la juventud desencadenaban furia y pasión desordenada, ahora, en su crepúsculo, no lo alteran… el estímulo es el mismo, pero la respuesta ha sido cambiada. Como dijera Maurois (1972), todo hombre puede edificar en lo más hondo de su pensamiento un abrigo que desafíe los proyectiles más pesados y las palabras más sabiamente envenenadas.

A este respecto, Tristán de Athaide (1942) dice que las tormentas y el estrés que afectaban al anciano en su juventud han disminuido... el barco navega ahora en aguas más calmadas... manteniendo un equilibrio mucho más uniforme y constante... a nave es más pesada y su carga mayor.

Para Ropp (1960), *la calma en la emociones y el enfriamiento de la pasión* preparan el camino para las grandes ventajas ofrecidas por el proceso de envejecimiento, así como el regocijo de *la contemplación y el pensamiento constructivo*. La práctica de la contemplación es para el senescente una actividad gratificante y tiene dos formas: el entendimiento del mundo en el cual se vive, y la responsabilidad derivada de dicho entendimiento. Alcanzar este entendimiento es la parte más difícil de la experiencia humana, pero si se logra da al anciano un valor muy especial. Erikson (1950) llama *sabiduría* a este logro psicológico.

Esas y otras virtudes, resultado del esfuerzo que el hombre haya podido hacer a lo largo de su vida, son algunas de las ganancias que el proceso de envejecimiento puede traer consigo. Como dijera Aristóteles: "Somos lo que hemos llegado a ser gracias a nuestro esfuerzo".

Este modo de ver al hombre se asemeja a la metáfora del sendero, ya que ésta tiene una importancia decisiva para comprender el concepto confuciano de madurez. Confucio concibe el proceso de maduración como un esfuerzo continuo hacia la autorrealización; así el desarrollo creador de una persona depende tanto del sentido de orientación interno como de un conocimiento de las normas sociales del entorno de la persona. Según el filósofo chino, para que una persona manifieste su humanidad, tiene que aprender a gobernar su marcha mediante la experiencia y a equiparla con los contenidos plasmados por su acción concreta.

Para Confucio, el sendero es siempre una forma de "llegar a ser", y el término empleado para designar la adultez es *ch'eng-jen*, que significa "aquel que ha llegado a ser una persona". Entendida así, la adultez representa un estado de culminación y un proceso de desarrollo. El adulto es alguien que ha avanzado mucho, acercándose al desarrollo pleno de su humanidad.

Sin embargo, alcanzar ese nivel de desarrollo no es tarea fácil. El Caballero del Sendero, a medida que recorre su camino, debe protegerse de ciertos peligros: en su *juventud* tiene que estar en guardia contra la *lujuria*, al llegar a la *madurez* debe protegerse de la *pugnacidad* y en la *vejez* ha de estar alerta de la *avaricia*.

El adulto joven tiene que cuidarse de no caer en los *excesos sexuales*, debido a los efectos nocivos que producen en la salud física y mental del individuo. Al igual que una planta, a la que no puede acelerarse el crecimiento tirando artificialmente de los retoños, en el hombre no debe apresurarse el desarrollo de su personalidad. Por tanto, según las teorías fisiológicas chinas, la lujuria, lejos de ser vivificante para el cuerpo y el espíritu, es la tempestad después del sol.

De manera similar ocurre con la *pugnacidad* (espíritu de contrariedad o antagonismo), la cual es una amenaza para la auténtica virilidad, pues la energía que dispone la persona para su desarrollo personal y para el servicio público se dirige por cauces equivocados. La pugnacidad propicia la competencia con los demás y, por tanto, se pierde la propia orientación interna. Mientras la imagen de una persona dependa de las reacciones exteriores, esto irá en detrimento del desarrollo y autorrealización individual.

El último peligro que el Caballero del Sendero debe evitar es el de la *avaricia*. Si la competencia, que refleja una profunda inseguridad interior, se vuelve una especie de agresividad impulsiva, en la vejez la avaricia parece indicar un apego defensivo a aquello obtenido. A este respecto, Confucio señala que tal vez un anciano posesivo no represente una amenaza grave para la sociedad, pero sí para su propio desarrollo y autorrealización.

El verdadero peligro de la avaricia radica en que se contrapone al logro o virtud que el anciano tendría que reflejar en su etapa final. Cuando el anciano está dominado por la avaricia, tendrá muy pocas posibilidades de pasar sano y salvo por la última etapa del viaje. El verdadero peligro de la avaricia radica en su efecto perjudicial sobre aquello que debería ser un incesante proceso de realización, que es el soltar…. el dejar ir. Uno de los apegos más fuertes es aquel a la vida misma, por lo que el arte de morir constituye el principal desafío en la vejez.

Entonces, si tomamos en cuenta los conceptos confucianos sobre el desarrollo pleno de la humanidad, entendemos que la autorrealización no la alcanzaremos por el solo hecho de llegar a la vejez, sino por medio de la conquista permanente del propio espíritu (Tu Wei-ming, 1981).

Para concluir, vista la vejez de esa manera, podemos ver que, más que un estado de logro o culminación, es un proceso constante de devenir. La maduración del ser humano es concebida, entonces, como un desenvolvimiento paulatino y permanente de la humanidad dentro del mundo.

Durante todo el proceso de desarrollo, el hombre recorre un sendero, pero éste no puede hacer grande al hombre, sino que es el hombre mismo, mediante la conquista que hace de su ser, torna grande a su sendero.

El camino está siempre al alcance de la mano y, durante el viaje, el hombre tendrá que renovarse de forma constante a medida que avance a lo largo de su vida. Es, precisamente, la manera como cada hombre recorre su propio camino... su propio sendero donde radica el arte de envejecer, que es el arte de "llegar a ser una persona".

Como dice Maurois (1972), por ardua que sea la tarea, ésta no es imposible: "Antes de nosotros, innumerables generaciones de hombres la han llevado a cabo y, mal o bien, esos hombres han atravesado, entre dos desiertos de sombra, la estrecha zona de la luz de la vida".

Bibliografía

Beauvoir, S. (1982), *¿Para qué la acción?*, Buenos Aires: Ediciones Leviatán.

Caspi, A. (1987), "Personality in the Life Course", *Journal of Personality and Social Psychology*, 53, 1 203-1 213.

Cicerón, M. T. (1982), *Los oficios o los deberes de la vejez y de la amistad*, México: Editorial Porrúa.

Comte-Sponville, A. (1995), *Pequeño tratado de las grandes virtudes*, Barcelona: Editorial Andrés Bello.

Costa, P. T. y McCrae, R. R. (1976), "Age Differences in Personality Structure. A Cluster Analysis Approach", *Journal of Gerontology*, 31, 564-570.

— (1986), The NEO *Personality Inventory Manual*. Odesa, FL: Psychological Assesment Resources.

—, Terracciano, A. y McCrae, R. (2001), "Gender Differences in Personality Traits across Cultures. Robust and Surprising Findings", *Journal of Personality and Social Psychology*, vol. 81, 2, 322-331.

De León V., O. (1995), "Persona y personalidad", en Vidal, G., Alarcón, R., Lolas, F. (eds.), *Enciclopedia Iberoamericana de Psiquiatria* (tomo II), Buenos Aires: Editorial Médica Panamericana.

Diccionario de la Real Academia Española (2001), Madrid: Espasa-Calpe.

Erikson, E. (1950), *Childhood and Society*, Nueva York: Norton.

—, Erikson, J. y Kivnick, H. (1986), *Vital Involvement in Old Age*, Nueva York: Norton.

Fahrer, R. y col. (1990), "Gerontopsiquiatría", en Vidal, G. y Alarcón, R. (eds.), *Psiquiatría*, Buenos Aires: Editorial Médica Panamericana.

Freedman, A., Kaplan, H. y Sadock, B. (1982), *Tratado de psiquiatría*, La Habana, Cuba: Edición Revolucionaria.

Helson, R., Mitchell, y Moane, G. (1984), "Personality and Patterns of Adherence and non-Adherence to the Social Clock", *Journal of Personality and Social Psychology*, 46, 1 079-1 096.

Jorm, A., Christensen, H., Henderson, A., Jacomb, P., Korten, A. y Rodgers, B. (2000), "Predicting Anxiety and Depression from Personality. Is There a Synergistic Effect of Neuroticism and Extraversion?", *Journal of Abnormal Psychology*, 109, 1, 145-149.

Kelly, E. (1955), "Consistency of the Adult Personality", *American Psychologist*, 10, 659-681.

Kogan, N. (1990), "Personality and Aging", en Birren, J. y Schaie, K. (eds.), *Handbook of the Psychology of Aging*, 330-346, 3a. ed., San Diego: Academic Press, Inc.

Levinson, D. (1978), *The Season of a Man's Life*, Nueva York: Knopf.

—, (1986), A Conception of Adult Development, *American Psychologist*, 41, 3-13.

Loevinger, J. (1976), *Ego Development: Conception and Theory*, San Francisco: Jossey-Bass.

Maurois, A. (1972), *El arte de vivir*, México: Azteca.

McCrae, R., Costa, P. y cols. (2000), "Nature over Nurture. Temperament, Personality, and Life Span Development", *Journal of Personality and Social Psychology*, 78, 1, 173-186.

Mischel, W. (1986), *Introduction to Personality: A New Look,* Nueva York: Holt, Rinehart y Winston.

Platón (2000), *La república. Diálogos,* España: Edimat Libros.

Rojas, E. (1995), "Afectividad", en Vidal, G., Alarcón, R. y Lolas, F., *Enciclopedia Iberoamericana de Psiquiatría* (tomo III), Buenos Aires: Editorial Médica Panamericana.

Ropp, R. (1960), *Man against Aging,* Nueva York: Doubleday/Company, Inc.

Rotter, J. (1966), "Generalized Expectancies for Internal Versus External Control of Reinforcement", *Psychological Monographs,* 80, 1, 609.

Schaie, W., Schooler, C. (1989), *Social Structure and Aging: Psychological Processes,* Hillsdale: Lawrence Erlbaum Associates, Publishers.

Sheldon, K. y Kasser, T. (2001), "Getting Older, Getting Better?, Personal Strivings and Psychological Maturity Across the Life Span", *Developmental Psychology,* 37, 4, 491-501.

Stokes, G. (1992), *On Being Old: The Psychology of Later Life,* Londres: The Falmer Press.

Tristan de Athaide (1942), *Las edades del hombre,* Buenos Aires: Difusión.

Tu Wei –ming (1981), "La percepción confuciana de la adultez", en Erikson, E. (ed.), *La adultez,* México: Fondo de Cultura Económica.

Veroff, J., Reuman, D. y Feld, S. (1984), "Motives in American Men and Women Across the Adult Life Span", *Developmental Psychology,* 20, 1 142-1 158.

Vidal, G. (1995), "Enfermedad y Salud", en Vidal, G., Alarcon, R., Lolas, F. (eds.), *Enciclopedia Iberoamericana de Psiquiatría* (tomo III), Buenos Aires: Editorial Médica Panamericana.

—, Alarcón, R. y Lolas, F. (1995), *Enciclopedia Iberoamericana de Psiquiatría* (tomo I), Buenos Aires: Editorial Médica Panamericana.

—, Alarcón, R. y Lolas, F. (1995), *Enciclopedia Iberoamericana de Psiquiatría* (tomo III), Buenos Aires: Editorial Médica Panamericana.

Parte III ❧ Familia y entorno social

Relaciones familiares y sociales en la vejez

RENÉ GONZÁLEZ PÉREZ
Universidad de las Américas, Puebla, México

Los sueños refrescan el hoy y el mañana, la vida nunca envejece.

RITA DUSKIN (citada por Papalia, 2000)

La familia y el anciano

Actualmente las relaciones familiares del anciano, sobre todo en México, atraviesan por una severa crisis, ya que múltiples variables han cambiado sus formas de incidir en la vida familiar y le afectan de manera directa en su estilo de relacionarse. Esto no quiere decir que la crisis sea de índole negativa, sino que, como todo proceso que está en transición, implica oportunidades y dificultades que pueden abrir nuevas puertas a muchas personas y cerrarlas a otras que se encuentren en este período de la vejez.

El cambio

Una de las variables que más ha afectado a la vejez de hoy día es la del *constante cambio* que la sociedad maneja y que, debido a las crisis económicas del país y a las mundiales, repercute en México y modifica de manera sustancial y permanente los estatus socioeconómicos en los que vive la vejez (González, R., 1999).

Los procesos tecnológicos y científicos han modificado otras muchas variables que inciden en la *mejor calidad de vida del anciano* y le auguran un incremento en la posibilidad de vida: estas variables le brindan un nuevo horizonte de esperanza de vida, que antaño no podía contemplar la vejez.

La misma *imagen del anciano* es ahora diferente y acorde con las posibilidades de cada persona; así, el hombre viejo puede hacer cosas que antes eran inimaginables, como transportarse a lugares a los que por su edad era imposible acceder y que los medios de comunicación actuales le llevan cómodamente y sin fatiga.

Su *imagen de antaño*, de un ser que ya no se mueve y que no sale ni se relaciona con los demás por miedo a exponerse demasiado a un clima inhóspito o a circunstancias riesgosas, se ha trastocado en una serie de posibilidades que le permiten seguir activo mental y físicamente, utilizando los recursos de la tecnología. Mas no todo es bello dentro de este panorama, pues han surgido enemigos peligrosos que acecharán a la vejez si no está alerta.

Los cinco enemigos

1. Los cambios en la dinámica familiar. El cambio en las relaciones de pareja y de los roles actuales de los padres hacia los hijos ha modificado de manera evidente la tradicional forma de relación que tenía la familia con el anciano.

Cada vez es más frecuente la cantidad de separaciones de parejas que ocurren por múltiples motivos interpersonales y esta *fractura intrafamiliar* limita mucho el grado de estabilidad, seguridad material y afectiva que se brinda al anciano. En la actualidad, la variable de la *estabilidad familiar* ha cambiado mucho con las separaciones de pareja y no sólo los hijos sufren las consecuencias, sino también los ancianos que antes contaban con un promisorio techo para continuar con su vejez.

Ahora el anciano queda también *desprotegido dentro de su familia*, pues la separación de la pareja hace que las dimensiones de las expectativas de cada persona sean modificadas de manera drástica y que lo que pareciera un techo seguro para la vejez sea ahora un hogar roto que tiende a equilibrarse de alguna manera no convencional.

Este fenómeno, que ocurre cada día de manera más frecuente, conlleva una serie de cambios en las personas que pertenecen al estadio de la vejez, pues sus *valores intrapersonales, interpersonales y sociales* se ven afectados seriamente (ibid).

Los *aspectos legales* son uno de los cambios que al separarse una pareja deben ser restaurado de manera diferente, y con frecuencia el anciano queda indirectamente afectado en la seguridad material de su vida.

En las nuevas formas de restructuración de parejas separadas, *los abuelos son actores pasivos* que pueden resultar lastimados gravemente por la manera como los miembros de la pareja rehacen su vida.

Esas variables *afectan no sólo la parte material* de los bienes que pudiesen tener los miembros de la pareja, sino también *los lazos afectivos* logrados por los abuelos en el binomio de la pareja inicial. De esta forma, tanto los abuelos como los hijos y nietos tienen que restructurarse intrafamiliarmente de manera distinta y sus relaciones quedan alteradas de modo diferente e irremediable.

2. El sentido de cohesión y solidaridad en oposición a ruptura e independencia. Pareciera que en tiempos anteriores las cosas iban más bien por el sentido de *cohesión y solidaridad entre los miembros de la familia* y se buscaba *conservar las tradiciones* fomentando actividades que unificasen a sus miembros y les mantuviesen solidarios. Por el contrario, ahora las tendencias familiares apuntan hacia una *ruptura de sus miembros* y hacia *un sentido de independencia* que libera a quienes la componen, dejando fuera preocuparse por los menos dotados, como los niños y los más ancianos.

Posiblemente el amor no haya menguado entre los miembros de las familias, pero *las formas de su manifestación* ya no están tanto en las uniones físicas de esos miembros y en sus manifestaciones de solidaridad, sino de manera diferente en *un mayor respeto a las decisiones y elecciones personales* (González, 2000).

Este fenómeno fortalece *la independencia del individuo* y le presiona a buscar en lo personal una serie de soluciones a su nuevo estado familiar, pero por otro lado disgrega realmente a los miembros de la familia y deja en *el desamparo físico* a los más desvalidos, como los niños y los ancianos

El anciano se ve prácticamente separado del rol intrafamiliar y se le da la *libertad de vivir de una manera diferente* de la tradicional, entre la cual su presencia puede ser requerida o no.

3. Los problemas de espacio. Si antes *las casas eran más grandes y las propiedades más numerosas*, ahora los costos de todo han hecho que se encarezcan las cosas y que la adquisición de una propiedad sea más difícil.

Las casas de ahora son más pequeñas y quienes las habitan son menos numerosos que antes, debido a la disminución del número de hijos que paulatinamente ha ido ocurriendo dentro de las familias.

El *encarecimiento de los espacios físicos* debido a la superpoblación de las grandes ciudades ha disparado los precios del metro de terreno, creando así una nueva imagen de casa menos dotada de las clásicas comodidades y espacios de antes.

El *nuevo concepto de espacio* ha limitado al máximo los elementos que considera un constructor de casas, y los clientes han manejado un estilo diferente que permite en el mínimo espacio tener lo necesario para abatir los costos de construcción.

Este estilo de construcciones hace que prácticamente ya no quepan dentro de una casa más que *los miembros indispensables de la familia*, padre madre e hijos (casi siempre uno o dos), quedando excluidos otros miembros de la familia, entre ellos el anciano (González, 1999).

4. La economía. El nuevo estilo de *economía globalizante* hace que las economías de los países aparentemente se emparejen en los costos de los productos; sin embargo, los sueldos y el poder adquisitivo del trabajador son muy diferentes de la realidad de los costos de los artículos que podemos adquirir.

Los *salarios de la mayoría no alcanzan* y se compra lo indispensable, lo cual obliga a buscar trabajo a todos los miembros de la familia y, a su vez, abarata más la mano de obra poco calificada, creando así un ámbito donde sobran los que desean trabajo y faltan trabajos que resuelvan verdaderamente las necesidades económicas de las mayorías.

Asimismo, la persona encuentra que cada vez *requiere mejor preparación* para obtener un buen trabajo y que no le es posible hacerlo, pues implica un costo de inversión en cursos de preparación personal y no posee el dinero ni menos el tiempo para hacerlo.

Mantenerse al día en un estilo de trabajo es muy costoso y *quien menos oportunidad tiene es el anciano*, ya que existen oportunidades sólo para personas con menor edad y prácticamente él queda descartado dentro del rango actual preferido por los empleadores.

5. El deterioro. *El deterioro de la persona aumenta* cada vez más con la edad y su capacidad de acción productiva se limita de forma proporcional, por lo que las oportunidades de mantenerse activamente dentro del campo laboral cada vez son menores para el anciano.

A mayor edad, los riesgos de tener alguna enfermedad se incrementan y las fuerzas menguan de manera proporcional, por lo que *el anciano se ve cada vez más expuesto* a alguna de ellas. *Las facultades físicas menguan* de modo ostensible y las mentales quedan expuestas a grandes riesgos por el mismo deterioro físico de la persona, lo cual hace del anciano una persona altamente vulnerable al deterioro (González, 2000).

Su futuro es contemplado por él y sus familiares de una forma nada halagüeña, entre la que cabe entender que *sus actividades física y mental serán cada vez más limitadas.*

Sintomatología

Hacerse cargo de un anciano implica ir de menos a más en la calidad de la atención que va requiriendo de acuerdo con el ritmo del deterioro de cada persona. En la familia que mantiene al anciano dentro de ella y se responsabiliza de su existencia, con todos los riesgos que implica su salud mental y física, encontraremos siempre una serie de *posturas que podrán ocurrir en la dinámica familiar.* Estas posturas son cuatro, dos de las cuales corresponden al *cuidador* del anciano y dos a la persona misma del anciano.

El cuidador

1. Inmediata en el cuidador. Si el anciano comienza a deteriorarse física y/o psicológicamente, requerirá *alguien* que se *responsabilice* de su cuidado, y esa persona será en realidad un cuidador en la medida que avance el deterioro de la vejez.

Dicha persona *seguirá una serie de pasos* en el cuidado personal que tenga por su pariente anciano y éstos se presentarán casi de inmediato, a saber:

A. El primer paso es *quejarse.* El cuidado amoroso comienza a crear un verdadero desgaste *en el cuidador* cuando el deterioro de la vejez se declara realmente en el cuerpo y/o mente del anciano. Por ello, es recomendable *que no sea siempre un mismo cuidador* y que sepa realmente lo que enfrentará en la medida en que se derrumbe la fortaleza del anciano. *La queja es válida,* pero es preciso saber ante quién se hace, pues si llega a oídos del anciano será un dolor muy profundo y agudo para su sensibilidad personal.

B. El segundo paso que ocurrirá será la ansiedad, manifiesta en el propio cuidado que tengamos por la persona del anciano, conforme se acercan momentos en los que *el cuidador* sabe que el anciano se muestra más impertinente y que, por el grado de parentesco que les une, siente que no ha tenido la paciencia necesaria ante los momentos difíciles enfrentados por ambos.

En la medida que pasa el tiempo y las cosas son más complejas por el trato que existe entre ellos, la *ansiedad sube de tono en el cuidador*, pues es difícil separar al paciente (que es su pariente cercano) de su enfermedad. Entender que uno es *el ser querido* que se desmorona con la vejez y que otra cosa es *la enfermedad* que lo mina son aspectos difíciles de asimilar por el cuidador.

C. El tercer paso que ocurre es la *despersonalización progresiva*, que conforme el deterioro del anciano avanza es cada vez más evidente, por lo cual el cuidador debe ser más paciente y aquél menos persona que se recupera.

El cuidador sufre realmente cuando ve a su pariente anciano cómo se deshace cada vez más y surge más firmemente la enfermedad que lo deforma.

D. El último paso que encontramos es el de la *fatiga* del cuidador. Ante el cuidado continuo y el roce de ambos en la exigencia que el estado de salud del anciano requiere tanto en elementos físicos como en procesos de limpieza, distracción y relajamiento, *el cuidador va cansándose*, pues no es nada sencillo tomar a su cuidado a una persona cercana en parentesco y sentimientos y pedirle que se discipline.

La disciplina es *el punto álgido* donde chocan los sentimientos de ambos, pues el cuidador tiene que exigirla para que el deterioro sea menor, pero la resistencia del anciano es natural.

Los tiempos y los sentimientos van desgastando más al cuidador que las acciones en sí mismas. A su vez, *el juego de exigencias* para determinadas acciones y de tolerancia ante otras es un verdadero yunque que golpea inmisericorde al cuidador y le va fatigando en su trato con el anciano.

2. *Mediata en el cuidador.* Aquí ocurren cuatro pasos:

A. Con el transcurso del tiempo, el cuidador comienza a tener una verdadera *depresión* que le embarga al ver cómo su ser querido desaparece bajo los estragos de la enfermedad y cómo sus cuidados son infructuosos ante la realidad descarnada de cada día. Sus esfuerzos amorosos y constantes de cada día son realmente *incapaces de frenar* la enfermedad y cada vez ve más mal a su ser querido. Cuando *el esfuerzo es recompensado* por el cumplimiento de la expectativa que tenemos, no desgasta a quien lo realiza, pero si no logramos las metas pensadas, en la medida que más se esfuerce la persona más se desgastará, pues no alcanzará nada de lo que espera y ello le desmoralizará. Este sentimiento de *incapacidad e imposibilidad* de alcanzar lo esperado es de tensión y desesperante para cualquier persona, por lo que a la larga tal cúmulo de tensiones le acarrea una verdadera depresión.

B. Un segundo paso es una *hostilidad* franca. Al ver su impotencia ante las circunstancias y la tozudez de la enfermedad (no del enfermo, sino del paciente enfermo), *el cuidador reacciona* con hostilidad franca, pero sin mala intención. El propio enfermo *llega a detestarle* por las exigencias a las que él como enfermo cree tener derecho, y siente que no es complacido.

Tanto enfermo como cuidador han caído en el *juego de sentimientos* que el deterioro ha tejido entre ellos. Ambos *han perdido la realidad* de las cosas, pues si uno lucha para que su esfuerzo logre metas y otro también lo hace por mejorar su enfermedad, un tercer elemento ajeno a ellos es la propia ancianidad, que desbasta de modo inmisericorde al paciente hasta llevarlo a la muerte (González, 2000).

C. El tercer paso es la *evitación* o *distanciamiento*. Ambas personas se encuentran cansadas, confundidas y desean poner fin a este estado recurriendo a una forma evasiva como *la evitación* o *distanciamiento*. El cuidador trata de *manejar lo menos posible las relaciones* entre él y su pariente enfermo, por lo cual atiende a la persona cuando realmente es necesario y deja a un lado el parentesco que los une.

Los afectos y sentimientos han pasado a un segundo plano y el primero es ocupado por las necesidades reales que presenta el enfermo con su enfermedad.

D. El cuarto paso es la *pérdida de recursos económicos. Toda enfermedad cuesta dinero* y los recursos de algunas personas se ven realmente menguados de manera drástica, lo cual depende tanto del estilo de enfermedad física o mental que aqueje a su pariente anciano, como de *los propios recursos* disponibles en cada caso y de quienes más aporten para solventar la enfermedad.

Este rubro siempre es delicado, pues *son recursos que no volverán más* y la persona se siente obligada a hacer la última lucha con el pariente cercano que cuida, pues de otra manera lo dejaría solo ante su suerte.

El anciano

1. Mediata en el anciano. Dentro de un plazo razonable, el anciano que vive en la casa de otro pariente comienza a presentar una serie de *síntomas que reflejan un estado alterado* de su estabilidad personal. Por ello, también se presentan tres pasos:

A. El primer paso es manifestar *ansiedad*. El proceso es desencadenado de manera paulatina por el anciano, debido a *sentimientos de control* que experimenta en el trato que se le da dentro de la casa donde vive.

    Saber que no es exactamente su casa no le es agradable y que requiere atenerse a horarios y condiciones de tolerancia hacia los demás por el bien de todos le hace experimentar ciertos estados de angustia. Conforme el tiempo pasa, esta sensación comienza a tomar *una intensidad mayor* en el anciano y es manifestada lentamente con brotes de estrés.

B. El segundo paso es la sensación de *fatiga*. En el anciano puede aparecer paulatinamente como un estado pasivo que le aburrirá en principio y que después le conducirá *a la fatiga*.

    La inactividad que algunos ancianos muestran no favorece en nada su salud, pues a la larga crea la sensación de fatiga. El anciano trata de descansar más y termina en un círculo vicioso en el que *cuanto menos hace más se cansa*.

    Es frecuente que las personas que rodean al anciano *le limiten sus actividades* y en principio, por amor o cariño mal entendidos, le evitan el esfuerzo y trabajo y terminan por crearle un verdadero hastío de no hacer nada y llegar a sentirse inútil.

C. El tercer paso es el estrés, *un verdadero desajuste físico y mental* propiciado por la inadecuada forma de enfrentar los problemas personales e irse tensando por su existencia en la vida personal.

    La inadecuada forma de enfrentar las tensiones hace que la persona llegue fácilmente a un estrés. Puede ocurrir también un proceso de inactividad que propicie de manera más aguda la situación, haciendo que la persona *rumie sus ideas una y otra vez* hasta tener una verdadera obsesión por su problema, todo lo cual generará estrés.

2. Tardía en el anciano. En la medida que pasa el tiempo y el anciano viva con una familia acogido por ella para su mejor cuidado, surgen en él diversas *reacciones y sentimientos* que se manifestarán a mediano plazo. Aquí son comunes seis pasos:

A. El primer paso es el *miedo*. Este sentimiento se presenta en el anciano al cabo de un tiempo y, aunque parece paradójico, él siente que una interrogante comienza a preocuparle: *¿qué será de mí si me dejan?*

El temor a *ser abandonado y quedar solo* es una idea que le atormenta y que llega crearle sentimientos de miedo. El miedo a *ser abandonado o rechazado por la familia* se agudiza en la manera como el anciano observa su deterioro. Su pensamiento se hace patente al *considerarse una verdadera carga*, de la cual se desharán los demás tarde o temprano. Éste es un temor normal, pero puede ser lacerante para el anciano, pues sus sentimientos pueden llevarlo a *estados físicos y psicológicos* con mayor postración.

B. El segundo paso es el *abandono personal*. El anciano llega a verse en un grado de deterioro progresivo y su estado de ánimo puede ser deplorable y llevarlo hasta *un verdadero abandono* de su persona. Este abandono puede ser de *índole física*, con lo cual descuida su presencia, su aseo, su alimentación, sus achaques y la prevención de enfermedades.

Pero también puede ser de *índole psicológica*, descuidando su estado de ánimo y su actitud ante la existencia, entregándose al abandono mental en una inactividad total.

C. El tercer paso es la *depresión*. El paso de la depresión es importante, pues su recuperación *implica esfuerzo físico y mental*, elementos deteriorados de manera severa en el anciano, por lo que su trabajo de reconquista es alcanzado difícilmente. Este paso es insalvable si ya se ha dado el anterior y frecuentemente resulta difícil revertir los hechos, pues los malos hábitos adquiridos pueden destrozar al anciano. Su actitud, estado de ánimo, el tiempo en estos estados de deterioro, su desgaste personal y su abandono a las circunstancias le ponen en *un estado realmente crítico* que no le augura nada positivo si no lo detiene a tiempo.

Por desgracia, es frecuente que como reacción el anciano *se aísle y sea más parco en la expresión* de sus sentimientos, con lo cual dificulta plenamente su situación ante la comprensión y ayuda de los demás.

D. Cuarto paso: *retirada (darse por vencido)*. Darse por vencido y admitir que nada hay que hacer es frecuente escucharlo con la expresión *"ya nada tengo que hacer en este mundo; ojalá Dios ya me recogiera"*. En el fondo de esta expresión existe un *sentido de derrota profunda*, dentro del cual nada le atrae a la persona que lo expresa. Sus *motivos de vida* parecen extintos y su estado *de ánimo* no espera ya nada de la existencia que aún disfruta.

E. Quinto paso: *los cambios cognoscitivos*. Como la muerte no llega, la persona tiene que encontrar *nuevas formas de explicarse su existencia*, a pesar suyo. Entonces recurre a formar *cambios cognoscitivos respecto a su propia existencia*, pues parece que ya nada le aporta. Es frecuente escuchar frases como: *"Dios ya se olvidó de mí..."*

F. Sexto paso: *hostilidad franca*. De manera expresa, la persona arremete contra los que le rodean, en quienes vuelca *su ira contenida* de forma explícita. Esto le causa serios remordimientos personales que le corroen, pues *se siente culpable* y, a la vez, no sabe contra quién descargar su ira.

En el anciano existe un caos de sentimientos que algunos llegan a entender y otros no, lo cual les proporciona una calma serena, llena de paz interna y externa o lo contrario. Sin embargo, esto no quiere decir que el anciano ya *no sienta y sufra* por su actitud ante la vida (González, 2001). Sólo así se explican las ideas de León Felipe, que expresamos a continuación.

Soy ya tan viejo,
Y se ha muerto tanta gente a la que he ofendido,
Y ya no puedo encontrarla para pedirle perdón.
Ya no puedo hacer otra cosa que arrodillarme ante el primer mendigo,
Y besarle la mano.
Yo he sido bueno... quisiera haber sido mejor.
Estoy hecho de un barro que no se ha cocido todavía.
¡Tenía que pedir perdón a tanta gente!
Pero todos se han muerto.
¿A quién le pido perdón ya? ¿A ese mendigo?

¿No hay nadie más en España... en el mundo, a quien yo deba pedirle
perdón?
Voy perdiendo la memoria y olvidando todas las palabras,
Ya no recuerdo bien... voy olvidando... olvidando... olvidando...
Pero quiero que la última palabra, la última palabra,
pegadiza y terca que recuerde al morir sea ésta: **perdón***.*

¡Oh, este viejo y roto violín!

Que cada momento de su existencia sea vivido con dignidad y plenitud.

La sociedad y el anciano

Es obvio que en la sociedad siempre han existido ancianos y que *los com-*
portamientos han variado con el transcurso del tiempo. En la actualidad,
los ancianos se encuentran en la sociedad y *desempeñan un gran papel* en
diferentes centros de interés. Uno de los más renombrados es el que preocupa a organizaciones como la ONU, dado el grado de *envejecimiento de*
la población mundial. Las proporciones que cobra este centro de interés
son grandes, pues una serie de eventos ha hecho que las personas tengan
mayor expectativa de vida.

Preocupación por el envejecimiento mundial

La preocupación por el anciano y la ancianidad en el planeta ha estado
presente durante los últimos cinco años en el interés de personas, organismos y agrupaciones importantes, dado el *incremento muy significativo*
del número de personas que llegan a la última etapa del ciclo natural de
vida.

1999, Año mundial del anciano

Una de las agrupaciones que más se ha preocupado y hablado a favor del
anciano es la Iglesia católica, principalmente el papa Juan Pablo II, quien
en su *Carta a los ancianos*, escrita en 1999 con motivo de la celebración
del *Año mundial del anciano*, abunda en citas para que el trato hacia ellos
sea más personal y humano. Al respecto, se dirige a ellos de la manera
siguiente: "A mis hermanos y hermanas ancianos: aunque uno viva 70

años y el más robusto hasta 80, la mayor parte son fatiga inútil porque pasan aprisa y vuelan" (salmos 89 y 90).

Efectivamente, durante los tiempos pasados era difícil que las personas rebasaran estas edades citadas por el salmista bíblico. Por fortuna, ahora hay medios como la *tecnología*, la *alimentación* y la *medicina*, principalmente, que han modificado el esquema de la expectativa de vida de las personas que rebasan estas edades con mayor expectativa de vida.

Lo que no ha variado es la segunda aseveración del salmista... "porque pasan aprisa y vuelan". Los años de la persona parecen muchos cuando se inicia en la vida, pero una vez que comienzan a avanzar, *el tiempo vuela* y pronto encanece la persona y llega a ser anciana cuando menos lo espera.

En ese sentido, es oportuno citar lo siguiente: "El hombre está sumido en el tiempo: en él nace, vive y muere, con el nacimiento se fija una fecha, la primera de su vida, y con su muerte otra, la última" (Juan Pablo II, *Carta a los ancianos*, Vaticano, 1 de octubre de 1999).

Un siglo complejo hacia un futuro de esperanza

Juan Pablo II cita en su texto original esa frase y, glosando su extenso comentario sobre los ancianos, les recuerda que hemos vivido tiempos difíciles, como las dos guerras mundiales y el período de la guerra fría. Sin embargo, han surgido *muchos aspectos positivos* que dan esperanza para este tercer milenio, como la conciencia de los derechos humanos, el derecho de los pueblos a tener un autogobierno, la existencia de un diálogo entre religiones que permita la paz y la unidad, el reconocimiento a la dignidad de la mujer, la sensibilidad ecológica y múltiples avances de la tecnología y de la ciencia, por lo cual se vislumbran muchas oportunidades positivas para la persona del anciano.

Cada edad tiene su belleza y sus tareas, por lo que la vejez es una edad que trae consigo bienes y trabajos. Los primeros están ligados a una vida plena de experiencias y de realizaciones y, en cuanto a los segundos, la edad, conforme avanza en cada persona, tiene una serie de deterioros que ponen a trabajar a ésta para no decaer ante una realidad que frecuentemente pareciera fatal por su fin.

No obstante, saber que hemos culminado una vida *es algo honroso y valiente*, pues el sinnúmero de dificultades que trae cada vida para realizarla es ya de por sí una riqueza inconmensurable que permite a cada hombre entender su existencia y facilitar su experiencia a los demás con el fin de ahorrar esfuerzos y trabajos vanos en el futuro que tienen por delante.

De la madurez del anciano podemos obtener muchas enseñanzas y de *su experiencia* tomar innumerables lecciones con el fin de construir un futuro mejor para las generaciones posteriores.

Esa ciencia acumulada que recoge cada persona en el tiempo que su existencia brilla ante los demás es un bien que el hombre aprovecha y perfecciona con el tiempo, asumiendo las experiencias que otros van alcanzando y que a la larga facilitan un progreso constante que beneficia a las generaciones posteriores.

Cambio profundo de estructuras

Los modelos del siglo pasado sucumbieron con el correr de los años y el modelo que mostraba gran solidez aparente, el comunista, desapareció antes de la última década del siglo XX (Robbins, 1996).

Esto originó nuevas formas de organización que surgieron a fines del siglo pasado y que consolidaron uniones de países que empezaron a constituirse con nuevas maneras de ver las fronteras.

El cambio se manifiesta de modo rápido y frecuente y las estructuras ancestrales caen una tras otra, dejando algunas un gran vacío entre los que las sustentaban.

El anciano actual tiene un cúmulo increíble de experiencias que ha vivido desde los *tiempos en que parecía que nada pasaba,* en el siglo XX, hasta los finales de su última década, cuando los cambios de las naciones, la ciencia y la tecnología revolucionan de manera profunda toda la estructura de la humanidad que inicia el nuevo milenio.

Una sociedad envejecida

El correr de todos esos acontecimientos sorprendió a la humanidad con un fenómeno que no esperaba y que parece en principio muy halagüeño: el crecimiento de *la expectativa de vida* en las personas; sin embargo, este regalo de más años de vida trae aparejado un problema en la sociedad alborozada: *el envejecimiento de la sociedad.*

El proceso es claro y ahora irreversible, pero ¿quién puede sostener y facilitar lo requerido a los innumerables ancianos que ahora son una cantidad que nunca antes se había visto? *Dicha sociedad nunca previó esto* y ahora está en una encrucijada significativa ante la realidad de tener gran cantidad de personas que poseen un cúmulo de experiencias, pero que su cuerpo no contiene las capacidades necesarias para seguir manteniéndola.

El dilema es tremendo: *mantiene a los ancianos o los deja a un lado*; sin embargo, ellos están vivos y dentro de esa sociedad a la que le dieron toda su vida.

Inserción efectiva del anciano en el entramado social

En este tema es oportuno citar lo siguiente: "Veinte años después de la I Asamblea Mundial celebrada en Viena en 1982, la presente reunión es una meta significativa y sobre todo un impulso hacia el futuro, desde el momento en que el envejecimiento de la población mundial será ciertamente uno de los fenómenos más relevantes del siglo XXI" (carta del papa Juan Pablo II a la asamblea de la ONU de Madrid, 10 de abril de 2002).

El asunto del envejecimiento atañe a toda la humanidad y debe ser afrontado de *manera global*, pues en todos los ámbitos del planeta aumenta el grupo de los ancianos. Muchos pugnan por una muerte digna, otros por la eutanasia directa y muchos otros por el derecho a llevar *una vida digna* hasta que la muerte natural lo determine.

La sociedad no previó que muchas personas llegaran a una edad avanzada y que su número fuera desproporcionado ante la forma tradicional de crecer. Ahora parece estar descontrolada sin solucionar necesidades primordiales, como *el derecho a vivir dignamente*, a ocuparse en alguna actividad productiva, a divertirse de forma sana y a gozar incluso del sexo en edad avanzada.

Su estupor es claro, pues mientras por un lado el anciano *es explotado para venderle productos* que le permitan sentir más benévola su estancia en el planeta, por el otro dicha persona no tiene cabida en el *proceso productivo*. *Se le incluye y se le excluye* simultáneamente en la sociedad en que siempre se ha movido y se le bendice si es consumidor, pero se le aparta si desea participar activamente con los demás.

Relegar de la sociedad al anciano es condenarlo a una muerte social y *darle igualdad de oportunidades* hace sentir a la sociedad que es un usurpador de algo que ya gozó: su derecho a competir. Para muchos, es quitar la oportunidad a los más jóvenes, que ahora forman parte de la acción laboral productiva. Sin embargo, el anciano *es un recurso humano de gran valía* para la sociedad, pero encontrarle un lugar dentro de ella es por ahora un verdadero enigma en muchos países, donde la juventud tiene la prioridad.

Educar para la ancianidad

Surge *una nueva necesidad* en la sociedad: los procesos no pueden revertirse y el número de ancianos crecerá en toda nación con el tiempo. Por ello, es preciso *educar para la ancianidad* a las personas de toda edad y con mayor razón a los de edad avanzada, así como sensibilizar a todos ante esta nueva realidad de una sociedad envejecida, que requiere una serie de soluciones para sus necesidades específicas. Este proceso no es nada fácil, pero en la medida que iniciemos más rápidamente, *los ancianos sufrirán menos* y los pertenecientes a otras edades tendrán una mejor forma de verlos en la sociedad.

Formación centrada en el ser y no en el hacer

El enfoque de centrar la actitud de la sociedad hacia *la persona* y no hacia el grado de utilidad que le brinda es ahora una necesidad primordial en este nuevo milenio. El anciano *es un ser ante todo* y toda persona de cualquier edad es primero un ente humano; sin embargo, el enfoque que nos dejó hasta ahora la sociedad del siglo pasado es más bien una visión de usar al hombre para alcanzar las metas de utilidad y poder.

El historial del siglo XX está fundamentado en el positivismo materialista que induce al ser a buscar más hacer para triunfar ante los demás, sacrificando el *ser uno mismo y buscar una calidad de vida*.

Los conceptos de calidad surgidos a finales de la centuria pasada conducen a la persona a comenzar una afanosa búsqueda de *una vida con mayor calidad*, lo cual a su vez vuelve a traer a la persona a buscar más el ser que el hacer (Gibson y cols., 2000).

Los albores del nuevo milenio nos han llevado a iniciar una forma con la cual la persona viva *en la realización de sí misma* más que en la acción brillante, que sólo le hace destacar en el grupo. En el caso del anciano, es preciso centrarse también en una *mejor calidad de vida perso-*

nal y no tanto en la comodidad de vivir a expensas de otro; es decir, para el anciano es mejor vivir sintiendo que es útil a los demás y a sí mismo, que no hacer nada y pasarla aparentemente tranquilo.

Por una ancianidad positiva

Si toda etapa de la vida tiene limitantes, también tiene ventajas que debemos buscar para aprovechar y sacar el mejor de los partidos viviendo de la mejor manera ese período. La ancianidad es la etapa postrera del ser, por lo cual resulta importante encontrar las ventajas personales que este tiempo brinda.

La experiencia es una riqueza que permite al anciano aquilatar las acciones presentes y *el conocimiento* es un factor que le puede brindar muchas satisfacciones.

Sentirse útil a los demás de manera física, intelectual, psicológica o afectiva es otro factor que facilita a la persona de toda edad saber que cuenta para los demás y por ello está activamente dentro de la vida del otro. A su vez, buscar y poner en marcha con la acción diaria *los elementos positivos* de cada persona en su ancianidad es un factor fundamental para *sentirse satisfecho con su vida* entre los demás.

Auxilio de la ciencia y la tecnología

La ciencia y la tecnología han aportado una cantidad de comodidades y beneficios a la última de las etapas del ser humano y ahora han expandido su ciclo vital unos años más. Estos avances son positivos a todas luces, pero ahora lo interesante es que *la calidad de vida del anciano* aumente para que éste viva más gozosa e intensamente esos años que antes era imposible alcanzar.

No es tanto el uso de las comodidades lo que facilitará vivir mejor esta etapa, sino *la forma de manejarse* personalmente el anciano en ella. *La actitud personal y el manejo de sus posibilidades* serán definitivos en el estilo de calidad de vida que la persona tenga.

La búsqueda de la calidad de vida implica *un cambio interno de actitud ante la propia vida* para enfocarla desde un ángulo en el cual la persona siga sintiendo gusto por su existir y lo disfrute lo más plenamente que pueda.

La competencia y el amor

El auxilio de la ciencia y la tecnología debe ser acompañado de *competencia y amor* para que el anciano no llegue a sentirse un peso inútil y desee y solicite la muerte. Su competir será no para sobresalir, sino para *mantenerse en forma y para sentirse alguien independiente y libre.*

La competencia estará ligada al *amor a sí mismo y hacia los demás,* con lo cual el sentir interno será de *ser más uno mismo* y no tanto ser mejor que los demás. Por ende, el anciano debe experimentar el placer de *sentirse a sí mismo* y aprender a vivir con los elementos que la edad permite aún *disfrutar* de manera intensa y serena las cosas que aún se manejan en el estilo de vida personal (Levinstein, 2002), y *aprender a vivir el paso* que el presente le brinda y *saberse vivo* dentro de él.

La interacción de la persona es algo inherente a la vida; por ello, la influencia del *liderazgo no formal* se prolonga durante toda la vida. Asimismo, *vivir prendido del amor a la existencia,* disfrutando del presente, es un aprendizaje que reditúa frutos maravillosos en la vejez. "Todavía en la vejez producen fruto" (ps. 92, 15).

Bibliografía

Gibson, J., Ivancevich, J. y Donnelly, J. (2000), *Las organizaciones*, 10a. ed., México: McGraw-Hill Interamericana Editores.

Levinstein, R. (2002), *Pensando en ti*, 15a. ed., México, D. F, Editorial Selector.

Papalia, D., Olds, S. y Feldman, R. (2001), *Desarrollo humano*, 8a. ed., Bogotá, Colombia: McGraw-Hill Interamericana Editores.

Robbins, S. (1996), *Comportamiento organizacional*, 7a. ed., Naucalpan, Estado de México: Prentice Hall.

Otras referencias

González, R. (1999), "Interacción humana y productividad", XV Congreso Internacional de Ingeniería Industrial, ponencia, memorias inéditas, UDLAP, Cholula, Puebla, México.

— (2000), *Anciano con diabetes avanzada*, I Encuentro Internacional de Psicoterapia Breve, CEFAP, Puebla, Puebla, México.

— (2001), "La vejez (¿Qué hacen nuestros ancianos?)", memoria del XXVII Congreso Nacional de Enseñanza e Investigación en Psicología, inédita, Ciudad Obregón, Sonora, México.

Gutiérrez, F. (comp.), *Terapia breve*, tomo 2 (2000), en González, R., *Psicoterapia y enfermos terminales*, pp. 93-104, CEFAP, Puebla, Puebla, México.

Juan Pablo II (1999), *Carta a los ancianos*, 1 de octubre, Ciudad del Vaticano.

— (2002), *Carta del papa a la asamblea de la ONU de Madrid sobre el envejecimiento*, 10 de abril, Ciudad del Vaticano, .www.elportaldelavida.com.ar.

Nacar y Colunga (1999), "Salmos 90 y 92", *Biblia católica*, México: Ediciones Paulinas.

Vejez y ocio

Hugo O. Lande
Universidad Católica de La Plata (sede Rosario), Argentina

... un mundo que envejece... OMS,
II Asamblea Mundial sobre el
Envejecimiento, Madrid, abril de 2002

Introducción

Partimos del concepto de que el ocio no es una cantidad de tiempo libre de trabajo, sino una cualidad del estado de ánimo; además, intentamos entender la evolución de la palabra y su valor en nuestra sociedad; explicamos algunos términos imprescindibles para su estudio; pretendemos individualizar y no homogeneizar, mediante técnicas de flexibilidad; tratamos de explicar el concepto de muerte en el anciano; definimos tácticas básicas para el viejo en una guardería o asilo; creemos firmemente en que una vejez activa es imprescindible, junto con el trabajo de las cualidades positivas y sanas, y rescatamos el papel de la reminiscencia y de la red de sostén creado en su nuevo estatus.

Algunas ideas de gente que sabía del tema

El concepto de ocio desempeñó un papel básico en los sistemas de pensamiento de filósofos como Platón o Aristóteles. Este último afirma en su *Ética a Nicómaco* que todo en esta vida es relativo al ocio, de manera que éste es el objetivo de todo comportamiento humano y añade: "Del mismo modo que se hace la guerra para tener paz, la razón por la que se trabaja es para obtener ocio".

En su *Política*, Aristóteles explica el ocio como una concepción de placer intrínseco y de felicidad. No es trabajo, sino sólo pertenece a los que gozan de él. Por su parte, Pitágoras hablaba de las edades de la vida comparando a la vejez con el invierno, mientras que Galeno distinguía en la tercera edad entre gerontes y présbitas, es decir, vejez y decrepitud.

Por lo anterior, es importante definir lo que sigue:

Tiempo libre: cantidad de tiempo generalmente ajena a obligaciones laborales, sociales o de otro tipo, que sirve en potencia para ejercitar la expresión y la libertad personal. No significa necesariamente disfrutar de ocio.

Ocio: necesita tiempo libre, pero es otra realidad que surge como consecuencia de una elección y de un uso tanto voluntario como placentero del tiempo libre, el cual es llenado de sentido personal y/o social mediante una acción libremente optada.

Tedio: sentimiento de reducción del movimiento del tiempo.

Trabajo u ocupación: finalidad no conseguida.

Felicidad: se consigue por el ocio en su mismo acto e instante.

Autonomía: capacidad percibida para controlar, afrontar y tomar decisiones personales acerca de cómo vivir al día de acuerdo con las normas y preferencias activas.

Independencia: capacidad para desempeñar las funciones relacionadas con la vida diaria, recibiendo poca o ninguna ayuda de los demás.

Calidad de vida: percepción individual de la propia posición en la vida dentro del contexto del sistema cultural y de valores en que vivimos y referente a sus objetivos, esperanzas, normas y preocupaciones. Incluye de forma compleja la salud física, la psicológica, la independencia social, las creencias personales y su relación con las características destacadas de su entorno.

Esperanza de vida saludable: sinónimo de vida libre de discapacidad.

ABVD: actividades básicas de la vida cotidiana, como bañarse, comer, pasear dentro de la habitación, ir al baño, etcétera.

AIVD: actividades instrumentales de la vida cotidiana, como realizar tareas domésticas, ir de compras, preparar la comida, etcétera.

Envejecimiento activo: proceso de optimización de las oportunidades de salud, participación y seguridad con el fin de mejorar la calidad de vida a medida que las personas envejecen.

Esta última definición determina cualquier intento dentro de la geriatría y sus derivaciones.

OMS diseñó un Programa de Salud para Personas Mayores, que cambió en 1995 por el de Envejecimiento y Salud, con el cual trató de integrar en vez de aislar a los mayores en el curso vital: todos envejecemos y la mejor manera de preservar una buena salud para las futuras generaciones de personas mayores es prevenir las enfermedades y promover la salud durante todo el ciclo vital. A la inversa, sólo conoceremos a los viejos si frecuentamos los acontecimientos de su pasar por la vida.

Ante las impresionantes cifras de vejez reflejadas en algo imposible de ocultar o aislar, volvió a modificarse el programa con el título Envejecimiento y Ciclo Vital, con una perspectiva que incluía toda la vida humana. Desde este último concepto obtuvimos la optimización mediante el envejecimiento activo del año 2002, que había sufrido la modificación a fines de la década de 1990 cuando era conocido como *envejecimiento saludable*. Como decía mi abuelita: si hay muchos cambios, algo pasa... y así es; creemos que positivamente, pues deja de ser un componente estratégico basado en las necesidades para transformarse en otro apoyado en los derechos.

Aristóteles plantea dos maneras de llegar al ocio en forma digna: por medio de la música y de la contemplación. Veamos un ejemplo para diferenciar el ocio del tiempo libre: no se baila para llegar a una postura final, sino que cada instante es un disfrute. Otro: la contemplación es mirar el mundo y a los hombres con el ojo tranquilo del que no necesita nada de ellos.

Actualizando: al ver a nuestros viejos que juntos inexorablemente, si la muerte no nos gana, siguen llegando, sería bueno recordar algo cercano: en la década de 1960, los hippies querían cambiar dinero por tiempo, gozábamos de la música, de la amistad y de la lectura, y apareció la droga como emblema.

Después aparecieron y, aún hay, los punkies, quienes cambiaron melenas al viento por cabezas rasuradas, flores por cadenas y algodón por cuero. Ahora han surgido los yuppies, que serían la otra cara de la moneda de los hippies: con tiempo por dinero, trabajan los sagrados sábados y domingos y, si es posible, también de noche, para llegar a un momento en que sería imposible tener tiempo para gastar lo conseguido. ¡Qué absurdo!, porque al llegar a viejos no conocemos el significado del ocio.

Para colmo, un momento único en la historia de la humanidad es el presente, pues nunca existieron tantos viejos como hoy; aún peor: seguirán creciendo y engrosando en cantidad, al igual que cada uno de nosotros, si llega, día tras día.

Paradoja: al margen de que las cifras revelan que en 1900 había una expectativa de vida de 35 años y de que en 2050 habrá una de 85 y así sucesivamente, no podemos dividir a la sociedad sólo por grupos étnicos, religiosos o sociales, porque en la actualidad hay muchísimos viejos y nadie sabe qué hacer con ellos. Podemos decir que atrás quedaron los años en que las personas mayores eran consideradas de forma homogénea —cuando su cuerpo ya no les permitía trabajar— como seres dependientes, pasivos y desvinculados de la sociedad. La heterogeneidad que hoy muestran las personas mayores en sus vivencias de la jubilación y la vejez, experiencias distintas pero relacionadas, resulta evidente.

La Asamblea de Madrid de 2002 resolvió que la vejez aparece a los 60 años, corta edad para los países desarrollados o en vías de desarrollo que lograron éxitos en la prolongación de la vida, pero larga para otros, donde nacer y sobrevivir el primer año es un triunfo.

Como todos sabemos, existen varias edades además de la cronológica, por ejemplo: la biológica, relacionada con el estado funcional de los órganos de nuestra economía; asimismo, recordemos la funcional, de gran importancia para nuestro tema, entendida como la que puede mantener los roles personales y la integración social del individuo en la comunidad, permitiendo una calidad de vida satisfactoria y éxito al envejecer.

Dicho envejecer trasciende a cualquier tipo de edad o artilugio administrativo, es irreversible, forma parte de la vida y, junto con el crecimiento o desarrollo, es una unidad única.

¿Cuántos de nuestros mayores se culpan por no poder trabajar, midiendo el tiempo como una pérdida, pues piensan que el ocio no es un derecho, por lo cual rechazan esta posibilidad? De acuerdo con Haydée Andrés, esto surge desde la escuela primaria, donde el aprendizaje y el recreo están separados de la clase formal: aquí aprendíamos dónde está lo bueno, la carga positiva. El recreo tenía un sentido negativo no útil para el aprendizaje, como si no pudiera ser un momento de aprender, crear, aguzar el ingenio, destacar valores de solidaridad, de equipo, de responsabilidad y compañerismo.

Brutal intersección: desde pequeños nos enseñaron que lo formal y serio es lo valioso y, donde estábamos distendidos, lo desvalorizado es alegre.

A partir de la separación, el tiempo valorado es el de trabajo formal, incluso es el tiempo *de hacer, único que tenía sentido para vivir.*

Hoy día, los hijos de los padres separados o divorciados piden ayuda porque los ven *sin hacer,* comparando nuevamente el hacer con el existir, de modo que si no hacen no existen.

¡Qué gratificante sería si esos viejos, que se desformaron con la imagen negativa del tiempo libre, podrían hoy en su madurez plenificarlo y disfrutarlo, comprendiendo que es un tiempo que vivimos desde el nacer hasta el morir!

Las representaciones e imágenes negativas que los medios de comunicación y la sociedad en general transmiten siguen manteniéndose; sin embargo, muchos de los mitos y estereotipos vigentes hasta hoy están diluyéndose. Parece que va quedando claro que no todos los mayores son iguales; los mayores tampoco están aislados, despreocupados e indiferentes ante la sociedad; no todos son pasivos; el mito de la improductividad de los mayores empieza a resquebrajarse, y el mito de la inflexibilidad y conservadurismo está en tela de juicio. Esta visión gratificante se opone a otra, en la que los estereotipos consumistas nos ametrallan con todos sus medios para decirnos "si eres viejo no existes", y en la que el modelo del viejismo es solamente la última etapa de la vida —descarnada y fría— y el umbral hacia la muerte.

Por un lado, hay más sobrevida y por otro menos calidad, lo cual conlleva la trama de una sociedad que no quiere gastar en algo no productivo; pero, a su vez, nace proporcionalmente menos gente y es modificada la pirámide de edades, en beneficio de los mayores de edad.

Hecha esta pequeña digresión, sería bueno preguntarnos: ¿qué hace una persona mayor cuando gran parte de su vida se ha transformado en tiempo libre y desea convertirlo en ocio?, ¿debe la sociedad indicarle lo bueno y lo malo?, ¿será prudente modificar el sentir de distanciamiento con el resto de la comunidad a la que percibe como inalcanzable?

Desarrollos que debemos considerar referidos al ocio y la vejez

Atchley es un autor que plantea lo siguiente: el ciclo vital existe, es una realidad, en cada edad llevamos a cabo una serie de elecciones adaptativas, incluidas la vejez, que suponen una continuidad de los patrones de comportamiento mantenidos de manera más o menos estable a lo largo de las etapas de nuestra vida.

Al margen de la posición constructivista de dicho autor existe una clara referencia a uno de los clásicos más respetados, Erik Erikson, actualizada, con varios escritos que depuraron su concepción. Atchley, en su teoría de la continuidad, explica cómo pensar con seriedad y que diferentes personas con diversos valores definirán de manera distinta lo que para ellas es una buena vejez, porque no hay un patrón estándar; empero, optarán de forma disímil lo que para ellas es una buena vejez, al igual que en otras etapas de su vida, con lo cual evitarán los cambios sustanciales y mantendrán una continuidad con su pasado conocido.

Como diría mi abuelita: mejor malo conocido que bueno por conocer. Al analizar la participación en actividades, no podemos concluir que exista una relación lineal en el sentido de que a mayor participación mayor bienestar; no obstante, cabe pensar que hay una relación directa entre la trayectoria vital y el patrón de actividades presentado en etapas anteriores. Esto se aplica a las preferencias, como actividades centradas en el hogar, en la religión y sus prácticas, por ejemplo: visitar enfermos, concurrir a una parroquia, realizar actividades comunitarias y retiros, etcétera.

En ese orden de ideas, examinemos lo interno, lo que no vemos, ni explicamos: creemos que es semejante al devenir vital y buscamos enlazar con esa sensación de coherencia vital relacionada con el pasado. Esto sirve como elemento fundamental en la identidad, de modo que la continuidad interna refuerza la seguridad y autoestima. Debemos analizar los tipos de actividades que el otro indica al anciano, obviamente sin éxito, porque es unidireccional y quien lo recibe no puede opinar, pero sí rebelarse o boicotear. Sin ser universal, es bastante cercano a lo más popular, a saber:

a. La actividad informal está más relacionada con la satisfacción vital de los viejos.

b. Una baja satisfacción vital conduce a los viejos a participar en actividades formales que permiten evitar la soledad, el abandono y el aburrimiento experimentados.

c. La esencia de la actividad formal aumenta la autoestima, siempre que la calidad de las relaciones sociales no sea excesivamente crítica o negativa para el sujeto y el autoconcepto afecte de manera directa o indirecta su satisfacción vital.

Es interesante seguir este recorrido: la vejez, como toda etapa, es un aprendizaje, realizada en un medio social, entendido como parte de la cultura y, a su vez, indefectiblemente transmitido a las generaciones futuras. Esto lleva a la conclusión de que sí existe un modelo de vejez activa y productiva, valorada socialmente con una mejor calidad de vida, que será el ejemplo por lo dicho, el modelo a imitar por nuestros descendientes.

¿Es ésa nuestra realidad?, ¿qué podemos hacer con la cultura mediante el fenómeno del ocio? Hemos visto que las dimensiones del ocio pueden mostrar un sentido positivo o negativo, el cual será instrumento de crecimiento, maduración, emancipación y bienestar, o factor de desestabilización, degeneración, dependencia y malestar. Ello puede ser desde la visión de la sociedad o desde el mismo sujeto, creándose conflictos de complejidad que si no son desdramatizados, se transformarán en insolubles. Nosotros lo vemos sin discriminación apriorística y la adaptamos de la clasificación de Roberto San Salvador del Valle para esta etapa etárea.

Papel que desempeña la sociedad

Vivimos un estado de relación en el que la intervención pública es menos intervencionista, más consciente de sus propias limitaciones y más fuerte como resultado de múltiples presiones económicas, sociales y tecnológicas, lo cual afecta como nuevo paradigma a una sociedad en red, prescindiendo del estado-nación, del papel crucial que desempeña el gobierno como fuente de normas y de competencia distribucional.

El trabajo es individualizado, las manifestaciones culturales son mediatizadas, la comunicación reina, el liderazgo se identifica con el individuo que lo ostenta, etcétera. Creamos una meta-red que provoca una distancia entre la sociedad en red y gran parte de ciudadanos. Pasamos a la sociedad global (incluidos ciertos grupos) y no a una sociedad mundial, que es la integración de todos en los procesos emergentes.

Es posible que el papel del anciano quede excluido a priori de esa manera de comunicación, en un estricto sentido práctico. De ahí surge la propuesta de que haya un lugar en este mundo para nuestros viejos, que obviamente aparece entrampado y contaminado, en un ocio enseñado como inferior en oposición al trabajo.

Todos los viejos crecieron en la cultura de vivir para trabajar y ahora queremos trabajar para vivir. Al tratar este tema, aceptamos un ocio como aquella corriente de pensamiento que gira alrededor de un conjunto de actividades. Es la experiencia tangible de ese ocio para la mayoría de nosotros. No renegamos del ocio como tiempo libre, ni como experiencia subjetiva de libertad, como dijimos anteriormente, pero ésta se impregna de idealismo y la otra es insolidaria.

Volvemos a tratar de, por lo menos, quedar tranquilos con nuestra conciencia y no con los viejos, quienes reciben desde arriba las propuestas de qué hacer con su tiempo libre, pero felizmente son tan rebeldes que de vez en cuando no las cumplen.

Actualmente aceptamos la adaptación eficaz cuando encontramos la exacta y viable optimización de las transformaciones para que el anciano utilice las estrategias adecuadas con la consiguiente disminución de las negativas.

Explorar las nuevas alternativas resulta necesario porque no es recomendable retomar dogmáticamente las actividades que fueron habituales en el pasado, constatando con pesar y frustración la pérdida de fuerzas, habilidades que antes eran fáciles de lograr.

Posibilidades

Visión personal y social

Cuadro 1

Posibilidades	Procesos personales y sociales	Actividades prototípicas
Solidaridad	Vivencia del otro Participación asociativa Gratuidad Voluntariedad	Ocio comunitario Animación sociocultural Truismo social Deporte Asociacionismo Educación del tiempo libre
Terapéutica	Recuperación Calidad de vida	Ocio terapéutico Ocio y salud

continúa ⟶

→ *continuación*

Preventiva	Prevención Precaución	Ocio preventivo Educación para la salud Programas preventivos
Festiva	Autoafirmación colectiva Heterodescubrimiento Apertura de los demás Socialización Ruptura de cotidianeidad Sentido de pertenencia	Fiesta Patrimonio Baile Turismo cultural Deporte espectáculo Eventos Bingo
Ecológica	Vinculación del espacio Capacidad de admiración Contemplación	Recreación al aire libre Turismo urbano Arte en la calle Turismo rural Deporte al aire libre
Lúdica	Descanso Diversión	Juego Práctica cultural Turismo Deporte Paseos Tertulia
Creativa	Desarrollo personal Autoafirmación Introspección Reflexión	Artes Nuevos deportes Hobbies
Productiva	Bienestar Utilidad Profesionalización	Industria culturales Establecimientos recreativos Servicio ocio-salud
Ausente	Aburrimiento Desinterés	Inactividad

continúa →

⟶ *continuación*

Nociva	Prácticas abusivas	Ociopatías
	Dependencia exógena	Ludopatía
Alienante	Enajenación	Cualquier actividad

El tema de hasta cuándo viviré así...

Muchas veces en el desarrollo de las actividades nos encontramos con el tema de la muerte, el cual debemos tratar con la misma serenidad que otro asunto, porque suponemos que disponemos de tiempo y profesionalidad y que permitimos la franca expresión.

Por probabilidades, el longevo está más cerca de la muerte, respondiendo a la amenaza en concordancia con su pasado, con las vigentes de su momento y las ambiciones del porvenir. Nadie muere de la misma manera, verdad de Perogrullo, pero la muerte resulta inevitable, no hay dos iguales, es inexcusable, universal y no discrimina. Todos tenemos miedo a morir; posiblemente el anciano tenga menos ansiedad por abandonar este mundo, pero de seguro evitará hacerlo solo, desamparado y con dolor penetrante.

En el caso del viejo, surge de forma ineludible este tema, a veces en general y otras en particular; por ello, es prudente permitir el desahogo de los temores y angustias dirigidos a lo siguiente:

- La posibilidad de vivir una vida más allá.
- El temor al dolor físico.
- Estar absolutamente solo a la hora de la partida.
- Dejar a sus seres queridos.
- Cuando comienza el tema, debemos entender la magnitud de lo representado, hacernos de tiempo y no formular críticas.
- Saber usar el silencio, sin angustiarnos por contestar todos los interrogantes, dar una sensación de cercanía, porque tocar suave sirve más que mil palabras.

Una de las preguntas nunca contestadas correctamente, por ser óptica de cada uno, es decir qué entendemos por muerte.

Contestar que la muerte es invariable, inmutable e irreversible constituye una buena práctica, que implica lo siguiente:

- Pérdida del alma, del espíritu y del aliento: muchos imaginan que es lo último en partir. Es la esencia de una persona única y singular.
- Pérdida de la integridad corporal como unidad biopsicosocioespiritual.
- Pérdida o fin de las salidas y entradas de aire, de alimentos y de toda sustancia.
- Pérdida de la conciencia o capacidad para interactuar socialmente.

No obstante, el anciano, como cualquier nacido, tiene un punto de apoyo que lo ayuda en éste como en otros trances: sus creencias religiosas o filosóficas, sus experiencias vivenciales, sus relaciones interpersonales y cierta sensación de seguridad, que es intangible para enfrentar a la muerte.

Si hemos ido muriendo (perdiendo) y naciendo a lo largo de nuestra existencia, conseguiremos la fortaleza y sabiduría necesaria para enfrentar las pérdidas y las muertes. Poseeremos la energía psicológica para el último acto humano con que nos tocará encontrarnos, como lo hemos enfrentado a lo largo de nuestras vidas. Serán sucesivas muertes con continuos nacimientos, tristeza y alegría, dolor y goce; sin embargo, si en el vivir anestesiamos el sufrir, también suprimiremos el goce. Aquí encaja perfectamente la frase de "las dos caras de la misma moneda".

El trabajo con personas institucionalizadas

Las circunstancias que llevan a cambiar de residencia, provocando todas un ajuste o adaptación traumático, son varias. Las más comunes son pérdida de la pareja y de lo económico, no poder sostener los gastos que requiere el cuidado, enfermedad o fragilidad, vulnerabilidad (de origen físico, psíquico o social), el grupo que sostiene el anciano no puede continuar haciéndolo, pues está comprometido con otras prioridades, e incluso rara vez hay el deseo del interesado de tener un lugar con las necesidades básicas satisfechas, pero autoválido comúnmente.

Sea como fuere, el entorno anterior es un desorden adaptativo de jerarquía, que muchas veces acelera la muerte. Pensemos en que perdemos un estilo de vida que ha sido independiente, por lo menos así percibido, en una edad avanzada incluso según el concepto clásico de vejez, en el sexo femenino casi siempre, por su mayor sobrevida y con una privacidad restringida con el mundo conocido.

Técnicas básicas para ocupar el ocio en instituciones

Normas claras significan satisfacción para el residente, quien se encuentra en un mundo absolutamente desconocido y permanece a la defensiva, desde ser afable en forma artificial hasta mostrar actitudes hostiles francas.

Nuestro lugar de trabajo es una ciudad cosmopolita con un grupo etario de clientes, la gran mayoría nacidos o descendientes directos de países europeos latinos, en menor proporción centroeuropeos y nativos.

Regla de oro. Cada persona debe ser vista como única, con historia, personalidad, fortalezas y debilidades físicas y emotivas particulares, con un tiempo distinto del nuestro, que es de tedio y reducido en su movimiento. Al respecto, debemos recordar que la mujer es especial en el tema de las amistades, pues tiene internalizado desde niña que las amistades han de pertenecer al círculo familiar ("mis únicos amigos fueron mi esposo y mis hijos") y conserva este estereotipo con orgullo de ser buena esposa, madre y ama de casa. También recordemos que es prácticamente inaceptable intentar que de inicio salga sola de compras, a ver vidrieras o al cine.

Intentamos que las soluciones sean operativas, acordes con la disponibilidad y ejecutables, a partir de una relación profesional de confianza.

Si prometemos, debemos cumplir

El tema es apasionante, ya que siempre hay resultados beneficiosos para la persona, a pesar de no reconocerlo de inicio. Usamos la reminiscencia como el acto de recordar experiencias del pasado, reflexionar por medio de éstas en un intento por reconstruir y encontrar significado a nuestra vida actual.

Debemos adaptar el concepto de resiliencia al de adversidad, es decir, plantear que las personas, a pesar de la *adversidad autocumplida*, pueden mantener su salud mental y física, pues las situaciones adversas son inherentes a la vida; por ello, la resiliencia es una capacidad para hacer frente a esa adversidad y puede ser abierta.

En esta etapa seguimos a Erik Erikson: integridad en oposición a desesperanza. Esto implica alcanzar la serenidad y la prudencia, llegando a esa nueva señal de vida actualizada y adaptada a sus condiciones. Butler comenta que es una tarea necesaria y normal en la vejez.

Plan para el ocio creativo

Para conseguir este fin, es necesario hacer lo siguiente:

a. Estar al corriente a quién nos dirigimos, intentando conocer su historia, herencia cultural, religión, familia, amigos y su anterior red de contención afectiva, el diario que leía o el programa de radio o televisión que le interesa.

b. El tiempo es en principio tedio: no lo utilizamos adecuadamente; "el tiempo pasa lento pero los años transcurren rápido" es una frase clásica. No debemos buscar alternativas para "matar el tiempo", porque mataremos a las personas,

c. Las expectativas del anciano deben coincidir con las nuestras, lo cual no es común, pues al principio se desvalorizan unas con otras. Tratemos de no entrar en ese juego.

d. Ser realista y no intentar que el anciano juegue futbol, pero sí que realice caminatas diarias progresivas en distancia y exigencia que se transformen en placer al tener una mañana para planificar o hacer algo a futuro, incluidos las económicas y el tiempo de nuestros recursos.

e. No discriminar, sino adaptar los programas a las posibilidades físicas, mentales y sociales del residente.

Inicio

Como en todo trato, el inicio de una relación o de una amistad y comenzar a conocerse necesita lo siguiente:

- Ser constante.
- Ser confiable.
- Mostrarse cálido (no asfixiante).

- Ser paciente con el otro.
- Tener capacidad para escuchar.
- No opinar apresuradamente.
- No imponer.
- Saber que, indefectiblemente, en estas circunstancias valoramos más la voluntad y la empatía que una idoneidad acartonada. Aunque parezca paradójico, frecuentemente son mayores las necesidades psicológicas que las físicas, por lo cual debemos poner énfasis en la cantidad desplegada y perceptible, más que en la calidad brindada.
- Ser motivador.
- Trabajar con las virtudes.
- Dar sensación de logro, de utilidad y de dignidad.

En conclusión, los motivos más dolorosos pasan por la soledad y la falta de autoestima, por lo cual luchamos por tener un futuro mañana: el anciano tiene que terminar de pintar, de arreglar la planta, de escribir otro poema, de ver el partido, salir o simplemente arreglarse las uñas o encontrar la solución del acertijo de hoy y tendremos otra persona.

Valoración periódica del trabajo

Esta valoración es un continuo, en el que aparecen resistencias, transferencias y contratransferencias, muertes, abandonos, fracasos, en los que está presente el tema dependencia-independencia, así como supervisar con periocidad y aceptar las críticas.

Papel que desempeña la familia

No es específico del tema, pero vale la pena mencionarlo. Muchas veces la decisión de que el anciano ingrese a un asilo recae en la familia, lo cual genera culpa y estrés para el cuidador, sobre todo cuando ocurre en procesos crónicos, como demencias, artrosis, etcétera.

Al respecto, Rosenthal y Dawson (1992) y Padierna (1994), con algunas modificaciones propias de nuestra sede laboral, reconocen fases en el proceso de adaptación emocional de la familia ante la internación, que pasan de la ambivalencia hasta la familia como recurso terapéutico, incluidas las fases de ambivalencia/inseguridad, luego asistencia frecuente con hiperactividad, después redistribución y concesión/ampliación hasta llegar a la resolución/adaptación, ampliadas más allá de la institución.

En la sociedad latina, la familia cumple un papel directo e indirecto en la internación. Aclaramos que el viejo es muchas veces el "chivo expiatorio" con las cargas de todas las culpas o, al contrario, proviene de una relación *perversa simbiótica* a menudo con uno de sus hijos (generalmente hija), a quien no deja crecer y desarrollar, que en ese momento es desbordada y no puede seguir.

En ese sentido, trabajamos con la familia y con las personas importantes del sistema del anciano, así como con sus amigos, vecinos y compañeros de trabajo. La labor es individual porque surgen situaciones no resueltas que impiden la continuidad del eje central de nuestro trabajo: el viejo.

Bibliografía

II Asamblea Mundial sobre el Envejecimiento, OMS (abril de 2002), Madrid, España.

American Psychiatric Association (APA) (1994), *Diagnostic and Statistical Manual of Mental Disorders*, 4a. ed. (DSM IV), Washington, D. C.

Andrés, H. (1995), "Potencialidades en la vejez: envejeciendo quién y cómo", Buenos Aires, Argentina: revista *Claves en psicoanálisis y medicina*, núm. 8, año V.

Antonuccio, O. (1992), *La salud mental en la tercera edad. Psicogeriatría*, Buenos Aires: Arkadia.

Babb Stanley, P. (1998), *Manual de enfermería gerontológica*, México: McGraw-Hill Interamericana Editores.

Belloch, A., Sandín, B. y Ramos, F. (1998), *Manual de psicopatología, trastornos asociados a la vejez*, 749-769, vol. 2, México: McGraw-Hill Interamericana Editores.

Cía, A. H. (2001), *Trastorno por estrés postraumático*,. Buenos Aires, Argentina: Imaginador

Kaplan, H. I. y Sadock, B. J. (1997), *Tratado de psiquiatría*, t. VI, vol. 4, cap. 49, Psiquiatría Geriátrica, Intermédica.

Rosenthal, C. y Dawson, P. (1994), citado en A. Padierna, "¿Existe un lugar para la familia del anciano en las residencias?, revista *Zerbitzuan*.

Salvarezza, L. (1993), *Psicogeriatría. Teoría y clínica*, Buenos Aires: Paidós.

Schwarcz, A. J. (1998), *La difícil tarea de morir, actualidad psicológica, tercera edad*, año XXIII, núm. 252, Buenos Aires, Argentina.

Pérdidas y duelos en la vejez

Raúl Ortiz Fischer y Osvaldo Filidoro
Universidad Católica de La Plata (sede Rosario), Argentina

A lo largo de su ciclo vital, el ser humano presenta algunas características que deseamos destacar. Una es la presencia de dos pares antitéticos que lo atraviesan y rigen durante su devenir, generando inscripciones psicológicas indelebles que serán reactualizadas a lo largo de su existencia: el par pérdidas-adquisiciones y amparo-desamparo, ambos con un movimiento dialéctico entre los polos que los componen. El predominio de uno de éstos no implica la desaparición de su par, pero la significación de uno remite inevitablemente a la del otro.

Las pérdidas psicológicamente significativas pueden ser variadas, como la de un ser amado o abstracciones equivalentes (patria, libertad, ideales, etcétera), que generarán una reacción psicológica denominada *duelo*.

En el concepto de desamparo, cuyo prototipo surge al nacer, la acentuada indefensión de ese ente recién advenido debe ser amparado, asistido por otro significativo que le brindará todo lo necesario (alimento, amor, por ejemplo) para su subsistencia y desarrollo como persona.

Otra peculiaridad es que toda la existencia del individuo se desarrolla y mantiene en un mundo vincular, por lo que las pérdidas y el proceso de duelo deben ser pensados como la intervención de diversas variables, que debemos tener en cuenta y que dependen de:

1. El proceso intrapsíquico (en el espacio intrasubjetivo).
2. El conjunto de los otros significativos que se encuentran en contacto con él y cuyas conductas pueden facilitar la aceptación y superación de la pérdida, o el rechazo, con el consiguiente refuerzo de la fijación patológica a ese objeto perdido (espacio intersubjetivo).

Las pérdidas y los duelos sucesivos que implica el envejecimiento —con su resolución o no— enfrentan a los otros, a "la pérdida" de ese estado ideal de sentirse fuerte, inteligente, poderoso, eterno, etcétera (ideal de bienestar permanente, narcisista y de inmortalidad), situación intolerable en cuanto es tener enfrente, como en un espejo, aquello que nos ocurre o que sucederá en breve.

Desde una sociedad y una cultura determinadas, influye de modo singular el proceso de envejecimiento y la vejez, utilizando cada una diferentes pautas para definirlos, por lo que en realidad hablaríamos de una vejez cultural.

3. Enunciados identificatorios (dadores de identidad) que contienen mitos y prejuicios que ubican a la vejez en una desvalorización. Dichos enunciados ingresan con los grupos y familias y en forma directa a través de los medios de comunicación al espacio intrasubjetivo del sujeto.

Algunos de los prejuicios son los siguientes:

a. *Tendencia a culpabilizar*, por ejemplo: "Si usted no es feliz en esta situación, se debe a que es terco o rígido", "todo lo que le pasa es por consecuencia de usted mismo", etcétera.

b. *Tendencia a hacer al geronte responsable de sus problemas*, por ejemplo: "Los viejos son perezosos y no creativos", "los viejos son aburridos", etcétera.

c. *Los viejos son enfermos o discapacitados*. Esta equivalencia conlleva un gran riesgo debido a que puede transformarse en una profecía autopredictiva, por la cual el mismo grupo de gerontes la cree. Debemos tener en cuenta el riesgo de que estas creencias inconscientes funcionen e interfieran en aquellos que ejercen una actividad psicoterapéutica.

Algunos psicoterapeutas consideran que los pacientes de cierta edad no se beneficiarían con psicoterapia. El mismo Freud también lo estimaba así, aunque muchos escritos vitales de su teoría fueron realizados cuando él tenía una edad avanzada. Desde el punto de vista social, el macrocontexto no otorga un lugar de privilegio, sino que los ubica en la desconsideración, el rechazo, el aislamiento, la explotación y el depósito en sórdidos lugares a la espera de la muerte.

Algunos conceptos respecto al proceso de duelo

El duelo implica un proceso, con todo lo que significa este término: procesar una pérdida es someterla a una serie de trabajos de transformación y elaboración. Así, la pérdida o su avisoramiento constituye el primer momento de dicho trabajo psíquico que se prolonga durante un tiempo variable y determina cambios en el sujeto. Esto es observado claramente en la descripción que realizan Parker y Bowlby respecto a las cuatro fases del duelo; además, dicha tramitación o proceso de duelo constituye un fenómeno vincular, pues si bien gran parte de él es desarrollada de manera intrasubjetiva o intrapsíquica, el contexto en que está inmerso el sujeto posee enorme relevancia.

En el anciano observamos la existencia y persistencia de un deseo de reencuentro con ese objeto perdido que posee una significación singular para el sujeto en duelo y su entorno cercano, en esa cultura, en ese lugar y en ese momento histórico, lo cual puede funcionar como fijación a dicho objeto vivido como irremplazable y así dificultar su sustitución.

Así como existe la mencionada fijación al objeto perdido expresada como dificultad para el pasaje a un objeto sustituto, también puede acontecer que, a pesar de realizarse este tránsito, existan obstáculos para establecer un nuevo vínculo con otro objeto, de manera que haya un retorno al originario perdido.

El sentimiento de desesperanza que surge ante la vivencia de que el deseo de reencuentro del anciano es irrealizable activa la representación de él mismo como impotente e indefenso.

En el proceso de duelo es esperable el pasaje de la representación del objeto como ausente recuperable a la construcción de la representación del objeto como ausente irrecuperable y el tránsito hacia un objeto sustituto. Durante el envejecimiento y la vejez, la multiplicidad y rapidez con que aparecen las pérdidas y duelos van acelerándose, lo cual configura un obstáculo para el proceso elaborativo; así, al estar inmerso en una y sin haberse resuelto, emergen otra y otra...

El ser humano es fruto de una suma de factores que van constituyéndolo, conocida como *series complementarias*. Este concepto implica la presencia de diferentes elementos fundamentales que interactúan y explican cierto resultado singular para cada persona.

Importancia del concepto de series complementarias

Las series complementarias son imprescindibles para comprender la singularidad de los procesos de pérdidas y duelos, así como el diseño del abordaje terapéutico pertinente. La mencionada ecuación etiológica está integrada por una primera serie constituida por la presencia de *factores hereditarios* y congénitos denominados *factores constitucionales*. Sobre ellos se va a experiencias infantiles en los momentos fundantes del aparato psíquico; así, podemos encontrar la realidad traumática externa, las identificaciones y sus vicisitudes, los diferentes modos de estructuración narcisista, etcétera. La presencia de estas dos series es la disposición con la que el sujeto enfrentará los avatares de la vida. La tercera está constituida por los factores desencadenantes actuales, por ejemplo las pérdidas y duelos que implican el envejecimiento y la vejez.

El balance entre la mayor o menor disposición y la presencia de factores desencadenantes de diversas magnitudes ofrecen la particularidad con que el anciano tramitará sus pérdidas y duelos.

Como factores relevantes están incluidos la estructura narcisista intrapsíquica, las identificaciones, la capacidad de desempeño del yo función, la agresividad, los trastornos narcisistas, los sentimientos de culpa, la confianza en la capacidad para reparar y superar, las angustias persecutorias y la realidad externa traumática.

Estructura narcisista intrapsíquica

Definimos el narcisismo como el amor que el sujeto siente por sí mismo, es decir, por la representación de sí mismo o yo representación.

Toda persona posee una estructura narcisista intrapsíquica que determinará cierto nivel de satisfacción o de insatisfacción consigo misma, que constituye un trasfondo de toda la vida mental y que desempeña un importante papel regulador en la vida de ese sujeto.

Aunque hablamos de la estructura narcisística intrapsíquica, destacamos que el narcisismo se constituye, despliega y mantiene en los vínculos con los demás. Así, este sistema intrapsíquico está en permanente intercambio con las estructuras narcisistas de otras personas del espacio intersubjetivo y transubjetivo del macrocontexto.

El narcisismo de cada sujeto depende del tipo de configuración que posee esta estructura narcisista intrapsíquica, la cual es caracterizada por poseer cierta estabilidad en el tiempo, por estar conformada por las estructuras yo y superyo (ambos con los distintos elementos que integran cada una) y por los diferentes modos de funcionamiento entre ambas.

Respecto a su conformación, en la estructura del yo podemos diferenciar la presencia de variados subgrupos representacionales, como las representaciones de aquellos objetos que permiten ejecutar actividades narcisizadas o amadas, pues generan una elevación de la autoestima, y finalmente las representaciones de objetos diversos (personas, cosas, etcétera) que son muy valorados y transmiten su valor a la persona, denominada *representaciones de las posesiones narcisistas del yo*.

Con referencia a la estructura superyó, subrayaremos la importancia de los ideales que tienden a regir la vida del ser humano, la de los metaideales o reguladores del nivel de exigencia o tolerancia en el logro de los ideales, y la conciencia moral que funciona como un juez que evalúa el cumplimiento o no de las normas.

Describiremos lo mencionado antes, a nivel yoico:

A. Las representaciones narcisísticas valorativas del yo representación

Aunque la representación de sí mismo o yo representación se presenta como si fuera una unidad, en realidad está constituida por múltiples representaciones conscientes e inconscientes. En este conjunto representacional existe un subgrupo caracterizado por poseer cualidades valorativas o narcisistas, es decir, aluden a la valoración/desvaloración que el sujeto tiene respecto de sí y abarcan diferentes áreas de él: su capacidad intelectual, su cuerpo, sus cualidades morales, sus diversas habilidades, etcétera. Durante el envejecimiento y la vejez, las repercusiones generadas en distintas representaciones del cuerpo difieren de acuerdo con las valoraciones narcisísticas que poseían previamente.

Durante la vida intervienen diferentes circunstancias que pueden efectuar la activación de determinadas representaciones. Las representaciones valorativas del cuerpo pueden ser activadas a lo largo de la vida por varias circunstancias, pero destacamos el proceso adolescente y el de envejecimiento y vejez, pues los cambios biológicos corporales son evidentes y poseen intensas repercusiones por la significación en juego que perdemos, que logramos, etcétera, acompañadas de intensas angustias, con movilización en el eje desamparo/amparo. El ámbito intelectual también sufre los procesos de pérdidas y adquisiciones, de desamparo y amparo. En nuestro ciclo vital, sus repercusiones varían en cada persona, de acuerdo con lo que conocía, con la importancia que la actividad intelectual poseía en su vida, con la pérdida o no del funcionamiento de su memoria y con percibir que todo ese bagaje intelectual que le costó mucho esfuerzo lograr y que constituía un motivo de orgullo de autoestima satisfecha se va perdiendo o no.

B. Representaciones de los objetos que permiten la actividad narcisizada en cuanto ésta le otorga la valoración de superior

Toda persona necesita sentirse deseada, valorada y amada, lo cual puede provenir desde los otros y de sí mismo. El sujeto desarrolla una serie de actividades que funcionan como alimento para su autoestima y le producen una gratificación narcisista que tiende a elevar la valoración de sí mismo.

Las actividades mencionadas tienden a ser restringidas relativamente, variando su cantidad en cada persona y aun en el devenir de un mismo sujeto. Para efectuar estos funcionamientos estimados narcisísticamente se necesitan objetos que permitan realizar dichas actividades narcisistas. Así como la actividad que genera placer narcisista es amada en cuanto nos permite sentirnos (desde el otro externo o por disociación, desde nosotros mismos) valiosos, este amor es ampliado a los objetos que permiten llevar a cabo tales actividades. Es conocida la frase siguiente: "El placer narcisista es fuente de adicción, de modo que, una vez experimentado, deseamos reencontrarlo".

De lo anterior podemos deducir que pérdidas producidas por dificultad en la ejecución de las actividades que elevan la autoestima del sujeto, o la pérdida de los objetos que permiten su realización, generan reacciones de duelo variables que pueden llevar a serios desequilibrios. Lógicamente, cuanto mayor es la incidencia de esas actividades que elevan el narcisismo y los objetos que le permiten su desarrollo en el equilibrio del sistema narcisista, tanto mayor serán sus consecuencias.

El proceso de envejecimiento y la vejez afectan dichas actividades que otorgan valoración al sujeto, por ejemplo: el trabajo suele ser una fuente de gratificación que favorece mantener la representación de sí como alguien necesario que sabe desarrollar su tarea y cuyo tiempo está organizado para cumplir funciones "valiosas", ser alguien importante y ganar determinada suma de dinero que contribuye a su bienestar y de otros, etcétera. Pero pueden suceder con el sujeto diversas situaciones, a saber:

1. Que lo jubilen. Aquí de pronto esa actividad narcisizada quedó sin el objeto que permite su ejercicio, por ejemplo: a los profesionales se les retira la matrícula para asegurarse de que no puedan ejercer su profesión, o no estar más en el aula con alumnos que les favorecía disfrutar del placer narcisista de enseñar, y así múlti-

ples situaciones en los cuales a la actividad narcisizada –desde "afuera"– se le quita el objeto valorado.

2. La aparición de ciertas pérdidas orgánicas, como olvidos, disminución de audición y dificultad para fijar nuevos conocimientos, pueden emerger como dificultades internas para ejercitar la actividad que valora, a las que suelen agregarse las externas.

3. La ausencia reiterada o pérdida de objetos que permitan al sujeto sentirse valioso. Es frecuente observar cómo la familia y otros evitan paulatinamente el diálogo con el envejeciente y el geronte, de modo que en éstos surge un profundo malestar, pues van perdiendo el público que les da el placer de ser escuchados y dialogar (objeto de la actividad narcisista). Sea porque no está actualizado y no vale la pena escucharlo, por su dificultad para aceptar nuevos modos de pensar, por sus olvidos y reiteraciones, etcétera, esta descripción de una situación frecuente y cotidiana implica rechazo de los demás a ese ser que les muestra lo que va a sucederles en el futuro. Tal evitación funciona como la desmentida, en la cual evitamos que una realidad intolerable ingrese al aparato psíquico. En el envejeciente y el geronte, este rechazo y/o evitación produce un trastrocamiento en su representación del yo, respondiendo con desinterés por los objetos que no facilitan la realización narcisizada, y también pueden ocurrir las desnarcisizaciones de algunas de las actividades valoradas.

4. Otra situación por evaluar es el traslado del geronte, lo cual implica serios desequilibrios. Su casa, sus objetos, etcétera, forman parte de sus posesiones y objetos que le permiten mantener un relativo equilibrio narcisista, en el que todo eso contribuye a dar estabilidad a su identidad. Suele suceder que sacar al sujeto de su hábitat, especialmente para llevarlo a un geriátrico, agrega una nueva pérdida que puede generar una situación traumática narcisista, con la movilización consiguiente de las defensas que contrarresten el dolor narcisista, especialmente cuando es tratado como "algo" que debe ser trasladado y él no sabe por qué. En vez de ser valorado y respetado, se le coloca en el lugar del que no vale y ni siquiera merece un diálogo, ni escuchar sus pensamientos. Es decir, el sujeto puede perder el objeto o éste hallarse en la realidad, pero si hay ausencia de placer narcisista, se perderá como objeto catectizado.

El fenómeno frecuente de apatía por el mundo que solemos observar especialmente en la vejez puede ser explicado, en parte, por la falta de goce narcisístico que sucede y que lleva a un distanciamiento afectivo defensivo, en aras de mantener un relativo equilibrio narcisista que está muy cuestionado.

Lo anterior puede ser una respuesta, y otra emerger como un intento de repetir de modo frecuente anécdotas del pasado del sujeto donde él pueda sentirse valioso, sin olvidos y seguro; es un modo de revalorar su sí mismo y refugiarse en sus recuerdos. Una de las dificultades surge cuando esta actividad narcisizada pasa o tiende a convertirse en dominante, independiente del contexto.

Como vemos, el narcisismo funciona como una fuerza que puja constantemente por obtener satisfacción narcisista que aleje la tensión narcisista displacentera, pero para ello necesita los objetos que le permitan su realización, que tiendan a "lograr el brillo del yo".

C. Representación de las posesiones narcisísticas del yo

Cabe hacer una aclaración: si bien nos referimos al sujeto y especialmente al funcionamiento de su sistema narcisista, tenemos presente que hacemos parciales los fines expositivos, situaciones vinculares más complejas.

El yo representación o representación de sí mismo posee diferentes modos de intentar destacar sus méritos y así "quedar ubicado en ese anhelado sitial de valioso". Como el narcisismo surge de la intersubjetividad, es obvia la importancia que posee la relación sujeto-objeto. El sujeto intenta relacionarse de tal modo que sea valorado su sí mismo. Podemos pensar que la relación realizada por la persona con un objeto considerado valioso implica dos posibilidades: *a)* cuando el objeto permite al sujeto desempeñar una actividad que lo hace sentir valorizado, descrito como el objeto de la actividad narcisizante, y *b)* cuando el objeto da valor al sujeto (aquí nos referimos a las posesiones narcisísticas del yo).

Podemos establecer una situación en la que demos vivencia a un objeto como brillante, valioso y que transmita imaginariamente su valía al sujeto, quien así sumará lo valioso de este objeto a su representación de sí. Por lo tanto, existe un compartir la valoración que pasa de uno a otro. A diferencia de lo expresado en "Duelo y melancolía", donde "la sombra del objeto recae en el yo", aquí encontramos que "el brillo del objeto recae en el yo".

Muchos envejecientes y gerontes vivencian a sus hijos como posesiones narcisistas. Un intento de recuperar su autoestima y salir de la situación de desvaloración es recurrir a este mecanismo traslativo de valores; así, ese "hijo magnífico" (idealizado) les transfiere magnificencia. Además, agregan importancia al considerarse generadores de ese exitoso descendiente.

La estructura superyó es el otro componente fundamental para comprender el funcionamiento del sistema narcisista. Consideramos la última conceptualización dada por Freud, en la que la describe con tres funciones: la de portador de los ideales, la conciencia moral o instancia crítica y la de autoobservación. En el funcionamiento narcisista son relevantes los ideales, los metaideales y la conciencia crítica.

1. Los *ideales* son constituidos en la relación con los otros significativos cuando dejan de ser admiradores incondicionales; con su narcisismo renovado, convierten al bebé en un yo ideal o vivencia de perfección. Pero a partir de que su amor es condicionado a que ese pequeño cumpla con determinadas normas para que nuevamente sea admirado, éstas pasan a convertirse en ideales, por ejemplo: "Ser el ideal o estar ubicado en este sitial asegura el amor y admiración de los demás". Esto explica por qué el sujeto puede poseer con sus ideales una relación equivalente a la que tiene con sus objetos de amor. Podríamos parafrasear y decir: "Si ellos aman que yo funcione de acuerdo con sus ideales o normas, que consideran valiosos, y así soy recompensado con su admiración y valoración, la forma de asegurarme ese amor consistirá en tratar de lograr esos ideales".

2. Pero en esta interacción entre ese pequeño sujeto y los otros significativos, éstos "le enseñan" qué normas o ideales son para ellos muy valiosos y qué nivel de realización de cumplimiento de esos ideales es exigido o anhelado para ser admirado y querido (generación del *metaideal*).

Así, el metaideal es una creencia que determina cómo debemos actuar en el cumplimento de los ideales, para ser queridos valorados y admirados; fija en qué medida el sujeto puede desviarse del ideal para ser aceptado.

Originariamente, el funcionamiento vincular familiar y luego con los otros significativos tiende a generar un movimiento singular, que actúa como factor disposicional. Si alguien se desarrolló en un ambiente de suma exigencia de cumplimiento con el ideal vigente, surgirá como correlato la vivencia de desvaloración, impotencia y desamparo por no funcionar como "se debiera". Podemos encontrar rechazo del sí mismo por parte del senescente y de su familia y allegados, porque la tiranía del metaideal exige funcionar como el ideal y de manera permanente. No existen atenuantes para esta modalidad. Las dificultades que el proceso de envejecimiento genera incrementan la distancia entre el ideal que siempre debemos alcanzar, y la representación de sí convulsionada por las múltiples pérdidas que acontecen. Esto suele aparecer clínicamente como familias que critican y expresan: "le falta voluntad", "lo hace para llevarnos la contra", etcétera. Así, el senescente, que tiene sentimientos de inferioridad y/o vergüenza por no cumplir en forma absoluta con sus ideales, experimenta un reforzamiento a partir de la realidad exterior intolerante y exigente. De aquí al ingreso en la depresión sólo falta un paso.

El modelo normal de funcionamiento de la *instancia crítica* implica una actitud semejante a la de un juez, que observa al inculpado (yo representación) y lo compara con las normas e ideales para ver en qué medida han sido logrados o transgredidos éstos con determinados deseos y acciones.

En caso de cumplimiento con los ideales, el yo es premiado con la aprobación, reflejada en la autoestima satisfecha, o si no logró dichos objetivos se le criticará y castigará con los sentimientos de inferioridad, vergüenza y/o de culpa.

La conciencia moral puede tener un funcionamiento tipo patológico, en el que es destacada la severidad con que funciona, lo cual podemos observar.

La presencia de metaideales exigentes y rígidos no tolera ningún apartamiento del yo representación en relación con el cumplimiento de los ideales. Por una hipertrofia de la actividad criticadora, la conciencia moral se ejerce de manera prácticamente independiente de los temas.

En algunas familias o grupos con estructuras hipercríticas surgen miembros que critican a los demás (personalidades con rasgos paranoicos y narcisísticos) o que se critican a sí mismos, como suele ocurrir con las personalidades tipo depresivo y melancólico y con las neurosis obsesivas.

En el envejescente y la vejez vemos a menudo que, ante la posibilidad de angustia narcisista de "ser criticado", aumenta el funcionamiento criticador, en cuyo caso personas adultas mayores, desde "su sitial de superioridad", critican todo y a todos, con lo cual preservan su equilibrio narcisista, pero también en ese movimiento criticado-criticador pueden quedar sumidos como personas que se autocritican o buscan en los demás que ocurra este acontecimiento. Como veremos posteriormente, tales situaciones están emparentadas con identificaciones, agresividad, etcétera.

Consideramos fundamental comprender los mecanismos que mantienen el equilibrio narcisista, para cuyo fin utilizamos los mecanismos defensivos clásicos (como proyección, represión, etcétera) y las compensaciones, que son defensas específicas del narcisismo.

Las compensaciones son producciones inconscientes destinadas a contrarrestar el sufrimiento narcisista, expresado por sentimientos de inferioridad y/o de vergüenza, de impotencia, etcétera. Estudiaremos al respecto las más destacadas. En sus relaciones con los otros significativos, puede haber una serie de situaciones: que éstos funcionen como espectadores admiradores de las exhibiciones del sujeto, o que se fusionen con este objeto idealizado, que de este modo compensará u ocultará los déficits del sujeto. También puede ser vivido como una posesión narcisista, como el objeto que permite la actividad narcisista, o como receptáculo de la proyección de los aspectos denigrados del sujeto.

Otra defensa compensatoria está relacionada con la agresividad. Existe una base en la que el narcisismo herido pone en funcionamiento la agresividad que actuaría como restauradora, la cual está cargada de significación y genera sentimientos de poder y fortaleza. Esto puede expresarse de forma abierta, como un portazo, agresiones físicas o verbales, etcétera, pero también emerger de manera encubierta, como negativismo a lo que suponemos que es el deseo del otro y que funciona como una autoafirmación narcisista.

El negativismo es frecuente en la adolescencia y la vejez, momentos en que el sujeto se siente muy inseguro. Es tanto más intenso cuanto más esté cuestionada la autoestima; ya sea desde los demás o desde el mismo sujeto, siempre aparece como respuesta a una herida narcisista. También en relación con la agresividad existen frecuentemente situaciones que van desde el abuso de poder y maltrato al otro hasta otras de franco sadomasoquismo narcisista.

Cabe destacar otra modalidad: la desnarcisización de alguna función o actividad, cuando su ejercicio provoca angustia narcisística. El nivel de repercusión en las diferentes funciones y/o actividades está relacionado con la capacidad de la estructura narcisista para tolerar y contrarrestar los diferentes grados de embate de la angustia. Así, es oportuno observar desde fenómenos tipo desinterés e inhibiciones hasta severas perturbaciones en el funcionamiento mental. Los trastornos tipo desinterés e inhibiciones pueden evidenciarse en un aspecto de funciones muy vasto, como en el trabajo, las actividades físicas, y las relaciones sociales que pueden ser evitadas y configurar las llamadas *fobias sociales*.

Cuando pensamos, quedamos expuestos a la admiración, indiferencia o crítica del otro. Si el sujeto cree que será criticado o ignorado, mostrará una profunda angustia narcisista e intentará neutralizarla mediante un estado de tipo confusión mental, con obnubilación, desconexión ante los estímulos externos, sensación de flotar por encima de las situaciones en que son trastocados el pensamiento, el lenguaje, etcétera, y permite "poseer un estado de bienestar físico, mental y, por ende, de autoestima satisfecha".

Existen compensaciones, narcisísticas que operan como satisfacción sustitutiva, adiciones, bulimia. Además, las últimas actuaciones sexuales tipo promiscuidad, donjuanismo, etcétera, es frecuente observarlas cuando durante el envejecimiento aparecen pérdidas en el entorno sexual. Estas conductas intentan negar el paso del tiempo y mantener imaginariamente la idea de ser deseado y buscado.

Como cabe deducir, varias de esas defensas compensatorias pueden determinar problemas en los ámbitos intersubjetivos y transubjetivos, que a su vez pueden agudizar el problema. Así, pensemos en lo que sucede cuando utilizamos la agresividad o cuando usamos al otro como forma compensadora.

Identificaciones

La identificación participa en los momentos de pérdidas y sus reacciones, dificultando o favoreciendo la tramitación del duelo. Asimismo, interviene como sigue:

a. De modo indirecto, por el papel que desempeña en el origen de diversos elementos que participan en el proceso de duelo: en la agresividad, por identificación con figuras agresivas, en el sentimiento de culpa, por identificación con personas significativas culposas, etcétera.

b. De modo directo, al participar la identificación en la construcción de la representación de sí mismo del sujeto y en la representación de la realidad (códigos desde donde "leeremos" cómo vi-
sualizamos la realidad y la capacidad del sujeto para enfrentarla).

Los otros significativos tienen un papel fundamental en la construcción
de las representaciones de sí mismo y de la realidad. El sujeto puede identificarse con la imagen que los demás pueden tener de él y de la realidad,
o con la imagen que los otros le dan como que eso es él y su capacidad
para ubicarse y manejar la realidad, los vínculos, el dinero, etcétera.

En el primer caso puede haber otros significativos depresivos, que se
sienten desvalorados, impotentes, que son transmitidos de múltiples formas, conscientes e inconscientes y los sujetos expresan que ellos no son
capaces, o "para qué intentarlo si no lo conseguiré", etcétera. Con esta
imagen de incapacidad, impotencia y desamparo, surgirá la identificación y el individuo generará un hijo depresivo con representación de sí
como impotente, débil y necesitado de otro, al que debería otorgar la
vivencia de amparo y seguridad. Es frecuente que éste sea requerido constantemente con palabras y hechos que actúen como paliativos momen-
táneos que obturen de modo parcial el dolor narcisista.

La otra situación generadora del sentimiento de impotencia ocurre
cuando los demás brindan al sujeto una imagen de éste como incapaz,
impotente, débil, etcétera, y éste se identifica con dichos enunciados
identificatorios que dicen que eso es él. Esto podemos observarlo en
padres paranoicos, con una representación de sí hipervalorada que funcionan con hipercrítica hacia su hijo, en la cual éste no sirve para nada,
es impotente, incapaz, etcétera. Incluso padres con tendencias a la crítica culpabilizante, que será asumida y generará una representación de sí
como alguien que constantemente está en infracción, son culpables de lo
que hace y no hace el hijo.

Hasta aquí hemos expuesto sucesos en los cuales la persona posee
una disposición en su aparato psíquico que puede dificultar la elaboración de las múltiples pérdidas que ocurren a lo largo de la vida, especialmente en el envejecimiento y la vejez. Pero también la identificación
puede generar sujetos con sentimiento de potencia, seguridad, devenida
de vínculos con otros significativos que se sienten potentes, seguros y
valorados y que transmiten dicha imagen.

Los padres y otros significativos –éstos especialmente en la tercera
edad– despliegan constantemente su modo de concebir la realidad, qué

se puede esperar de ella, acercarse y hasta dónde evitarla y desmentirla. Todos estos movimientos crean una representación de la realidad que pasa a formar parte del sujeto y que funcionará como código del modo de relacionarse con ella. Una persona cuyo código consiste en negar la realidad displacentera tendrá mayores dificultades en "aceptar" pérdidas y realizar el proceso de duelo y mostrará más proclividad a que éste sea patológico.

Capacidad de desempeño del yo función

Aquí cabe establecer la diferencia entre el yo representación y el yo función o yo como órgano.

El yo representación o representación de sí mismo es aquel formado a partir de la percepción del semejante; es el yo del narcisismo, la imagen que el sujeto toma como que es él.

Junto al anterior existe el yo función, que abarca las distintas funciones, como percepción, conciencia, acceso a la motilidad, mecanismos de defensa, atención, y capacidad para percibir los estados emocionales propios y ajenos, para manejar el principio de realidad y organizar el tiempo, para manejar las relaciones interpersonales, etcétera.

La aptitud para desempeñarse que posee el yo función es otro elemento que incidirá en el proceso de duelo. Asimismo, pueden existir déficits reales o imaginarios en los recursos del yo función como los siguientes:

a. Orgánicos, como el daño cerebral. Es importante afirmar que además de la lesión se puede hacer un trastorno narcisista que despierta agresividad y que tiene la función defensiva de intentar recuperar el sentimiento de poder, pero como consecuencia de ello suelen aparecer complicaciones en las relaciones interpersonales, con nuevo sufrimiento narcisista que lleve al aislamiento y posiblemente a la depresión.

b. El yo función también puede ser afectado como sigue:

i) *Por fusión con un objeto significativo*, que invade al sujeto y perturba el desarrollo de funciones yoicas. Por supuesto, con este objeto invasor se establece un vínculo fusional tipo compensatorio, pero cuya ausencia o pérdida puede determinar intensas angustias desectructurantes.

ii) *Por identificación*, con padres poseedores de déficit en su funcionamiento yoico.

iii) *Por conflicto*, tema muy estudiado en psicoanálisis.

Tanto en el trastorno en la representación del sujeto como en la presencia de déficit en el yo función surge un sentimiento de impotencia para realizar un deseo, que dificultará el proceso de elaboración y favorecerá una fijación.

Agresividad

La descripción de la agresividad es hecha desde la perspectiva de lo que ésta significa para el sujeto. Según esta concepción, condiciones diferentes generan sufrimiento al sujeto que la agresividad intenta anular de inmediato.

Bleichmar dice al respecto:

> Cuando el sujeto tiene una fantasía o una conducta agresiva, ésta es captada dentro de sus sistemas de significaciones: contemplando su propia agresividad adquiere cierta identidad, por ejemplo: soy poderoso y no débil, soy el que ataco y no el atacado. O sea, si la agresividad puede, en el ser humano, constituir un movimiento defensivo en contra del sufrimiento psíquico de la humillación narcisista, de los sentimientos de culpa o de las fantasías de ser perseguido, es porque mediante ella el sujeto logra restructurar la representación de sí y del otro.

En seguida mencionaremos algunas condiciones que activan la agresividad.

Sentimientos de culpabilidad. Los sentimientos en los que el sujeto se siente culpable producen sufrimiento y pueden activar la agresividad dirigida al mismo sujeto (autoagresión) o al objeto (heteroagresión). Con ello se busca alterar la representación tanto de uno como del otro.

El sentimiento de culpabilidad es autocriticado como medio de aplacar al superyó y de ese modo conseguir su amor y volver a verse como bondadoso y bueno.

Cuando la agresividad se dirige defensivamente hacia el objeto exterior mediante la proyección se transforma a éste en culpable.

Angustias narcisistas. Existen diversas circunstancias en las que el sufrimiento narcisista desencadena agresividad en la forma de rabia narcisista, envidia, rivalidad bipersonal, celos, etcétera.

Agresividad instrumento. Cuando la persona se siente invadida por otro, que la violenta tanto física como corporalmente, ya sea al restringirle su desplazamiento, la realización de sus deseos, e incluso al intentar imponer los suyos como únicos, el sujeto se siente angustiado, sufre esta invasión y restricción de sus necesidades físicas y psíquicas, e intenta apartar violentamente al objeto que lo perturba (agresividad instrumento) como forma de recuperarse.

Solemos ver tal mecanismo como reacción, especialmente en los más ancianos, en quienes "los otros deciden" qué debe hacer él, qué ha de pensar, dónde debe estar, etcétera, sin tener en cuenta que esto puede ser vivido como una invasión y desconocimiento de lo que el geronte piensa, desea y siente. Es común que dicha agresividad defensiva no sea entendida y que pensemos: "¿Qué le pasa? Queremos ayudarlo y nos agrede". Esta idea puede despertar la agresividad del otro, quien puede responder con agresión manifiesta e incluso abandonarlo. Como vemos, es un circuito que se retroalimenta.

Trastornos narcisistas

Este tema fue desarrollado con mayor amplitud en la sección "La estructura narcisista intrapsíquica", pero aquí deseamos destacar dos posibilidades:

1. *Cuando la pérdida del objeto valorado es vivenciada como trauma narcisista.* Si la pérdida del objeto es captada desde el código narcisista, podrá ser vivida como trauma narcisista. En seguida describiremos algunas situaciones: el rechazo amoroso o de abandono, sea por parte de la pareja, de la familia o de los hijos, es experimentado como dejar de ser valioso, querido, etcétera. Esto sucede en todos, pero en los adultos mayores implica intensa repercusión en su homeostasis narcisista.

    Asimismo, suele haber emergencia de odio contra el objeto perdido. El otro funcionaba como el jurado que le confirmaba su valía, pero ahora al odiarlo intenta sacarlo del sitial valioso en que él lo había ubicado; no obstante, así prosigue unido al otro significativo, aunque en este caso por medio del odio. No se puede o se dificulta el pasaje a un objeto sustituto.

    Además del odio, podemos observar deseos de venganza e incluso el sujeto puede mantener el vínculo por el odio, utilizando la desvaloración permanente.

Otro acontecimiento posible de observar ocurre cuando un anciano es atendido y siente que ocupa un lugar valioso. Si en esos momentos otra persona (su pareja, consuegros, etcétera) también requiere cuidados, esto podrá vivirlo el anciano como ser abandonado y quizá reaccione agresivamente y complique aún más su situación.

2. *Pérdida del objeto de la fusión defensiva compensadora.* En algunas circunstancias, la persona posee una representación de sí, como alguien que tiene carencias o déficits (reales o fantaseados) que le impiden sostener su funcionamiento psicológico de un modo equilibrado. Estas carencias pueden referirse a diferentes áreas, por ejemplo: en su sentimiento de estar seguro y protegido, en el equilibrio narcisístico, en su vitalidad, etcétera.

Tal vivencia de carencia genera la búsqueda de un objeto que compense ese faltante, lo cual se logra fusionándose con él. Por lo tanto, éste llega a ser imprescindible y entra en la categoría de objeto de la fusión defensiva compensadora, semejante a las situaciones de desamparo.

Una persona puede poseer funciones narcisizantes y de protección. La pérdida de este objeto de la fusión defensiva compensadora, considerado único e imprescindible, desencadena movimientos desesperados para intentar recuperarlo, ya sea en la realidad o en el recuerdo. Es frecuente observar lo anterior cuando ocurre la pérdida de un cónyuge en parejas de tipo fusional, evento que evolucionará hacia un duelo patológico.

La suma de la inmadurez yoica para discriminar o tomar posición crítica frente a ellos, la permanente repetición de estos mensajes y la necesidad del pequeño de aceptar como verdad lo dicho por sus padres, como forma de ser amado, determina que esta representación de sí como impotente y, por ende, desamparado y necesitado de otro potente quede establecida.

Lo anterior alude a los momentos iniciales de constitución de la identidad de sí como impotente, incapaz y desamparado. Pero desde este código, el anciano enfrentará algunas funciones, sumado a los enunciados identificatorios de incapaz, etcétera, brindados por la familia y la sociedad. Tales enunciados incidirán en un reforzamiento de sí mismo como impotente e incapaz, que por formar parte de esa identidad generará un funcionamiento acorde, el cual repercutirá en su medio familiar que podrá responder con mayor rechazo o, por el contrario, lo ayudará a elevar su autoestima, ya sea por una satisfacción narcisista o cuando encuentre un nuevo objeto protector compensador de su desamparo.

Sentimiento de culpa

El superyó posee determinado ideal moral que expresa que no debemos agredir, ni hacer sufrir, sino proteger, etc. Junto con ello existen mandatos que establecen que el agresor debe reparar y ser castigado.

En el sentimiento de culpa encontramos severidad del superyó y una representación de sí como agresivo y malo por infringir la norma del ideal. Esto es vivenciado con un dolor –consciente o inconsciente– llamado *sentimiento de culpa*. Sintéticamente observamos que llegamos a esta situación por agresividad, por identificación estructurante y por trastornos narcisistas.

Ante ese sentimiento de culpa, podemos reaccionar como sigue: con "miedo al castigo" retaliativo (culpa persecutoria) y tratar de evitarlo idealizando al objeto; sintiendo pena y deseo de reparar, o "aceptando el castigo" y buscando que éste sea cumplido desde el exterior o desde su superyó que inflige diferentes sufrimientos: autorreproches, síntomas obsesivos, autodesprecio, suicidio y masoquismo moral.

Confianza en la capacidad para reparar y superar

La autoconfianza en la capacidad para reparar y superar pérdidas y situaciones dificultosas constituye otro elemento interviniente de importancia. La construcción de esta creencia puede ocurrir en dos circunstancias: una, cuando hemos padecido una experiencia real de haber perdido algo importante y que pudimos superar. Esto queda inscrito como confianza en que las pérdidas son reparables y superables. La otra, por identificación con otros significativos y con los enunciados identificatorios que forjaron una imagen de sí de ser una persona con capacidad para superar pérdidas y dificultades.

Como deducimos, es distinta la capacidad para elaborar las pérdidas y duelos consecuentes, sobre todo en el envejecimiento y vejez, cuando la persona posee esta capacidad que lo ampara, a diferencia de aquella que duda de poder, o incluso tiene la convicción de incapacidad, impotencia y desamparo.

Angustias persecutorias

Ante el temor a ser agredido –en diferentes formas o por tener representación de sí identificado con otros significativos poseedores de angustias persecutorias–, el sujeto padece angustias persecutorias. Ante ellas intenta contrarrestarlas mediante diversos tipos de defensas, pero puede suceder que las mencionadas angustias no sean compensadas y generen trastorno en el funcionamiento psíquico del tipo confusión, desorganización que determine déficit en el funcionamiento yoico y dificultades en cada vínculo.

Las defensas utilizadas son variadas, entre ellas evitación fóbica, masoquismo, rituales obsesivos, agresividad, etcétera pero tienen el inconveniente de las consecuencias derivadas de aquéllas; así, como en la situación anterior, también se producen restricciones en la persona y generan en ella sentimientos de impotencia para controlar su psiquis, la realidad y los vínculos. En este grupo etario, la presencia de angustias paranoides es muy frecuente.

Diferentes circunstancias pueden hacer surgir temores a ser castigado, por ejemplo: por "no portarse bien", por no querer ser internado en una institución geriátrica o por su habla "singular", lo cual lo lleva a evitar situaciones temidas aislándose o respondiendo agresivamente, con repercusiones en su familia o en conocidos, que a su vez modificarán la representación de sí, porque se ve retraído y con inhibiciones diversas, como evitar hablar y aislarse en su cuarto. Esto suele ser acompañado de un sentimiento de impotencia para realizar sus deseos y de caer en estados depresivos.

Realidad externa traumática

Todo suceso producido en la realidad externa adquiere una significación singular, pues existen fantasías que intervienen en su recepción y significación.

La fantasía es originada desde una generación intrapsíquica y por los discursos familiares y socioculturales. En resumen, diríamos que la realidad exterior está mediatizada por la realidad interna (fantasía).

Lo descrito alude a situaciones de la cotidianeidad, pero en la realidad externa existen acontecimientos que funcionan de un modo traumático, invadiendo al sujeto. Estos sucesos ocurren en cualquier etapa de la vida, pero adquieren intensa relevancia cuando aparecen en momentos evolutivos tempranos, cuando impera la inmadurez yoica y emocional. En otros términos, no existía el aparato psíquico o resultaban insuficientes las posibilidades de manejar estos acontecimientos, que eran sufridos de forma pasiva.

Algunas situaciones traumáticas externas relevantes en la evolución del proceso de duelo (la muerte de los padres, sobre todo durante la infancia –especialmente de la madre–, la ausencia de una figura sustituta adecuada, los abandonos, las separaciones, la dificultad para arraigarse, –claramente visible en familias que por diversas circunstancias migran a menudo–) generan pérdidas de múltiples tipos y dificultad de reconexión; o cuando padecemos de manera prolongada enfermedades graves e invalidantes o el sometimiento sostenido a personas sádicas, tiránicas y patológicas, como padres paranoicos o melancólicos.

En el psiquismo quedan inscripciones de que lo único que podemos hacer es penar por el objeto perdido, con sentimiento de impotencia por sentir que nada somos capaces de hacer frente a la realidad sentida como avasallante. Este aspecto es muy importante porque tiende a funcionar como punto de anclaje ante cualquier pérdida (predisposición a tener fijación por determinado objeto y dificultad para tramitar el proceso de duelo).

En este capítulo intentamos expresar las múltiples posibilidades que debemos considerar en el envejeciente y en el geronte ante las inevitables pérdidas y duelo inherentes a esta etapa de la vida.

Anhelamos erradicar la tendencia tan frecuente a pensar en esos problemas desde un modelo individual, cuando la realidad demuestra que debemos ubicarlo en una perspectiva vincular del sujeto y su contexto.

Bibliografía

Aizen, R. y cols. (1991), "El maltrato a los viejos, un síntoma social", Buenos Aires, Argentina: *Revista de Psicología y Psicoterapia de Grupos*, 3.4.

Aulagnier, P., *La violencia de la interpretación. Del pictograma al enunciado*, Buenos Aires: Amorrortu Editores.

Berenstein, I. (1991), *Reconsideración del concepto de vínculo. Los vínculos*, Psicoanálisis A. P. de B. A., vol. XIII, núm. 2, Buenos Aires.

Bleichmar, H. (1988), *La depresión: un estudio psicoanalítico*, Buenos Aires: Editorial Nueva Visión, 10a. edición.

—, (1983), *El narcisismo. Estudio sobre la enunciación y la gramática inconsciente*, Buenos Aires: Ediciones Nueva Visión.

—, (1997), *Avances en psicoterapia psicoanalítica*, Barcelona: Paidós.

Bowlby, J. (1980), *La pérdida afectiva*, Buenos Aires: Paidós.

— (1979), *Vínculos afectivos: formación, desarrollo y pérdida*, Madrid: Editorial Morta.

Davidson, B. (1994), *Envejecer en la sociedad actual*, XI Congreso Latinoamericano de Psicoterapia Analítica de Grupo, Buenos Aires.

Erikson, E. (1959), *Infancia y adolescencia*, Buenos Aires: Ediciones Horme.

Filidoro, O. (2002), *Del desamparo originario al desamparo sociocultural*, XVIII Congreso Argentino de Psiquiatría, panelista.

Freud, S. (1985) *Manuscrito G.*, Editorial Rueda, tomo XXII.

— (2000), *Proyecto de una psicología para neurólogos*, Edit. Rueda, tomo XXII.

— (1914), *Introducción al narcisismo*, Edit. Amorrortu.

— (1917), *Duelo y melancolía*, Edit. Rueda, tomo IX.

— (1926), *Inhibición, síntoma y angustia*, Edit. Rueda, tomo XI.

— (2000), "La división de la personalidad psíquica", en *Nuevas aportaciones al psicoanálisis*, tomo XVII, Edit. Rueda.

Hornstein, L. (2000), *Narcisismo. Autoestima, identidad, alteridad*, Buenos Aires, Argentina: Paidós, 1a. ed.

Juri, L. (2002), *Anhelos de reencuentro en el duelo. Subjetividad y cultura*, Jornada "Subjetividad, cultura y sociedad", 18-19 de octubre, Universidad Católica de La Plata, sede Rosario, Argentina.

Laplanche, J. (1970), *Vida y muerte en psicoanálisis*, Buenos Aires: Amorrortu Editores.

— Pontalis J. B. (1971), *Diccionario de psicoanálisis*, Barcelona: Editorial Labor.

Lifac, S. (1994), "Envejecer en la sociedad actual", en XI Congreso Latinoamericano de Psicoterapia Analítica de Grupo; Buenos Aires.

Murray Parkes, C. (1998), *Bereavement*, Internacional Universities Press, inc.

Ortiz Fischer, R. (2002), *Entrecruzamiento y choque cultural: interrogantes para repensar el desarrollo del sujeto actual*, panelista, XVIII Congreso Argentino de Psiquiatría, Mar del Plata.

— (2001), *El deseo y la depresión*, Jornada de la Universidad Católica de La Plata, sede Rosario.

— (1992), *Conceptualización del superyó paradójico en los trastornos narcisistas*, I Jornadas rosarinas de integración teórico-clínica en psicoanálisis, ADEP, Rosario, Dirección de Publicaciones de la Universidad Nacional de Rosario.

Rolla, E. (1991), *Senescencia*, Buenos Aires: Edit. Galerna.

— (1962), *Psicoterapia individual y grupal*, Buenos Aires: Ediciones Tres.

Rojas McSternbach, S. (1994), *Entre dos siglos*, Buenos Aires: Lugar Editorial.

Salvareza, L. (2002), *Psicogeriatría. Teoría y clínica*, Buenos Aires: Paidós.

— y otros (2002), *Adultos mayores. Actualidad psicológica*, septiembre, Buenos Aires.

— (2001), La psicogerontología y los viejos frente al siglo XXI, en *Envejecimiento, psiquis, poder y tiempo*, Buenos Aires: Eudeba.

Worden, J. W. (0000), *El tratamiento del duelo: asesoramiento psicológico y terapia*, Buenos Aires: Paidós.

Visión humana de la vejez.
Un enfoque desde la antropología del límite

RICARDO PETER
Benemérita Universidad Autónoma de Puebla, México

La vejez no es tan mala si uno considera la alternativa.
MAURICE CHEVALIER

Sobre la vejez podemos tener diversas creencias y opiniones, pero, para profundizar en el estudio de esta fase de la vida y considerar la vejez en su misma hondura, hemos de ir más allá de los fenómenos que la caracterizan, trascender el plano de las enfermedades y achaques de esta etapa y que la vuelven temida como algo que termina por estropear la vida.

Desde luego, la vejez no es la etapa del poder. Con ella se reduce la visión del futuro. No hay un porvenir para construir, sino un destino que mantener; tampoco hay mucho que poner en la jugada de la vida; además, disminuyen las posibilidades de volver a comenzar y arrancar la vida. Prácticamente, los sueños, no sólo desde el punto de vista psicológico, se han ido. ¿Cuál puede ser, sin embargo, la actitud humana apropiada ante esa etapa?

Por supuesto, para comprender lo que buscamos es necesario encarar la realidad esencial del hombre y desde ahí preguntarnos por la vejez; sin embargo, este nivel de comprensión no es posible en el ámbito de la medicina, de modo que la gerontología y la geriatría no determinan, en este caso, nuestra interpretación de la vejez, sino que lo hace la filosofía.

Lo anterior no implica que nuestro interés por el tema de la vejez sea puramente especulativo, sino todo lo contrario: recurrimos a la filosofía para ver la vejez de manera profunda y devolverle el valor que le es desconocido o repudiado por una cultura cuya contradicción consiste, finalmente, en querer vivir sin envejecer. Los seres humanos se desgastan, como todas las cosas, con los años; de aquí que el mito de Fausto vuelva infausta la existencia, pues para alcanzar su propio cumplimiento el hombre –y aquí radica la dificultad insuperable– debe, contradictoriamente, deteriorarse, pero esto es un privilegio, pues, como señalaría Sócrates, es el precio que pagamos por vivir.

Para lograr nuestro objetivo, que consiste en aceptar una concepción totalmente humana de la vejez, necesitamos movernos en el ámbito de la filosofía del ser y desde ahí reflexionar sobre la situación del ser del hombre.

Ahora bien, ¿qué resulta cuando damos ese paso? Que el ser del hombre se revela de inmediato como un ser impermanente, vale decir, como un ser débil, postrado, humillado y finalmente abatido por el límite. Y aquí entramos de lleno en el terreno propio de la antropología del límite, pues la concepción del hombre que maneja dicha antropología se enfanga enteramente en el concepto de límite. ¿Con qué objetivo? No para rebajarlo o deshonrarlo, sino para acreditarlo o saldarlo, es decir, para "atornillar" al hombre en su condición limitada.

De hecho, en su reflexión acerca del hombre, la antropología del límite, tomando como punto de partida el concepto de límite, realiza una revaloración de dicho concepto –menoscabado a lo largo del tiempo por cierta tradición filosófica–, corrige el entuerto y recupera y rectifica el sentido omitido o ignorado. En otras palabras, la antropología del límite devuelve al concepto de límite su alcance original y completo, como había sido determinado por Aristóteles y, de esta forma, revalora la misma condición limitada del hombre.

Desde el punto de vista que maneja la antropología del límite, todo lo que existe se revela *sostenido* –como si fuera una plataforma–, por el límite. De esta manera, el concepto de límite, a diferencia del sentido de *insuficiencia* (privación, carencia y negación), que se le atribuye y es subrayado tradicionalmente en los diccionarios de filosofía, adquiere ahora un carácter de *consistencia*. Lo limitado significa también espesor, densidad, resistencia, sinónimos, si queremos, del término *consistencia*. En conclusión: lo que existe se ve no sólo amenazado por su propia condición limitada, debido a su insuficiencia, sino también sostenido y consolidado por ella.

La alternativa al límite es sencillamente dejar de ser, perder la consistencia. De aquí que el límite sea lo más persuasivo, pues denota no sólo que algo es deficiente de ser, necesitado y carente, sino también que lo limitado está arraigado, afincado e implantado en el ser.

Notemos de paso, como algo curioso, que una de las dos raíces latinas para referirnos a la vejez, *vetulus* (de *vetus, eris*), viejo –que es un concepto más amplio que *senex, senis*, anciano–, alude no sólo a algo gastado, antiguo y pasado, sino que, por extensión, revela también algo *arraigado, firme* y *establecido*, que detenta una larga duración y que, finalmente, ha alcanzado su cumplimiento. Pareciera entonces que los términos *vejez* y *límite* coinciden en señalar al mismo tiempo ambos sentidos de insuficiencia y de consistencia.

La vejez es el estado que mejor revela la insuficiencia y la consistencia del ser del hombre. Como si dijéramos que con la vejez el hombre manifiesta su máxima insuficiencia –lo que a todas luces es evidente– y, a la vez, aquélla es la fase en que el hombre consigue su máxima consistencia. El viejo ha alcanzado su término, aunque éste, su culmen, coincide paradójicamente con el final de su vida. Esto parece contradictorio, pero los seres vivientes logran su acabamiento cuando se terminan acabando. Pero recuperemos el hilo y continuemos nuestro desarrollo.

Dando un paso más, cabe preguntar cómo es evidente el límite. Para la antropología del límite, éste es expresado como *necesidad*, o sea, el "lenguaje" propio del límite es la necesidad, la cual constituye el resultado o la manifestación del límite.

En el mundo de los organismos vivientes, que es el que nos interesa, desde la ameba hasta el hombre, la necesidad es el móvil del quehacer de todo ser viviente. Sin embargo, la necesidad en el hombre se manifiesta de manera diferente de cómo se expresa en el animal, y aquí se basa, para la antropología del límite, la diversidad sustancial entre el hombre y el animal.

La diferencia esencial consiste en que el animal no "conoce" su necesidad, de modo que aunque "yace" sobre el límite, no lo encuentra. No "sabe", diríamos, cuál es su límite. De aquí que en el ámbito del animal la necesidad tenga un carácter implacable. El animal vive la necesidad como algo forzoso, impelente, obligatorio y despótico. Pero, extrañamente, esto vuelve su existencia ligera, sostenible y soportable. En realidad, el animal es un prisionero imperturbado de su necesidad. Tiene el alivio de recibir instrucciones de la necesidad, la cual es su disciplina. No requiere valores para realizar, o para significar su existencia y orientar su vida.

¿Cómo se maneja, en cambio, el hombre en relación con la necesidad? Respecto a la necesidad, el hombre se "aloja" en otro universo; no vive en el ámbito de la necesidad, sino en el mundo de la *indigencia*. ¿En qué consiste esta diferencia? En que el hombre sabe de su necesidad.

De hecho, el término *indigencia* significa no sólo falta, necesidad o carencia de algo. La indigencia sugiere *echar de menos* algo, y aquí advertimos que su concepto evoca una especie de cognición, un *notar* o tener *noción* de algo. La indigencia manifiesta la adquisición de un conocimiento. El indigente no desconoce que es un ser necesitado, sino que *sabe* muy bien que es necesitado; más exactamente, tiene *conciencia de su necesidad*. La indigencia es, pues, la "razón" de la necesidad. Y este "saber" de la propia necesidad es lo que la antropología del límite denomina *indigencia*.

En ese contexto, la indigencia es propuesta como la primera manifestación antropológica del límite. Con la aparición de la indigencia, una parte de la biología culmina en antropología. Por esta razón, "la indigencia es para la antropología del límite el aspecto más exquisitamente antropológico que pueda manifestar el hombre en cuanto ser limitado".

Remarquemos, aunque a estas alturas resulte repetitivo, que para la antropología del límite el concepto de indigencia no está referido a lo económico en sí, a la falta de medios para alimentarse, vestirse, educarse, movilizarse, mantenerse o entretenerse. Hacemos un uso de la indigencia no sociológico, sino ontológico. Entonces, la indigencia está en relación con las necesidades y con el hecho de adquirir conciencia de poseer un ser deficiente, escaso, carente: con la conciencia de la propia condición limitada. En su "santuario ontológico", como nos gusta decir, el hombre se percibe indigente.

El hombre es el único animal referido *intencionalmente* a su necesidad, es decir, al carácter limitado de su existencia. Para la antropología del límite, la indigencia zafa al hombre del mundo animal, pues aquél es capaz de encontrar una razón y autodeterminarse frente a sus necesidades. Esta referencia constituye la singularidad del hombre.

El mundo de lo antropológico coincide con la indigencia, pues hablar de ella significa preguntarse por el límite y pedir una explicación, un motivo, una causa: en definitiva, una "razón". En busca de una respuesta, la indigencia abre al hombre al mundo de los valores y significados y hace de él otra cosa, además de animal: lo vuelve un animal en grado de humanizarse, esto es, de aceptarse como ser indigente.

La indigencia suplanta la necesidad; sin embargo, al combinar la existencia con la conciencia del propio existir, la indigencia crea un tipo de juego o de dinámica que el animal no conoce. De hecho, la indigencia es la responsable de que la vida del hombre sea enteramente paradójica. ¿A qué aludimos?

La indigencia, que no es de cosas ni de objetos sino de ser, constituye la fuente de la incolmable e incalmable necesidad del hombre. La indigencia abre al hombre y al abrirlo hace de él un proyecto, una tarea que debe terminarse en un tiempo limitado, pero, al mismo tiempo, lo involucra en una dinámica sólo agotada con la muerte, pues el proyecto no es cumplido, sino que queda abierto. Pero cuando un ser se abre a causa de su indigencia, ésta revela, además, un carácter fundamentalmente relacional, o sea, muestra que el hombre se realiza sólo en la medida en que asume su propio ser indigente.

En la práctica, lo anterior se reduce a que el hombre "presagia" su límite definitivo y su acercamiento a él. Aunque suene poético, el hombre "encuentra" su límite mucho antes que el límite lo halle a él. En efecto, el hombre sabe no sólo de su muerte (el límite que pone término a todas las limitaciones) antes de que ésta se cumpla, sino también de encaminarse hacia ella y que la vejez es la etapa preparatoria. Desde su nacimiento, el hombre está, pues, referido a la vejez; sabe que avanza hacia la totalidad del ciclo vital, que empalma con la propia impermanencia. Por este motivo, ser para el hombre es revelado como una carga pesada y arriesgada.

En ese horizonte existencial, la vejez es propuesta como una manera de relacionarse y de encarar la propia indigencia, pues en la actitud que el hombre asume ante este "saber", el hombre decide su suerte: se acepta o se rechaza, se humaniza o se deshumaniza.

Como vemos, para la antropología del límite, el juego, la paradoja a que aludíamos, es resuelta en la aceptación de la indigencia, de ese saberse irrevocablemente limitado. El hombre sabe de la precariedad de su existir. Aunque la vejez no llega en un día, pues se envejece cada día, el hombre está consciente de que carece de suficiente consistencia para vivir.

¿Qué significa esa conexión? Que el hecho de ser indigente permite al hombre percibirse como un acontecer, como algo que acaece, como una *ocurrencia*: algo que llega y pasa, que es necesario, por lo tanto, que pase. El hombre sabe que le ha ocurrido la existencia, pero, en la tensión a su propio acontecer, vislumbra desde muy temprano que un día dejará de "ocurrir", que pasará de la historia definitivamente.

Para el hombre, ocurrir le facilita avanzar, devenir, hacia su madurez. La vejez es la etapa obligatoria para el florecimiento, aunque lo es también para el entumecimiento definitivo. En el hombre, la realización, el "despertar" más alto a la vida, confina con la proximidad a su letargo definitivo. La vejez es, en definitiva, una actitud ante la indigencia, como la hemos descrito.

Sin embargo, la actitud ante la vejez es un producto totalmente histórico, determinado por la mentalidad dominante de la época. Cabe preguntarse entonces: ¿qué factores influyen en la vida actual en la manera como envejecemos?, ¿qué presiones ejerce la cultura sobre la actitud que tomamos frente a nuestro envejecimiento?

Una cultura como la nuestra, que destaca por su tendencia al perfeccionismo, porque desconoce los límites (en este caso, el envejecimiento, las arrugas, la flacidez del cuerpo, la pérdida de memoria y de brillantez), que fomenta mediante una tecnología de mercado (cirugía plástica, gel de hidratación continua, cremas que detienen las arrugas y las manchas de la piel, dietas, cinturones vigorizantes para mantener cuerpos resplandecientes, etcétera), que ofrece como apoyo una filosofía que celebra la *Perfect Age*, tiene la fuerza para volver el proceso natural de envejecimiento en una etapa luctuosa que vemos llegar con espanto. De hecho, hemos logrado que la vejez se convierta en un nuevo factor de estrés.

Ante esa mentalidad, en un mundo donde la vejez no encuentra su espacio, la valentía se vuelve la virtud de la vejez. Y la primera valentía frente a dicha mentalidad consiste en reconocer el paso del tiempo y rescatar la hondura que trae la vejez consigo. La manera de realizarse es envejecer.

En realidad, para permanecer en el marco de la paradoja de la existencia, lo nuevo de la vida es la vejez, lo joven ya es lo viejo. Madurar a fondo, pues, seguir el ciclo de la vida hasta sus últimas consecuencias, llenar los años de vida, es la forma de tomar en serio nuestra indigencia.

El valor y el sentido más profundo que pueda dar el hombre a la vejez residen en aceptarla. Dicho de paso, posiblemente la aceptación reduce el riesgo de padecer enfermedades mentales. Así, el hombre culmina no sólo su último poema, la vejez, sino también su mismo proceso de humanización. La plena fidelidad a la vejez es la plena fidelidad a lo humano.

Bibliografía

Peter, R. (1998), *Honra tu límite, fundamentos filosóficos de la terapia de la imperfección*, México: BUAP.

La mujer de edad avanzada: urgencia de cambio para el desarrollo social

Gema Quintero Danauy
The Center on Aging, Florida International University, Estados Unidos

La mujer de edad avanzada y el desarrollo social

La población de más de 60 años está creciendo en el mundo en proporciones inesperadas. El impacto de ese crecimiento es comentado por políticos, economistas, sociólogos, profesionales de la salud, juristas y planificadores, entre otros, por las consecuencias de este fenómeno sin precedentes en la historia de la humanidad.

El envejecimiento de la población es considerado un éxito científico y social, pues constituye un indicador de mejores condiciones de vida y de salud; además, representa una disminución de la mortalidad y un incremento de la esperanza de vida. A consecuencia de esto, la longevidad se ha convertido en un indicador de desarrollo y de comparabilidad entre cada país.

Sin embargo, este avance también representa la necesidad de analizar las similitudes y diferencias de regiones y países acerca de los problemas del envejecimiento y la vejez. En el mundo moderno, a la vez que ha habido un desarrollo no armónico entre las naciones, fueron desarrollados valores en la cultura universal e instituciones de cooperación y ayuda (ONU, OMS, Unicef, Unesco) que promueven proyectos que hacen posible registros de datos y estudios comparativos del grado de desarrollo y condiciones de vida y de salud de las naciones. Por ello, es necesario valorar la calidad de vida de las naciones y ejecutar planes de ayuda que aseguren una equidad aceptable (Quintero, 1997).

El envejecimiento de la población ha sido asociado con los países más industrializados, pero es un proceso que también ocurre en naciones menos desarrolladas (U.S. Bureau of the Census, 2002). El mundo, en su totalidad, enfrenta nuevos problemas derivados de los rápidos cambios en la estructura de la población, como los servicios de salud y seguridad social, el costo de la atención medica y la educación.

Una rápida hojeada a las cifras acerca del envejecimiento definen la situación (WHO, 2002), a saber:

a. En el año 2000, la cifra de personas de más de 60 años fue de 600 millones; en el 2050 será de 1 200 millones.

b. Actualmente dos tercios de la población adulta mayor viven en países en desarrollo, y para el 2025 será de 75 por ciento.

c. En los países desarrollados, los grupos de más de 80 años son los de más rápido crecimiento.

d. Las mujeres sobreviven a los hombres en todos los países, por lo que en edades avanzadas la proporción mujer/hombre será de 2:1.

El envejecimiento de la población pasará a ser un asunto de primordial importancia en los países en desarrollo que, según se proyecta, aumentará rápidamente en la primera mitad del siglo XXI. Esperamos que para 2050 el porcentaje de personas de más de 60 años crecerá de 8 a 19%, mientras que el de niños descenderá de 33 a 22%. Este cambio demográfico plantea un problema importante en materia de recursos. Aunque los países desarrollados han envejecido gradualmente, enfrentan problemas resultantes de la relación entre el envejecimiento y el desempleo y la sostenibilidad de los sistemas de pensiones, mientras que los países en desarrollo afrontan el problema de un desarrollo simultáneo con el envejecimiento de la población (Segunda Asamblea Mundial sobre Envejecimiento, 2002).

Por desgracia, el costo de ese envejecimiento global probablemente estará más allá de los recursos de las naciones, incluidas las más ricas, aun si los sistemas de retiro actuales fueran reformados de manera drástica. Los problemas causados por la población envejecida no sólo dominarán las agendas de políticas públicas, sino también alterarán en lo fundamental el orden geopolítico del planeta (Hawksworth, 2002).

Otra de las consecuencias del envejecimiento es referida al incremento del número de mujeres observado, mientras que la esperanza de vida corresponde a más años vividos a la mujer en todos los países del mundo (U.S. Bureau of the Census). La sociedad envejecida es básicamente femenina.

La formulación de políticas sobre la situación de las mujeres de edad debería ser una prioridad en todas partes. Reconocer los efectos diferenciales del envejecimiento por sexo es esencial para lograr la plena igualdad y para formular medidas eficaces con el fin de hacer frente al problema. Por consiguiente, es decisivo integrar una perspectiva de género en todas las políticas, programas y leyes (Segunda Asamblea Mundial de Envejecimiento, 2002).

El término *feminización del envejecimiento* es utilizado no sólo para señalar la mayor proporción de mujeres envejecidas y su mayor longevidad, sino también para describir riesgos asociados con los tradicionales roles femeninos (Duque, 2002).

El enfoque de género ha sido proclamado por diferentes instituciones (Cuarta Conferencia Mundial sobre la Mujer, 1995, ONU, 2001, Segunda Asamblea Mundial sobre Envejecimiento, 2002), donde se ha destacado la contribución de la mujer a la sociedad y su falta de reconocimiento. Debemos dedicar atención especial y mayor investigación a estos problemas, ya que hay pocos datos desglosados por sexo y edad como elemento esencial de la planificación y evaluación de políticas.

Múltiples argumentos son sostenidos para analizar el envejecimiento con un enfoque de género. El hombre y la mujer experimentan el envejecimiento de formas diferentes en cuanto a:

• Esperanza de vida.
• Patrones de salud.
• Nivel económico.
• Estado y oportunidad marital.
• Apoyo social.
• Empleo y retiro.

La mujer envejecida tiene más probabilidades que el hombre de ser pobre, tener entradas económicas insuficientes, ser viuda y convertirse en cuidadora de otros familiares. Con estos argumentos, entre otros, se justifica una mirada especial para enfrentar el problema del envejecimiento femenino. Tales diferencias merecen una profunda valoración acerca de su impacto en la organización social, políticas de salud, la comunidad, la familia y el propio individuo.

La longevidad de la mujer es explicada por teorías genéticas y conductuales (Ferrini, 2000). La hipótesis genética refiere que los cromosomas femeninos realizan una importante función sobre el sistema inmunológico, que hace a la mujer más resistente a enfermedades infecciosas y daños celulares.

Por un lado, las hipótesis sociales señalan que, independientemente de la raza, el clima, la región del mundo donde se habite o cualquier otra variable estudiada, la mujer vive más tiempo que el hombre. El incremento de la mortalidad masculina sucede a consecuencia del más alto riesgo a que están expuestos los hombres en lo que respecta a accidentes, homicidio, suicidio, tabaquismo y alcoholismo. Por otro lado, los hombres son menos interesados en cuidar su salud y hacer visitas médicas, además de que poseen una personalidad más agresiva y competitiva que las mujeres.

La longevidad femenina no siempre representa una ventaja. En muchas ocasiones, llegar a una edad avanzada mantiene y recrudece la historia de desventajas, desigualdades y falta de oportunidades que ha acompañado a la mujer en todas las épocas.

Desde hace algunos años, los movimientos en pro de la mujer han provocado cambios en algunos países, reduciéndose así las diferencias en materia de salud y educación; sin embargo, éstas persisten en muchos otros aspectos, entre ellos los ingresos, la incorporación laboral y las actitudes sociales. La desigualdad en la condición de género ocurre en todos los países del mundo, como lo demuestra el llamado *índice de desarrollo de la mujer* (IDM) promovido por el Programa de Naciones Unidas para el Desarrollo (PNUD), el cual es inferior al índice de desarrollo humano.

En su informe 1995, el PNUD muestra el análisis de 130 países en cuanto al IDM, y, entre otros aspectos, concluye que (PNUD, 1995):

- Ninguna sociedad trata a sus mujeres tan bien como a sus hombres.
- En los últimos decenios ha habido apreciables adelantos, aun cuando sea mucho lo que todavía quede por hacer.

Pero esta situación se recrudece en aquellos países donde el IDH muestra cifras inferiores, interpretándose que las mujeres enfrentan doble deprivación. Primero, causado por el bajo índice de desarrollo del país en su totalidad, lo cual significa un estado de pobreza generalizado y, en segundo lugar, el grado de desarrollo de la mujer inferior al del hombre.

Cifras actuales revelan que las mujeres constituyen alrededor de 70% de los pobres; de ellas, dos terceras partes son analfabetas, ocupan cargos administrativos y ejecutivos sólo 14%, 10% de los escaños parlamentarios y 6% de los cargos en gabinetes nacionales (PNUD, 1995), sin mencionar otras desigualdades y desventajas, como maltrato, violencia, exceso de trabajo y en algunos países con condiciones de vida infrahumanas, lo cual es inconcebible en un siglo en el que hablamos de desarrollo humano. A todo ese panorama se suma el cuadro de la mujer envejecida, otro elemento de discriminación y marginación.

Al parecer, la longevidad en sí misma no representa, en estos casos, ningún éxito, ya que sus consecuencias provocan la reducción de su mermada participación social, así como incrementan su deterioro social, económico y cultural.

La condición de mujer envejecida y pobre es un binomio cruel, pero muy común. La pobreza del país se vuelve más drástica en la mujer de edad avanzada, el arduo trabajo acumulado durante años y el que realiza muchas veces aun siendo ya una anciana, la extensa familia construida y que no siempre representa una fuente de apoyo, constituyen una gran parte del panorama del mundo actual.

Tal situación se vuelve más desventajosa en aquellos países en vías de desarrollo que han emprendido el camino de la urbanización y modernización acelerada, lo que provoca una ruptura abrupta de valores, costumbres y tradiciones establecidas sin presentarse una adecuada alternativa de vida en las nuevas condiciones. La modernización implica cambios de roles tradicionales, fundamentalmente los referidos a la crianza de nietos y cuidados de familiares enfermos (aspectos culturalmente determinados a realizar, aunque no sean totalmente favorecedores al desarrollo de la mujer). La modernización resulta entonces una contradicción, esperamos que sea un determinante del progreso social, y se convierte en una situación que contribuye aún más a la inadaptación y al deterioro.

En datos aportados por la OMS constatamos que aun en países como Bangla Desh, donde el cuidado de las viudas es un deber de los niños, el rápido incremento de la mujer viuda abandonada es un problema crítico de las áreas urbanas (Paine, 1995). Así ocurre también en la India, donde la urbanización ha causado disturbios al sistema familiar que cuidaba los ancianos, agravándose la situación ante el hecho de que muy pocas mujeres tienen independencia económica.

En conclusión, la pobreza y la modernización no generan grandes beneficios a las personas que continúan siendo tan pobres como antes, y donde la mujer de edad avanzada se vuelve más aislada y vulnerable ante la ausencia de políticas y programas de seguridad social que favorezcan su adaptación.

Pero no sólo esos asuntos son propios de economías subdesarrolladas, pues naciones como Estados Unidos reportan problemas de la mujer anciana en aspectos diferentes. Los índices de pobreza y las discriminaciones por raza son asuntos que deben enfrentar las mujeres ancianas en este país. El 43% de las viudas en la Unión Americana viven solas y de este grupo el 30% en niveles de pobreza, muchas de ellas muy viejas y frágiles, mientras que los hombres cuentan con ingresos más altos y viven en familia.

En una situación más crítica se encuentra la mitad de las mujeres viejas afroamericanas, un cuarto de las hispanas y alrededor de 15% de las ancianas blancas, quienes viven por debajo de los niveles oficiales de pobreza. Otros grupos también considerados frágiles son las mujeres de edad avanzada homosexuales, muchas veces discriminadas también por esta condición. También se suman otros riesgos para las que viven en zonas rurales de difícil acceso, las cuales son susceptibles de agresiones, asaltos y violencia (Lewis, 1985).

La consideración que alcancen la mujer y la vejez en cualquier sociedad constituirá un paso importantísimo hacia el desarrollo y un fuerte indicador de éste. El reconocimiento de la igualdad de derecho entre la mujer y el hombre, así como la decisión de combatir la discriminación basada en el sexo y la edad se convertirán en un indicador de contribución al desarrollo que distinguirá el progreso social en los diferentes países.

La reciente atención prestada al envejecimiento femenino necesita una información que contribuya a establecer políticas más equitativas en todos los países. Es importante contar con conocimientos acerca de las necesidades de cada grupo poblacional, por lo que se requieren más amplias y profundas investigaciones para elaborar estrategias de apoyo al desarrollo de nuevos programas. La diferencia entre los países debe ser el punto de partida para enfrentar un problema común, pero en condiciones muy disímiles.

El desarrollo humano es un proceso de ampliación de las opciones de todas las personas, y destacan aquellos que han ocupado tradicionalmente lugares relegados en diferentes sociedades. Las mujeres y los ancianos pertenecen a este grupo.

La mujer envejecida en diferentes países

Muchos de los problemas sociales y de salud en países desarrollados y en vías de desarrollo son similares, aunque las causas resultan diferentes

(Bonita, 1998). Las mujeres en países en desarrollo sufren de desnutrición, mientras que las mujeres en países desarrollados sufren de estilos de vida sedentarios y regímenes alimentarios deficientes (PAHO, 2001).

La teoría de la transición demográfica se refiere al proceso de cambio gradual de una sociedad respecto a determinados indicadores de fertilidad y mortalidad. La población comienza a envejecer cuando la fertilidad declina y disminuye la mortalidad. La transición demográfica es analizada en los últimos tiempos con un enfoque de género al aumentar la supervivencia femenina. Al respecto son identificadas tres fases (Bonita, 1998):

- *Primera fase*: la esperanza de vida de hombres y mujeres es similarmente baja. La mortalidad materna es alta.
- *Segunda fase*: reducción de la mortalidad materna, reducción de la natalidad y extensión de la esperanza de vida femenina.
- *Tercera fase*: aumenta la esperanza de vida femenina.

En la primera fase se encuentran países muy pobres, donde la salud y la alimentación afectan fundamentalmente al sector femenino. La segunda fase agrupa a países más desarrollados, donde han sido mejorados los niveles de vida de la población. La última fase de la transición está surgiendo en países altamente industrializados, aunque esta tendencia en la esperanza de vida femenina pudiera cambiar. El incremento de la mortalidad masculina podrá equilibrarse con la femenina si la mujer continúa adquiriendo hábitos nocivos a su salud, como observamos en los últimos años con el hábito de fumar.

Los contrastes en el proceso de envejecimiento entre los países son múltiples. Sabemos que la mujer en Japón y Francia vive en promedio más de 80 años, mientras que en Sierra Leona alcanza sólo 35. En Senegal, las mujeres pasan 17 horas a la semana colectando agua, en Perú más de dos horas diarias recogiendo madera para combustible y en Afganistán no son admitidas en la mayoría de los hospitales (Barrera, 1999).

A continuación expondremos algunos aspectos del envejecimiento femenino en Bolivia y Estados Unidos, dos países que a pesar de ser económica y culturalmente distintos, muestran ambos un tratamiento discriminatorio con respecto a la situación de la mujer envejecida.

Bolivia

Ocupa el lugar 116 entre 174 países; de acuerdo con el índice de desarrollo humano, 70% de sus familias sufren pobreza, la esperanza de vida al nacer es de 62 años y 6% de la población tiene más de 60 años, aunque la cifra es menor cuando se trata de la población rural (PNUD, 1995).

Características generales de la población femenina envejecida

- Los hombres casados representan 35%, mientras las mujeres 25%; los hombres viudos 9% y las mujeres 23 por ciento.
- La fuerza laboral masculina es de 80% y la femenina de 38 por ciento.
- La población mayor es esencialmente hablante de lenguas nativas, sobre todo en las zonas rurales.
- 41% de los hombres y 68% de las mujeres no tienen ningún nivel de instrucción.
- La participación en el ingreso es mucho menor en las mujeres que en los hombres.
- El país no cuenta con legislación específicamente dirigida a la protección de los ancianos.
- 58% de la población anciana es indocumentada.

Los sectores que entre la población de personas mayores sufren más discriminación son las mujeres... y los campesinos... cuando migran a las ciudades (Zerda, 2000).

Podemos caracterizar a la población adulta mayor boliviana como femenina, indígena, campesina con tendencia a emigrar a las ciudades... pluricultural... y multilingüe... Este fenómeno implica tomar en cuenta el factor cultural como lineamiento básico en el desarrollo de cualquier tipo de políticas a favor de las personas mayores (Zerda, 2000).

Los problemas de este país se concentran en la pobreza, evidenciándose la dramática situación de desatención en que vive la población adulta mayor.

Estados Unidos

Este país se encuentra entre los primeros según la clasificación del índice de desarrollo humano. La esperanza de vida al nacer es de 76 años y 13% de la población tiene más de 65 (U. S. Census Bureau, 1999).

Características generales de la población femenina envejecida (U. S. Census Bureau, 1999)

- Las viudas se hallan en más altos porcentajes que los viudos.
- La fuerza laboral femenina es menor que la masculina en todos los grupos de edades.
- La educación es más alta para los hombres en todos los grupos.
- 10% de la población mayor de 55 años son pobres. Las mujeres alcanzan las cifras superiores de pobreza y llegan hasta 15% en el rango de 75 años y más.
- Existe un seguro social para los trabajadores retirados, seguro de salud (Medicare) que es insuficiente en muchos casos.
- Existe cobertura de salud a personas con muy bajos ingresos (Medicaid).

Estados Unidos es un país con alto nivel de desarrollo económico y tecnológico, pero con notorias diferencias entre los distintos grupos de la población, como los nativos, los afroamericanos y los hispanos. A pesar de esta privilegiada posición, aún quedan muchos problemas por resolver en cuanto a los ancianos.

Como el envejecimiento poblacional es un fenómeno mundial, la transición demográfica de países desarrollados y en vías de desarrollo ocurre de formas muy diferentes. Los países desarrollados experimentan el cambio de manera más lenta y han podido perfeccionar políticas sociales y de salud acordes con sus características. Sin embargo, los países en vías de desarrollo verán un proceso de envejecimiento mucho más acelerado, sin la infraestructura ni los recursos para prevenir las consecuencias, sumándose este cambio a una cadena bastante extensa de problemas económicos y sociales no resueltos.

Nivel de salud de la mujer envejecida

Existen diferencias entre la salud de la mujer y el hombre determinadas no solamente por rasgos biológicos distintivos en cuanto a sexo, sino también por condiciones sociales que regulan las relaciones de género.

La evidencia demuestra que las mujeres se encuentran en una posición desventajosa respecto al control de los recursos necesarios para la protección de la salud, al mismo tiempo que su contribución protagónica al desarrollo de la salud de su familia no goza de justo reconocimiento y apoyo social (Gómez, 1997).

El acceso a los servicios de salud desempeña una función fundamental en la calidad de vida de las mujeres de mayor edad. Esto incluye, además del acceso y los recursos para pagarlos, la forma como son tratadas por los profesionales de la salud. Hay una tendencia inquietante a prescribir medicamentos para las mujeres mayores, en vez de buscar las causas de sus problemas de salud, asunto que puede tener graves repercusiones (PAHO, 2001).

Los problemas de salud priorizados para la mujer envejecida, según la OMS (Bonita, 1998), son determinados por los criterios siguientes (señalamos sólo algunos):

- Que tengan repercusión en países desarrollados y en vías de desarrollo.
- Que posean una alta prevalencia en edades mayores de 50 años.
- Que tengan mucho más impacto en la mujer que en el hombre.

Las enfermedades cardiovasculares y cerebrovasculares, el cáncer, la osteoporosis, la incontinencia y los padecimientos mentales como la depresión y la demencia fueron identificados como las áreas donde la mujer presenta más problemas de salud. Sin embargo, a pesar de la importancia y las posibilidades de prevenir las enfermedades cardiovasculares, pocos estudios se han realizado con grupos específicamente de mujeres.

Abundante información científica ha sido acumulada en relación con las causas de muerte en hombres, pero mucho menos conocidas son las causas de muerte en la mujer. A su vez, importantes diferencias han sido señaladas en cuanto a la aparición y curso de algunas enfermedades. Los infartos cardíacos ocurren 10 años más tarde en la mujer, con síntomas diferentes. En el término de un año mueren 27% de los hombres y la cifra para las mujeres es de 44 porciento.

Las mujeres tienen un sistema inmune más fuerte que el de los hombres, lo cual las hace más resistentes a las enfermedades. Sin embargo, esta fortaleza del sistema inmunológico significa que tienen más probabilidades de contraer enfermedades autoinmunes, como artritis reumatoide, lupus y esclerosis múltiple (Bonita, 1998).

Dado el predominio del sexo femenino en la población envejecida, la mujer debía ocupar un lugar más relevante en los estudios gerontológicos, pero paradójicamente no sucede así. Hasta mediados de la década de 1970, las mujeres fueron incluidas en estos estudios, por ejemplo: uno de los estudios más importantes de Estados Unidos, el Baltimore

Longitudinal Study, no incluyó a las mujeres hasta 1978, argumentando que los cambios hormonales producidos en la mujer pudieran afectar los resultados del estudio (Hooyman, 1999).

Graves consecuencias produjo en Estados Unidos la exclusión de las mujeres de los ensayos clínicos con medicamentos, argumentándose sus posibilidades de embarazo, variaciones en el ciclo menstrual y, lo que es peor, asumir que la base química del organismo del hombre y la mujer son semejantes. Afortunadamente estos criterios han cambiado (Ransdell, 2001). La repercusión de estos hechos fue negativa, a tal punto que en 1986 el National Institute of Health solicitó que las mujeres fueran incluidas en todos los ensayos clínicos (Shalala, 2000). En resumen, no es tomado en consideración el sexo de los pacientes para su diagnóstico y tratamiento. La discriminación por género cuesta vidas, limita oportunidades y desvalora el país.

En países subdesarrollados, la deficiencia nutricional es más común en las mujeres viejas que en otros grupos de edades y sexo, quienes trabajan más horas y comen menos, en muchos casos por favorecer la alimentación del resto de la familia.

Otro importante indicador social de salud es el referido a la educación. Una relación altamente significativa se encuentra entre una mejor educación, un alto estado de salud y una prolongación exitosa de la vida. Cuanto más alta sea la educación, mejor recuperación habrá de enfermedades y menor posibilidad de discapacidades.

Los países en vías de desarrollo presentan altas cifras de analfabetismo a causa de las mencionadas dificultades económicas, falta de oportunidades y prejuicios especialmente hacia la instrucción de la mujer, lo cual impide trasladar las consecuencias beneficiosas de su educación a la salud familiar y a la comunidad.

Por otra parte, países desarrollados alcanzan más altos niveles de educación. Estados Unidos muestra una población anciana con un incremento en la educación comparado con años anteriores, pero con una marcada desigualdad para las diferentes minorías (U. S. Census Bureau, 1999).

La mujer y el ámbito laboral

Las mujeres trabajan mayor cantidad de horas que los hombres, pues al tiempo laboral agregan el tiempo doméstico, actividad que realiza fundamentalmente la mujer y que no es contabilizada en ningún país. La mujer anciana trabajadora en naciones pobres muestra una situación aún más precaria por esta doble función, que muchas veces es subvalorada y olvidamos la importancia que para la sociedad tiene el cuidado de los hijos y la familia.

El trabajo femenino se expresa, según el citado informe sobre desarrollo humano de 1995, de la manera siguiente:

a. Del volumen total de trabajo, las mujeres realizan más de la mitad.

b. Del trabajo total masculino, las tres cuartas partes corresponde a actividades comerciales remuneradas, mientras que del trabajo de la mujer sólo un tercio corresponde a actividades remuneradas. Por consiguiente:

c. Los hombres reciben ingresos y reconocimiento por su contribución económica, mientras que la mayor parte del trabajo de la mujer sigue no remunerado, no reconocido y no valorado.

El trabajo femenino en países pobres es circunscrito a la atención del hogar o al arduo trabajo en las zonas rurales. El trabajo de las mujeres en países en desarrollo está concentrado en los sectores informal, agropecuario y de servicios; además, tienen menos acceso a la protección social y al seguro de salud, lo que repercute negativamente en su ciclo de vida y afecta en gran medida su salud en la vejez (PAHO, 2001).

Las razones que provocan esta situación, muchas de ellas expresadas anteriormente en este trabajo, son múltiples. En Bolivia, cuando hablamos de la remuneración que reciben por el trabajo realizado, se notan diferencias relativas al género en perjuicio de las mujeres. Sus salarios son notoriamente menores (34 USD) que los de los hombres (51 USD). De la población económicamente inactiva masculina, 68% recibe jubilación frente a 11% de la femenina (Zerda, 2000).

Uno de los grupos más pobres en Estados Unidos lo forman las mujeres mayores de 65 años, con cifras de 16%. A la edad de 44 años, el sueldo de las mujeres empieza a declinar, mientras que el de los hombres sigue ascendiendo hasta los 55 años. Las mujeres que han permanecido casadas con el mismo esposo reciben un retiro (de sus esposos) más alto que el de las viudas o divorciadas. Por otro lado, 66% de las mujeres afroamericanas envejecidas que no viven con sus familias y 61% de las hispanas que viven solas tienen ingresos económicos por debajo de los niveles de pobreza (Hooyman, 1999); además, existen muchos grupos de personas pobres entre los adultos mayores, incluidas las mujeres no casadas. El gobierno ha reconocido la necesidad de reducir la pobreza, para lo cual ha mejorado los beneficios del seguro social (Center on Budget and Policy Priorities, 2000).

La mujer de edad media tiene más probabilidades de ser desempleada o trabajar a medio tiempo en industrias que no ofrecen ningún beneficio. Si dependen de los esposos, son muy vulnerables a perder sus beneficios a causa de divorcio, retiro del esposo, desempleo o muerte. Muchas mujeres mayores tienen sólo parte de su cobertura médica por medio del Medicare, lo cual significa una afectación adicional a sus bajos ingresos, y tienen que gastar dinero de su bolsillo para completar los altos costos de salud (Administration on Aging, 2001); asimismo, 60% de los usuarios de Medicare son mujeres de más de 65 años. Otros datos muestran que la beneficiaria promedio de Medicare empleó alrededor de 21% (2 605 USD) de sus ingresos en cuidados de salud en 1996 (Seniors in Action, 2001).

La incorporación de la mujer a la vida laboral activa se encuentra plagada de mitos y prejuicios. Conocemos la dificultad que afronta en muchos países con el acceso a determinadas plazas establecidas para ocuparlas los hombres, los diferentes sueldos en detrimento siempre de la mujer, y la concepción de ésta después de jubilada. Uno de los cambios más importantes en la vida de las personas es el momento del retiro con sus aspectos positivos y negativos, entre los que destacan la poca preparación que tiene la mujer llegado este momento. Las investigaciones respecto al ajuste de la mujer a la jubilación son escasas. Estudios realizados en Estados Unidos y Canadá demuestran que la mujer no tiene educación para el manejo de sus finanzas (National Center on Women and Aging, 1998); además, su retiro ha sido afectado por los múltiples roles que ha debido afrontar durante toda su vida (Zimmerman, 2000). Otros temas, como la menopausia o el síndrome del nido vacío, han sido más explorados que las consecuencias del retiro. Obvias razones de estereotipo social respaldan esta conducta científica.

En muchos países aún existe la normativa del retiro obligatorio, el cual (paradójicamente) es más temprano para la mujer, quien pasará más años (porque vive más) en su condición de retirada, con menores ingresos y con menos tiempo para acumular beneficios.

Otro ejemplo de los prejuicios por género es el demostrado en el plan de retiro del seguro social en Estados Unidos, el cual mantiene una estructura arcaica que perjudica fundamentalmente a la mujer. Por citar sólo un ejemplo de este documento, las viudas que se vuelven discapacitadas siete años después de la muerte del esposo no son elegibles para obtener beneficios (Seniors in Action, 2001).

La idea generalizada de que la familia es el espacio fundamental para desarrollar su vida, supone que la jubilación representa para la mujer su retorno al ámbito doméstico. El primer cuestionamiento sería: ¿estuvo alguna vez la mujer verdaderamente fuera de este ámbito? La inserción de la mujer al entorno público no la desliga de la identidad de ama de casa.

Cuando planteamos que las mujeres son menos afectadas ante el hecho de la jubilación, ofrecemos una visión distorsionada e incompleta del asunto. El trabajo representa independencia de todo tipo: social, económico, ampliación de las relaciones sociales y autoconfirmación de la personalidad. El rompimiento con esta actividad y el regreso al ámbito hogareño puede crear los mismos niveles de inconformidad manifestados en muchas ocasiones en el hombre. No debemos considerar una realidad que la mujer realice una mejor adaptación ante la pérdida del estatus laboral.

Otro aspecto por resaltar es el derivado de la tendencia actual en casi todos los países a educar a la mujer, lo cual puede recrudecer esta situación. Al aumentar el nivel de instrucción, será ampliado el horizonte laboral femenino, lo que implica mejor posición social, laboral y una elevada autoestima, cuestiones aún más difíciles de abandonar por el escenario hogareño.

El papel que desempeña la mujer como fuerza laboral en los planes y programas sociales debe contemplar con mucho rigor esta controversial situación social que aumentará cada vez más.

Imagen de la mujer en edades tardías

Las actitudes hacia la mujer de edad avanzada son expresadas de forma muy variada en diferentes culturas. En sociedades más tradicionales, alcanzar esta edad representa prestigio, oportunidad y poder, todo lo cual no tiene el mismo valor en la sociedad moderna, con excepción de los países del norte de Europa, donde observamos un rol más activo para la mujer.

Los estereotipos y prejuicios asociados a la imagen social de la mujer de avanzada edad implican una gran desventaja social. En diferentes estudios realizados, los hombres son mencionados generalmente de manera más favorable y el envejecimiento de éstos lo vemos mucho más tardío. Los estudios de la imagen del cuerpo de la mujer mayor han sido ignorados, de modo que la belleza ha sido restringida a criterios de juventud y delgadez. La mujer mayor ha tenido que enfrentar el reto de mantener su autoestima construyendo una evaluación positiva de sí misma (Hurd, 2000).

Los medios de comunicación también transmiten una imagen diferente del hombre y la mujer en edades avanzadas. Mientras los hombres de 50 y 60 años realizan actividades de contenido amoroso con personas aún más jóvenes que ellos, las mujeres de estas edades son usadas para anunciar laxantes, dentaduras, dar consejos de cocina o, por el contrario, se encuentran completamente ignoradas en los medios (Unger, 1996).

La mujer limitada a condiciones intrahogar es, aún en la actualidad, una caracterización que aparece en medios de comunicación masivos (Ferrini, 2000) y en la mente de empresarios y directivos que consideran a la mujer en esta etapa incapaz de mantenerse en el nivel del desarrollo y la tecnología actual.

En países latinoamericanos donde es muy común la psicosociología del fatalismo (Dulcey, 1990), enmarcada en los conceptos de la resignación y la vida predeterminada en los que las personas con sus ideas tienen poco que hacer, la discriminación por sexo y edad se encuentra en el contexto sociocultural e histórico de estos países.

Algunos resultados de investigaciones con respecto a la imagen de la mujer de edad avanzada son (Dulcey, 1990; Lehr, 1982; Omar, 1987) los siguientes:

a. El comienzo de la vejez femenina es ubicado más tempranamente.

b. La vejez femenina se asocia con mayores cambios y pérdidas físicas.

c. La percepción más deteriorada sobre la vejez la tienen las propias ancianas.

d. Los medios de comunicación difunden una imagen de la vejez femenina de dependencia.

e. Los estudiantes perciben más desventajas físicas y psicosociales en la vejez femenina.

f. Los campesinos caracterizan a la mujer de 45 años como trabajadora agrícola, familiar, fuerte y no atractiva físicamente.

g. Los trabajadores de la ciudad la perciben como laboralmente productiva, aunque con limitaciones por la edad.

h. Estudiantes de nivel económico bajo aluden al papel tradicional de la mujer: casarse, cuidar al esposo y tener hijos; muy escasas son las referencias a aspectos extrafamiliares y mucho menos intelectuales.

El contenido peyorativo de la imagen de la mujer de mediana y avanzada edad es expresado en todos los casos. Como observamos en los incisos anteriores, la imagen de la mujer depende de factores como el nivel educacional de los entrevistados, la ocupación y la edad.

Los atributos de las personas jóvenes deben tener los mismos espacios que los de las personas de edades avanzadas, pues se complementan y cada generación aporta su experiencia a la sociedad. En los medios de comunicación predomina una imagen de la juventud sin espacio, con el fin de mostrar capacidades y desempeño para diferentes etapas de la vida, en las que también puede haber logros y éxitos de una manera positiva y realista.

La viudez en el hombre y la mujer

La mujer en todos los países tiene una esperanza de vida mayor que el hombre, por lo que el número de viudas será siempre mayor; sin embargo, la mayoría de las mujeres no están educadas para vivir solas. La mujer ha sido preparada para depender del esposo tanto en lo económico como en lo ideológico, político y social. De esta forma, la viudez la sorprende sin habilidades suficientes para valerse por sí misma y enfrentar la vida.

El fallecimiento del cónyuge es establecido como un acontecimiento muy especial de pérdida en la vejez, que toma diferentes matices y significados en el hombre y la mujer en cada cultura, pero que representa para ambos sexos un incremento de la soledad y deterioro de la autoestima (Baarsen, 2002).

En casi todos los países en vías de desarrollo, las viudas, en muchos casos analfabetas, sin grandes ahorros, ni seguridad social que las ampare y ante la ausencia de otra opción de vida, conviven en familias extendidas. Las nuevas tendencias de cambio de la familia tradicional ante el fenómeno de la urbanización no conllevan muchas ventajas a su posición social, ya que aumenta su soledad y dependencia de familiares jóvenes.

En países desarrollados pueden encontrarse viudas con una economía solvente que les permite independencia, pero muchas veces el riesgo de la soledad también las convierte en personas muy vulnerables.

Una relación independiente con las jóvenes generaciones puede ser una gran fuente de apoyo, pero cuando éstas se hacen dependientes generan conflicto y disrupción familiar y disminuye la posición social de la mujer.

En lo referente a la relación con una nueva pareja, vemos que las viudas son más vulnerables a las exigencias sociales de la convivencia (Sánchez, 1990). Enfrentarse a estos prejuicios, en muchos casos, trae como consecuencia severos daños en la salud mental. Este contexto social ofrece una nueva etapa de restricciones por convencionalismos sociales a la mujer, y son mucho más flexibles y permisivos con la viudez masculina.

Las normas sociales son mucho más severas con las mujeres y restringen su independencia y decisiones. La posibilidad de tener una nueva pareja favorece y es bien vista para el hombre, pero la mujer debe seguir atada a los criterios de fidelidad aun ante esta circunstancia. La exaltación popular de la fidelidad femenina se ha convertido en un mito que abarca hasta la viudez y que en muchos países e individuos alcanza valores trascendentales. La mujer es menos aceptada cuando rompe estos esquemas. El arquetipo de "vieja rabo verde" produce rechazo y censura severa, no así el de "viejo rabo verde", por lo cual debe seguir condenada a la soledad y falta de compañía.

Algunos estudios también señalan que las mujeres enfrentan mucho mejor la pérdida del esposo que los hombres el de sus esposas. Las mujeres viudas tienen un índice mayor de satisfacción por la vida, mientras que en los hombres aparecen más síntomas depresivos. Los hombres viudos reducen más su vida social y relaciones interpersonales y sufren inadaptación ante las labores domésticas (Lee, 2001). Estos datos son congruentes con los hallazgos que demuestran que la viudez es un factor de riesgo suicida más alto en los hombres que en las mujeres. Los hombres dependen más de las mujeres para sus cuidados y apoyo emocional; por otro lado, la mujer tiene menos bienes y pierde más estatus económico al morir el esposo (Zick, 2000). Desde el punto de vista económico, la mujer parece afectarse y sufrir más pérdidas cuando enviuda que el hombre.

La viudez representa una disminución del rol social, un incremento del riesgo de enfermedad y deterioro de la calidad de vida para ambos sexos, lo que impone un enfoque de género para su análisis.

La mujer como cuidadora

Muchas veces la literatura ha resaltado los aspectos positivos de esta tarea; sin embargo, los informes acerca del deterioro físico y mental de las personas dedicadas por muy largo tiempo a esta labor son cada vez más amplios. Teniendo en cuenta que la tecnología ha extendido en más de una década la vida de las personas con enfermedades discapacitantes, aumenta el tiempo de cuidados y atención a estos enfermos.

Muchas personas mayores prefieren permanecer en casa aun cuando sus necesidades de cuidados son muy complejas, lo cual trae como consecuencia que un miembro de la familia tome la responsabilidad del cuidado, incluido el manejo de complicadas tecnologías, apoyo en actividades de la vida diaria y el enfrentamiento a aspectos relacionados con la muerte (AARP, 2002).

- ¿Quién realiza este trabajo?
- ¿Cuál es el gasto psicológico, familiar y social que representa?

El cuidado de la pareja enferma, de los niños y de los nietos es una tarea que a menudo recae en las mujeres de mayor edad y que puede tener consecuencias graves en su salud (Sennott-Miller, 1993).

El costo de esos cuidados no ha sido valorado verdaderamente, así como tampoco la satisfacción de la persona que recibe los cuidados (Lyons, 2002). Lo que sí resulta indudable es que esta tarea es reconocida como función femenina, fundamentalmente de esposas, hijas y nueras y constituye una parte significativa del trabajo doméstico invisible de las mujeres.

Los recursos de apoyo comunitario, por lo general, son escasos o económicamente inaccesibles, lo que aumenta el peso del trabajo; por otro lado, las creencias y costumbres de algunos pueblos y comunidades en cuanto al cuidado de los ancianos puede recrudecer esta situación.

Las mujeres cuidadoras tienen afectaciones económicas en su retiro, debido al tiempo perdido como fuerza laboral que disminuye sus ingresos al tener que hacer ajustes de su tiempo de trabajo ante la responsabilidad del cuidado de familiares (Seniors in Action, 2001).

Muy poco es conocido acerca del tiempo no pagado que utilizan los cuidadores. Un estudio realizado demuestra que el costo total de los cuidados informales de los diabéticos en Estados Unidos es de 3-6 billones de dólares por año, de lo cual concluimos que las evaluaciones futuras del costo de la enfermedad deben considerar el tiempo que los cuidadores emplean en esta actividad (Kenneth, 2002).

Otra consecuencia de la labor de cuidadora se encuentra en el área emocional. La afectación de la salud mental es reflejada en el incremento de la depresión y dificultades de afrontamiento a los problemas (Powers, 2002). Los cuidadores necesitan también cuidados físicos, emocionales, mentales, espirituales, interpersonales y financieros (AARP, 2002).

El aumento de la incorporación de la mujer a la vida laboral recrudece la carga de trabajo de ésta, quien, aun haciendo esfuerzos, ve reducidas cada vez más las posibilidades de desempeñarse en ambas actividades. Como consecuencia, disminuye su participación laboral y presenta un índice más alto de ausentismo, lo que influye en su economía y en su futura seguridad financiera. Canadá muestra que dos tercios de su población de cuidadoras trabajan fuera del hogar, 20% de ellas reportan afectaciones en su salud y 40% enfrentan gastos personales por encima de sus posibilidades (Poirier, 1998). Los países asiáticos también presentan estas características como consecuencia de un acelerado proceso de industrialización.

Las cuidadoras ven afectada su vida y la de otros miembros de la familia y reconocen que los niños y el esposo son desatendidos. Todos estos indicadores muestran que el costo de esta atención es elevado para la mujer y la familia.

Los cuidadores informales son componentes vitales de los sistemas de salud en cualquier país. El apoyo en cuidados de salud, recursos materiales, financieros y emocionales a las personas (entiéndase mujeres) dedicadas a esta actividad debe estar priorizado y suficientemente compensado. La ampliación de estudios en estas áreas requiere la atención científica.

Consideraciones finales

La mujer mayor de 60 años representa el segmento de la población que crece con más rapidez. Una rápida hojeada a las condiciones de salud, económicas y sociales que enfrenta la mujer en cualquier parte del mundo muestra las desventajas que enfrenta. Nulos o insuficientes son las pensiones y retiros que recibe, precarios los servicios de salud y discriminatorio el trato social.

Una breve caracterización de la mujer envejecida muestra los atributos siguientes:

- Pobreza.
- Viudez.
- Bajo nivel de educación.
- Menor experiencia laboral.
- Mayor responsabilidad en el cuidado de otros.

Los estudios con enfoque de género permiten identificar todos estos problemas, que de otro modo permanecerían ocultos o mal interpretados, rompen con las teorías tradicionales de los roles de géneros y proporcionan una mejor óptica para entender los problemas de las futuras generaciones.

En referencia a las medidas tomadas por los gobiernos para brindar apoyo a las mujeres de edad avanzada, encontramos que más de dos tercios de los países reconocieron que no habían sido adoptadas regulaciones especiales ante los problemas económicos, ni ante las consecuencias que genera la viudez de la mujer en estas edades, como muestra el resultado del Cuestionario para el tercer examen y evaluación de la ejecución del plan de acción internacional sobre el envejecimiento (ONU, 1993).

De todo lo anterior inferimos la urgencia para comenzar a tomar medidas oportunas y rápidas. Las políticas y estrategias a favor del envejecimiento femenino contribuyen no sólo a su bienestar, sino también al de los niños, la familia y la sociedad en su conjunto.

Un plan de acción dirigido a mejorar la situación de la mujer pudiera incluir los aspectos siguientes:

- Crear comisiones nacionales y locales que representen los derechos de la mujer envejecida.
- Reconocer y cambiar las condiciones de vida que influyen en la salud y bienestar de la mujer mayor.
- Promover y motivar la investigación académica en el área del envejecimiento femenino.
- Motivar la participación de la mujer en la confección de programas para su desarrollo.
- Diseminar la información acerca del envejecimiento normal femenino.

- Formar grupos comunitarios de orientación con respecto a la salud y el autocuidado de la mujer.

Cambiar esta situación requiere reconocer la contribución de la mujer a la sociedad y ampliar sus posibilidades de participación en países desarrollados y en vías de desarrollo. La emancipación y el incremento de oportunidades para la mujer de edad avanzada contribuyen al bienestar de las personas y las familias y constituye un indicador de progreso social.

Bibliografía

AARP (2002), *Providing Care at Home*, www.aarp.org

— (2002), *Caregivers Need Care Too*, www.aarp.org

Administration on Aging Fact Sheet (2001), *www.aoa.dhhs.gov/factssheets*

Baarsen, B. (2002), "The Impact of Social Support and Self-esteem on Adjusment to Emotional and Social Loneliness Following a Partner's Death in Later Life", *The Journal of Gerontology*, serie B 57: S33-S42.

Barrera, D. M. (1999), "International Concerns Commission: An International Perspective of Aging Women", *Catholic Women*, vol. 25, núm. 2, p. 9.

Bonita, R. (1998), *Women, Aging and Health*, Global Comission on Women's Health, Génova: WHO.

Center on Budget and Policy Priorities (2000), www.cbpp.org

Cuarta Conferencia Mundial sobre la Mujer (1995), informe, Beijing.

Dulcey, E. (1990), *Mujeres de edad mediana y avanzada en América Latina y el Caribe*, OPS, AARP, pp. 300-310.

Duque, M. P. (2002), "Representaciones sociales de roles de género en la vejez: una comparación transcultural", *Rev. Lat. de Psicología*, vol. 34, núms. 1-2.

Ferrini, A. y Ferrini, R. (2000), *Health in Later Years. Biological Aging. Theories and Longevity*, capítulo 2, McGraw Hill, Inc., 3a. ed., pp. 29-43.

Gómez, E. (1997), *La salud y las mujeres en América Latina y el Caribe. Viejos problemas y nuevos enfoques. Mujer y desarrollo*, Cepal núm. 17.

Hawksworth, J. (2002), *Seven Key Effects of Global Aging*, Price Water House, www.pwcglobal.com

Hooyman, N. y Kayak, A. H. (1999), *Social Gerontology*, Allyn and Bacon, capítulo 14, pp. 419-436.

Hurd, L. C. (2000), "Older Women's Body Image and Embodied Experience: An Exploration", *J. Women Aging*, 12(3-4): 77-97.

Kenneth, L. M., y cols. (2002), "Informal Caregiving for Diabetes and Diabetic Complications among Elderly Americans", *Journal of Gerontology*, serie B57: S177-S186.

Lee, G. R., Maris, A., Bavin, S. y Sullivan, R. (2001), "Gender Differences in the Depressive Effect of Widowhood in Later Life", *Journal of Gerontology*, serie B56: S56-S1.

Lehr, U. (1982), "La situación de la mujer madura: aspectos psicológicos y sociales", *Rev. Lat. de Psicología*, vol. 14(3), pp. 385-396.

Lewis, M. (1985), "Older Women and Health: An Overview. In Health Needs of Women as they Age", *Women Health*, 10-2/3, pp. 1-16.

Lyons, K. S., Zarit, S. H., Sayer, A. G. y Whitlatch, C. J. (2002), "Caregiving as a Dyadic Process", *The Journal of Gerontology*, serie B 57, pp. 195-204.

National Center on Women and Aging (1998), *Older Women Need more Financial Planning Education*, www.heller.brandeis.edu

Omar, A. (1987), "Percepción de la vejez en diferentes estratos cronológicos", *Rev. Lat. de Psicología*, vol. 19(2), pp. 147-158.

ONU (2001), *Aspectos de género en los conflictos y procesos de paz. United Nations International Research and Training Institute for the Advancement of Women* (Instraw), www.un.instraw.org

— (2001), Resolución S-23/2, en 88a. Sesión Plenaria de las Naciones Unidas.

— (1993), "Supervisión de la aplicación de planes y programas de acción internacional Comisión de Desarrollo Social, 33 Periodo de Sesiones", feb 8-17, E/CN.5.

PAHO (2001), *Hoja informativa del programa mujer, salud y desarrollo*, hdw@paho.org

Paine, K. (1995), *Invisible Workers. Older Women in Development. Help Age International*, pp. 6-7.

— (1995), "Bolivia: índices de medición del desarrollo humano por informe", Instituto Nacional de Estadística.

— (1995), "Informe sobre desarrollo humano", Programa de las Naciones Unidas para el Desarrollo, H. Área, México, pp. 80-91.

Poirier, L. (1998), "Spares 28 Hours a Week? Care Still in Women's Job Description", *Network*, vol. 1, núm. 3, p. 4.

Powers, D. V., Gallagher Thompson D. y Kraemer, H. C. (2002), "Coping and Depression in Alzheimer's Caregivers", *The Journal of Gerontology*, serie B 57, pp. 205-211.

Quintero, G. y González, U. (1997), "Calidad de vida y salud en personas de edad avanzada", en J. Buendía (ed.), *Gerontología y salud*, Madrid: Ed. Nueva, cap. 6, pp. 129-146.

Ransdell, L. B. (2001), "A Chronology of the Study of Older Women's Health: Data, Discoveries, and Future Directions I", *Journal Women Aging*, 13(1): 39-55.

Sánchez, C. D. (1990), "Sistema informal de viudas mayores de 60 años en Puerto Rico. Mujeres de mediana y avanzada edad en América Latina", publicación OPS, Asociación de Personas Jubiladas, pp. 286-298.

Segunda Asamblea Mundial sobre Envejecimiento (2002), ONU, enero.

— (2002), Plan de Acción Internacional de Madrid sobre el Envejecimiento, abril.

Seniors in Action (2001), *Gender Bias in the Social Security System*, http://www.seniors.org/women.asp?d=389

— (2000), *Women and Medicare*.

Sennott-Miller, L. (1993), "Older Women in the Americas. Women and Health in the Americas", en PAHO.

Shalala, D. (2000), "Women Get Hearts Diseases Too: A Brief History in Gender Discrimination in Medical Research in Colombia", *Journal of Gender and Law*, vol. 10, núm. 1 p. 57.

Unger, R. y Crawford, M. (1996), "Women and Gender, a Feminist Psychology", McGraw Hill, capítulo 13, pp. 471-512.

U. S. Bureau of the Census (2002), International Data Base.

— (1999), *The Older Population in the United State*, marzo.

WHO (2002), *Towards Policy for Health and Aging. Facts about Aging*, www.who.int/hpr/ageing

Zerda, M. (2000), "Plan de Consulta sobre la Situación de las Personas de Edad en Bolivia", Help Age International, Defensa del Anciano.

Zick, C. D. (2000), "An Assessment of the Wealth Holdings of Recent Widows", *Journal of Gerontology*, serie B 55: S90-S97.

Zimmerman, L., Mitchell, B., Wister, A. y Gutman, G. (2000), "Unanticipated Consequences: A Comparison of Expected and Actual Retirement Timing Among Older Women", *Journal Women Aging*, 12(1-2): 109-128.

PARTE IV ❧ TRABAJO

El trabajador mayor y las sutilezas del camino que lo envejece

Enrique Reig
Universidad de las Américas, Puebla, México

L a vejez llega a su paso, ni antes ni después; sólo llega a nuestra puerta, toca y nos encuentra esperándola o nos toma por sorpresa. Si la hemos esperado, tendremos los elementos para aprender a vivir con ella; si nos toma por sorpresa, será un intruso que no podremos esconder de otros, pero sobre todo de nosotros mismos.

Transitamos hacia la madurez poco a poco, palmo a palmo y lentamente hasta llegar a ella, que llega para quedarse y eso es todo. Por eso Ghandi decía: "Un paso cada vez me basta".

Cuando los pasos incesantes y pausados nos han llevado a la vejez, es fácil encontrar al adulto mayor en su trabajo, produciendo, generando, estando donde es útil, como ignorando que el ciclo se agota paso a paso.

Cuando la conciencia sobre la inminencia del final llega, le viene la reflexión de si ha sabido y podido recibir cosas a lo largo de su periplo: regalos de todos tipos, consejos, asesoría, ánimo, fuerza. Luego se pregunta: ¿qué ha hecho con todo eso?, ¿lo ha guardado para sí o lo ha conducido a otros que, como él, lo necesitaron? Se pregunta si todavía hay tiempo para ofrecer esos regalos a los que vienen detrás de él y si ha caminado con seguridad hacia su sitio.

> *No rechacéis los regalos que te hacen,*
> *así en otoño podrás darlos.*
>
> CONFUCIO

Tomar lo que debe tomarse, vivirlo, guardarlo y soltarlo como debe soltarse para que otros lo tomen cuando deban tomarlo y lo suelten cuando deban soltarlo. Se recibe para dar, se da para que otro reciba. Ése es el camino: saber tomar, saber soltar, saber llegar, saber retirarse, saber nacer y crecer, saber envejecer y morir.

Weber (1999) dice al respecto que "así como un árbol no elige el lugar donde nace y crece, así un niño se integra en su grupo de origen sin cuestionarlo, adhiriéndose a él con una fuerza y una consecuencia comparable con una fijación... el niño vive esa vinculación como amor y como felicidad, independientemente de si en ese grupo podrá desarrollarse de manera favorable o no". De este modo, el niño fluye con lo que se le ha dado, lo recibe sin prejuicios y se ubica con amor en ese sitio. Fluye con las condiciones que le hayan sido dadas, fluye y nada más. De esa misma forma, el trabajador que se acerca al final debe contactar con su esencia y fluir desde sus profundidades, comprender lo que está a punto de sucederle, permitir que lo que viene ocurra y asumir la situación con fortaleza, pero sobre todo con la generosidad de saber marcharse cuando deba hacerlo.

Sensibilidades

No es fácil convertirse en un trabajador mayor, pues tenemos muchas expectativas físicas durante la primera mitad de la vida y no sabemos soltarlas a tiempo; así, cuando llegan los últimos años de los cincuenta siguimos pretendiendo tener la fuerza que tuvimos, la salud que experimentamos y la agilidad y juventud que ya perdimos. Es un afán posesivo de algo que ya no está.

En esa llegada abrupta, la razón del trabajador entiende lo que sucede, pero su estructura emocional no, una sensación de fragilidad le invade, se siente disminuido físicamente y ese sentimiento contamina al resto de su ser.

Durante sus años de juventud, el trabajador generó una imagen falsa de sí mismo para ganar respeto, que estaba basada en su fortaleza física; esa máscara le permitió ser aceptado en su medio (Jauli y Reig, 2000), pero ahora la máscara no funciona porque el físico ya no impresiona; ahora debe decidir una transformación y generar una máscara nueva, renovada, que le permita ser integrado por los demás, sobre todo por las personas diferentes de él que podrían no aplicar reconocimiento a su condición de maduro (Reig y Dionne, 2001).

Durante la transformación de la máscara antigua por una nueva, puede ocurrir que el trabajador decida contactar con su parte esencial, y entonces entienda que es lo fundamental de ese período de vida que está viviendo; además, puede hacer una transformación brutal y dedicarse ahora a lo que siempre ha querido, le viene un ataque de irracionalidad cuerda; por fin se conoce y se respeta; por fin se hace caso a sí mismo y ha decidido que en el mundo hay un lugar para una persona como él y de su edad, y ha decidido marchar en su búsqueda (Reig y Jauli, 2001).

Durante esas búsquedas, el trabajador experimenta dolor y soledad. La sensación de que muchas veces en su vida no ha hecho lo correcto le invade, la necesidad de buscar la verdad y el bien por el bien mismo le inquietan y las preocupaciones por quedar bien disminuyen. Empieza a comprometerse con las cosas, con la vida y con su responsabilidad.

Durante esas horas de soledad torturante reflexiona en lo que ha llegado a ser hasta ese momento, cuestiona muchos de los supuestos que alimentaron su búsqueda anterior y se pregunta cuál es el verdadero valor del matrimonio, de los hijos, de las relaciones significativas, de los amigos leales, de los padres y de los necesitados. Se cuestiona y se abre a nuevos significados, a nuevos contenidos y a nuevos aprendizajes.

Si profundiza y se atreve, el trabajador podrá construir en esa última etapa de su vida un sentido profundo de existencia; si no, volverá a adormecerse y a distraerse con el bienestar físico, con la seguridad económica y con los problemas mundanos de la vida de relación.

La siguiente soledad que le espera llegará mucho más adelante; si le encuentra con vida aún, le será provechosa, pero habrá poco tiempo por delante para atreverse a hacer los ajustes que durante la etapa madura, cercana a los 60, desatendió y despreció.

La reflexión acerca de que la oportunidad de hacer algo se agota, de que el tiempo se acaba, es dolorosa pero necesaria para animar a ese cambio en la antesala del final, allí donde todavía hay tiempo.

No hay experiencia más triste y desgarradora que observar a una conciencia lúcida pero temerosa despertar cuando falta poco para el ocaso definitivo y final. La desesperación con que queremos emprender los cambios que en su momento no hicimos contrasta con la impotencia del organismo para enfrentarlos.

El trabajador mayor

El trabajador mayor es un trabajador como cualquier otro, pero también un adulto mayor, que tiene entre 55 y 65 años de edad, que sabe que el despido o la jubilación le aguardan y que debe decidir si quiere esperar pasivamente a que eso suceda o si debe intervenir con energía y tomar las riendas de ese lapso de su vida.

En caso de que quiera buscar empleo nuevamente, encontrará trabas por su edad. En definitiva, responder a un estereotipo de viejo dificulta el ingreso o contratación en los centros de empleo. Perry, Kulik y Bourhis (1996) han investigado los factores contextuales que inhiben o facilitan el uso de estereotipos de trabajadores mayores en el contexto de selección de personal. Como es obvio, los factores dificultadores son enormes y difíciles de controlar en el contexto del trabajo. En el caso de que quiera competir dentro de su empleo con los trabajadores más jóvenes, quien rebase los 55 años de edad encontrará que éstos no están dispuestos a atribuir sus éxitos a su condición física, sino a menudo atribuimos problemas de memoria más en los trabajadores viejos por ser tales que en los jóvenes (Erber y Danker, 1995).

Existe aparentemente un temor al desempleo y a la jubilación en los trabajadores que son adultos mayores, de modo que percibir de forma anticipada las posibles carencias por la disminución del ingreso económico llega a ser paralizante; sin embargo, no debería ser así, pues un trabajador mayor tiene todavía la fuerza necesaria para emprender un negocio propio. Hay cosas que ayudan a disminuir el impacto; de hecho, conservar un estado físico bueno ayudará mucho a que no sea instalado el malestar por las pérdidas inminentes del trabajo. Existe una relación entre salud percibida y sensación de bienestar psicológico (Herzog, House y Morgan, 1991).

La posibilidad de despido, algo que ronda siempre en los medios laborales desequilibrados e inequitativos, la resienten más los trabajadores de mayor edad que los trabajadores jóvenes. Es más severo el impacto de perder el empleo en trabajadores mayores (Mallinckrodt y Fretz, 1988), aunque, curiosamente, una vez perdido este, es relativamente fácil convencer a los recién desempleados de emprender un negocio por cuenta propia, negocio al que suele irles razonablemente bien.

En resumen, el trabajador mayor es un incrédulo de sus capacidades, se mide con parámetros que ya no son vigentes (salud y apariencia física), está más cerca de su esencia y tiene un potencial que, si muestra suficiente disponibilidad, podrá echarlo a andar en su provecho.

Si el trabajador mayor se derrota o se duerme, se convertirá en eso que sus prejuicios le han manifestado: lento, torpe, inútil y sin otro rumbo que el panteón de su pueblo. Pero si despierta, se convertirá en

un ser humano que reinicia uno de sus últimos periplos, con la conciencia clara de lo que es y lo que no es, de lo que puede y no puede, de lo
que debe y no debe hacer. Ser quien es, hacer lo que debe, encontrar su
lugar en el mundo para fluir y esperar que ese ciclo lo viva con todas las
fuerzas de su cuerpo y espíritu, cada instante, cada peldaño de esa escalera, cada fragmento de tiempo que no volverá, deberá ser experimentado y atendido a fondo. Después, al final del camino, el destino y el universo tomarán las decisiones finales por él.

Lugar y tiempo hacia la madurez

Hay un tiempo para todo: tiempo para nacer, para crecer, para madurar,
para envejecer y para morir. Todos tenemos un espacio dentro de esos
instantes que forman el devenir del ser humano; aunque no todos lo
tomaremos, todos lo tenemos, al menos como posibilidad.

Sabiduría es comprender cuál es el tiempo que estoy viviendo, ¿qué
exige de mí este momento?, ¿es para mí o no? En el caso de descubrir que
no es éste mi lugar en el tiempo, ¿cuál es entonces mi sitio?

Debemos saber y aceptar el lugar y el tiempo que nos ha sido reser-
vado, buscarlo, encontrarlo, vivirlo con la mayor intensidad, con la
pasión por vivir lo que nos ha sido dado. Por otra parte, debemos rehu-
sar estar en el lugar y tiempo equivocados, ocupando el sitio que no es
para nosotros, haciendo cosas que ya son para otros, estorbando el flujo
y la evolución.

El trabajo es tanto uno de esos sitios que tienen su lugar y su momento, como un concepto abstracto, sitio que trabajar lo hace más concreto.
El lugar de trabajo es un contenedor de experiencias y vivencias que nosotros buscamos y ejercemos; sólo los esclavos no deciden su lugar y su
tiempo para trabajar. Cada quien elige ese contenedor, escoge su lugar
dentro del mundo, su "dónde quiero estar" y "qué cosas deseo hacer".

Puede ser que ese lugar deseado no esté en el presente o que resulte
muy difícil acceder a él; pero cada persona debe saber a la mitad de su
madurez que puede trabajar para que ese momento y ese lugar sean lo
que siempre ha buscado, lo que siempre ha querido.

La capacidad para trabajar hacia una dirección en el futuro se llama
planeación, y la capacidad para hacer que los diferentes escaños en esa
escalera se vayan cumpliendo se denomina *control*. La habilidad para
hacer que los seguidores se enamoren de ese futuro y colaboren con él es

liderazgo y gestión, y la habilidad para llegar sin que la grandiosidad invada negativamente el ego se llama *sencillez* y *humildad*.

Todos los seres que habitamos este mundo podemos, a lo largo de nuestra vida laboral, llegar a cualquiera de los cuatro escenarios siguientes:

1. *No estar donde queremos, pero hacer lo que deseamos.*

A. No estar temporalmente donde queremos, mientras hacemos temporalmente lo que deseamos.

Cuando un indocumentado mexicano de nombre José, que cruzó ilegalmente la frontera y llegó a un rancho en Louisiana, Estados Unidos, hizo ganar a los caballos que entrenó, la gente le preguntaba ansiosamente si quería ganar más dinero, abrir un instituto o tramitar su ciudadanía, pero él contestaba lacónicamente: "No thank you, señor y señorita".

Este exitoso mexicano realizaba el sueño de toda su vida: criar, acompañar, cuidar y entrenar caballos, pero nunca estuvo bien en el lugar.

—Antes de que llegue a viejo, quiero comprar una casita para mis padres que ya están grandes, y junto a ellos hacer una casita para mí.
—Pero, míster, si es usted famoso, exitoso, los caballos suyos hacen maravillas.
—Yo sólo quiero regresar a mi lugar –decía y repetía.

José volvió a México, compró el terreno, hizo las dos casas, para sus padres y para él, escribió durante tres años a sus patrones que le rogaban que volviera, al cuarto año dejó de escribir, cerró su etapa por esas tierras para dedicarse en cuerpo y alma a su lugar y a su placer, compró su rancho y nunca más decidió abandonar aquel lugar.

José es un buen ejemplo de planeación, consistencia y visión para una vejez plena; además, muestra la renuncia a las tentaciones de la máscara en aras del proyecto profundo ideal, la sencillez con que afrontó este problema es loable.

Muchos otros que se van a buscar fortuna, como Jesús, cambian rápidamente de sendero y se dirigen a donde no querían porque el poder, sobre todo económico, les ha abierto las puertas a posibilidades que antes eran impensables.

Cuando tenemos una visión de vejez y somos perseverantes, damos los pasos para convertir el sueño en realidad.

B. No estar definitivamente donde no queremos, aunque hagamos algo que deseemos.

Sofía es una encantadora mujer madura, tiene 60 años de edad, cuida su cutis y su cuerpo, lee todo lo que puede y trabaja en una empresa privada en la provincia mexicana; su padre viudo vive solo en el centro de la ciudad de México, porque así lo quiere. Sofía es una mujer divorciada que ha salido adelante a base de mucho esfuerzo, pues nadie le ha regalado nada. Tuvo un marido durante 10 años y ningún hijo. Justo después del décimo aniversario de matrimonio, su marido se fue de la casa, alegando diferencias y acusándole de ser infértil. Al poco tiempo se enteró de que el infértil era el marido, pues en su segunda relación tampoco hubo hijos.

Ahora se siente sola, su mejor amigo se marchó muy lejos por cuestiones de trabajo y no hay absolutamente nadie que llene los hoyos o abismos que han aparecido en su traje emocional.

—Quisiera vivir en alguna ciudad más grande, como la de México, y acompañar al necio de mi padre –dice un poco amargada– pero esa ciudad no me sienta bien.

—¿Para qué quiere vivir con su padre?

—Porque lo quiero mucho, porque él me quiere mucho, porque nos queremos y nos echamos de menos.

—¿Por qué no deja su trabajo?

—Porque llevo 25 años de antigüedad, me faltan cinco para la jubilación, no puedo dejar tirado todo así nada más.

—Entonces ¿por qué no resignarse a eso? Usted tiene la llave para dejar esta ciudad y moverse hacia México y acompañar a su padre, que quizá no viva mucho tiempo. Pero tampoco quiere pagar el precio que significa dejar de recibir el sueldo que hasta ahora ha recibido.

Sofía hace lo que le gusta, lo que quiere, pero no está en el lugar adecuado; esa pequeña ciudad le trae amargos recuerdos: de su matrimonio fallido, del tiempo de oro en que decidió no tener hijos, de un trabajo que la llena a medias, pero de una actividad que disfruta mucho.

2. *Estar donde queremos, pero no hacer lo que deseamos.*

Muchas veces la búsqueda frenética del lugar hace que descuidemos los detalles, como la compañía, las relaciones, la distancia con los seres significativos y otras cosas. En estos casos se cumple una de las condiciones, el lugar físico, pero no las otras, relacionadas con el bienestar en el trabajo.

CASO

Artemio es un funcionario gubernamental que detesta su trabajo, pero que ha permanecido en él por más de 40 años. Su esposa e hijos recuerdan sus quejas constantes respecto a lo servil que debe comportarse frente a sus jefes, pero, a pesar de ello, se ha mantenido ahí.

Los años fueron transcurriendo sin que ese malestar con la actividad desarrollada se cristalizara en un cambio; cuando Artemio abrió los ojos, ya tenía arrugas, canas y pocas posibilidades de encontrar un mejor lugar. Había pasado demasiado tiempo.

—Es que de alguna manera tenía yo que buscar sustento para mis hijos; ¿cómo iba a retirarme de ese trabajo?
—¿Buscó alguna vez otra posibilidad?
—No, nunca lo hice.
—¿Estuvo consciente de que detestaba su trabajo?
—Sí, siempre lo he estado y lo estoy.

Artemio tuvo el malestar, la conciencia, el ánimo, las razones y los motivos, pero nunca dio el paso, sino que se aferró a la seguridad y se quedó atorado, los años pasaron en su contra; ahora es difícil que se mueva; sí podría, pero resulta más difícil que antaño. Entonces la resignación y el carácter amargado serán la tónica de su trabajo.

3. *No estar donde queremos y no hacer lo que deseamos.*

Éste es el ejemplo patético del trabajador que no ha podido moverse al lugar que le gusta, ni ha hecho aquello que le agrada. Demos un ejemplo al respecto:

Rosita es una viejecita que se casó a la fuerza, pues su padre la obligó; lo hizo con una persona viuda, así que tuvo que cuidar a los hijos del señor y a la suegra. Los hijos crecieron con resentimiento hacia ella y la suegra le hizo la vida imposible. Para colmo, sólo pudo tener un hijo que la acompañara en ese periplo doloroso y difícil.

Al llegar a la vejez, su único hijo se fue de la casa, la suegra envejeció y Rosita debió cuidar de ella. Cada día que pasaba los malos modales de su suegra, la indiferencia de un marido mujeriego y borracho terminaron por hastiarla y se sintió en un callejón sin salida.

—Estoy donde no debo y hago lo que aborrezco.
—¿Por qué no se marcha?
—No lo sé, por estúpida quizá.

Rosita soportó esa situación sin poner remedio a ella: ¿soledad?, ¿temor?, ¿inseguridad? Ni ella misma lo sabe, pero hay algo que la ata a ese miserable lugar.

4. *Estar donde queremos y hacer lo que deseamos.*

Ésta es la condición más difícil o compleja, pero también la más enriquecedora. No es mágica, pero sólida. No es mágica porque a veces, aunque hagamos lo que nos gusta y estemos en el lugar que hemos elegido, experimentamos un vacío, un sinsentido, un aire de nostalgia por algo que hemos perdido y que no sabemos qué es. Por eso, además del lugar y hacer lo que a uno le gusta, falta esa capacidad que tienen las personas maduras de encontrar el sentido profundo de las cosas y sentir gozo por ello.

—Me he pasado la vida buscando la felicidad y nunca la he hallado –comentó un viejecito.

—Es patético –dijo otro–; cuando por fin tiene uno lo que quiere, lo desprecia y deja que se aleje.

En efecto, la felicidad no es algo que compremos, o que pueda llegar de algún lado, no hay ningún lado de donde provenga: proviene de cada quien, del interior de nosotros mismos, de la maduración, de crecer y enfrentar cada nuevo estado con la pasión por vivir con la que enfrentamos el primer escaño.

Maduración y gozo

La felicidad no es algo que exista fuera de nosotros y que pueda buscarse y tenerse, sino que es un estado de conciencia interior, es sentir el derecho al gozo; pero no sólo constituye ese derecho, sino también es una evaluación de que lo que hemos hecho y hacemos es lo correcto, lo adecuado, que encarna los más sublimes valores que le dan sentido y dignifican a cada individuo: ser veraz, auténtico, piadoso, humilde y agradecido.

Cuando aplicamos esos valores y generamos el derecho al gozo, el bienestar profundo llega solo y, más que llegar, se activa desde dentro. Por otra parte, la maduración permite a un ser vivir las dos grandes etapas que están potencialmente presentes en su vida: la capacidad para tomar (recibir) y, una vez tomado lo que necesitábamos, la capacidad para dar.

Se supone que la primera parte de la vida tomamos cosas del medio ambiente y que somos receptores porque estamos en desarrollo; luego llega la madurez y alcanzamos un equilibrio transitorio, en el cual las fuerzas que nos impelen a crecer (centrífugas) se han equilibrado con las que nos hacen contraernos (centrípetas).

Cuando el ser recién crece y está orientado a tomar del medio lo que le hace falta, se hace egoísta, con un egoísmo natural y necesario para ser nutrido; cuando alcanza la madurez, está equilibrado, aprende a dar y pretende recibir en pequeñas o medianas dosis; y, finalmente, cuando empieza a declinar, aprende a dar sin esperar recibir. En otras palabras, para tomar utilizamos las estructuras más bajas de la psiqué humana (el ello de Freud) y para dar empleamos las partes más sutiles, los valores y los principios (el superyó de Freud). Para comprender mejor estos conceptos, estudiaremos en seguida las ideas de los pensadores clásicos.

Si observamos la estructura platónica de la persona, el psiquiatra austriaco la divide —como Pablo lo haría más tarde— en cuerpo, alma y espíritu. Y si le agregamos algunas pocas cosas, obtendremos algo como lo siguiente: se representa a la unión del espíritu (energía con conciencia) con la materia (cuerpo, carne) y con un continuo que va desde el interior de una carroza (espíritu-energía) y pasa por el cochero (auriga) 1 —que es la mente superior o crítica intuicional— y el cochero (auriga) 2 —que es la mente inferior o concreta—. Luego hay tres corceles y un diminuto ser que cabalga entre ellos y que dirige su charla y atención a la mente inferior; ése es el manas inferior que gobierna a los caballos, los cuales son: el cuerpo material o cuerpo físico, el cuerpo instintual o cuerpo de los instintos y el cuerpo emocional. Todo ello representa un continuo que se aleja de la energía espiritual o monada y se acerca a la densidad máxima o cuerpo físico-carne.

En la alegoría del auriga, esas partes entran en interacción con determinadas proporciones de densidad (materia) y sutileza (espíritu), por ejemplo: la mónada o espíritu tiene 100% de energía y casi nada de materia, la mente superior posee un poco de materia y mucha energía, la mente inferior tiene más materia, el manas inferior posee poca energía y los cuerpos densos y bajos tienen mucho menos energía.

Cuando pretendemos explicar los diálogos interiores que todo ser humano tiene, es interesante entender que provienen desde diferentes partes del sistema; así, hay diálogos entre el manas inferior y la mente inferior, entre la mente inferior y la mente superior y entre la mente superior y el espíritu.

Diálogos interiores del trabajador mayor

Como hemos visto, existen diferentes tipos y posibilidades de diálogos interiores: entre el manas inferior y la mente inferior, entre la mente inferior y la mente superior y entre la mente superior y el espíritu.

Cuando tenemos una corazonada y de ahí desarrollamos un diálogo interno, ¿quién habla?, ¿cuál de las estructuras internas habla con quién? Hay una estructura que forma parte del continuo donde está ubicado el diálogo emisor y receptor, y cada persona debe saberlo. Poco podemos esperar de un diálogo entre el manas inferior con él mismo o con los vehículos bajos, pero mucho debemos esperar de la comunicación entre la mente superior y el espíritu.

Ahora bien, cuando ha empezado el diálogo, debemos observar si el tono es superficial o profundo: ¿cuestionamos cosas irrelevantes o cosas relevantes?, ¿para qué las cuestionamos?, ¿para salvar la imagen de la máscara?, ¿tratamos de quedar bien con el interlocutor y que refuerce con su asentimiento la posición de esta persona? o más bien ¿mostramos el corazón completo, sin querer impresionar a nadie, con la verdad ante todo?

Manas inferior y mente inferior. El manas tiene como propósito seguir los deseos y necesidades de los cuerpos (caballos), satisfacer los instintos y, por ende, obtener placer orgánico. Por otra parte, la mente inferior es el enlace, más sutil, que razona, tiene sentido común, usa la lógica y es concreta, necesita datos, razones, motivos y justificaciones.

MA (MANAS INFERIOR) Y MI (MENTE INFERIOR)

Ma: disfruta el momento, si estás viejo; pero ¿qué importa?, puedes todavía hacer muchas cosas, llévanos a comer bien, no te dejes influenciar; no hay nada después de la muerte, usa tu lógica, ven al placer, que sólo hay esto que tenemos frente a nosotros.

Mi: sí quiero; de hecho, tengo muchas ganas pero también dudas; no sé si debo emplear mi energía en ese asunto o hacer alguna otra cosa. Me siento culpable, pero la tentación me llama.

Ma: ¿culpable de qué? No seas tonto, ¿para qué te dieron ese cuerpecito? Pues para que puedas disfrutarlo, así que a disfrutar se ha dicho.

¿Quién habla dentro de la estructura psíquica?

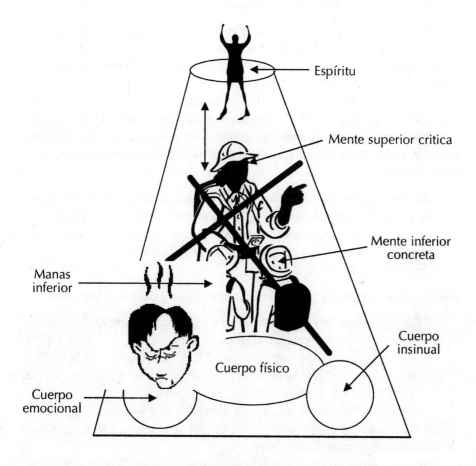

Figura 1

En la figura 1 aparecen los distintos elementos que habitan el continuo espíritu-materia; ahí es posible incluir en el cuerpo instintual el ello de Freud y en la mente inferior o lógica el superyó, también en el espíritu los arquetipos jungianos o la mónada de Demócrito, y el auriga de Platón es la mente superior y la mente inferior (cerebro y corazón). Todas esas figuras son dialogantes.

Mi: tienes razón, ¿para qué tendríamos este cuerpo si el placer que le damos no fuera importante? No tendría lógica.

Ma: te lo estoy diciendo, a disfrutar, muévete...

El manas inferior trata de llevar a la mente inferior lógica al mundo de los deseos, de los instintos, del placer carnal orgánico. Lo hace no porque sea malo, sino porque ésa es su función: orientar a la energía del todo hacia el movimiento del cuerpo físico.

Si la mente inferior (que es uno de los aurigas) cae en la trampa, hará que el carruaje y los caballos se muevan en esa dirección y el ser (mente y cuerpo) se oriente al hedonismo como forma de vida. Habrá placeres de todos tipos, pero serán pasajeros y si se prolongan se tornarán en procesos dolorosos.

Mi: oye, manas, ya he hecho lo que me has dicho pero no soy feliz, no encuentro sentido en lo que hago, me siento como niño chiquito.

Ma: es porque te falta mucho para aprender a disfrutar y dejarte de mojigaterías; sigue como vas, que es lo que debes hacer

Mi: no lo sé, no lo sé.

Ahora veamos el diálogo entre la mente inferior y la mente superior:

Mi: tengo ganas de ir a tomar alcohol y conocer gente; quiero comer lo que se me antoje, entregarme al placer total.

Ms: no te entregues, mejor busca en tu interior, trata de ver la luz, no te pierdas en las tinieblas, la materia es tinieblas, tiene poca luz, la cual puedes canalizar hacia la fuente de luz, no te pierdas.

Mi: ¿qué me ofrece tu luz de esa que hablas? Mi sentido lógico no puede registrarlo ni entenderlo; ya sabes que sólo registra lo que es evidente, medible, cuantificable, etcétera.

Ms: no porque no puedas medir la luz interior, ésta deja de existir; de hecho, lo único que eres y serás es esa luz que te permite moverte con conciencia.

Mi: pues no lo sé..., creo que mejor me voy al placer.

Y en ese diálogo se cruzan las verdades lógicas concretas con las superiores o intuicionales; ganan las primeras y el sujeto se densifica porque lo encuentra lógico y, por lo tanto, sensato.

Ahora veamos el diálogo entre la mente superior y el espíritu:

Ms: quiero persuadirle de que se serene.

E: déjale seguir su camino; no vivas por él, sino permítele que viva por él mismo.

Ms: me preocupa lo que haga.

E: aconséjale pero no vivas por él, sino guíale, pero déjale cometer errores, deja que aprenda por él mismo a su ritmo, a su paso y velocidad.

Todos estos diálogos tenemos los seres humanos y van desde lo más superior hasta las tentaciones más simples y densas.

En teoría, el trabajador mayor ha madurado y de esas tentaciones sabrá cuáles le orientan hacia la verdad.

Trabajador integrado

No es posible evadirnos de las partes del continuo entre espíritu y materia, sino sólo podemos comprender que ese continuo nos habita y que debemos integrar cada una de sus partes, darle su lugar; la única diferencia será comprender que todas están, pero no todas tendrán preponderancia; habrá tiempo para cada una de ellas, pero algunas serán la búsqueda más delicada, la disciplina más estricta, la vigilancia más estrecha, el sentido final y profundo de la búsqueda de la esencia.

En la improvisación de pensamientos elegidos libremente, cualquiera de las partes puede tomar la ventaja, la delantera, sobresalir, tomar el micrófono y no soltarlo. Entonces requerimos que la conciencia vigile estrechamente y, con voluntad y convicción, devuelva el mando a los cocheros, a los aurigas, al alma.

El trabajo de comprender y aceptar que somos todo eso y que debemos disciplinarlo para que las decisiones sean tomadas por las partes altas y sublimes constituye la integración.

> *Si el objetivo de la vida es solamente ganar,*
> *por fuerza veremos a los demás como competidores.*
>
> (KUSHNER, 1986)

En realidad, durante la vida vamos cambiando y buscamos otros objetivos. En la primera parte del *Fausto* de Goethe, dice Kushner (1986), el joven Fausto quiere experimentar todo lo que existe en el mundo (principio de placer) y el demonio le concede todo lo mundano: dinero, amor, etcétera, pero aún no es feliz. En la última parte de la obra, Fausto ha envejecido con Goethe, quien tiene más de 80 años. Fausto ahora quiere recuperar terreno al mar para que la gente tenga un lugar donde vivir.

Fluir es vivir de acuerdo con la madurez que tenemos, con el espacio y el tiempo con que contamos y con las circunstancias que nos rodean; fluir permite ir viviendo y cambiando esos objetivos, tomarlos, vivirlos y dejarlos, para reiniciar el camino. Lo contrario de vivir es apegarse, lo cual pretende detener el avance de lo inevitable, que es el tiempo y el desgaste. El apego pretende seguir reteniendo cosas que ya no podemos retener, seguir viviendo cosas que hemos vivido o ambicionar cosas que no podemos poseer.

Ciertamente, los animales superiores poseen su territorio, pero éste es una posesión innata, una necesidad de dominio territorial activada por los genes, pero de ahí a pretender ser dueño de las cosas y personas que existen en el mundo hay un abismo. La grandiosidad narcisista, la mala educación materialista y la falta de contacto con lo espiritual han ocasionado que los seres se aboquen a poseer cosas que, como dicen los hindúes, a lo sumo duran una vida.

Es preciso integrarse, conocerse, aceptarse y fluir, en el sendero que nos produce la vida; fluir con conciencia, vigilancia, paz y tranquilidad, sin apegos y, sobre todo, sin miedo.

Recuperación del sentido perdido

El sentido es la razón de ser para estar vivos, para respirar, para querer lo que queremos y para hacer lo que hacemos.

El sentido es la verdad profunda que nos dice que hemos sido privilegiados, pues nos ha sido dada la posibilidad de vivir, de experimentar, de tomar y de aportar. Pero para hacerlo es necesario no haber perdido la capacidad para gobernarnos, para controlar las partes bajas y los vehículos densos, para buscar y encontrar las rendijas por donde asoma el espíritu, para entender a qué hemos venido y qué lecciones se nos han puesto con el fin de resolverlas.

> *De las pasiones que arrastran al hombre*
> *sólo se libra el hombre que se domina.*
>
> GOETHE

Si uno de los sentidos es ascender en la escala, ir más hacia lo superior, gobernar las partes bajas, trascender, promover, nutrir, ayudar y dar, si ése es el sentido que nos aproximará al gozo, no tendremos mucho que buscar, porque la necesidad abunda en este mundo que hemos creado, los nichos que requieren la ayuda del trabajador mayor son inmensos, hay lugares donde es necesaria una palabra de aliento, una palmada, una sonrisa, una presencia física. Hay muchos lugares donde la necesidad de algo existe; a ellos debe acudir el trabajador mayor cuando se encuentra en crisis de sentido; ésos son los lugares ideales para un trabajador que tiene tiempo, experiencia y necesita recuperar el sentido.

La recuperación del sentido durante esta última etapa laboral requiere una búsqueda honesta del ser profundo que habita en el interior de cada persona, ese que goza con el servicio y la actividad orientada hacia el desarrollo de los otros, de los que más lo necesitan.

Bibliografía

Dionne, G. y Reig, E. (1994), *Reto al cambio*, México: McGraw-Hill Interamericana Editores.

Erber, J. T. y Danker, D. C. (1995), "Forgetting in the Workplace: Attributions and Recommendations for Young and Older Employees", *Psychology & Aging*, 10(4), 565-569.

Herzog, A. R., House, J. S. y Morgan, J. N. (1991), "Relation of Work and Retirement to Health and Well-Being in Older Age", *Psychology & Aging*, 6(2), 202-211.

Jauli, I. y Reig, E. (2000), *Personas que aprenden en las organizaciones*, México: CECSA.

— y Soto, E. (2002), *Toma de decisiones y control emocional*, México: CECSA.

Kushner, H. (1986), *Cuando nada te basta*, Barcelona: Ediciones Emecé.

Mallinckrodt, B. y Fretz, B. R. (1988), "Social Support and the Impact of Job Loss on Older Professionals", *Journal of Counseling Psychology*, 35(3) 281-286.

Perry, E. L., Kulik, C. T. y Bourhis, A. C. (1996), "Moderating Effects of Personal and Contextual Factors in Age Discrimination", *Journal of Applied Psychology*, 81(6) 628-647.

Reig, E. y Jauli, I. (2001), *El líder interior*, México: Grupo Editorial Norma.

— y Dionne, G. (2001), *Más allá de las diferencias*, México: Grupo Editorial Norma.

Weber, G. (1999), *La felicidad dual*, Barcelona: Grupo Editorial Herder.

PARTE V ❧ VIDA ESPIRITUAL

Espiritualidad y crecimiento interior en la vejez

Eduardo Pochettino
Universidad Católica de La Plata (sede Rosario), Argentina

Los autores difieren en general en cuanto a *las edades* que abarcan las etapas del desarrollo humano; es difícil encontrar unanimidad en la vieja *psicología evolutiva* o en la actual *psicología del desarrollo*. Por ejemplo, en su obra *Psicología evolutiva y problemas psicopatológicos*,[1] Carmelo Monedero reconoce después de *la adultez* la existencia de las etapas siguientes: climaterio (de 45 a 55 años), presenectud (de 55 a 70 años) y *senectud* o *vejez* (de 70 años en adelante). A su vez, Giacomo Dacquino, en su libro *Psicoanálisis y religión*,[2] reconoce: la edad evolutiva, desde la concepción hasta los 24 años; la adultez, desde los 25 años hasta los 60, y la vejez, desde los 60 años en adelante.

Es indudable que desde los 40 años comprobamos una lenta involución en lo físico y hacia los 60 entramos en la llamada *tercera edad*. El progreso sanitario prolonga el término máximo de vida para la especie humana, que oscila por encima de los 80 años; permite a un número cada vez mayor de personas alcanzar una edad avanzada.

En las sociedades desarrolladas ocurre una desproporción cada vez mayor entre el número de personas mayores de 60 años y el número de jóvenes, debido a la eficacia sanitaria y a la disminución de la natalidad. También debemos considerar que en la actualidad el progreso tecnológico tiende a marginar a las personas que crecen en edad, de modo que la experiencia del anciano es menos apreciada que la ductibilidad juvenil para adaptarse a la novedad científica.

En este artículo hacemos una reflexión acerca de *la espiritualidad y el crecimiento interior del anciano*, de ahí que los comentarios versarán sobre los aspectos siguientes:

- El espíritu humano y cómo es evidente en el anciano.
- La madurez psíquica del anciano, sostén de su espiritualidad.

- Las características psíquicas dominantes de la personalidad del anciano.
- La religiosidad y la fe madura de la ancianidad.
- La renuncia y la sabiduría, dones de la ancianidad.

El espíritu humano y cómo es evidente en el anciano

La visión antropológica cristiana afirma que el *hombre es un ser unitario*, concepción apoyada en la teoría hilemórfica de Aristóteles, quien señala que el hombre está constituido por *alma-cuerpo*, una sola sustancia compuesta de materia prima y forma sustancial. Santo Tomás, sin decir exactamente lo mismo pero apoyado en la teoría aristotélica, dice que el hombre es un compuesto.

Por su parte, Donceel, en su libro *Filosofía del hombre*,[3] expresa que la esencia del hombre es *su alma o su espíritu*, se apoya en la teoría aristotélica y sostiene que el alma o su espíritu, para manifestarse en la vida humana, necesita sus cuasiobjetos: *mente-cuerpo* y *psiquismo-organismo*. Las manifestaciones del alma o del espíritu del hombre son el *pensar* y el *querer*. Dicho autor añade que no podemos percibir de manera directa *el espíritu humano* pero sí deducirlo de lo específicamente humano, que es su pensar y su querer; y el mismo autor agrega que el espíritu del hombre es como el sol, que ilumina para poder ver, pero que el mismo sol no puede ser visto. Otra imagen que da el mencionado autor sobre el espíritu humano es que éste se parece a los faros de un automóvil que transita de noche por una ruta: si la luz de los faros no ilumina el pavimento de la ruta marcada delimitando sus lados o los carteles indicadores del tránsito, ubicados al borde del camino, la luz se perderá en el firmamento y no notaremos que el automóvil lleva los faros encendidos; en cambio, si la luz enfoca las marcas blancas de los límites del camino y los carteles con señales de tránsito, percibiremos la presencia de la luz. Cuando pensamos y queremos, percibimos el *espíritu humano*, que se va desarrollando; así por medio del *pensamiento*, el hombre se conecta consigo mismo y con el mundo que le rodea, pues el pensamiento enriquece la mente humana; a su vez, el *querer* vincula al hombre con los demás en general y con todo lo que le rodea, mientras que la afectividad y el querer dinamizan los vínculos del hombre.

Un concepto sobre el espíritu humano muy parecido al anterior es el que ha llevado al creador de la *logoterapia*, Victor Frankl, a sostener que cuando el espíritu humano no se desarrolla, surgen las neurosis existenciales, llamadas *neurosis noógenas*, que favorecen la angustia existencial, fruto de tener el espíritu humano encerrado sobre sí mismo, no dirigido a nada ni a nadie. La *angustia noógena* es aquella que indica que *el espíritu* no emerge, ni se desenvuelve, sino que la existencia humana está encerrada en sí misma. El hombre no encuentra sentido para vivir, ni los por qué ni los para qué de la vida y vive angustiado.

Frankl, en su libro *Psicoanálisis y existencialismo*,[4] sostiene que la vida humana es en todo momento *trascendente*, de manera que el hombre tiene que encontrar *el sentido, el valor y el bien* que tiene cada persona, objeto o situación. El espíritu del hombre se desarrolla al encontrar *los valores* que dan sentido a su vida.

De esas concepciones espiritualistas del hombre, según Aristóteles, santo Tomás, Donceel y Frankl, deducimos la importancia que tiene para la vida humana la *educación de su espíritu*, la necesidad que tiene el hombre de aprender a *pensar* y a *querer*, en todas las etapas de su vida para llegar a *la vejez con sabiduría*.

No es fácil educar al hombre, ser *unitario*, que posee su organismo, su psiquismo y su espíritu. Necesitamos que la mente y el cuerpo estén bien constituidos y saludables para que podamos desarrollar el espíritu humano. Muchos especialistas en *psicología evolutiva* o *psicología del desarrollo* señalan la importancia que tiene para la evolución de la personalidad el *crecimiento*, el *desarrollo* y la *maduración* durante los cinco primeros años de vida; también destacan la creciente importancia que va tomando, para el resto de la vida, *el aprendizaje*. El hombre, como *ser espiritual*, tiene su destino en Dios; de ahí que la capacidad para conocer del ser humano sea insaciable, que nunca resulte suficiente lo que conoce, que siempre sea necesario avanzar en la percepción del bien, la verdad y la justicia, y que la etapa final de la vida, *la tercera edad*, sea un momento adecuado para profundizar en *el saber*.

El conocimiento de la naturaleza humana y de su evolución sana y normal ilumina y orienta sobre cómo podemos encontrar al hombre en la *ancianidad*, poseyendo *sabiduría* y el don de *consejo*.

Las leyes del desarrollo humano, desde sus comienzos en el vientre materno, presentan, entre otros aspectos, una clara dirección *céfalo-caudal*. Durante la gestación del nuevo ser, en la vida intrauterina, la cabeza, sede del cerebro, principal órgano del sistema nervioso, sobre el cual se apoya la vida psíquica y cuya integridad necesita *el espíritu*, ocupa las

3/4 partes del nuevo organismo; después de unos meses, la cabeza ocupa 1/2 del organismo; al nacer, ocupa 1/4 parte del organismo; y cuando termina el período de crecimiento orgánico, ocupa generalmente alrededor de una 1/8 parte de la longitud del organismo.

La dimensión que tienen la cabeza y el cerebro al comienzo de la vida y la adquisición de la sabiduría en la ancianidad señalan la importancia que tiene *el espíritu en la vida del hombre*. La esencia del hombre es su espíritu, manifestado por su capacidad para pensar y querer.

Piaget sostiene algo semejante en su obra *Seis estudios de psicología*,[5] al referirse al *equilibrio orgánico*, al que considera inestable, tanto más acentuado cuanto más estático, sobre todo en el período de la involución. El mismo autor, al aludir al *equilibrio psíquico*, lo estima tanto más estable cuanto más dinámico, esto es, cuanto más haya *pensado y querido* una persona a lo largo de su vida, llegará a su vejez con un pensamiento más amplio y con un querer más firme.

Esas consideraciones señalan con claridad, según muchos pensadores, que para transitar una vejez fructífera en sabiduría, la persona debe cultivar en todas las etapas de la vida su interés por conocer, desenvolver su pensamiento, cuya capacidad es ilimitada, como también su querer.

En las últimas décadas, muchas personas pertenecientes a *la tercera edad* han mostrado deseos de estudiar y aprender distintos aspectos de la realidad, con un verdadero afán de crecimiento y claras tendencias biofílicas que benefician al interesado y a todos los individuos de la sociedad. Éste es un verdadero ejemplo para los jóvenes, a quienes se les muestra cómo es insaciable el deseo de conocer. El hombre de la tercera edad sorprende a los más jóvenes, al mostrar su entusiasmo por conocer, a la vez que expresa humildad y refleja las maravillas de la vida. En este sentido, resulta tangible la riqueza que constituye el conocimiento, *actividad* que estimula el corazón humano de *los ancianos*, despertando enorme cantidad de sentimientos entusiastas, similares a los que experimentan los jóvenes, todo lo cual hace realidad el famoso adagio que afirma: "la verdadera juventud del hombre está en su corazón".

Si el hombre no se integra a sí mismo, en su unidad biopsicosocioespiritual, tentrá la *actitud de la desesperación*, ante el devenir del fin de la vida, la nada y la muerte. Por el contrario, si el hombre desarrolla su *actitud trascendente*, tendrá tendencias y sentimientos religiosos que le darán serenidad y paz frente al fin de la vida humana.

Síntesis sobre el espíritu humano. La esencia del hombre es su *espíritu*, que no puede percibir directamente pero sí mediante sus manifestaciones específicas, que son el *pensar* y el *querer*. El comienzo y el fin de la vida (la vida intrauterina y la ancianidad) denotan la importancia que tiene el espíritu en la vida del hombre, por medio de su pensamiento y de su voluntad. Si algo podemos hacer para transitar con dignidad el último período de la vida humana, es cultivar durante toda la vida la capacidad para pensar y para querer que facilita el desarrollo de la vida humana.

La madurez psíquica del anciano, sostén de su espiritualidad

Surge la necesidad de definir la *ancianidad* como la edad propiamente madura. Una cosa es hablar de *madurez del organismo*, fundamental en los cinco primeros años de vida, y otra de la *madurez lograda en la vida del anciano*. Madurar implica progresar hacia la meta; así la madurez orgánica tiene peligros externos, mientras que la madurez de la personalidad conlleva peligros constantes.

La palabra *madurez* despierta expectativas, presenta una meta que todo el mundo desea alcanzar y es intuida como destino último y deseado para todo ser humano. El hombre madura mientras cambia; se hace *sabio* y *bondadoso*, si se concentra y entra en sí mismo; se vuelve más humano si se *encuentra consigo mismo*, y puede convertirse para los demás seres humanos lo que los otros necesitan; además, madura cuando los rasgos esenciales de su ser son iluminados por la inteligencia. La desidia no permite que el hombre se concentre en sí mismo.

También la madurez es vislumbrada en el *vínculo religioso*; de este modo, en la vida cristiana la madurez se asocia con el misterio de la creación, de la redención y con el camino de la salvación. La *fe religiosa* da *claridad* con sus explicaciones, así como *seguridad* con el fin de la vida que propone. La *reflexión* enseña el sentido de la existencia, afirma Würtz en el libro de Prohaska, *Proceso de maduración del hombre*.[6]

Las afirmaciones precedentes concuerdan con lo siguiente:

1. La *logoterapia*, de Frankl, quien afirma que el hombre tiene necesidad de descubrir *el sentido trascendente* de todas las conductas humanas (vea *Psicoanálisis y existencialismo*).
2. *La personalidad madura*, de Allport en su libro *La personalidad*,[7] donde el autor afirma que el hombre debe adquirir "una filosofía

integradora de vida", para alcanzar la madurez, porque con ella puede comprender la diversidad de la vida humana, el amor, la alegría, el dolor, el sufrimiento, el trabajo, la enfermedad y la muerte. Dicho autor añade que la vida será insufrible si la persona no encuentra un sentido y un objetivo. En *la infancia* no existen objetivos, en *la adolescencia* son esbozados tenuemente y en *la adultez* los formulamos. *Los ancianos* necesitan mantener sus objetivos a pesar de que tienen que disminuir sus actividades. Allport sostiene que el *sentimiento religioso* es comprehensivo y unificador, a la vez que constituye *una filosofía unificadora* de vida. Si bien en muchos casos los sentimientos religiosos corresponden a personas inmaduras y egoístas, en otros son una actitud de *huida*. No todos los impulsos religiosos son infantiles y la religión no siempre es una sumisión a la realidad.

A pesar del proceso de madurez, que implica cambios, giros y luchas, el hombre sigue siendo el mismo.

3. La síntesis de las principales ideas escritas por Würtz en su artículo sobre "La maduración en el hombre", es como sigue:

a. El hombre cambia desde su interior y elabora una nueva *conducta*, iluminado por su *conciencia*. La luz que recibe el hombre depende del saber y de los conocimientos científicos que pueda adquirir; la filosofía del hombre y la antropología se abocan al saber último.

b. La evolución de la persona espiritual dependerá de que *se abra* o *se cierre*; *abrirse* significará la aceptación consciente y voluntaria de su vida, y *cerrarse* equivaldrá a no admitir las dificultades de la vida y no estar dispuesto a los encuentros personales, lo cual generará sentimientos en contra de los demás, como maldad, odio o rencor, o carencia de sentimientos para con los otros, como brutalidad, grosería y desinterés.

c. La imagen de la madurez aparece en la vida vegetal, de modo que hablamos de la fruta sazonada, y pensamos que el anciano ha llegado a la *madurez* cuando muestra sensatez, prudencia, buen juicio y proceder con aplomo. Cuando hablamos de madurez, nos referimos a toda la personalidad, a la organización y configuración de todas las funciones. La madurez no es una etapa a la cual llegamos, sino un *proceso continuo* que exige vigilancia y atención en todos los momentos de la vida.

4. La maduración, según Prohaska en su obra *Proceso de maduración en el hombre*, exige pasar de una situación "pobre" a una situación "rica" e implica mayor diferenciación e integración de funciones intelectuales, afectivas, sociales y espirituales, que debemos lograr durante la infancia, la adolescencia y la adultez, para que en la ancianidad alcancemos la madurez.

Lo que el hombre hereda en *su nacimiento* es la materia de su vida, *no su vida*; el hombre debe aceptar su naturaleza espiritual y edificar su *vida voluntariamente*. Vivir es un verdadero trabajo y todo un arte; por ello, como existen muchas posibilidades o formas de vivir, debemos aprender a pensar; como dice Fromm en el *Arte de amar*,[8] tener la vida no quiere decir que sepamos vivir. El mismo autor sostiene que el hombre en su madurez puede alcanzar el *carácter productivo*, desarrollando la capacidad para amar, razonar y trabajar, base de la *felicidad*.

Al hacer referencia a la *voluntad*, no nos referimos al viejo *voluntarismo*, que causó muchos dolores de cabeza pese a la buena voluntad de numerosas personas, quienes se encontraron deshilvanadas y frustradas; así, aun cuando hicieron esfuerzos enormes, no pudieron evitar fracasos en múltiples proyectos. Entendemos la voluntad como la coronación del impulso, esto es, como la capacidad para dirigir la tendencia, como el carácter controlado (vea Donceel, *ob. cit.*); además, comprendemos la voluntad como la canalización y sublimación de deseos, impulsos y tendencias.

Como en la juventud crecemos y maduramos, consideramos equivocadamente que es la edad de la madurez; esta apreciación se manifiesta en el léxico de la gente común; como ve que el joven ha madurado, piensa que ha llegado a "la edad de la madurez". En realidad, la juventud es la edad de "la flor" y no la "del fruto"; así como la flor puede quedar infecunda, la juventud puede no desarrollarse. En la época posmoderna, contribuye a esta concepción la "divinización" hecha del "bios", entronizando la adolescencia y la juventud, llevando a los adultos a tratar de parecerse a los jóvenes y tomando la ancianidad como una etapa en la que perdemos las energías vitales. Con ello tratamos despectivamente al hombre de la *tercera edad*, a la vez que menospreciamos sus conocimientos y experiencias, embriagados por la fragancia de la juventud. Los sentimientos florecen en la juventud, pero maduran sólo más adelante.

Desde el enfoque biológico, vemos marchitar al anciano, pero no advertimos que ha llegado a la etapa de la *madurez*, de la *sensatez*, de la *prudencia*, del *buen juicio* y del *aplomo*, la edad del verdadero "fruto del espíritu", la edad de la *sabiduría*.

1. *Criterios que identifican la personalidad madura.* La personalidad madura se identifica por los criterios siguientes, lo cual no significa que explicaremos todos. Los aspectos que detallamos ofrecen ideas acerca de cómo lograr el ansiado proceso de madurez: desarrollo intelectual, capacidad para aprender y para pensar sobre los problemas propios y ajenos; capacidad para pensar con convicción y sin prejuicios; desarrollo afectivo; capacidad para amar y para experimentar simpatía por los demás; desarrollo social, venciendo el egocentrismo; fortaleza del yo, que requiere soportar carencias sin frustrarse, superar sentimientos de inferioridad, sobreponerse a la ansiedad de las situaciones nuevas, aprender de las experiencias propias y ajenas, mantener la propia individualidad en la integración grupal, y lograr el autoconocimiento que conduce al autocontrol; capacidad para dar y recibir; capacidad para sublimar, superando las ambivalencias afectivas; desarrollar el amor responsable y oblativo; disponer la propia agresividad al servicio de conductas constructivas; guiarse por el principio de realidad, superando el principio del placer; adquirir una conciencia moral que permita la afirmación del yo y obtener gratificaciones pulsionales legítimas; aceptar los límites de la realidad y contribuir a mejorar la misma realidad.

Los psicoterapeutas han propuesto distintos objetivos, identificados como procesos de madurez, a saber:

- Freud: desarrollar la capacidad para amar y trabajar.
- Horney: lograr seguridad personal y superar la ansiedad.
- Fromm: alcanzar la felicidad identificada con la productividad, mediante la capacidad para amar y razonar.
- Erikson: fortalecer la identidad.
- Frankl: superar la angustia noógena, encontrando el sentido a todo lo que existe.

2. *La confusión entre el amor sexual y el amor espiritual distorsiona la visión de la ancianidad.* Si existió un éxito en el siglo XX, fue la superación del *dualismo antropológico.* Hoy día consideramos que el hombre es una unidad psicofísica, psicofisiológica, psicosocial y espiritual. A raíz de la concepción dualista del hombre, la sociedad humana occidental ha oscilado desde la *represión sexual*, que originó el tabú sexual, con obsesiones y per-

versiones sexuales, hasta la *manía sexual*, que estimula todo tipo de conducta hedonista, afirman Gastaldi y Perelló en su libro *Sexualidad*.[9]

En ese orden de ideas, surge la necesidad de identificar la etapa de la *madurez espiritual*, cuando alcanzamos el *amor espiritual*.

Importantes personalidades de la antropología y de la psicología, como Lersch, Frankl y Gastaldi, diferencian en el *amor humano* los niveles siguientes: el amor sexual, el amor erótico y el amor espiritual, los cuales no son tres amores distintos sino tres aspectos del mismo amor humano. Heurísticamente se diferencian para destacar detalles, pero antropológicamente constituyen el mismo amor humano. Lersch, en *La estructura de la personalidad*,[10] al referirse a las *tendencias transitivas*, destaca las tendencias humanas hacia el prójimo, y describe aquellas que son "para el prójimo"; ahí diferencia el "amor al prójimo", en el que distingue tres tipos de amores: a) *amor sexual*, en el que la tendencia lleva a inmiscuirse en el torrente de vitalidad preindividual y no hay límites ni una dirección hacia el tú; b) *el amor erótico*, en el que el otro es requerido como idea y el tú permite el desarrollo del yo; además, este amor favorece la unidad del yo y del tú, la unidad de lo masculino y de lo femenino, y produce exaltación vital, y c) *amor humano*, que se dirige al tú para servirlo y ayudarlo, pero está libre de la exaltación vital. Este amor hacia los demás requiere solicitud, sacrificio y fidelidad.

Frankl, en su obra *Psicoanálisis y existencialismo*,[4] al referirse al *sentido del amor*, distingue tres actitudes: *a) la actitud sexual*, la estampa física del otro sexo despierta la propia sexualidad, la cual sería la irrupción de lo orgánico en lo psíquico; *b) la actitud erótica*, el hombre siente algo más que su excitación sexual; el erotismo penetra hasta la textura anímica del otro ser (para dicho autor, esta penetración sería equivalente al *enamoramiento*); cuando las cualidades anímicas del otro sexo nos afectan y cuando nos sentimos conmovidos en su emotividad, decimos que estamos enamorados, y *c) la actitud del amor*, que consiste en vincularnos con el otro en su singularidad y peculiaridad. Quien ama tiene una vinculación profunda con *el ser del otro*, es un *contacto espiritual* entre dos seres, de tipo singular y peculiar, incomparable e insustituible. El verdadero *amor espiritual* garantiza por sí mismo su duración en el tiempo, ya que es *un tender* hacia la esencia del otro, una elección del otro y no una simple excitación sexual, que puede ser transitoria o un enamoramiento factible de variar.

El *amor espiritual* es más intenso que la muerte; de hecho, persiste a pesar de que la muerte separe transitoriamente a dos seres que se quieren. Este hecho ocurre mucho entre *los ancianos*, quienes ante la pérdida del esposo o de la esposa, presentan con nitidez el *amor espiritual* y mantienen la unidad de los esposos pese a la imposibilidad del contacto físico. El amor espiritual es el único que puede asegurar o garantizar la relación humana entre el hombre y la mujer.

En la posmodernidad hemos identificado el amor con la sexualidad, con "el placer" y con "el sentir mucho", y hemos dejado de ver que *la esencia del amor es espiritual*, es "un fiat", "un querer", "una decisión", en el cual buscamos favorecer a la persona amada y a la vez, el sexo y el erotismo cumplen un importante papel en el amor humano de pareja.

Es interesante resaltar lo señalado por Prohaska en su obra *Proceso de maduración en el hombre*,[6] donde en el capítulo 5, al referirse a la maduración de los sexos, destaca que el hombre es un ser dialogal y que necesita ayuda del otro y de los otros para lograr su *madurez*. En este texto, el autor presenta la similitud que existe en el proceso de *madurez personal* y la *madurez social del matrimonio*, a saber:

a. *El proceso de maduración personal, que implica*: infancia, cuando logramos la madurez somática; pubertad, cuando alcanzamos la madurez psíquica; y adultez y senectud, cuando adquirimos la madurez espiritual.

b. *El proceso de maduración social del matrimonio, que implica*: infancia matrimonial, cuando logramos la integración somática de los cónyuges; pubertad matrimonial, cuando adquirimos la integración psíquica de los cónyuges; y adultez y senectud, cuando alcanzamos la integración espiritual de los cónyuges.

3. *La ancianidad en la vida religiosa de los consagrados*. Según Prohaska, en la ancianidad alcanzamos la *madurez espiritual*, es el momento en que logramos el *amor espiritual*, que se ha ido forjando durante todas las etapas de la vida. En la vida matrimonial, el autor señala que el hombre adulto y el anciano logran "el tercer nacimiento, el nosotros"; a un proceso similar debe someterse el varón o la mujer que abracen el *celibato voluntario* en su consagración sacerdotal y religiosa. Cabe distinguir en dicho proceso tres etapas: la integración somática, la integración psíquica y la integración espiritual, que tiene como finalidad el amor a Dios.

Primera etapa: integración somática. Es la *vía purgativa*, que implica la disciplina de la continencia, el sacrificio, la renuncia y la sublimación de la sexualidad, en pro de objetivos religiosos;

Segunda etapa: integración iluminativa. Es la *vía iluminativa*, donde la palabra de Dios revela los deseos del corazón divino. Vemos a Cristo como revelación del Padre, como camino a Dios. Cada vez más, la palabra debe ocupar en el consagrado el centro de su emotividad. En esta etapa el consagrado, que adopta el celibato voluntario, ya no se detiene en el elemento penoso de la continencia, ni en sí mismo, sino que por medio de la palabra busca intensificar su vínculo con Dios. Como el hombre es un ser dialogal y resulta difícil caminar sólo, es conveniente recurrir a la dirección espiritual;

Tercera etapa: integración espiritual (neumática). Es la *vía unitiva*, donde establecemos un diálogo continuo con Dios; ocurre cuando la exigencia de Nuestro Señor Jesucristo se ha convertido en dichosa realidad: "Debeis orar siempre".

Los universos interior y exterior transparentan a Dios; la vida muestra al Ser Supremo. El espíritu de Dios actúa sobre el alma humana sin estorbos. La unión con Él reconforta y lleva al hombre consagrado a aproximarse a los demás.

Las características psíquicas dominantes de la personalidad del anciano

Según Erikson en su obra *Infancia y sociedad*[11], cuando describe en su *epigrama genético* el desarrollo de su *sociabilidad*, el hombre, frente al fin de su vida, muestra un conflicto típico, que ocurre de la forma siguiente: *integridad* opuesta a *desesperación*. En ese momento de su vida, el hombre ha ampliado el radio de sus relaciones y abarca a toda la raza humana.

El autor se refiere en su libro a las relaciones *psicosociales maduras del anciano* y no al aspecto psicosexual descrito por el psicoanálisis. Deja expresa constancia relativa al hombre *sano y no al enfermo*; además, destaca que todo lo sucedido que haya afectado negativamente al hombre puede ser subsanado. El desarrollo de *la personalidad* es concebido como el metabolismo del *organismo*, como un proceso que abarca toda la vida, que incluye la infancia, la niñez, la adolescencia, la juventud, la adultez y la ancianidad, y que dura hasta el fin de la vida.

Erikson señala que la fuerza y la debilidad de cada etapa del desarrollo radica en la utilización de *un don*, el cual es identificado con *una virtud* o con *una fortaleza*. El *don* de la ancianidad radica en la *renuncia* y en la *sabiduría*.

Conflicto típico de la ancianidad: integración opuesta a desesperación

Proceso de integración. El hombre en *la ancianidad* extiende el radio de sus relaciones sociales a toda la humanidad, llega a querer a toda la *raza humana* y hace factible la propuesta del evangelio cristiano: *"amar al prójimo como a uno mismo"* y *"amar a los enemigos"*.

Esas postulaciones presentadas por la religión cristiana hicieron que el creador del psicoanálisis, Freud, emitiera en una de sus obras póstumas, *El malestar en la cultura* o *Los sinsabores de la civilización*,[12] un juicio descalificador: que dicha religión constituía *un delirio*. El hombre anciano experimenta un verdadero crecimiento en el *amor humano*, un verdadero proceso de *integración espiritual*, y logra amar a toda la humanidad. Produce una verdadera transformación en su capacidad para amar; su amor se vuelve posinstintivo, posegocénrico y posnarcisista, surge *el amor espiritual*; brota de la esencia del hombre y se dirige a la esencia de los demás; ninguna fuerza humana puede impedirlo; mediante este *amor espiritual* experimentamos por qué el hombre está hecho a imagen y semejanza de Dios.

El anciano logra un importante orden en sus relaciones con el mundo, cuida las cosas, las personas y las ideas y obtiene un verdadero crecimiento *espiritual*, en el cual resulta evidente que la propuesta cristiana es factible de vivirla.

Allport, en su obra *Psicología de la personalidad*, cita al famoso poeta alemán Goethe, quien afirmaba: "La naturaleza une lo que está dividido y divide lo que está unido". Con esta frase, Allport descata la importancia que tienen para la *organización de la personalidad* los procesos de *integración* y *diferenciación*.

El hombre tiene que *integrar* lo siguiente: *a) su motricidad*, de modo que gatea, se pone de pie, camina, corre y salta; *b)* los objetos, los cuales toma de forma masiva, luego los discrimina y los usa de acuerdo con su utilidad y realiza movimientos finos, como escribir, dibujar, etcétera; *c) su conocimiento*, constituyendo sensaciones, percepciones, representaciones mnémicas e imaginarias, pensamientos simbólicos, intuitivos, lógicos concretos y abstractos, llega al pensamiento formal que tiene como fin el universo entero; *d) su lenguaje:* al nacer grita por su necesidad de respirar oxígeno; luego, con sus gritos, llantos y gestos, comunica sus necesidades, emite balbuceos, gorgeos, laleos, sílabas, palabras, frases, monólogos y por fin llega a dialogar, y *e) su afectividad:* primero expresará sus necesidades y aversiones, luego formará sus sentimientos y emociones; aprenderá el valor del amor humano, en el que integrará el amor sexual, el amor erótico y el verdadero *amor espiritual,* fruto de la madurez del anciano, que tiene como objetivo la raza humana.

El anciano que logra la *maduración en el amor* es capaz de soportar las carencias *sin frustrarse,* esto es, sin perturbarse y sin desorganizarse; sobrelleva sus insatisfacciones. *El anciano* que ha descubierto la *integridad* de su personalidad se defiende de aquello que llega a convertirse en una amenaza para su propio orden; "la integridad, dice Erikson, se torna en patrimonio de su propia alma".

El proceso de desesperación

El malestar consigo mismo que denotan algunos ancianos refleja la desesperación; así, están mal consigo mismos, pues se dan cuenta de que el tiempo que les queda es demasiado corto para integrar los distintos aspectos de su vida. Una señal de desintegración ocurre cuando el anciano muestra temor frente a la muerte.

Miedo a la muerte. Prepararse para la muerte es otra de las características del psiquismo del anciano. La teoría psicoanalítica presenta el *miedo a la muerte* como una proyección de una conciencia rígida y acusadora. Los ancianos proyectan sobre Dios la actitud acusatoria que tienen sobre sí mismos y sobre los demás; de ahí la importancia de lograr perdonarse a sí mismos y a los demás, *para superar el miedo a la muerte.*

Jung, autor de la *Psicología analítica,* creía que los hombres debían adoptar una *actitud religiosa* para afrontar la segunda mitad de su vida, (adultez y ancianidad) y así salvarse de una relativa miseria existencial que despierta enfrentar a la muerte. El concepto de lo religioso de Jung se opone al de muchas religiones, entre ellas la judía, la cristiana, la budista... Jung sostiene que los sentimientos religiosos están basados en sentimientos de impotencia y de dependencia; además, considera que *el insconsciente colectivo es un fenómeno religioso fundamental,* una potencia que dirige la mente humana, de ahí que estima que lo religioso es *sumisión a poderes superiores.*

Jung utilizó un método fenomenológico para afirmar que los sentimientos religiosos existen, pero él se abstiene de formular consideraciones metafísicas, esto es, decir si lo religioso capta la verdad o no; asimismo, considera que determinar si Dios existe o no es tarea de la filosofía metafísica y de la teología, y no de la psicología, con la cual Jung se siente identificado. Si bien estima que el acto religioso es una entrega a *Dios* o al *inconsciente colectivo*, sostiene que la religión prepara para enfrentar el final de la vida, esto es, la muerte.

La persona que *no tiene miedo a la muerte* en su vejez es aquella que ha vivido bien o que ha resuelto las dificultades que ha ido encontrando a lo largo de su existencia, o es aquella que ha tenido pérdidas y fracasos, pero ha logrado asimilar el *dolor. Vivir bien* es el mejor seguro para *morir bien.*

Características de la personalidad del anciano

Como expusimos al comienzo de este artículo, las divisiones que se establecen en el desarrollo del hombre al fin de la vida son diversas. Dijimos que, para algunos autores, la ancianidad comienza a los 60 años; otros, entre ellos Monedero, en su libro *Psicología evolutiva y problemas psicopatológicos*, distinguen entre *presenectud* de los 55 a los 70 años y *senectud* de los 70 años en adelante.

Personalidad de la presenectud. Este período está precedido por *el climaterio*, que conlleva la menopausia para la mujer y la disminución de la potencia sexual en el hombre; el climaterio es la etapa opuesta a la pubertad y la nubilidad. La reacción del anciano no siempre es igual; por ello, muchos saben asumir la falta de vitalidad, que es compensada con mayor *desarrollo espiritual.* En cambio, otros, ante las transformaciones de los impulsos sexuales, reaccionan con una búsqueda afanosa de satisfacciones sexuales, tratando de activar todos los temas libidinosos y dan origen al lamentable "viejo rabo verde". Esto sucede cuando la sexualidad biológica ha sido colocada como valor supremo; negando las pérdidas de vitalidad, esas personas tratan de reactivarla aferrándose a tener relaciones sexuales con personas jóvenes.

La *presenectud* es paradojal para la vida del hombre, es el momento en que el hombre llega a "la cima" de la vida personal y profesional, pero también comienza la etapa de la involución física, que puede acompañarse de una involución psíquica y espiritual; sin embargo, esto no siempre es así, pues, como dijimos en líneas anteriores, puede ser la etapa en la que alcanzamos la *madurez* y la *sabiduría*. Que se presente uno u otro resultado dependerá de la involución cerebral, de las influencias del medio ambiente y de la vida anterior del anciano.

En la presenectud alcanzamos "la cima profesional", mayor rendimiento en el trabajo y obtenemos cargos con más responsabilidad, aunque por períodos más cortos. Allport, en su libro *La personalidad*,[13] escrito recientemente, señala que en la actualidad la vida humana tiene mayor duración; el promedio de vida, que en 1900 estaba en los 40 años, ha aumentado a los 70 en la última década. En el futuro serán cada vez más numerosas las personas que lleguen a la ancianidad. El mismo autor también destaca que los ancianos conservan la capacidad de trabajo. Si bien a partir de los 40 años disminuyen las energías, aumentan las experiencias del sujeto.

Muchos estudios sociológicos afirman que los obreros de mayor edad no faltan a sus lugares de trabajo y tienen menos accidentes que los jóvenes. No requieren una supervisión estrecha en sus quehaceres, pero son menos eficientes para la acción rápida y continua. Allport añade que los accidentes son menos frecuentes en las personas mayores de 60 años que en las jóvenes, a pesar de que tienen menos coordinación motriz.

Estos datos son corroborados por las compañías de seguros, las cuales sostienen que las *personas de edad* compensan con *comprensión y juicio* lo que han perdido en rapidez. Dicho autor termina diciendo que es una *tragedia* privar a los ancianos de objetivos y trabajos a los cuales pueden aspirar. La paradoja de esta etapa reside en que, si bien es el momento de *la cima de la vida*, también es la época de la *jubilación*; por ello, no conviene que el anciano se vea privado de improviso de su función profesional. Es conveniente tener en cuenta lo que considera Kierkegaard sobre el trabajo: "es la columna vertebral de un individuo"; por tanto, aconsejamos que el retiro laboral sea paulatino.

No debemos olvidar que la edad de la jubilación también coincide con un cambio que ocurre en el hogar del anciano, donde experimenta el abandono que hacen sus hijos al casarse y al formar su propia familia. El *psiquismo* del anciano dependerá de la forma como asuma la involución física y todas las transformaciones de la ancianidad. Algunos niegan la vejez, *no renuncian* y ocasionan conflictos permanentes con los suyos y rivalidades de todo tipo, pues pretenden mantener el estatus anterior; pero como no tienen las mismas energías, todo lo complican, de modo que las rivalidades con los jóvenes son permanentes.

La ancianidad requiere una nueva reorganización de la personalidad, guiada por los valores de la *renuncia* y de la *sabiduría*.

Personalidad de la senectud o de la vejez. La psicología del desarrollo ha investigado escasamente el período posterior a la adultez, lo cual resulta comprensible, ya que es natural que el hombre se aparte de lo costoso y angustiante, como la muerte, la cual afrontará irremediablemente el anciano.

El mismo psicoanálisis desaconsejaba el estudio de las personas mayores, pero *hoy* el concepto se ha revertido; en psicoterapia vemos a muchas personas mayores modificar su conducta. Esto es aún más notorio en las *psicoterapias espirituales*, en las que el hombre, para vencer la angustia existencial, debe encontrar *el sentido de todo lo que existe*, como en el caso de la logoterapia propuesta por Frankl.

Comportamiento del anciano. Muchos autores consideran que el comportamiento del anciano se debe no tanto a la edad, sino a reacciones de conducta frente a la involución en general, a saber: *a)* aislamiento en sus relaciones sociales; *b)* regresión en su afectividad y aparición de rasgos de egocentrismo y narcisismo primitivo; *c)* se interesa únicamente por sus cosas y puede entregarse al mundo imaginario; *d)* tiene dificultades para establecer nuevas relaciones afectivas; *e)* su inteligencia revela sagacidad y sabiduría, a diferencia de los jóvenes, que muestran vivacidad y capacidad para el aprendizaje; *f)* a veces el anciano se muestra esclerosado y extremadamente sensible, no se adapta a lo nuevo, puede caer en la sensiblería y tiene "chocheras"; *g)* para compensar las pérdidas se muestra autoritario y conservador, lo que le puede estimular la actitud de "avaricia". En ocasiones sus conductas son una reacción al ambiente, que lo desprecia y trata de quitarle lo que tiene; la avaricia de la ancianidad es manifestada de forma notoria en personas materialistas, que carecen de desarrollo espiritual y que basan toda su seguridad en la posesión de bienes materiales, y *h)* algunos ancianos se resisten a envejecer y se comportan como si todavía fuesen jóvenes, lo cual los lleva a desarrollar un nefasto materialismo; además, están centrados en comer y beber, en la butaca cómoda y la cuenta bancaria abultada, todo lo cual los lleva a tiranizar todo cuanto hay a su alrededor.

La religiosidad y la fe madura de la ancianidad

El presente tema está basado en los libros *Cambios en la fe*, de Francisco Jálics,[14] y *Psicoanálisis y religión*, de Giacomo Dacquino,[2] y se divide de la manera siguiente: *a*) criterios sobre religiosidad, y *b*) evolución que experimentan la religiosidad y la fe hasta llegar a la madurez.

Criterios sobre la religiosidad. En 1913, Clavier consideró que la *tendencia religiosa* es la búsqueda del absoluto como *heredada*, mientras que Montessori, en 1946, dijo que es una *tendencia innata*. A su vez, Gesell, también en 1946, estimó que el niño llega a la noción de Dios ante la necesidad de *encontrar las causas de los fenómenos naturales*. Dacquino sostiene que la religiosidad sería fruto de *tendencias inconscientes*, de la capacidad para amar, unirse y ligarse al otro y a los demás. Otto explica la religiosidad como la *intuición irracional del otro*. Lersch, en su libro *La estructura de la personalidad*, señala que la religiosidad surge en el hombre de las tendencias transitivas trascendentes que buscan el absoluto, las cuales serían similares a las artísticas y a las metafísicas. La *tendencia religiosa* es fruto de la contingencia humana, de la vivencia de la limitación humana, cuando ésta llega al límite de la luz natural de la razón y cuando es necesaria la realidad suprapersonal de Dios. Por su parte, Frankl (1905-1997), creador de la *logoterapia*, afirma la existencia del *insconciente espiritual* y si bien considera que el hombre es un ser libre y responsable, ontológicamente distingue en el hombre *cuerpo, mente y espíritu*. Para Frankl, el hombre es no sólo un ser *impulsado*, sino también un ser que *decide, esto es, un ser espiritual con libertad y responsabilidad*. En su libro *La presencia ignorada de Dios*,[15] este autor sostiene que todos los hombres son religiosos, consciente o inconscientemente, lo sepan o no. El hombre que indaga el *sentido de todo lo que existe* desarrolla su espíritu y busca a Dios; por ello, el *yo propio del hombre es inconsciente y espiritual*; el espíritu humano no puede ser percibido directamente, sino por medio de su pensar y su querer, de manera que puede iluminar los objetos que piensa y que quiere, pero no contemplarse a sí mismo. Si el hombre no encuentra sentido a todo lo que vive, desarrollará la *angustia noógena*, esto es, la angustia existencial, la angustia del sin sentido.

Evolución que experimentan la religiosidad y la fe hasta llegar a la madurez. Es necesario dejar constancia que el logro de *la religiosidad y de la fe madura* debe apoyarse en la *personalidad madura* que tiene que conseguir el anciano a lo largo de su vida. Para describir la religiosidad y la fe de la ancianidad utilizaremos las etapas descritas por G. Dacquino y F. Jálics, así como muchos de sus conceptos; al respecto, cabe distinguir seis etapas: infancia, niñez, adolescencia, juventud, adultez y ancianidad.

Primera etapa: infancia (desde el nacimiento hasta los seis años). Para Piaget, el niño de los primeros años no presenta un proceso religioso, pues la relación yo-mundo está indiferenciada. De los dos a los cuatro años se encuentra en la etapa del pensamiento simbólico, animista, realista y mágico. Según Dacquino el niño de esta edad muestra una religiosidad antropomórfica y su fe inicial puede ser el comienzo de una fe profunda y verdadera.

La experiencia religiosa del niño, su intensidad y su claridad dependerán del *calor humano* del ambiente. En un ambiente hostil, el fenómeno religioso queda postergado.

La *religiosidad* está en conexión íntima con las relaciones que tiene el niño con sus padres. La imagen de Dios se parece a la del padre, y la de la Virgen a la de la madre. La relación que tenga el niño en su hogar es identificada con la relación que tiene el niño con la vida. La *seguridad* del niño está en sus padres, quienes lo alimentan, lo protegen y le dan su cariño. Si el niño no tiene seguridad en su hogar, proyectará *su angustia* sobre la imagen de Dios. El niño supone que su padre lo sabe todo y cree que es omnisciente y todopoderoso, como Dios. Los niños reconocen la *autoridad* paterna. Si no obedecen, se sentirán culpables y temerán el castigo; además, aceptan que el criterio sobre el bien y el mal es dado por los padres y que Dios aparece con autoridad con las mismas características. Si los padres dan importancia a la reconciliación y al perdón, el niño entenderá el perdón y la misericordia de Dios. Si el niño siente *el amor de sus padres*, se sentirá bueno y vivirá a Dios como un ser bueno y amoroso. El niño *desprotegido* no confiará en la Providencia.

Si los padres son *exigentes, severos, impacientes y egoístas*, el niño formará una moralidad culposa que despertará miedo. La mirada de Dios se volverá persecutoria y el vínculo religioso lo vivirá con exigencias aplastantes. Pero de todas estas características, el niño no se dará cuenta, sino que seguirá creyendo que Dios es bueno, no llegará a calar hondo en sus problemas existenciales. Si bien el niño notará que Dios y su padre *son dos personas diferentes*, no se percatará de que la imagen de Él se fue formando mediante la imagen de sus padres, porque los sentimientos y actitudes hacia Dios son los mismos que experimentó hacia sus padres. Al mismo tiempo, la imagen de Él irá creciendo más allá de los límites de las imágenes paternas; un ejemplo de esto es la relación que tiene el niño con Jesús, imagen que va separándose de la de los padres. Una *no aceptación* de sus padres lleva al niño a sentirse lejano de Dios. Para Freud, la imagen de Dios estaba constituida por la *proyección* de la imagen paterna hacia el infinito.

Síntesis: el niño vive una verdadera relación trascendente con Dios, por quien se siente querido, protegido y dirigido y a quien reconoce como autoridad que le señala lo que debe hacer. El niño tiene una fe dependiente y pone su seguridad en su relación con Dios.

Segunda etapa: niñez (de 6 a 12 años). La fe del niño toma con naturalidad el mundo religioso, pero está afirmada no en la *realidad humana*, sino en la seguridad de la fe de los mayores; por ello, cuando *no vive* el apoyo de los mayores, se desvanece su seguridad religiosa. En la relación religiosa, el ente humano se relaciona con todo su ser; por lo tanto, si una persona *es insegura* en su vida de relación con los demás, la fe con Dios reflejará inseguridad. Una persona que no tenga autonomía emocional desarrollará dependencia infantil en su fe. Lo que es normal para el niño, para una persona mayor puede ser enfermizo. El hombre de fe corre el riesgo de relacionarse con Dios *como un niño*; por tal motivo, una persona *neurótica* desarrollará una religiosidad neurótica e infantil; así, algo que para el niño es natural y adecuado, para el adulto puede ser inadecuado.

Llamaremos *fe infantil* a la de la persona mayor que presenta conductas regresivas en su relación con Dios. Ella buscará *seguridad en las prácticas religiosas*. El cumplimiento de las prácticas y normas religiosas dominarán el campo de su atención, habrá rigidez en su comportamiento y mucha culpabilidad por no poder responder. La religiosidad de la niñez conserva aspectos *animistas*, y el niño considerará que la realidad lo castiga o lo beneficia, por ejemplo: vivirá que la tormenta lo castiga o que el sol lo quiere. El pensamiento mágico de la niñez tiende a posesionarse de ventajas mediante ritos, con los cuales el niño tratará de supeditar las fuerzas superiores de la divinidad. La religiosidad de la niñez presentará un *antropomorfismo mitigado*, para llegar al fin de esta etapa, a una religiosidad caracterizada por un *antropomorfismo espiritual*.

Jálics dice al respecto que surgirá *una fe milagrosa*, pretendiendo el niño una vida sin sufrimientos, ni responsabilidades, que servirá para evadirse de la realidad. Otros autores verán a Dios a través de *atributos*, esto es, lo verán como infinitamente justo, infinitamente misericordioso, infinitamente bueno; entre los 10 y los 12 años, el niño experimentará a Dios como *una persona*, para luego convertirse en un *Dios espiritual* invisible y sobrenatural. La imagen de Él se va separando de las imágenes parentales. En la niñez, como fruto de la socialización, el niño se integra a la institución eclesial. Goldman señala que el niño *no percibe* el valor simbólico de las funciones comunitarias, por lo cual el *rito religioso* se convierte en un fin y no en un medio de encuentro con los demás.

Tercera etapa: adolescencia (de 12 a 18 años). Jálics dice que el adolescente comienza una lucha por su autonomía e independencia; quiere independizarse de la autoridad paterna, pero todavía no se siente suficientemente seguro para renunciar a la protección que recibe de su hogar. El adolescente presenta la clásica ambigüedad entre independizarse o permanecer dependiente del hogar. Los padres pueden presentar, a su vez, una doble actitud: protegerlos o desprotegerlos. La independización no la logramos de un momento a otro, sino que es un proceso; *al nacer*, el niño logra independizarse corporalmente de su madre, pero no en lo emocional; *en la adolescencia*, el adolescente alcanza la independencia emocional, pero sigue viviendo con sus padres y no es independiente en lo económico. El adolescente necesita encontrar el sentido de la vida que le dará autonomía a su vida emocional.

A veces en la adolescencia vivimos a Dios alejado y distante, lo cual despierta angustia, en forma semejante a la que siente el adolescente abandonado y desprotegido de sus padres. La *fe infantil* es caracterizada por vivir la religión, la fe y a Dios como exteriores a la vida cotidiana. Además de sentir *lejano* a Dios, lo vivimos como *injusto* ante algún sufrimiento inesperado, como frente a la muerte de alguna persona querida. En algunos casos, el hombre puede vivir a Dios como un rival y sentir amenazada su existencia. También los hombres de ciencia vivieron al Ser Supremo como amenazante con sus normas morales. Muchos de ellos pensaban que el hombre, en la medida que fuese descubriendo el universo, iría quitando terreno a Dios, que es dueño de lo misterioso. A medida que el hombre conoce, siente como suya la naturaleza y experimenta que Él va retrocediendo. Los milagros son el terreno de Dios. El hombre, al avanzar en la psicología y parapsicología, se ha dado cuenta de la naturaleza de muchos fenómenos que antes atribuía a las manos del Ser Supremo.

A veces el hombre ha llegado a la conclusión de que ha llamado *sagrado* a lo desconocido; la tormenta y el terremoto eran formas de cómo Dios castigaba al mundo. La *rebeldía* contra Él es no sólo de nuestra época, sino que la gente de todos los tiempos la ha conocido; así, la Biblia relata a Job, un personaje de la época patriarcal que vivió en los confines de Arabia y que pasó por una crisis especialmente intensa. En su proceso de independencia, el adolescente puede afirmar que "Dios ha muerto", como dijo Nietzsche, "nosotros lo hemos matado". Para Dacquino, el adolescente revisa los conceptos religiosos recibidos de forma pasiva, y al buscar su autonomía psicológica pone en crisis los modelos anteriores.

La religiosidad afectiva del niño da paso a la *racionalidad* del adolescente, mientras que la oración puede conservar características ritualistas y mágicas de la niñez. La imagen de Dios se va *espiritualizando*; el adolescente, debido a su soledad, es sensible a la amistad con Él. La unión con Dios le permite defenderse de la unión edípica con sus padres, que se reactiva en la pubertad –nubilidad– y le despierta sentimientos de culpa. Como la noción del Ser Supremo se ha espiritualizado, al ser un vínculo espiritual, no tiene connotaciones sexuales; entonces el adolescente puede vincularse libremente con Dios.

La masturbación autoerótica agrava la culpa y puede acentuarse la imagen de Dios severo, que estimulará en el adolescente una actitud *laxa* o *moralista*. A veces el adolescente evoca la idea de que la religión condena la sexualidad, actitud que puede llevarlo a condenar toda afectividad; actitudes que pueden estimular la conducta atea como reacción, o la actitud de indiferencia religiosa.

Cuarta etapa: juventud (de 18 a 24 años). El *cambio social* caracteriza la personalidad del joven, quien tiene mayor conciencia de sus compromisos sociales y tiende a reconciliarse con sus padres. El joven supera en su religiosidad el antropomorfismo de la infancia y de la niñez, así como el pensamiento mágico, realista y animista. Muchos jóvenes son religiosos ocasionalmente, para Pascua o Navidad, ante un bautismo o un casamiento. Muchos adquieren valores sin trascendencia y son muy numerosos los jóvenes que al pelear con hombres de la Iglesia creen pelearse con la religión.

Otros remplazan a la religión por ideologías de promoción humana. En muchas oportunidades, los jóvenes se presentan críticos y señalan la falta de autenticidad de religiosos e instituciones religiosas. Luchan por ideales de justicia, libertad y fraternidad y quieren una religión comprometida con todas las manifestaciones que procuren la libertad del hombre. Muchos rechazan religiones e instituciones, lo cual no quiere decir que rechacen a Dios.

Quinta etapa: adultez. No todos tienen el mismo proceso de maduración en la fe, ni todos atraviesan una crisis con Dios en la adolescencia, ni pasan por un período de ateísmo en la juventud. El crecimiento en la fe puede estar exento de crisis; además de la fe del niño y del adolescente existe la fe adulta. Muchas personas, después de alejarse en la adolescencia, se sienten emocionalmente solos y que toda la humanidad está librada a su propia responsabilidad. Al sentirse solos se encuentran con Dios de una forma distinta, de una *manera real,* cuya existencia es evidente como la realidad misma. *Se encuentran* con un Dios que se halla en el universo y en la vida misma; perciben que al aceptarse a sí mismos, aceptan la realidad y a Dios; perciben a un Dios *no desde fuera* sino *desde dentro.* Es un Ser Supremo identificado con la vida que estimula al hombre a vivir más plenamente. Nunca este Dios puede oprimirlo, sino que es un Dios que no puede ser rival del hombre, pues cuanta más vida tiene el hombre más unido se siente a Él.

Síntesis de las características de la fe adulta, según F. Jálics

1. El Dios de la fe adulta *no quita la responsabilidad* del hombre; así, cuanto más se hace cargo éste de su vida, más se siente unido a Él. Ese Dios no hace la lista de pecados, sino pide al hombre que acepte la vida, que se atreva a vivir, que acepte la vida de los demás y los límites propios y los de los demás. Que sea un *Dios desde adentro* no significa un Ser Supremo individual, sino un Dios real que permita al hombre descubrir hechos vitales desde su interior.

2. El hombre de fe adulta llega a emanciparse, a crear su propia moral y sus propios criterios de praxis. Dios, desde su interior, no le dicta detalladamente lo que debe hacer ni lo que ha de evitar. El hombre adulto descubre en la misma vida el *criterio del bien y del mal.* Todo lo que conduce a la vida es el bien y todo lo que la coarta es el mal. El hombre adulto comprende que Dios *se identifica con la vida.* Este criterio coincide con el de Fromm, quien considera que la *virtud* es aquello que favorece la vida, y el vicio es aquello que la perjudica. El hombre de *fe adulta* descubre que

la *Biblia* con su decálogo le plantea lo mismo que él descubre *en su interior.*

Los tres primeros mandamientos se refieren al reconocimiento de Dios y los siete siguientes enseñan la caridad con la gran familia humana. *La moral* del cristiano de *fe adulta* se concreta con "el bien común de la gran familia humana"; esa moral tiene el peligro de que el hombre se olvide del bien de los demás, que se vuelva *egoísta.* Esta moral no se opone a que el hombre pueda defenderse de aquellos que buscan su mal, ni a las leyes externas que aseguren el bien público. La moral es la elaboración personal que el hombre de fe adulta hace para determinar lo que le conviene. La moral es algo interior y trabaja con la sola sanción del hecho. El hombre irresponsable se niega la felicidad a sí mismo. La moral es la consideración del bien desde la conciencia, en tanto que las leyes son la consideración del mismo bien pero desde la sociedad. La sociedad puede sancionar un comportamiento, pero no negar al hombre el derecho a juzgar acerca de lo que le conviene.

El cambio de la moral que evoluciona desde la fe infantil a la fe adulta consiste en no regirnos más por lo mandado o prohibido, sino en obrar por lo que estimamos conveniente, pues conocemos la meta por alcanzar y podemos formar un juicio acerca de la utilidad de los medios. La fe adulta crea en el hombre un gran sentimiento de libertad, de realismo y de responsabilidad que le acercan a Dios.

La fe infantil no conocía esta plenitud, la fe adolescente lucha para lograrla y la fe adulta empieza a vivirla.

3. La fe adulta, moralmente autónoma, da seguridad y confianza en sí mismo. Una gran inseguridad existencial puede hacernos buscar una falsa seguridad en Dios. Los que se sienten inseguros en esta vida quieren buscar su seguridad en Él. La seguridad no se busca dentro sino fuera, como en la fe infantil. *La confianza en sí mismo no puede ser suplida por la confianza en Dios.* No necesitan de Él para sentirse seguros; para ellos, esta vida tiene su propio sentido: sienten que la existencia brinda su seguridad en sí y creen en el Todopoderoso porque encuentran las huellas de su presencia en la vida. La seguridad humana encuentra su seguridad en Dios.

4. Esa fe adulta está tan arraigada que puede coexistir con un ateísmo. La condición fundamental de esta fe es *la aceptación de la vida*. Muchas personas ateas tiene esta aceptación de la vida y están bien con el universo y con la humanidad. El ateo no cree en Dios. Hay dos clases de ateísmos: uno que no cree en el Dios verdadero y otro que no cree en el Dios infantil. *La persona atea* que acepta la vida está en relación con el Omnipotente y no es necesario que se convierta explícitamente a la fe adulta. La fe adulta adora a Dios mediante el respeto a la vida y no por medio de prácticas, letanías y observaciones distanciadas de la vida.

Vaticano II insiste en la necesidad de lograr la fe adulta, la aceptación del cuerpo del hombre, la admisión del mundo, de la comunidad humana, de otras religiones. Que la Iglesia encare la promoción social del hombre lleva a pensar a muchos que la misma Iglesia ha entrado en la etapa de su fe adulta. El cristiano y un ateo que acepten la vida pueden presentar coincidencias fundamentales. Las diferencias están en la *conciencia y en la actitud*.

El que se dice ateo *no tiene conciencia* de lo trascendente de su actitud vital; puede creer en la humanidad o en una fuerza superior, pero su mirada no divisará la última realidad que sostiene todo. A nivel vital se dirigirá a Dios, pero no tiene conciencia de ello; presenta una fe implícita pero no explícita. No sabe que se dirige al Todopoderoso. El *cristiano de fe adulta* explicita se dirige a Dios Padre, a nuestro Señor Jesucristo y al Espíritu Santo, aunque su atención se concentre en los acontecimientos del mundo. Experimenta que Dios Padre es *persona*.

Sexta etapa: ancianidad (para algunos desde los 60 años y para otros desde los 70). Es la etapa de la *fe madura*. La fe experimenta cambios, mientras que la fe madura aparece simultáneamente con la madurez humana. La fe adulta y la fe madura pueden presentarse al mismo tiempo, en cuyo caso cabe hablar de *conversiones*, dice F. Jalics. Esto le ocurrió a Abraham, a Moisés, a san Pablo, a san Agustín y a san Ignacio de Loyola, quienes vivieron una revolución interior que les cambió radicalmente su vida. Esta vida fue más intensa, más honda, de forma que la vida anterior a su conversión les parecía que había sido caminar en la oscuridad.

Normalmente la fe madura la logramos poco a poco y se presenta acompañada de una crisis; es parecida a la crisis de la adolescencia, pero

más profunda; se acompaña de un malestar, de un temor a perder todo
lo que hemos conquistado. Puede surgir la sensación de que Dios no
existe y de que la vida no tiene sentido. La crisis puede ocurrir en la vida
matrimonial, profesional o vocacional; en ella se movilizan las fuerzas
dormidas. La nueva vida está precedida como de un parto doloroso,
mientras que la crisis puede durar mucho tiempo. El cristiano en medio
de la crisis tiene que restructurar su mundo interior mediante mayor
comprensión. "El mundo del más allá" se convierte en su centro de gra-
vitación y *su vida se centra en Dios*. Su centro de interés se ha trasladado
del mundo visible de la realidad al mundo invisible. La realidad expresa
un mundo más profundo, se descubre la espiritualidad en la propia interioridad, comprende a los otros de una forma más profunda y empieza a
sentir a Dios en todo.

Características de la fe madura, según F. Jálics

1. La fe madura refleja *aplomo personal* y tolerancia ante las limitaciones propias y ajenas. Las dificultades no sacan de quicio con
tanta facilidad al hombre de fe madura. Sus reacciones son pro-
porcionadas a la realidad. Es fácil entrar en comunicación con
esta persona de fe madura, porque escucha, no se aísla, comprende y se manifiesta con sinceridad. A pesar de su firmeza, no muestra rigideces morales ni religiosas; dispone de tiempo y espacio
interior; con su mera presencia genera un marco de paz en torno
suyo; no pone su fe en la vidriera, pero denota su contacto profundo con Dios, y busca, más que las prácticas religiosas, las *experiencias* y las *actitudes religiosas*.

2. *Interioridad de la fe madura*. La actitud de la fe madura no es fruto
de un continuo esfuerzo de voluntad, sino el resultado natural de
la transformación interior de quien la posee. Es fruto de una fuerza que le lleva a tomar contacto con Dios y permanecer consigo
mismo.

    El hombre de fe madura logra sentirse bien en su interior, en
una situación de soledad externa, como también rodeado de
gente dentro de un grupo; en ambas situaciones, puede crear un
recogimiento interior y encontrarse con Dios, contacto que le da
seguridad. Además, no tiene necesidad de evadirse en el activis-
mo. Pese a su gusto por la naturaleza, la soledad y la oración, no
significa un repliegue egoísta sobre sí mismo; al contrario, la sole-

dad le allana el camino del encuentro con los demás. Cuanto mayor desarrollo de su interioridad tenga el hombre de fe madura, más comprensión encontrará de los demás y más sensible se volverá a la alegría y al dolor ajeno.

El hombre que mencionamos se demora en el contacto con Dios y siente verdadero placer de comunicarse con otros que viven la misma experiencia. Se siente interpretado en la Sagrada Escritura y en especial en las cartas de san Pablo; experimenta cómo la liturgia constituye un lenguaje que estimula su crecimiento interior. La persona de Jesucristo se presenta cercana. Los sacramentos se perciben a través de una luz completamente nueva y se viven como un crecimiento que dan vida divina. El cristiano de fe madura se da cuenta de que había vivido ciego a pesar de creer que había descubierto el mensaje del Evangelio.

Su relación con Dios permite a dicho hombre encuadrar los acontecimientos de otra manera, y no les da el valor absoluto que solía atribuirle; además, relativiza los acontecimientos cotidianos y ya no los absolutiza emocionalmente, a la vez que puede integrar los acontecimientos más indignantes sin escandalizarse. *La vida del espíritu* facilita encuadrar los acontecimientos de forma adecuada. La ubicación es no sólo intelectual, sino también emocional.

El hombre maduro no ve alterada su paz, pues los acontecimientos lo perturban levemente. El odio no domina su emotividad y él puede permanecer en paz, la cual transmite en su cara y en su cuerpo entero. Esta fuerza interior confiere al cristiano de fe madura una profunda *sabiduría*. La interioridad crece y el hombre maduro modifica su modo de actuar; además, pone sus expectativas no en logros externos sino en resultados espirituales; tiene paz, felicidad y unión con los hombres.

Quien tiene fe madura percibe el sentido verdadero del sermón de la montaña: "... por lo tanto, busquen primero el Reino y todo lo bueno que éste supone, y esas cosas vendrán por añadidura" *(Mt. 6, 25-34)*. Un cristiano de *fe adulta* rara vez citará este texto y prefiere aquellos en los que el hombre somete a la naturaleza. El texto alude a *una actitud de vida*. Para los adultos, el texto citado tendrá un valor poético, pero ellos no se identificarán con su mensaje profundo; sin embargo, sí se identifica con este mensaje el hombre de *fe madura*. El texto hace mención al contacto profundo que el hombre debe tener con el *absoluto*. No son despreciadas las cosas externas, sino que las conductas con estas cosas deberán brotar desde el interior, y las cosas externas ocurrirán "por añadidura".

El cristiano de fe madura no está exento de dificultades, pero vive la vida como un don gratuito. Siente a Dios como una fuerza protectora que lo cuida, y hasta en los momentos más difíciles experimenta un profundo agradecimiento hacia Dios. La vida la experimenta a su vez como una gracia continua, atribuida a Jesucristo, por quien se siente redimido. La *fe madura* experimenta la *renuncia* sin que sea una experiencia masoquista. Empieza a entender que la renuncia lo conduce a una interioridad mayor, a algo superior; además, comprende el misterio de la cruz y la invitación de Jesús a renunciar a sí mismo, sin que esto sea autodestrucción, sino tomar su cruz y seguirlo...

3. La *fe madura* tiene nuevos horizontes respecto a la *fe adulta* que no son antagónicos, sino que tienen coincidencias fundamentales. La fe adulta ya no la vivimos aislada como la *fe infantil*, sino como algo *inmanente* de todos los actos humanos. Deja a un lado la magia y encuentra el acceso a Dios mediante realidades terrenas; la fe se ha desmitologizado y secularizado.

El hombre de fe adulta comprende que aún no ha incorporado vitalmente el ser divino a su vida; si bien tiene fe en Dios, no posee suficiente vida espiritual. Como a Dios lo sentía poco, hablaba de realidades terrenas. El hombre *maduro* ve su fe adulta bien ubicada pero con *poca profundidad*. Si no aceptamos lo humano, caeremos en la fe infantil. La fe madura posee un gran realismo.

Toda realidad humana tiene un aspecto divino, pero el hombre maduro ofrece un espacio especial a su relación con Dios, en su lenguaje religioso y en los sacramentos; su relación con Dios no está separada de la vida diaria ni aislada de las relaciones con los demás. La vida humana a veces se repliega sobre sí misma y otras veces el hombre deja de dirigirse a Dios. La *vida de fe* fecunda lo humano, pero también puede eclipsarse por lo humano.

La fe madura se asemeja a la fe infantil: ambas destacan lo religioso, a diferencia de la fe adulta, que da poco tiempo y espacio a la liturgia, a la oración y a los sacramentos, porque para los que poseen esta fe el contacto con Dios sucede en la vida. Aquellos que tienen fe infantil utilizan las prácticas religiosas para evadir la realidad, mientras que quienes tienen fe madura profundizan en su interior este contacto, obteniendo paz, energía y luz para actuar. Pero los de fe adulta, porque recuerdan sus evasiones anteriores o sus expresiones infantiles, atribuyen a toda conducta y práctica religiosa características de *evasión* y *magia*.

La fe madura vive una interioridad y expresión muy libre; en cambio, la fe infantil se ajusta formalmente a las prácticas religiosas y se delata por su rigidez. La fe madura es muy elástica en sus manifestaciones de algo que lleva adentro, lo cual le da seguridad; en cambio, la fe infantil la vive como conducta exterior, mágica y evasiva, con temor a perder la fe. El hombre de fe infantil se siente amenazado continuamente por herejías, descristianización, cismas, la indolencia de la gente, su propia infidelidad, su propio incumplimiento y por su propio pecado. Ese temor genera en él la rigidez intransigente consigo mismo y con los demás, propio de la fe infantil; la rigidez genera culpabilidad y sectarismo.

Síntesis de la fe adulta: quien la posee muestra una actitud realista, de aceptación de la vida, de comunicación con los demás.

Síntesis de la fe madura: quien la posee obtiene paz, tolerancia, amplitud de criterio, elasticidad de las expresiones religiosas, transparencia interior y gran comprensión humana (vea la obra de Jálics).

La renuncia y la sabiduría, dones de la ancianidad

La renuncia. La clave para asumir dignamente la vejez está en *aceptar* las *pérdidas* que exige la ancianidad, sin sucumbir a ella. Las pérdidas de la vejez son evidentes tanto en el plano de las fuerzas físicas, como en el de las pulsiones vitales, en la sexualidad y en la rapidez de los movimientos; llegamos a un verdadero deshacimiento, como lo señalara Romano Guardini. El hombre anciano tiene que elaborar una serie de duelos.

Es muy importante que el hombre de fe madura sepa *renunciar* y se haga a un lado, para dejar que el más joven asuma un papel de dirección y que no se coarte su motivación, en los compromisos con la vida. El hecho de la renuncia no reduce al anonimato al hombre mayor, sino que lo deja en inmejorables condiciones para que brinde sus experiencias, adoptando el rol de dar *consejos*.

La renuncia implica desprendimientos sin producir *frustraciones*; todo lo contrario, en el estado de falta, de carencia y de necesidad valoramos la vida más en profundidad y podemos percibir todo lo creado. En la carencia y el dolor advertimos las esencias de todo lo que existe. Esto es una verdadera paradoja, lo cual no significa una proclamación favorable hacia la actitud masoquista, sino una invitación a permanecer en la actitud de lucha, aun en las pérdidas de la vejez, porque en este momento podemos adquirir la *sabiduría*.

La sabiduría. El hombre anciano puede ser un *hombre sabio*, el que sabe del final de la vida humana y lo acepta. Así, como saber que existe la muerte da sentido a la vida, permite no dejar pasar la vida única e irrepetible, a no dejar para mañana lo que podemos hacer hoy, pues la vida se termina, como dice V. Frankl.[4]

En la *ancianidad*, a pesar de sus pérdidas, destaca la importancia del *espíritu humano*, manifestado por medio de *pensar* y *querer*, ostentando lo que conocemos como *sabiduría*. La conciencia de la transitoriedad de la vida, de la muerte, *genera* más claridad sobre *lo trascendente y lo absoluto*. El anciano toma conciencia de *lo transitorio* y de *lo trascendente*, de lo importante y de lo no importante, de lo auténtico y de lo inauténtico; asimismo, adquiere la sabiduría, distinta de la inteligencia aguda; la sabiduría implica que *lo absoluto* y *eterno* es manifestado en la conciencia finita y transitoria, y desde ahí arroja luz sobre la vida.

La sabiduría capta el verdadero *sentido de todo lo que existe: del valor*, de la vida, de la muerte, del trabajo, del dolor y del amor. La ancianidad es conceptuada como la estructura final de la vida humana, en la que podemos lograr *la madurez personal y espiritual*. Los ancianos pueden ser de dos formas: *a)* aquellos que buscan cuantas satisfacciones alcancen y que son una verdadera *plaga* para los demás, y *b)* aquellos que es una dicha conocerlos, quienes han tenido una larga vida y han tenido trabajo, dolor, sufrimiento, amor; todo ello podemos percibirlo en sus manos, en sus ojos, en su rostro y en sus actitudes.

El anciano que ha logrado la sabiduría sabe que es mejor *perdonar* que tener razón y tener *paciencia* que manejarse con violencia; además, sabe que los verdaderos valores de la vida se encuentran en *el silencio* y no en el ruido. Platón describe que las virtudes de la vejez son: prudencia y discreción.

Algunos hombres ancianos mantienen la integridad de su personalidad e incluso logran el mayor rendimiento de sus capacidades y potencialidades, como los siguientes:

- Goethe, quien escribió el *Fausto* a los 82 años de edad.
- Miguel Ángel, quien pintó *El juicio final* entre los 59 y los 65 años.
- Cervantes, quien escribió parte de *El Quijote* a los 68 años.
- Lamarck, quien escribió *Historia natural* a los 80 años.

Existen innumerables ancianos, conocidos y no conocidos, que ocupan lugares destacados y no destacados en la sociedad, que son apreciados y valorados por su sabiduría y el don de consejo.

Características de la sabiduría

La *sabiduría* tiene como objetivo práctico que el hombre se conduzca con prudencia y habilidad para prosperar en la vida. En Grecia, la sabiduría se transformó en filosofía. En la revelación bíblica, *la palabra de Dios* es revestida de una forma de sabiduría. El hombre sabio de la *Biblia* tiene curiosidad por las cosas de la naturaleza. Todo hombre experto en su oficio merece el nombre de sabio; el sabio por excelencia es el experto en el arte de vivir bien; sabe lo que se oculta en el corazón humano, lo que para él es causa de gozo o de pena. La sabiduría la aprendemos a costa de grandes sacrificios y el hombre sabio nada desea tanto como transmitirla. Los sabios son sensibles a la grandeza del hombre y a su miseria y aparecen inspirados por Dios igual que el profeta. El *Nuevo Testamento* identifica la sabiduría con Cristo, Hijo de Dios; a su vez, el hombre unido a Cristo participa de la sabiduría de Dios. Jesús se presentó como maestro de vida, esto es, maestro de sabiduría.

Síntesis: el hombre que reza, que reflexiona en la Palabra de Dios, encuentra la sabiduría y desarrolla su espiritualidad por medio de su pensamiento y su querer.

Bibliografía

1. Monedero, C. (1972), *Psicología evolutiva y sus manifestaciones psicopatológicas*, Madrid: Editorial Biblioteca Nueva.
2. Dacquino, G. (1982), *Religiosidad y psicoanálisis*, Madrid: Editorial Central Catequista Salesiana.
3. Donceel, J. (1969), *Antropología filosófica*, Buenos Aires: Editorial Lohlé.
4. Frankl, V. (1950), *Psiconálisis y existencialismo*, México: Fondo de Cultura Económica.
5. Piaget, J. (1973), *Seis estudios de psicología*, Barcelona: Editorial Barral.
6. Prohaska, L. (1973), *Proceso de maduración en el hombre*, Barcelona: Editorial Herder.
7. Allport, G. (1961), *Psicología de la personalidad*, Buenos Aires: Editorial Paidós.
8. Fromm, E. (1982), *El arte de amar*, Buenos Aires: Editorial Paidós.
9. Gastaldi, Y. y Perello, J. (1992), *Sexualidad*, Buenos Aires: Editorial Don Bosco.
10. Lersch, P. (1971), *La estructura de la personalidad*, Barcelona: Editorial Scietia.
11. Erikson, E. (1966), *Infancia y sociedad*, Buenos Aires: Editorial Hormé.
12. Freud, S. (1976), *Obras completas*, Buenos Aires: Editorial Amorrortu.
13. — (1986), *La personalidad*, Barcelona: Editorial Herder.
14. Jálics, F. (1983), *Cambios en la fe*, Argentina: Ediciones Paulinas.
15. Frankl, J. (1979), *La presencia ignorada de Dios*, Barcelona: Editorial Herder.

La metamorfosis de la vejez. Un recorrido por las transiciones inevitables de la vida

Isaac Jauli
Universidad Complutense de Madrid, España

Es muy importante tener una visión clara de lo que somos para entender lo que vive el anciano en su última fase del trayecto. Somos espíritu sembrado en materia; el anciano es espíritu, conciencia y cuerpo; el tiempo de la fusión se acaba; el cuerpo ha envejecido; el alma ha aprendido; el espíritu ha madurado, y el cuerpo deberá terminar su periplo, así como las posesiones de éste. Algo morirá para que algo renazca. Al respecto, cabe citar lo siguiente:

> *A lo que la oruga llama*
> *"el fin del mundo",*
> *el resto del mundo*
> *le llama "mariposa".*
>
> RICHARD BACH

La oruga es el cuerpo que termina su ciclo, la mariposa es la conciencia y el espíritu que representan a lo que queda de esa fusión, con lo bueno y lo malo alcanzado, con las lecciones aprendidas, con todo. La oruga representa al cuerpo, termina el ciclo, se regenerará, se integrará a la tierra.

Observar al ser humano con una visión materialista, suponiendo que sólo hay lo que las diminutas ventanas de nuestros sentidos muestran y arguyendo un cientificismo ciego y tendencioso, es muy fácil en la mente concreta del joven y del adulto, pero muy difícil en la mente superior o crítica del anciano.

Para el joven y el adulto es muy fácil y cómodo evaluar la vida mediante las bondades de la materia (cuerpo) y apoyarse en una ciencia materialista que no ha hallado respuestas esenciales, por ejemplo: ¿por qué se mueve un átomo o por qué las cosas esenciales son como son? La ciencia parte de lo establecido, pero no sabemos por qué y dónde tenemos a la autoconciencia, aunque suponemos que debe estar en algún lugar del encéfalo y que la tenemos como derecho al periplo evolutivo. Con esas verdades a medias, crecemos y vemos el mundo hasta que aparecen en nosotros las crisis cíclicas que nos despiertan o nos sumergen más en el materialismo.

Vivimos una época en la que nos han enseñado a aborrecer el dolor, el sufrimiento, la carencia y la tristeza, las cuales vemos como cosas anormales que tienen cura y que sólo los ignorantes, los necios o los pobres pueden padecer, porque los cultos, los sabios y los ricos han encontrado la manera de librarse de ellas.

Buscamos el placer y la felicidad como seres inmaduros, ni siquiera como niños, seres que pretenden ser niños cuando llegan a la mayoría de edad. El niño busca el placer porque, de acuerdo con su edad evolutiva, le es propio desearlo, pero un adulto que se hace pueril y busca hedonismo puro es un inmaduro que se fija, se adhiere y se olvida de que ya no es lo que pretende.

No podemos ni debemos ser o pretender ser siempre orugas; si así fuera, aniquilaríamos a la futura mariposa y nos convertiríamos en enemigos de los ciclos evolutivos, enemigos de la vida.

Ciclicidad individual

Somos seres cíclicos, obedecemos ias reglas que ha puesto la naturaleza y, aunque de cuando en cuando pretendemos engañarlas, el ciclo que nos germinó terminará con nuestro ciclo y, por ende, con parte de nosotros.

La naturaleza ha puesto sus reglas, como una conciencia rectora superior ha decidido las formas en que las cosas deben ocurrir y regenerarse. La conciencia humana puede aceptar esas reglas, o pretender que no existen, o tratar de evitarlas, modificarlas, redirigirlas, disminuirlas, etcétera.

¿Engañamos a la naturaleza? A la naturaleza no la engañamos, pero sí al ser superficial que nos habita y que llamamos *máscara*. Lo engañamos porque él mismo es un engaño, un ser inexistente formado por los mejores deseos de la esencia del individuo y por los afanes de integración infantiles que recurren a la mentira como estrategia del débil para agradar y ser querido, aceptado, mimado y aceptado.

¿Cómo engañamos a la máscara? Se engaña ella misma, se plancha las arrugas, se quita la edad, busca afanosamente todo tipo de controles para

que la salud exista, no por la salud misma, sino para durar más, para vivir más y para evadir la enfermedad y la muerte.

¿Qué pasa cuando la gente se engaña a sí misma? Vive en una farsa, en algo irreal, hace juicios convenencieros, incompletos a medias, no se compromete con nada, sino que se siente ajena a lo desagradable y muy cercana a lo agradable y placentero. Además, como la máscara surge del deseo de sobrevivencia de un ser débil e inmaduro, pretender perpetuarla también hace perpetua de alguna manera la inmadurez de quien lo pretenda.

¿Hay ciclos asociados con la máscara? Por suerte, si los hay: dependen de la edad y del grupo al que el inmaduro pretenda integrarse por el camino fácil, superficial y barato del engaño, por ejemplo:

> Te hago creer que soy mejor de lo que realmente soy, escondiendo mis defectos y aquellos episodios de mi historia que creo no entenderías ni aceptarías; te hago creer que soy así para que me aceptes sin tener que discutir o explicar aquellos comportamientos o actitudes o valores que he utilizado y que sería muy difícil para ti aceptar en mí. También lo hago porque estoy escasamente comprometido con la verdad y estrechamente coludido con la mentira.

¿Hay ciclos asociados con la esencia? Claro que los hay: son el camino largo y el difícil, aquel donde hablamos con claridad, con el corazón en la mano de lo que es bueno y malo, mas no de lo que queremos hacer creer que es, por ejemplo:

> Te muestro lo que soy aunque al hacerlo sé que podrías rechazarme; a pesar de ello, por el respeto que te tengo y que me tengo, te mostraré lo que soy para que decidas si estás dispuesto a aceptarlo.

Los ciclos en ambos casos son aquellas oportunidades que aparecen a lo largo de la vida para ser quienes somos realmente, para entender los defectos y fallos y para saber trabajar de manera ardua con el fin de corregirlos, para conocer las virtudes que nos habitan y poder conservarlas y desarrollarlas. En cada ciclo que inicia necesitaremos una nueva forma de manifestar la esencia o una máscara renovada.

Es verdad que siempre debemos tener un poco de máscara porque la necesitamos para interactuar; el problema ocurre cuando esta máscara se hace excesiva, exagerada, obesa y difícil de digerir y arremete, al generar expectativas en los demás, contra el respeto social. Saber la dosis exacta de máscara para adaptarse y la enorme dosis de esencia para ganar respeto y autenticidad es la tarea de todo individuo que quiere madurar a lo largo de su vida.

En el caso del anciano, asumir sin superficialidad el camino que le espera es lo mejor que puede pasarle, no para amagarse, sino para reflexionar con seriedad y decidir cómo adaptarse a ese lapso final, cómo conducirlo de manera sabia e inteligente, cómo obtener el mayor provecho de él, cómo terminar los pendientes que hemos dejado a lo largo de la vida y qué cosas son factibles de remediar aún, o que podemos intervenir, conversar, mejorar y terminar.

Lo peor que puede pasarnos es vivir con superficialidad esa etapa, dormitando, soñando, maquillando y evadiendo, hasta que la muerte nos alcance sin estar listos, llenos de pendientes y sin haber encontrado un sentido profundo a nuestra existencia.

Ciclicidad universal

Así como hay ciclos individuales, también los hay en los diferentes niveles que existen por encima de nosotros. Al respecto, hay un gran ciclo universal iniciado hace 15 000 millones de años, que está en su fase de expansión, que suponemos llegará al equilibrio de fuerzas (universo maduro), luego vendrá la declinación (universo anciano) y finalmente todo lo generado y creado se reducirá nuevamente a un centro de energía.

Hay un ciclo diario, que empieza con los primeros rayos de la luz del sol de cada día; nace el nuevo día, muere la noche; el día es joven y avanza hacia la plenitud; por la tarde envejece y en el preocaso se despide para no volver a ser el mismo jamás. Gracias a que ese día no volverá, permite que otros días vuelvan; gracias a que existe el día y muere, existe la noche, que también muere. Los contrarios se complementan, no se pueden anular, tienen que aprender a coexistir, a compartir y a cohabitar.

Hay un ciclo del ser humano (muy parecido a lo explicado con anterioridad), el cual nace con la fecundación; crece el feto que sale de la madre; crece el niño, que se hace joven como el universo, como el día, como la oruga; se hace adulto, se equilibra, luego declina, envejece, se va apagando la luz como en el ocaso y finalmente muere.

Hay un ciclo diario y decenas de ciclos cada día, en los que podemos hacer la vida gozosa o amargarnos el momento o amargárselo a alguien. No podemos evitar los ciclos, pero nos está permitido conducirlos hacia el gozo, hacia lo neutro o hacia el dolor (propio o ajeno).

Conducirnos dentro del ciclo es diferente de conducir el ciclo. Si pretendemos conducir el ciclo, su ritmo y su flujo, estaremos forcejeando con la vida eternamente. Si pretendemos conducir las energías que habitan en cada ciclo, el asunto será diferente.

Hay ciclos de lluvias, de sequías, de calor y de frío, ciclos dentro y entre las estaciones del año, ciclos emocionales de alegría y de tristeza, ciclos y más ciclos.

Una importante parte de cada ciclo de vida es el ciclo viejo, el ocaso incipiente, las cinco de la tarde de un otoño radiante. No podemos ir contra ese ciclo, pues todo ciclo que ha empezado debe terminar, todo día que ha comenzado muere al partir el sol, todo año que ha nacido en enero muere al final de diciembre, todo lo que nace muere; para morir debemos haber nacido primero; para nacer y merecer vivir debemos afrontar el momento final de nuestra existencia.

Lo que un anciano llama el fin del mundo porque se encuentra cerca de morir, el resto de su familia lo denomina de varias formas: "pobrecito, ya que descanse", "ya lo dejaron solo sus hermanos que se le adelantaron, que ya no sufra", "es la ley de la vida", etcétera (y en ese etcétera van añadidos los bienes que inevitablemente el anciano deberá soltar: anillos, relojes, casas y terrenos, entre otros).

No podemos conducir y alterar el ciclo mismo, pero sí controlar la energía que habita ese trozo de la vida para vivir con plenitud, conciencia y responsabilidad, alerta a lo que estamos viviendo, vigilando cuidadosamente lo que hacemos.

El espacio que se abre ante un ser consciente permite adquirir aprendizajes, tener reflexión sobre la vida vivida, usar de modo inteligente y cuidadoso las facultades que quedan en vez de añorar las que ya no están, tener derecho a vivir cada quien su vida en vez de involucrarnos en cómo deberían vivir los demás, centrarnos en lo esencial de cada ser que somos nosotros mismos y en lo que hacemos con esta oportunidad que hemos llamado *vida*.

No todo lo perdemos

Todo lo que contiene el universo, su génesis, el desarrollo de su naturaleza y su fin está escrito en el alma del ser humano. Las energías que dieron origen a este cosmos, las fuerzas de expansión y las fuerzas de contracción son las mismas que lo mantienen en equilibrio: tanto la galaxia como el sistema solar y el individuo. Desde el macrocosmos o gran sistema hasta el microcosmos o átomo, pasando por el ser humano, todo surge, se consolida, se mantiene, decae y desaparece. Es la ley de todo lo compuesto, la ley del cambio permanente y eterno.

Los ancianos y sabios de todos los tiempos han dicho: "vivimos en un estado constante de cambio, fluyendo". La ciencia humana afirma que el mundo consta de patrones de transformación continua de energía y materia. Observamos esos cambios en nosotros mismos, en los familiares y conocidos, en lo físico, en el desarrollo emocional, en la adquisición de conocimientos y en la adaptación ante la cultura, la enfermedad y la curación. Nos hacemos mejores y envejecemos, pero siempre crecemos. Nuestras vidas parecen revelarse en tejidos múltiples de ciclos de cambio en muchos niveles de conciencia. Además de esos cambios naturales y ordinarios, en la experiencia humana hay otra especie de transformación, una metamorfosis radical de la psique entera calificada como experiencia mística, unicidad, liberación y unión con Dios. Tales experiencias pueden ocurrir en algunas personas, más en aquellas que han pasado la segunda mitad de su vida.

¿Qué significa tener una experiencia superior o cumbre? Significa trascender en el espacio y el tiempo, contactar con la parte espiritual, sentir una paz interior inamovible, tener un sentido de pertenencia y de gozo excepcionales, sentir amor a la vida y a todas sus formas y manifestaciones. A veces ocurre cuando la persona está enamorada y ese "algo" o "alguien" de quien lo está le transmite paz, gozo y amor.

Cuando estamos enamorados accedemos a abandonar la mente racional, ya sea el ego inferior lógico-concreto o el ego superior crítico, para alcanzar un espacio superior dado por los tres pilares fundamentales de lo trino: sabiduría, voluntad y amor.

Después de abandonar la fuente de seguridad concreta consciente que es la mente racional y que cuesta trabajo dejar porque los miedos a sobrevivir solo son paliados con razonamientos de control sobre la naturaleza, cuando accedemos a abandonarla es por algo superior que merece la pena; por eso abandonamos la cuna de seguridad racional y entramos en el mundo irracional e irreflexivo del amor. Entonces llega todo, una paz que no requiere condiciones seguras, un gozo que no depende de placeres frívolos, y un amor que no depende de razonamientos egoicos.

En ese estado sólo pretendemos estar, dar, fluir, sentir, experimentar, dejar que el amor habite el instante, y la combinación de emociones, pasiones y sentimientos se funden no entre ellos sino entre nosotros; son estados que permiten sentir y experimentar lo que experimenta el otro: solidaridad, lealtad, fraternidad, servicio, piedad, compasión y otros.

Después del estado desaparece, para volver después, para propiciarse más adelante, para nutrir el sentido profundo de vida que cada ser necesita para habitar con sabiduría este planeta.

Ahora bien, para llegar a estar listos y permitir que la experiencia superior arribe, debemos transitar un largo trayecto y estar listos para que la ventana de oportunidad se abra.

Debemos permitir el cambio, aceptar las transformaciones, acceder a abandonar el traje viejo y aprender de lo vivido; en síntesis, debemos vivir una metamorfosis. La oruga es la preparación para el vuelo, mientras que la mariposa encarnará el vuelo. La oruga es el trabajo arduo en quitar densidad a los pensamientos y a los actos, pero sobre todo a los pensamientos.

¿Cómo se quita densidad en los pensamientos? Con claridad, con determinación y disciplina.

Claridad: es disipar la niebla que el ego pone en los diferentes paisajes que el ser superior mira, quitar las deformaciones cómodas, las indulgencias, la superficialidad, la negación, el desplazamiento, las proyecciones, los embellecimientos y las omisiones. Cuando quitamos esos estorbos de un paisaje, vemos mejor las cosas, transparentes, genuinas y claras.

Ayuda mucho plantearnos las preguntas: ¿estoy omitiendo, embelleciendo?, ¿estoy siendo severo con otros e indulgente conmigo?, ¿están mis emociones alterando el panorama? y ¿tengo intereses propios en que el paisaje aparezca diferente de como es?

Cuando vemos con claridad el todo, que es la suma de cómo lo ve el otro, cómo lo veo yo y cómo lo vemos juntos, nos damos cuenta de las cosas que han afectado al otro y el otro no las ve, las cosas que me han afectado y no había visto y las que no habíamos visto juntos pero ahí están.

Debemos buscar el daño hecho aunque el otro no haya reaccionado, aunque se lo haya tragado, aunque no haya dado señales de estar afectado; debemos buscarlo para incluirlo en la claridad de que he hecho daño a alguien, y no necesito que ese alguien me lo diga, pues soy suficiente para entender que el daño ha sido hecho por mí, para incluirlo en mi conciencia y observarlo.

Determinación: una vez teniendo la panorámica de la realidad, ahora debemos determinar un camino, una estrategia: ¿qué hacer?, ¿solamente veremos lo sucedido?, ¿haremos algo al respecto? y ¿es inteligente actuar?

Elegimos un comportamiento y nos formamos internamente la determinación para llevarlo a efecto. La determinación tiene un período de ajustes, de análisis cuando buscamos el rumbo dentro de la claridad, las dudas ocurren entre el potencial reminiscente y el potencial del recuerdo; cuando finalmente conocemos el camino, lo tomamos con todas las consecuencias, sin flaquear, ni depender de lo que sucede fuera, ni de si los otros se portan bien o no, si se lo merecen o no, si me conviene o no; es la determinación por la determinación misma, porque hay un compromiso personal.

Disciplina: consiste en ser consistente con el camino elegido, no terco ni necio, sino sólo consistente, pero abierto a cambios reales y verdaderos que hagan necesario reconsiderar; sin embargo, en caso de no haberlos, no debemos inventar cambios falsos que ayuden a desviar la atención sobre lo fundamental.

¿Cómo es aplicado todo esto al anciano? De alguna manera, cambiar de lo nublado a lo claro es una metamorfosis, desarrollar la tendencia a ver claro, con veracidad interior, así como somos veraces hacia fuera también debemos serlo hacia dentro. Luego, cambiar de la indecisión superficial a la determinación comprometida es otro cambio brutal, y finalmente cambiar de lo pusilánime y fatuo a lo disciplinado y estricto es otro cambio fundamental.

Cuando el anciano consigue esa transformación, tendrá más claro lo que debe hacer con la última fase del periplo de la vida, poseerá la fuerza (determinación) destinada a dirigir sus acciones no a lo conveniente para la máscara sino a lo correcto para el corazón, y tendrá el compromiso y consistencia (disciplina) para cumplir lo que a sí mismo se prometió.

Si realiza estos cambios, el anciano se acercará a su momento con la mente abierta para hacer relaciones intensas, para tomarlas y dejarlas, sabrá iniciar y terminar, tomar y dejar, vivir y dejar de vivir. Separará lo superficial de lo esencial, lo cual le permitirá el acceso a tener experiencias superiores, contactos profundos de intimidad con otros seres, de compromiso con el dolor ajeno, de sensibilidad hacia el entorno. Y encontrará la llave para tener acceso a ese gozo y esa paz que moran en el ser interno (espíritu) de cada persona.

¿Cómo sabe el anciano que está ocurriendo el cambio? Porque ve con claridad, porque es sensible a lo externo y porque ha permitido una continuidad entre él y lo que le rodea. El exterior ya no es algo ajeno a él, sino algo que depende de su buen juicio, porque encuentra que con suficiente tolerancia y paciencia puede lograr muchísimo más que con impaciencia e indiferencia. Pero, sobre todo, porque ahora las pequeñas cosas dan sentido a su vida, a diferencia de la etapa anterior, cuando el sentido materializado estaba dado únicamente por la competencia y la pertenencia.

¿Cómo puede el anciano hacer que el cambio (metamorfosis) no sea pospuesto o invalidado? Cuando está a la mitad de la transformación, deja de ser lo que era y todavía no es lo que será, sino que está dejando una forma de ser, de entender el mundo, está soltando el control y a cambio tiene una crisis profunda y la esperanza y la fe de que del otro lado del puente se hallará lo que busca. En esos momentos es posible que dé marcha atrás y desista, ante lo incierto del futuro; usando su mente concreta querrá signos inequívocos, claros, de que algo vale la pena más allá del estado que abandona y entonces podrá bloquear el cambio.

Por otra parte, cuando sabe que tarde o temprano se irá, que se despedirá de su nombre, relaciones y pertenencias, que llegará un momento en el cual estará a solas con él mismo, esa certeza material podrá alimentar la esperanza de que no puede ser tan malo atreverse a cambiar su manera de ser y dejar la máscara por su estructura esencial.

Metamorfosis

Cuando el anciano llegó a contactarse con su ego superior, con la intuición, cuando pudo entrar en una percepción más espiritual de las cosas, ocurrió la metamorfosis.

Todas las mitologías están llenas de relatos en los que la metamorfosis es la fase transitoria de lo viejo y caduco, lo sombrío y maligno, lo ignorante y egoísta a lo nuevo y actualizado, a lo brillante y bondadoso, a lo sabio y compasivo.

La metamorfosis es un símbolo de identificación para una personalidad en vías de individuación y que aún no ha asumido verdaderamente la totalidad de su yo, ni actualizado todos sus poderes (Metzner, 1987).

La oruga que se metamorfosea en mariposa ha sido uno de los símbolos más duraderos de la transformación humana. Esto implica que los seres humanos estamos en una especie de fase larval y que es posible un cambio que nos transforma de lo que somos ahora. La oruga vive un mundo muy diferente del de la mariposa (Chevalier y Cheerbrant, 1988).

Si usamos esa metáfora (la palabra *metáfora* proviene de *meta*: más allá, y *pherin*: llevar, "es llevar más allá) para considerar el ciclo del microcosmos humanos donde la primera fase hasta la mitad de su vida es "expansión", ciclos que lo llevan desde el feto dentro del vientre de su madre, pasando por el bebé, el niño, el adolescente y el joven hasta el adulto, veremos que ha sido una escala de crecimiento, más en lo físico, lo emocional y mental con el incremento del conocimiento, para integrarse a la sociedad y sobrevivir. Es una fase hacia afuera, hacia el mundo que le rodea y observa con curiosidad desmedida. Todo forma parte de su naciente conciencia y de un objeto atractivo, un objeto que poseer, usar y desechar. La calidad de su relación nace sólo cuando el dolor lo embarga y le muestra las primeras lecciones de equilibrio en sus relaciones de dar y recibir, de querer y ser querido. La fase de consolidación se mantiene por largo tiempo en parte por la lenta madurez del alma humana. Pareciera que nuestra conciencia pequeña, debido a esa lentitud, no ha crecido mucho –a decir de Jung (1961)– en los últimos años. De hecho, este autor menciona que cada tendencia a enfermar mentalmente demuestra no sólo una predisposición que no puede ser atribuida únicamente a las circunstancias de la vida desde la niñez hasta la vida adulta, sino que también hay otras cosas congénitas que explican tales predisposiciones. Y dicha conciencia predispuesta es una conciencia anterior a la conciencia presente, común a todos y que busca espacios para ser escuchada y puesta en práctica.

Cuando la vejez nos encuentra casi de sorpresa, las condiciones para la metamorfosis del alma humana quizá aún no estén dadas. De hecho, el paso de la conciencia egocéntrica a la sociocéntrica requiere tiempo y maduración y es compleja. A veces se queda atrapada en la egocentricidad, lo cual dificultará adaptarnos a las reglas y roles sociales (Wilber, 2001). No se trata aquí de aquellas reglas y roles que, después de ser analizados, merecen ser cuestionados, sino cuestionar aquellos que están perfectamente planteados y que ofrecen ventajas prosociales. Las críticas sin sustento que parten de la inmadurez son, según Wilber, preconvencionales y las surgidas de una conciencia que ha madurado y analizado el sentido profundo de estas reglas se llaman *posconvencionales*. Es deseable que exista el anciano crítico posconvencional, porque esto hace suponer que cuestiona con madurez lo que es útil y justo para todos.

Entonces el anciano posconvencional ha ganado sabiduría pero ha perdido vitalidad, ha ganado criterio pero ha perdido fuerza, ha ganado y ha perdido y debe conocer esa nueva condición, ejercerla y aprender a vivir con ella.

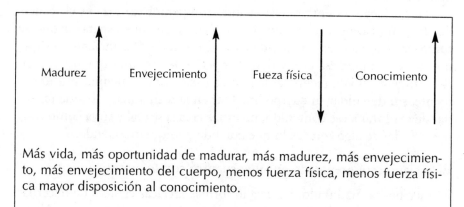

Más vida, más oportunidad de madurar, más madurez, más envejecimiento, más envejecimiento del cuerpo, menos fuerza física, menos fuerza física mayor disposición al conocimiento.

Figura 1

Más vejez y más oportunidades de madurar no significan que hayamos aprovechado esas oportunidades, sino únicamente que las ha habido.

Cuando los seres encuentran propicio ese espacio para generar conocimiento, las diferentes culturas han sabido aprovechar ese conocimiento acumulado. La vejez ha sido signo de sabiduría y virtud en el mundo antiguo, como en Grecia, donde se denominaba *presbita* a los ancianos sabios y guías; o en China, donde aún se les honra, ya que prefiguran la longevidad, un largo acopio de experiencia y de reflexión, una imagen imperfecta de la inmortalidad (Chevalier y Cheerbrant, 1988).

Ser viejo en el sentido profundo (no del cuerpo sino del alma) es existir desde antes del origen, y es existir después del fin del mundo.

Si evaluamos a la vejez por el vehículo estaremos perdidos, porque hay menos vitalidad, menos fuerza, más deterioro; pero si miramos esa existencia como un cúmulo de aprendizajes y experiencias, el contenedor se verá pletórico de esencia. El Tao Te king en una alegoría de vehículo y espíritu menciona a la taza, la cual sirve para contener algo que puede ser agua, pero sin ese algo es solamente una taza, pierde su sentido si no lo contiene. O una casa indica cuatro paredes y un techo, pero el espacio (la no casa, lo contenido) hace que esa casa sea tal. El contenido del anciano y no la taza es lo esencial para aprovecharlo.

El anciano es lo persistente, lo durable, lo que participa de lo eterno e influye en lo psíquico como un elemento estabilizador (arquetipo del anciano sabio) y como una presencia del más allá (Chevalier y Cheerbrant, 1988).

Lo que seguramente queda cuando rompemos esa taza es el recuerdo, la reminiscencia, el sueño, la energía. ¿Debemos esperar a que se rompa la taza para ver con claridad lo que nos rodea? El anciano sabe que pronto se romperá esa taza y tiene la opción de procurar que no ocurra, enfocándose sólo en recuperar la salud a toda costa, o meditar profundamente, sin descuidar su cuerpo, meditar en la forma más sabia de terminar de madurar a ese contenido, mientras la taza sea tal y sirva como contenedor de ese algo, que es lo que aprende y lo que trasciende.

El anciano está preparado en su encuentro con lo eterno

El anciano ha madurado, ha dejado formas arcaicas egoicas de hacer las cosas y se ha cobijado en formas más desarrolladas sociocéntricas. Ahora piensa en los demás, está consciente de su envejecimiento, de su tiempo, de su conocimiento y de las necesidades de los demás; entonces se prepara para el último tramo de su vida, decide soltar el control (egoico) y permite que "algo" (la naturaleza, la vida, la inercia o Dios) se haga cargo del asunto. Confía en la sabiduría de ese "algo" y se deja llevar, decide fluir y anticipar con conciencia plena y profunda la llegada o el encuentro con lo eterno (espíritu).

¿Qué le sucede al niño que aún vive en el anciano? El niño espontáneo, genuino, transparente, que va a la esencia de las cosas, que juega por jugar antes que evaluar si es adecuado o no hacerlo, que es curioso por naturaleza, antes de preguntarse si hay otras formas de averiguar las cosas, que es leal a lo que es y al lugar donde fue sembrado, ese niño juguetón y sabio que fue reprimido, ahora vuelve con fuerza y determinación.

El niño sabe que viene algo superior e inexplicable. Sabe que se aproxima el contacto con lo eterno y no lo estorba, ni lo impide, sino que fluye sin temor, con curiosidad y, sobre todo, con mucha conciencia. Activar al niño desactiva los últimos reductos de esa máscara o esas máscaras que fueron útiles en años previos, vamos quitando los diferentes trajes que usamos y al final queda lo básico, lo auténtico, lo esencial, lo verdadero.

Cuando ha podido conservar la conciencia y dejar atrás las máscaras, cuando se deja llevar por las fuerzas finales que le llevarán al contacto con lo eterno, el viejo está listo para ese encuentro. Por otra parte, cuando forcejea incesantemente, cuando pretende controlarlo todo, cuando la seriedad y la mente concreta habitan el cuerpo hasta el final, el niño que ha sido reprimido sigue estándolo, la necesidad de control es robustecida y no se deja fluir o llevar por los momentos finales. La conciencia se acorta, se estrecha y cuando llega el momento encuentra a un ser rígido, lleno de máscaras (inauténtico), sin esperanza y dormido para la transición que le aguarda, dormido para esos momentos cruciales de tal encuentro.

> *Perder la esperanza*
> *es como perder la libertad,*
> *su ser profundo.*
>
> BRESLAU

Conservar la máscara (lo inauténtico) y perder la esperanza (la confianza, la fe en la trascendencia) es como perder la libertad (que hizo posible decidir por la máscara), aunque la libertad es el ser profundo de la esperanza (que habita el espíritu).

Abandonar lo inauténtico y tener confianza en la trascendencia (obviamente no del cuerpo) del espíritu es recuperar esa libertad nacida de la dualidad y de la conciencia sembrada en la materia, mas no de la materia, de esa energía que mueve al cuerpo, mas no el cuerpo, de eso que estaba antes y estará después de envejecer el cuerpo. Y si recuperamos esa libertad, recuperaremos el ser profundo, estaremos conscientes y con esa conciencia llegará el encuentro.

Estar dormidos, desesperanzados y sin esencia es lo peor que podrá pasarnos cuando llegue el momento final, el momento sagrado, de nuestro encuentro con lo eterno.

Bibliografía

Bond, D. S. (1995), *La conciencia mítica*, Madrid: Gaia Ediciones.

Chevalier, J. y Gheerbrant, A. (1988), *Diccionario de los símbolos*, Barcelona: Editorial Herder.

Downing, Ch. (1994), *Espejos del yo*, Barcelona: Editorial Kairós.

Jung, C. (1961), *Teoría del psicoanálisis*, Barcelona: Plaza y Janes Editores.

Metzner, R. (1987), *Las grandes metáforas de la traducción sagrada*, Barcelona: Editorial Kairós.

Wilber, K. (2001), *Antología*, Barcelona: Editorial Kairós.

Una aproximación humanista y transpersonal de la vejez

CAROLYN S. TURNER
Harvard Medical School, Estados Unidos

Por medio de la psicología humanista encontramos un acercamiento afirmativo y optimista para todas las etapas de la vida; sin embargo, como lo menciona Judith Viorst en su libro *Pérdidas necesarias*: "Nadie podría negar que la edad puede hacernos llevar una carga de profundas y abundantes pérdidas de salud, de las personas que amamos, de un hogar que ha sido nuestro refugio y nuestro orgullo, de nuestro lugar dentro de la comunidad familiar, de un trabajo y estatus, así como de un propósito y de una seguridad financiera, como también del control y de la elección". Estas *pérdidas* pueden presentarse varias veces mientras vamos envejeciendo.

Viorst también dice:

> Los estudiosos del envejecimiento han subdividido la vejez en: los viejos jóvenes (de 65 a 75 años), los viejos maduros (de 75 a 85 o 90 años) y los viejos viejos (de 85 o 90 años hasta...), reconociendo que cada uno de estos grupos tiene diferentes problemas, necesidades y capacidades. También reconocen que aunque una buena salud, unos buenos amigos, una buena suerte y por supuesto un buen ingreso hacen más fácil sobrellevar la vejez, nuestra actitud hacia las pérdidas, así como la naturaleza de éstas determinará la calidad de nuestra vejez.

El científico social Robert Peck describe las diferencias de actitud hacia el envejecimiento físico como *preocupación por el cuerpo* y *trascendencia del cuerpo*, lo cual equivaldría a tratar al envejecimiento físico como nuestro enemigo o hacer las paces con él.

Paul Claudel describe tres tipos de actitud en el anciano: el pesimista de la salud (aquella persona que se percibe a sí misma como medio muerta e incapaz de nada), el optimista de la salud (alguien que se siente en una condición óptima y capaz de todo) y el realista de la salud (alguien que percibe claramente sus deficiencias y sabe qué puede hacer a pesar de ellas).

Fisher pide tratar a la vejez con sensibilidad y poner atención en el cuerpo físico, pero en seguida argumenta: "Lo más importante es que nuestra aceptación poco apasionada del desgaste sea enlazada con el uso completo de todo aquello que nos ha sucedido en los largos y maravillosos años, para así liberar la mente del cuerpo y usar la experiencia de forma tal que las molestias físicas sean remitidas a un estado de alerta o quizá hasta a una apreciación alborozada de la vida misma".

Aunque el envejecimiento trae consigo en ocasiones muchas pérdidas, también existe una visión de mucha más esperanza: la mencionada por George Pollock, quien afirma que si en verdad lamentamos las pérdidas de la vejez, esta lamentación podrá liberarnos y llevarnos hacia libertades creativas, hacia un desarrollo, hacia la alegría y hacia la habilidad de abrazarnos a la vida.

Esas ideas positivas, realistas y afirmativas pueden ayudarnos a saludar y conocer a la vejez con una esperanza intacta, pero después deberemos luchar contra la visión que la sociedad tiene acerca de la vejez. El énfasis que los medios de comunicación ponen en la juventud moldea opiniones, actitudes y creencias respecto al valor de las personas viejas. Cada vez más de nosotros luchamos por vernos jóvenes, actuar como ellos en una batalla pérdida contra el tiempo, así como en contra de nuestro más profundo conocimiento de lo que realmente importa.

Muchos de nosotros atamos nuestro valor y nuestras identidades al trabajo que hacemos, al estatus, al propósito, al compromiso en la vida, donde todo se convierte en un producto de lo que *hacemos*. Cuando nos jubilamos, cuando nuestros hijos dejan nuestro hogar para crear sus vidas en forma independiente, cuando ya no somos aquella persona que hacía ese trabajo o que tenía un puesto laboral o que atendía a esa familia, o quien guiaba los esfuerzos; entonces ¿quiénes somos?, ¿qué ha quedado de nosotros para ser reconocidos?, ¿nos da eso una identidad?, ¿ acaso eso nos ancla en nuestras vidas sociales y diarias?

Nosotros hemos sido culturizados para visualizarnos a nosotros mismos como partes o componentes de nuestros roles o papeles laborales, o como padres, miembros de una familia, participantes de una comunidad, líderes o contribuyentes. Por ello, cuando algunas de estas funciones no son ya parte de nosotros, entramos a una pérdida, la cual sentimos y podemos sentirnos *perdidos*. Muchas de las actitudes de la sociedad nos reducen a dichos componentes, en vez de visualizar a los seres humanos como algo más que una compilación mecánica de partes.

La psicología humanista surgió de una protesta en contra de la visión fragmentada y reduccionista de la persona, visión que prevaleció durante la década de 1960 tanto en la teoría como en la práctica. Aquí el ser humano era visto como una máquina con muchas partes separadas, con instintos incontrolables y como un simple organismo de estímulo-respuesta, el cual, por supuesto, podía descomponerse y volverse obsoleto.

Los fundadores y desarrolladores de este nuevo y radical acercamiento a la psicología humanista, desde Victor Frankl y Rollo May hasta Abraham Maslow y Carl Rogers, creían que una persona es más que la suma de sus partes y se atrevieron a explorar el intrigante *más*.

El humanismo toca y alcanza el arte y ciencia de las posibilidades humanas; también reconoce y afirma nuestra capacidad de esperanza, confianza, amor y júbilo como un asunto importante para nuestra consideración y estudio; asimismo, da legitimidad a una visión "humana" del envejecimiento mediante la validación de las experiencias del cambio, del crecimiento y de la autoactualización.

En sus primeros trabajos, Maslow ideó una jerarquización de las necesidades, las que clasificó desde las más bajas (como necesidades físicas, seguridad, amor, sentimiento de pertenencia, logros y autoestima) hasta las más altas (como la autoactualización). Más adelante él describiría nuestras crecientes necesidades de actualización, como integridad, confianza, belleza, vivacidad, originalidad, aceptación/integración/trascendencia de dicotomías, bondad, riqueza, júbilo, autonomía y significancia.

En *Hacia una psicología del ser* (1968), Maslow redefine la autoactualización de ser un panteón al cual entran algunas personas extrañas a la edad de 60 años, hacia un esfuerzo en el cual los poderes de cualquier persona se unen en una forma particularmente intensa, eficaz y agradable, y por lo cual la persona está más integrada, más abierta a la experiencia, más acertadamente expresiva o espontánea o que funciona a toda su capacidad; también es más creativa, humorosa, egotrascendente y más independiente de las necesidades bajas. La persona se vuelve más él/ella, es capaz de actualizar mejor sus potencialidades personales, se encuentra más cercana al núcleo del ser y es más humana. Esta descripción *puede* ser el futuro mientras envejecemos, siempre y cuando creamos en ella y vivamos dicha creencia.

Al desarrollarnos y madurar, cambiamos de ser, influidos primordialmente por fuerzas externas, es decir, por lo que otra gente piensa, hacia escuchar más a nuestra sabiduría interior. Estamos cada vez menos sujetos a lo que Karen Horney llama *la tiranía de los deberías*. Empezamos a reclamar nuestra intuición, o sea, la parte de nosotros que fue devaluada y enmudecida durante el surgimiento de la ciencia materialista moderna.

Willis Harmon escribe lo siguiente:

> Una nueva ciencia está surgiendo, una ciencia de la mente humana que se muestra mucho más abierta de lo que la psicología ha sido hasta ahora. La llamamos *ciencia noética*, que tiene su origen en la palabra griega que se refiere al conocimiento intuitivo. Tal vez resulte un poco inapropiado referirnos a ésta como un pensamiento totalmente nuevo, y pudiese ser mejor decir que es un énfasis noético entre las ciencias humanas. Pero la naturaleza radical de estos desarrollos no debería ser subestimada, ya que la meta es crear un crecimiento, un grupo de experiencias establecidas acerca de la vida interna de la humanidad y particularmente acerca de lo que Aldous Huxley describe como *la sabiduría perenne*, sabiduría con grandes tradiciones religiosas y grupos nósticos, es decir, una herencia viviente de toda la humanidad. La llamada *nueva ciencia* no es realmente nueva; en realidad, es el núcleo esotérico de todas las religiones del mundo, las del Oriente y las del Occidente, las antiguas y las modernas. (*Revisión de las ciencias noéticas*, p. 32.)

La psicología humanista es una orientación de valor, dice S. Freidman (ex presidente de la Asociación para la Psicología Humanista), la cual sostiene una visión esperanzada acerca de los seres humanos y de su capacidad sustancial para ser autodeterminantes. Está guiada por la convicción de que la intencionalidad y los valores son fuerzas psicológicas muy poderosas que se encuentran entre los determinantes básicos del comportamiento humano. Esta convicción nos lleva a hacer un esfuerzo para realzar esas cualidades humanas, como elección, creatividad, e interacción del cuerpo, la mente y el espíritu, así como la capacidad para estar más alerta y para ser libres, responsables, confiables y fuertes en la vida.

Existe mucha dificultad relacionada con la introspección, con la evaluación de nuestras actitudes y creencias y con la liberación de todo aquello que no nos sirve. Asumir responsabilidad de nuestro crecimiento interior requiere una resolución acertada.

Los psicólogos humanistas destacan la importancia del aprendizaje con valentía como un modo de asumir responsabilidad por uno mismo al enfrentar las transiciones personales. El envejecimiento nos da una excelente oportunidad para definir nuestras intenciones, para fortalecer nuestra determinación de permitirnos sentir todos nuestros sentimientos, sin importar qué tan dolorosos, avergonzantes o tristes sean, con el fin de descubrir sus fuentes. Las raíces más profundas de nuestros sentimientos se asientan en nuestras actitudes, valores y creencias. Nuestros sentimientos son como flechas que señalan hacia lo que creemos, además del puente hacia la sabiduría de nuestras intuiciones y nuestros corazones.

La mente, guiada por el ego, puede llevarnos a muchos de nosotros en una jornada de miedo, hacia un terreno negativo, oscuro y aterrador. Pero el corazón puede sacarnos del laberinto de nuestros pensamientos intrigantes, de aquellos preocupados por lo que está afuera de nosotros y llevarnos hacia el interior de nuestros corazones, que nos hablan de amor y posibilidades, de belleza y creatividad. Nuestros corazones pueden llevarnos más allá del negro o el blanco, del por qué del pensamiento y hacia la siguiente dimensión de inclusividad.

Hacemos una larga jornada desde nuestras cabezas hasta nuestros corazones, al abrirnos cada vez más hacia lo que en realidad es importante en la vida. Tener presente la distancia que hay entre nuestras palabras y nuestras acciones, conjuntamente con la luz de la conciencia, nos lleva desde los lugares oscuros de los conflictos interiores hasta la comodidad y el reaseguramiento de la congruencia, y hacia un creciente sentido de integridad personal, a mayor confianza en nosotros.

En alguna ocasión, Albert Einstein dijo que la pregunta fundamental que los seres humanos debieran hacerse es si el universo es amistoso o poco amistoso. Las psicoterapias transpersonales y la mayoría de las teorías humanistas contestan: básicamente, el universo es amistoso, pero sin negar la presencia del sufrimiento. Estas ideas nos llevan a sostener creencias que apoyan el valor de cada ser humano en cada etapa de su desarrollo, desde el nacimiento hasta la muerte. Cuanta más comodidad sintamos hacia el desenvolvimiento natural de la vida y la muerte en una forma de aceptación amistosa, mayor será la seguridad y confianza que tendremos para vivir todos nuestros días.

Con actitudes humanistas podemos cambiar de sentirnos atrapados como víctimas de los terrores culturales del envejecimiento y la muerte a conocer la autodeterminación. No podemos controlar tales eventos (envejecimiento y muerte), pero sí escoger cómo experimentarlos. Podemos aprender a reconocer y valorar nuestros sentimientos, para instruirnos e informarnos de viejas creencias que ya no son de utilidad para nosotros.

Laing ha destacado que debemos sentir nuestro dolor, afrontar nuestros egos asustados y pasar por el ojal de la aguja, para así atravesar la oscura noche del alma. Cuando emergemos en el otro lado, hemos trascendido nuestras viejas creencias de desesperanza en inevitable declinación, pérdida y muerte.

Podemos redefinir la madurez como una oportunidad para ser creativos, así como virar del miedo a la confianza. El pintor Gordon Onslow-Ford hace la observación siguiente: "Cuanto más misteriosas sean las profundidades de la mente, más abundantemente producirán".

En años recientes, Richard Alpert, psicólogo emérito de Harvard, mejor conocido como Ram Dass, remarcó en su trabajo acerca del envejecimiento consciente que así como la agudeza sensorial se suaviza y los cuerpos se vuelven lentos, también somos invitados a la contemplación interior que nos hace destallar nuestras vivencias y experiencias, a lo que Eric Erikson alude como la etapa generativa de la vida. Son las oportunidades para compartir y asesorar.

A su vez, Joan Borysenko, otra psicóloga de Harvard que trabajó junto con Benson en su mejor estudio acerca de la medición de los efectos de la meditación, ha escrito un libro concerniente a las etapas de la vida de la mujer. Ella explica la riqueza de la productividad continua y la poderosa síntesis del pozo de experiencias de la vida al llegar a los 80, y lo menciona como el mejor recurso abierto para el futuro de nuestro mundo. Ella y Judith Viorst dan ejemplos de números crecientes de contribuciones significativas que provienen de gente en sus 70, 80, y 90 como casos del potencial que todos podremos explorar y expresar si tenemos la visión y la confianza necesarias. Existe una riqueza de energía sin arneses y de sabiduría, la cual puede ser aplicada a los retos de las situaciones mundiales de la actualidad.

Al hacernos mayores, no siempre es fácil lograr y mantener una visión optimista de nuestras posibilidades, especialmente a la luz de la adoración por la juventud y por los valores de los jóvenes, que aparece prevalentemente en la cultura occidental. Esta idea ha sido asimilada con rapidez en las culturas mexicana y japonesa y en muchas otras por medio del cine, la música y la publicidad mundial. Entonces es fácil aceptar la devaluación de nuestros valores al enfrentarnos a esta opinión adversa. Pero después de algunos momentos de cuestionamiento acerca de los valores prevalecientes y de sentir que dichas ideas son demasiado pequeñas para nosotros, nuestros años de experiencia y sabiduría empiezan a aparecer en la superficie de nuestra conciencia y nos despertamos sintiendo que no necesitamos buscar afuera la validación y la confirmación de nuestro valor.

Un aliciente es tener y tomarse tiempo para la introspección, para buscar en el interior y plantearnos preguntas como ¿qué queremos?, ¿cómo queremos vivir?, ¿qué es importante para nosotros?, ¿quiénes somos nosotros ahora?, ¿en qué podemos contribuir?, ¿cómo podemos encontrar y crear un propósito y un significado para cada día?

White dice en su libro *El actual y el futuro rey*:

> Podrás volverte viejo y tembloroso en tu anatomía, estar despierto por las noches escuchando el desorden en tus venas, extrañar a tu único amor, ver el mundo como devastado por lunáticos malvados; entonces sólo existirá una cosa por aprender: por qué el mundo se mueve y qué lo hace moverse. Esto es lo único que la mente nunca podrá explicar, que jamás podrá alinear y por la cual jamás podrá ser torturada, ni sentir miedo o desconfianza y en la cual jamás soñará con arrepentirse. El aprendizaje es lo único para ti. Mira todas las cosas que hay por aprender.

El aprendizaje podrá llevarnos adonde sea si creemos que aún tenemos potencial. Tener posibilidades parece el gran elixir de la vida y de la vitalidad, el jugo mismo que nutre el sentido de bienestar. Al respecto, una mujer de 90 años y con grandes agallas dijo que mientras pueda aprender una cosa nueva cada día, es feliz. Sus nietos la animan a que use el correo electrónico, para lo cual le envían cartas acerca de sus vidas y le preguntan cosas personales de ella con el fin de acelerar su tiempo de respuesta. Después de años de evitar la era electrónica y de sufrir un fuerte temor hacia las computadoras porque le recordaban su obsolencia y su frustración y enojo por su deterioro físico, su amorosa familia le compró una computadora sencilla. Después de varias semanas y meses, su familia la invitó gradualmente a que intentará utilizarla; para ello, le enseñaron cómo usarla y le dieron instrucciones escritas con sentido del humor. Después reconocieron y recompensaron sus esfuerzos con más conexiones íntimas mediante la instrucción y uso del correo electrónico para mantenerse en contacto con ella. Su feliz respuesta a la atención recibida fue amplificada por darse cuenta de que ella aún era capaz de aprender algo tan intimidatorio como "el uso de una invención moderna y complicada".

Así como maduramos y a pesar de la frustración, enojo, desesperanza o aceptación, podemos pensar menos acerca de nuestra pérdida de juventud y de poder físico y aun de cómo nos vemos. Centramos nuestro interés más en el interior, en la profundidad y nacimiento de las experiencias que hemos interiorizado y de las cuales hemos aprendido. Pensamos cada vez menos en lo superficial, en lo exterior, y cada vez más en lo que sucede en nuestro interior, es decir, en cómo nos sentimos. Aun con nuestros dolores, achaques, penas, energías y capacidades físicas disminuidas, todavía podemos encontrarnos sorprendentemente bien tanto en nuestros sentimientos y emociones como en lo espiritual. Nuestro sentido de bienestar nos permite sentirnos agradablemente en paz y agradecidos con lo *que tenemos*, en lugar de quejarnos por aquello *que no tenemos*. Podemos centrar nuestra atención de manera profunda en aquello que es valioso para nosotros. Nuestras prioridades cambian hacia valores que no envejecen, se endurecen o que dependen del tiempo.

Como Frances Vaughan (actual presidente de la Asociación para la Psicología Transpersonal) dice: creamos nuestra experiencia interior mediante nuestras creencias acerca de ella. La batalla por la libertad se convierte en la aceptación de la responsabilidad de nuestras experiencias. Al clasificar nuestras creencias y liberar las que ya no nos sirven, así como al desarrollar y reforzar creencias que encajen con nuestros nuevos estados de desarrollo e integridad personal, podremos vivir nuestras intenciones y sentirnos más en armonía con nuestras creencias. Este tipo de autorrealización es uno de los sentimientos más satisfactorios que podemos darnos, el cual es de plenitud aunque únicamente lo alcancemos en cortos momentos.

Con optimismo y energía para resistir las apreciaciones de la sociedad y nuestros hundimientos periódicos en la duda y el miedo, podemos revisar nuestras actitudes y empezar a compartir aquellas que muestren a la persona qué tan rica puede ser la vida humana en los 70, 80, 90 y aun más allá. Viorst nos alienta al decir: "Los regalos de la juventud pueden permanecer con nosotros a lo largo de la edad, y continuamos aprendiendo y creando. Resulta más fácil envejecer si no estamos aburridos o si somos aburridos, si tenemos gente y proyectos de los cuales nos preocupamos, si podemos ser abiertos y flexibles".

Podemos encontrar una manera buena y satisfactoria de envejecer cuando tenemos la capacidad para lo que Peck y otros autores llaman *el ego con trascendencia*, es decir, la habilidad para sentir placer en los placeres de otras personas, para sentir preocupación por eventos no relacionados directamente con nuestro interés propio, al invertir en nosotros aunque no estemos ya ahí para verlo en el mundo futuro. La egotrascendencia nos permite alcanzar lo que Maslow llama la autoactualización en su más amplio sentido: es el contexto transpersonal, que reconoce que la naturaleza final de una persona va más allá de su ego individual. El punto de vista transpersonal se abre hacia una gran alerta de las interconexiones de uno mismo con la de todos, con el universo con un sentido de valor y totalidad intrínsecos a uno mismo y con una apreciación incondicional hacia la vida de uno.

Una vida vivida plenamente, en la cual estamos presentes, en este momento, aquí y ahora, puede soportar grandes posibilidades cuando nos encontramos abiertos a la aventura de convertirnos en todo aquello que podamos ser cada día que pasa. Con amoroso optimismo y confianza en nuestra sabiduría interior y en el universo, con honestidad, con aceptación de nuestros sentimientos, con una apreciación agradecida de lo que tenemos, con el coraje para tomar el poder y la responsabilidad para crear la forma como experimentamos la vida, con un sentido del humor iluminado por el corazón, con perspectiva, con gentileza hacia nosotros y hacia los demás podremos envejecer con algo más que un toque de gracia.

Bibliografía

Borysenko, J. (1997), *A Woman's Book of Life: The Biology, Psychology, and Spirituality of the Feminine Life Cycle*, Riverhead.

Butler, R., "The Life Review: An Interpretation of Reminiscence in the Aged", *Psychiatry*, vol. 26, núm. 1, pp. 65-76.

Claudel, S. y cols. (1968), "The Psychology of Health", en B. Neugarten (ed.), *Middle Age and Aging*, University of Chicago Press; Dass, Ram (2000), *Still Here: Embracing Aging, Changing, and Dying*, Riverhead.

Erikson, E. (1975), *Life History and the Historical Moment*, Nueva York: W. W. Norton.

Fisher, M. F. K. (1983), *Sister Age*, Nueva York: Alfred Knopf.

Friedman, S. (1994), "The Genesis of Humanistic Psychology", discurso pronunciado por el ex presidente de la AHP.

Guttman, D. (1981), "Psychoanalysis and Aging: A Developmental View", *The Course of Life: Adulthood and the Aging Process*, vol. 3, Washington, D. C.: The Government Printing Office.

Harmon, W. (1998), *Noetic Sciences Review*, vol. 47, pp. 32-33.

Horney, K. (1950), *Neurosis and Human Growth: The Struggle Toward Self-Realization*.

Laing, R. D. (1965), *The Divided Self: An Existential Study Insanity and Madness*, Pelican Books.

Maslow, A. H. (1968), *Toward a Psychology of Being*, Viking Press.

— (1970), *Religions, Values, and Peak Experiences*, Viking Press.

Onslow-Ford, G. (2001), "Inner Realism", Artist's Statement.

Peck, R., (1968) "Psychological Development in the Second Half of Life", en B. Neugarten (ed.), *Middle Age and Aging*, University of Chicago Press.

Pollock, G., (1981), "Aging or Aged: Development or Pathology", en Greenspan y Pollock (eds.), *The Course of Life*, vol. 3, Washington, D. C.: The Government Printing Office.

Vaughan, F. y Mishlove, J. (1998), *Spirituality and Psychology*, Thinking Allowed Productions.

Viorst, J. (1987), *Necessary Losses*, Ballantine Books.

White, T. H. (1966), *The Once and Future King*, Berkeley: Medallion Edition.

La belleza: el premio de la vejez

John Hanagan
St. Michael's College, Colchefter, Vermont, Estados Unidos

> *Que tu caminar sea en la belleza.*
> Antigua plegaria navaja
> *Que la belleza que amamos sea lo que hagamos.*
> Jella-udin Rumio (1250)

Para hablar acerca de la edad y la belleza con el mismo aliento, parece a primera vista que esto sería algo tristemente inocente. La debilidad mental y física de la edad no nos lleva a ningún otro sitio más que a la muerte, en cuyo caso pareciera como una broma de mal gusto en la que todos nuestros sueños y esperanzas, así como nuestros esfuerzos tengan que terminar en la ignorada y despreciable mirada de la vejez.

La visión de un hombre viejo que se murmura a él mismo, inválido en cuerpo y mente, resulta demasiado terrible para ser contemplada. Además, en los países occidentales, el culto a la juventud marginaliza a aquellos que, como nosotros, tienen el pelo blanco. Un anuncio reciente de solicitud de empleo en las Naciones Unidas advertía que nadie mayor de 58 años debía solicitar trabajo.

Muchas universidades buscan excelentes *maestros jóvenes*, porque la imagen del profesor obsoleto que lee un montón de notas en papel amarillento es algo que está tallado en la imaginación colectiva. Por lo tanto, aquellos de nosotros que nos encontramos en la edad madura avanzada pasamos nuestros días experimentando nuevos y místicos dolores, siendo azotados a nosotros mismos cuando pasamos por algún espejo y quizá hasta ignorados o paternalizados por la vigorosa gente joven que nos rodea y que se mueve hacia el importante negocio de la vida. Muchos ponemos una cara de fuerza brava, pero muy dentro de nuestros corazones sabemos y conocemos la terrible verdad de que el juego está por acabar.

¿Será que sí? Esta pregunta ha estado en el corazón de muchas de las grandes filosofías y religiones de todo el mundo. El Buda, por ejemplo, fue mantenido cautivo en un lujoso palacio hasta que tuvo más de 20 años. Al salir de su prisión de oro, se sintió rendido y con cierta repulsión cuando observó, por primera vez, un hombre viejo. ¿Era éste su destino? El pensamiento era tan desconcertante que el joven Siddartha abandonó la comodidad de vivir con su esposa y su pequeño y se sumergió en lo que san Juan de la Cruz llamó "la noche oscura del alma", la que se recorre "sin otra luz ni guía, sino la que en el corazón ardía".

El tan sobrecogedor sufrimiento de la vejez y la muerte marcó toda la empresa de su vida en una pregunta; así, el joven Siddartha no descansó hasta haber encontrado la causa del sufrimiento en su atadura psicológica y espiritual hacia las ilusiones de este mundo.

En Occidente, la filosofía de Platón también estaba energizada por el enigma de la vejez. *La república*, su más grande obra, comienza cuando Sócrates entra a la casa de un viejo amigo, llamado Céfalos. Transcurrieron muchos años desde la última vez en que ambos se vieron e inmediatamente Sócrates fue sacudido al notar todo lo que el paso del tiempo había generado en su amigo.

"Bueno –dice Sócrates–, ahora que has llegado a la edad en la cual (como dice un poeta) tus pies se encuentran cercanos al umbral de la muerte, quisiera oír qué reporte podrías dar y también saber si encuentras esta parte de tu vida como algo doloroso."

Con esa aseveración inicia una de las examinaciones más entendibles jamás escritas acerca de cómo debemos vivir la vida. Céfalos contesta:

> La mayoría de nuestros compañeros (hombres viejos) se sienten muy tristes y apenados con ellos mismos, siempre viendo hacia atrás y sintiendo pena por no tener los placeres de la vida de juventud, todos aquellos disfrutes relacionados con el amor y con sus amoríos. Sienten haber sido privados de aquello que parece muy importante; "la vida era buena en esos días", piensan ellos y sienten que ahora no tienen una vida en realidad.

Pero la sabiduría de Céfalo va más allá de la de sus amigos: "Todos los problemas generados por la edad –dice Céfalo–, incluidas las quejas de no ser respetados, sólo tienen una causa, y no es precisamente la edad, sino el carácter mismo del hombre. Si tienes una mente contenta y en paz con ella misma, la vejez no será una carga intolerable. Sin eso –dice Céfalo a Sócrates–, la vejez y la juventud serían igualmente dolorosas".

¡Qué respuesta tan sorprendente! La posesión de una mente contenta y en paz con ella misma hace más fácil el dolor de la vida en cualquier edad, y esta paz interior es el producto del propio carácter de cada uno de nosotros.

La vejez no tiene por qué ser "el invierno de nuestro descontento"; sin embargo, debemos analizar más profundamente la idea del *carácter*.

Una historia acerca del presidente Abraham Lincoln dice que un día un hombre lo visitó en la Casa Blanca, y después de que dicho hombre se fue, Lincoln dijo a su secretaria: "No quiero volver a ver a ese hombre en toda mi vida". "¿Por qué no?", preguntó la secretaria, a lo que el presidente repuso: "Porque no me gusta su cara". Pero, señor presidente –dijo la secretaria–, "¡no puede culpar a un hombre por su cara!"

"Por el contrario –contestó el presidente Lincoln–, para cuando un hombre llega a los 40, éste tiene la cara que merece, la cara que él mismo se ha creado."

Con cada día de nuestra vida creamos nuestras caras y grabamos en nuestros semblantes las alegrías y las penas, las confianzas y los miedos, las iras y las amabilidades, que finalmente tejerán la tela de nuestra existencia. Las caras de la gente vieja cuentan la historia de sus vidas, las dificultades que han enfrentado, las bendiciones que han disfrutado y los caracteres que han forjado en el caldero de los retos y oportunidades de la vida.

Claramente nos encontramos en la creación de nuestros cuerpos y de nuestras almas. En alguna ocasión el poeta William Blake llamó a este mundo "el valle para la creación de las almas". En este sentido, nosotros no sólo tenemos alma, sino también la moldeamos con cada respuesta que damos a las invitaciones de la vida.

Cada respuesta es, de hecho, una elección que tomamos del amplio muestrario de nuestro repertorio intelectual y emocional. Cada vez que escogemos una forma de ser o una acción que llevaremos a cabo, nos elegimos a nosotros mismos, creamos quiénes somos y quiénes llegaremos a ser.

En el hecho de realizar esto, somos parte del privilegio y de la responsabilidad de nuestra existencia humana, ya que al crear a un ser único también creamos un universo único, y ahí descansa la herencia y el secreto de nuestro significado.

Hermann Hesse explica lo anterior en el prólogo a *Demian* con estas palabras: "Pero cada uno de los hombres es no sólo él mismo, sino también el punto único, particularísimo, importante siempre y singular, en el que se cruzan los fenómenos del mundo sólo una vez de aquel modo y nunca más. Así, la historia de cada hombre es esencial, eterna y divina, y cada hombre, mientras vive, es algo maravilloso y digno de toda atención".

Al paso del tiempo, cuando definimos los contornos de nuestras caras, también construimos las mansiones de nuestras almas. Lo que elegimos se funde en los hábitos de la mente, del corazón, del espíritu y del cuerpo, que será lo que conforme nuestro carácter. De hecho, el filósofo William James definió al ser humano como "un manojo de hábitos". Por ello, ahora resulta obvio que existe una gran diferencia entre envejecer y madurar, entre simplemente ponerse viejo y madurar hacia una plenitud propia. Esta diferencia se debe en gran medida a los hábitos que hemos creado con nuestras elecciones. Estos *hábitos* moldean y dan una sustancia real a nuestra realidad interior.

Los filósofos griegos desarrollaron teorías convincentes acerca de la naturaleza de los hábitos, los cuales constituían nuestro carácter y cómo se formaban éstos durante toda la vida. Así, tanto Platón como Aristóteles enseñaban la simple verdad de que ciertos hábitos de la mente y el corazón nos facultan para vivir la vida al máximo, mientras que otros hábitos del pensamiento, de los sentimientos y del comportamiento aprisionan el alma y la aíslan de su riqueza vital, que resulta ser nuestro derecho por nacimiento.

Dichos filósofos llamaron a los hábitos facultativos *cualidades excelentes* (*aretê* en griego). Cuando los comentaristas romanos versaban sobre la filosofía griega, decidieron traducir el término; para ello, buscaron una palabra que pudiera mostrar la noción del poder o de la facultación. Debido a esto, ellos eligieron la palabra *virilidad*, que proviene del vocablo latín *vir* y que en español se tradujo como *virtud*. Por otra parte, los hábitos que mantienen encadenada el alma fueron llamados *vicios*.

Resulta ahora más que irónico que la "virtud" se haya convertido en una palabra débil y que denota las restricciones de los deseos vitales de una persona. En términos modernos, una persona virtuosa es aquella que no realiza o lleva a cabo ciertas cosas, en gran parte sexuales. Pero el significado clásico de *virtud* era el de alguien con gran fuerza y alto compromiso con el misterio de la vida. Las virtudes excavan los profundos canales de la sabiduría, mientras que los vicios nos mantienen atrapados en la cueva de nuestra mente condicionada. Las virtudes abren nuestros corazones hacia los riesgos del amor, en tanto que los vicios nos mantienen escondidos en la falsa seguridad del miedo, el enojo y la defensa.

El análisis de virtud dado por la filosofía griega podría ser amplificado si reconsideráramos las teorías psicológicas del hinduismo, lo cual es mencionado en el segundo libro del *Yoga sutra*, escrito por Patanjali. De acuerdo con sus enseñanzas, la mente humana está profundamente tenue, es decir, sin ningún brillo de luz o sólo terriblemente manchada, por lo cual no puede ver con claridad. Esto es como lo dicho por san Pablo: "veo a través de un vidrio, oscuramente". Estas "manchas" se denominan *klesha* en sánscrito y son muy parecidas a los llamados vicios en la filosofía griega.

Patanjali subraya las cinco manchas más centrales y debilitantes del alma. La primera es llamada *avidya* o ignorancia, idea que tiene muchos niveles. El primero es que el mundo no es tan cercano a lo sustancial, o tan objetivo como pareciera ser. El segundo es el que dice que el mundo en el cual vivimos es resultado de las creencias que nos hemos formado acerca de él, derivadas principalmente de nuestra educación en el hogar, en la iglesia y en la escuela y del milenio cultural. El tercero y más debilitante es el proveniente de darnos cuenta de que nos encontramos bajo la ilusión de que el mundo que hemos creado y constituido con nuestras creencias es el mundo real. Esta ilusión o *maya* nos mantiene colgados del mundo que creemos como real, en la mayor parte de los casos un mundo pequeño que excluye las posibilidades de haber más amplias perspectivas, como el crecimiento personal, la compasión y un diálogo basado en la tolerancia.

El segundo klesha es similar al primero, pero en lugar de ir directamente hacia lo exterior está centrado en la imagen de uno mismo: es llamado *asmita* en sánscrito. Así como creamos un mundo que proviene de nuestras creencias, también creamos un "ser interno".

La noción oriental del ego (*ahamkara*: el creador del yo mismo) ve la imagen de *uno mismo* como el producto de una mente condicionada por las mismas influencias culturales que vemos arriba y con las mismas consecuencias destructivas.

La creencia de que hemos creado un ego es algo objetivo y real, algo dado y que deja poca posibilidad para el crecimiento, sin espacio para la inserción de pensamientos o sentimientos que no se mezclan o armonizan con nuestra imagen de nosotros mismos. Esto nos lleva a aceptar la decepción del *ser*, la cual recae en el centro de la filosofía existencial.

El vasto universo de los sentimientos y pensamientos es excluido de la conciencia, ya que la mayoría de éstos son demasiado pequeños al haber sido creados como autocreaciones o como autoimágenes. Quien esto escribe recuerda ahora la descripción del personaje de caricaturas "el Grinch" dado por su autor el doctor Seuss, quien dice: "Su corazón era dos tantos más pequeño".

Tanto el tercer klesha como el cuarto klesha, el apego –(*raga*) y la aversión (*dvesha*)– son producto de nuestras ilusiones, así como la causa de una inmersión más profunda dentro de esas ilusiones. Como encontramos comodidad y seguridad en el mundo que creemos conocer, nos aferramos a nuestras creencias de una manera aterradora. Una y otra vez escogemos cosas y eventos que tienden a reforzar nuestro apego a nuestras ilusiones y la aversión hacia aquellas cosas que las retan. Esto sucede porque somos llevados a escoger un mundo y un ser consistentes con las creencias condicionadas, las cuales crearon, en primer lugar, dicho mundo y dicho ser. Sin embargo, cada vez que una elección asustadiza refuerza la realidad contraria, hace que el círculo vicioso continúe (un círculo de vicios): de ignorancia y miedo, miedo e ignorancia, que abarca y genera el sufrimiento humano. Como dicen los taoístas: la vida se vuelve un escaparate de espejos, ilusiones dentro de ilusiones y un sueño dentro de otro sueño.

El quinto klesha (*abhinivesha*) navega hacia la puerta de la cueva: es el miedo a la muerte y tanto el resultado de nuestro apego a lo que creemos que es necesario, como la causa de las más grandes dependencias. Por tanto, tememos no sólo a "la gran muerte", sino también a todas esas "pequeñas muertes" que sufrimos día a día. Por ejemplo, cuando digo a mi novia "¡no puedo vivir sin ti!", en realidad lo estoy sintiendo. El terror a su abandono se siente como el fin del mundo (*avidya*) y el fin de mí mismo (*asmita*). Éste, que sería el peor miedo de todos, nos lleva a una aterradora aferración (*raga*), a "un dominio muerto", con el cual me protejo a mí mismo de lo mortalmente desconocido y que está más allá de los límites de mi universo construido y de mi ego creado.

La doctrina de los cinco kleshas es una poderosa elaboración de los dos grandes enemigos del alma humana: la ignorancia y el miedo, y ahora podemos utilizar este análisis tomado de la tradición hindú para apreciar mejor la profunda enseñanza de Platón respecto a las virtudes.

La virtud de la sabiduría libera a la mente de la ilusión, mientras que la virtud del coraje libera al corazón del miedo. Quizá estas palabras parecen demasiado simples, pero su significado está preñado con la promesa de la vida.

Sabiduría y virtud son palabras que parecen haber perdido su poder en el mundo moderno. En la *Apología* de Platón, Sócrates define a la sabiduría como "saber que no sabemos nada"; por otra parte, el tonto es el que ignora su propia ignorancia.

En ese orden de ideas, ¿cómo podría ser que alguien no supiese que no sabe? Esto ocurre simplemente por el hecho de ser seducido hacia la ilusión del conocimiento mediante el almacenamiento de respuestas, las cuales fueron entendidas en forma vaga y en las cuales prestamos poca atención, si no es que ninguna, a las preguntas que generaron dichas respuestas.

La escuela generalmente es un proceso de memorización de respuestas a las preguntas de otras personas. Entonces, después nos aferramos a un almacén de respuestas que sólo son las creencias que estructuran el mundo. Cautivo en esta obnubilación de la conciencia, el individuo permanece como un tonto envuelto en un capullo de seguridad, preguntando por qué la vida es tan sosa y el amor parece tan escurridizo.

¿Cuántos de nosotros creemos que el objetivo de la escuela es aumentar la sabiduría? y ¿cuántos de nuestros maestros parecían sabios o se preocupaban por la sabiduría?; sin embargo, podríamos hablar del grado otorgado a muchos profesores universitarios, como "doctor en filosofía", que es un título híbrido del latín y el griego, el cual literalmente significa "maestro del amor a la sabiduría".

La filosofía es más un amor y un sistema de valores que un grupo de conocimientos, y este amor que Platón enseñó debería animar a la academia, al igual que tonificar y vigorizar a cada disciplina mediante todas las artes y ciencias. En realidad, este amor nos coloca en el camino que nos lleva más allá de los confines de nuestras ilusiones. El sueño de Platón era la promesa de la educación auténtica.

Ese propósito requiere un gran coraje porque alberga la trascendencia de nuestras ilusiones en forma segura, así como de nuestras ilusiones de seguridad. Esta valiente jornada hacia la sabiduría también muestra el crecimiento de la armonía y la fuerza interna.

La sabiduría, el coraje, la armonía (temperamento) y la fuerza interior (o justicia) son los cuatro ganchos (las virtudes cardinales) sobre los que se desliza la puerta de la prisión del alma. Al abrirse esta puerta, lenta y tentativamente, nuestro carácter se vuelve más fuerte y entonces podemos sentir el amanecer de ese corazón contento, en paz con él mismo y que facilita sobrellevar las cargas de la vida en cualquier edad.

Ahora veamos: ¿qué tiene todo ello que ver con envejecer y con la belleza? Primero resulta obvio que la jornada hacia el tipo de madurez mencionado en este artículo toma tiempo. Envejecer no garantiza madurar, pero, en la experiencia de quien esto escribe, las lecciones más importantes de la vida son aprendidas con lentitud, en algunas ocasiones dolorosamente y de forma repetitiva, es decir, una y otra vez.

Quizá porque soy un aprendiz lento, pero ni siquiera comencé mi camino hacia el crecimiento serio hasta que pasaba de los 30 años, cuando la muerte de mis seres queridos y de mi primer matrimonio hicieron retumbar las paredes de mi mundo ilusorio y me lanzaron, como en una catapulta, hacia lo terrible desconocido, me parece que la motivación fundamental para el crecimiento recae en la incapacidad de nuestra condicionada mente y corazón para unirse con las realidades de la vida y de nuestras relaciones.

Si Buda estaba en lo correcto, las ilusiones oscuras de la mente y del corazón son la fuente del gran sufrimiento, y cuando el dolor se vuelve lo suficientemente agudo, el sistema de creencias ilusorias es amenazado.

Algunas personas, al ser enfrentadas al dolor de la vida, se refugian aún más en la seguridad de sus viejas creencias, y de ahí que permanezcan atrapadas en las mismas ilusiones que les causaron dicho sufrimiento. Otras son agraciadas con más suerte y quizá con buenos amigos, lo cual les permite comenzar el largo y difícil camino hacia la luz.

No existen mapas que delineen los contornos de la existencia humana con certeza absoluta. Cada uno de nosotros deberá crear el suyo propio y, aun así, éste siempre será un trabajo sin terminar, siempre en progreso. Esto es como la historia del pueblo de Zen que cruzaba un arroyo, en el cual parecía no haber ninguna roca hasta que dieron el primer paso. Igual resulta con la vida: nuestros mejores aliados son la *confianza* y el *compromiso*.

Sin embargo, los grandes maestros que han estado entre nosotros han dejado huellas que pueden servirnos como guías o sugerencias a lo largo de nuestro camino.

Una de esas guías es la visión ofrecida por Abraham Maslow con su mezcla única de calidez e introspección. Su jerarquía de las necesidades ofrece una maravillosa oportunidad para entender la búsqueda humana. Debemos recordar que Maslow enseñó que los seres humanos tenían un sistema de necesidades en forma piramidal, que comenzaba por la base y donde eran incluidas necesidades de alimentación, abrigo y casa. Una vez que estas necesidades básicas han sido cubiertas, empiezan a dejarse sentir las de seguridad, seguidas por las de afiliación social, autoestima y, finalmente, la de autoactualización, caracterizada por los más altos niveles de lo que Maslow llamó *las experiencias pico*.

En sus escritos posteriores, Maslow analiza más profundamente las dimensiones de la autoactualización y subdivide este nivel en necesidades cognitivas, es decir, esencialmente el deseo humano de aprender. Otras serían las necesidades estéticas, o sea, la añoranza humana por la belleza interna y externa, así como las necesidades trascendentales, como la experiencia del suelo sagrado de la existencia humana, el cual es alcanzado en las experiencias pico. En este sentido, "lo divino" no es algo en lo cual debemos creer, sino una realidad que hemos de alcanzar, experimentar y disfrutar.

Después de expuesto lo anterior, la jerarquía de las necesidades mencionada también puede ser interpretada como una jerarquía de crecimiento. En esta interpretación, el siguiente nivel más alto no es automáticamente activado cuando el vecino más inferiormente cercano está satisfecho.

Al acercarse cada nivel a la satisfacción, se requiere un cambio de conciencia para moverse al siguiente nivel. Este cambio o movimiento es realmente una transformación de la mente y del corazón, que lleva consigo tiempo, coraje y la ayuda de una realidad en ocasiones áspera pero siempre agraciada. Sin este viraje, resulta fácil y podríamos decir hasta común quedarnos atorados en los más bajos niveles de la existencia humana. Cuando esto llega a suceder, el hambre del espíritu persistirá. Aquellas personas que queden atrapadas en la red de lo material tratarán de llenar sus añoranzas del alma con cosas materiales. Esto no es más que una tarea imposible que sólo nos impulsa a la satisfacción a corto plazo y que nos lleva rápidamente hacia un hambre insaciable y renovada, que es la tierra donde nacen y crecen el miedo y la avaricia.

No obstante, cuando las fuerzas de la vida y la conciencia se unen para energizar las dinámicas del cambio sugerido en este artículo, el crecimiento de las virtudes de sabiduría y coraje, la trascendencia de los kleshas, el desarrollo del carácter y la creación de nuestra alma nos llevan a que la vida se convierta en una sorprendente jornada hacia lo desconocido.

Esa jornada no tiene fin y es enfrentada constantemente al reto; por ello, requiere un recompromiso diario hacia el deseo por despertar y hacia una reafirmación diaria de la confianza. ¡Pero las recompensas son incalculables!

Ahora que me encuentro en la mitad de mis 60, aún paseo por lo que don Juan Matus llamó "El camino que tiene corazón", y por allí recorro mirando… mirando, sin aliento. Esta jornada no es fácil, jamás será segura, pero sí llena de sorprendentes alegrías y vistas magníficas, de verdades indestructibles y de amor creciente y madurante, todos representando una riqueza inimaginable para mi joven ser.

Trascendencia y vejez

Rafael Aluni M.
Universidad de las Américas, Puebla, México

El hombre tiene cuatro enemigos naturales:
el miedo, la claridad, el poder y la vejez.
El miedo, la claridad y el poder pueden superarse,
pero no la vejez. Su efecto puede ser pospuesto,
pero nunca vencido... sólo trascendido.
Carlos Castañeda

Estimado lector, lo que está por leer ha sido concebido para que usted experimente el proceso de cómo escribo. El acercamiento a los conceptos lo hago desde mi presente, dándome cuenta de lo que sucede en mí en este momento. Esta forma es una técnica ancestral de entrenamiento de la atención y que usted puede seguir a partir de este momento. Quiero compartir las ideas y la comprensión que tengo. Algunas de ellas sé que tienen un poder transformador y la posibilidad de cambiar la realidad que percibimos. Iniciemos.

Estoy aquí sentado, permitiendo que mi atención acompañe este momento, la respiración no es uniforme, tengo suspiros... las sensaciones del cuerpo llegan a mi conciencia en diferentes momentos... algo empieza a aquietarse, por instantes silencio, espacio, otro suspiro... cierro los ojos y entro en contacto con la vida dentro de mí... el movimiento de mis energías, el flujo de pensamientos, la emoción y un sentimiento de unidad.

Ahora usted podría intentar darse cuenta de su respiración, que palabra a palabra que lea regrese a sí mismo y observe lo que le acontece; algunas de las siguientes ideas sólo se comprenden estando en el mismo estado de conciencia... situado en sí mismo... Como puede apreciarse, estoy compartiendo algo más, no sólo el producto final, racional; quiero que todas las partes de mí participen y se manifiesten en el lenguaje que les es propio, trato de acercarme a esas partes y desde allí el tema de la trascendencia y la vejez.

Me doy cuenta de que el segundo término tiene una carga negativa, algo se incómoda en mí, veo mi historia al respecto... los límites, la decadencia... estereotipos y modelos deficitarios, mis asociaciones negativas afloran y me sitúan en un aparente tema desconocido, aún no experimentado y ... ¡qué mentira¡; en el fondo me doy cuenta de la relatividad del término; para algunas personas ya estoy en ese estado, para otras, aún soy un muchacho. Así que esto depende del punto de referencia, no sólo de la actitud. ¿Cuánto se necesita y de qué para decir que ya soy viejo? Son datos desconocidos. La importancia de la edad cronológica es relativa. En la literatura de la psicología social se aclara que nos comportamos en las situaciones y con las personas de acuerdo con la imagen que tengamos de ellas.

Regreso a mí, he tocado algo verdadero, quizá para otros también: ¿se puede tener una opinión definitiva acerca de esta fase de la vida?, ¿qué parte de mí quiere cerrar la pregunta con una respuesta total? Cuando la cierro, me pierdo de la vida en una pregunta contestada: la vida es un proceso abierto en cualquier punto, desde la concepción hasta la muerte.

Otro concepto que viene a mí es el del tiempo; entre letras percibo que éste, el tiempo, sólo existe en el futuro o en el pasado, no así en el presente... recuerdo que T. S. Eliot dice: "El tiempo pasado y el tiempo futuro no permiten más que un poco de conciencia"; el paso de un momento a otro está íntimamente relacionado con la probable evolución, envejecimiento y desarrollo; son procesos que pueden ser simultáneos y permanentes durante la vida en los cuales hay ventajas y desventajas, ganancias y pérdidas (Dulcey-Ruiz y Uribe, 2000).

Me doy cuenta de que sigo sintiéndome incómodo con la palabra *vejez* y noto que el término no describe el proceso vivo que se está dando momento a momento, que no puede asir lo que sucede en el ser del organismo en cuestión. El proceso dinámico, este término lo vuelve estático.

Viene a mí una cita de Thomas Merton, que decía:

la plenitud de la vida humana no puede medirse con nada que le suceda únicamente al cuerpo. La vida no es un asunto de vigor físico, de salud o de capacidad para el deleite. Un hombre puede tener todo esto y ser un idiota. El que solamente respira, come, duerme y trabaja ajeno a la conciencia, sin propósitos y sin ideas propias realmente no es un hombre. La vida, en este sentido puramente físico, es meramente ausencia de muerte. Gente así no vive, vegeta.

La vejez, como consecuencia del paso del tiempo, ¿a qué tipo de tiempo se refiere? Según Appelbaum (1992), hay cuatro principios en los que se basan las teorías que conceptualizan el tiempo: *a*) el de la constancia, es decir, el del tiempo uniforme; *b*) el cíclico o del tiempo circular; *c*) el cataclísmico o del tiempo apocalíptico, y *d*) el de la evolución. Este autor explica que, en general, los griegos dejaron su huella al respecto con el primer principio; en cambio, los hindúes lo conciben como el segundo, en el que hay comienzos y fines repetidos, recurrencias ciclos tras ciclos; el tercer principio se ejemplifica en la tradición judeo-cristiana, según la cual la historia presagia su propio fin en forma de cataclismo. El cuarto principio propone un desarrollo lineal constante y unidireccional, ilustrado en la interacción de las leyes de la entropía y de la adaptabilidad biológica.

¿Podría cada una esas teorías ayudarnos a comprender mejor la vejez? Veamos qué dice ese autor. La primera de ellas niega el movimiento en el tiempo. Dado que, si el tiempo es constante y uniforme y por lo tanto divisible en porciones siempre más pequeñas, uno nunca podrá alcanzar a B estando en A (la paradoja de Zenón). Sin embargo, nuestra experiencia, que va más allá de lo racional, nos indica que sí podemos llegar a B, que hay otro tiempo además del automático, lógico: el de las intenciones y el hombre se mueve hacia el devenir.

La segunda posición nos condena al eterno retorno: todo lo que está sucediendo ya pasó, no hay novedad, sino que debemos volver a empezar; no hay posibilidad para que exista un tiempo en el cual podamos iniciar un cambio real. ¿Cómo podemos liberarnos de esta rueda de ciclos? Se dice que el camino a la liberación señala una dimensión interior en el ciclo en el momento de presenciar el flujo incesante de la repetición.

La tercera idea, el tiempo, como una idea cataclísmica, revela el designio de un poder superior, de que al final de los tiempos *todos* seremos juzgados y, de acuerdo con nuestras acciones, nos mandarán a una existencia intemporal. El énfasis en "todos" destaca que el designio es colectivo y no individual.

Finalmente, la cuarta propuesta dice que el tiempo es un proceso evolutivo. El tiempo depende de las leyes de cada especie para que suceda un proceso de perfeccionamiento. Entonces es válido preguntarse si la conciencia es producto de la evolución o si ésta surge de la conciencia.

Para quien intenta comprender los procesos de la trascendencia y la vejez, es necesario tener una posición respecto del tiempo. Para Gurdjieff, es importante considerar que hay un tiempo para el perfeccionamiento de sí y otro para los acontecimientos humanos mecánicos, que dependen de principios diferentes. La iniciativa humana es el vehículo transformador de la naturaleza de las cosas. "La naturaleza de este acto coloca al hombre bajo un principio temporal revitalizante que eleva y actualiza su deseo profundo de integridad" (Appelbaum, 1992). Cuando no consideramos esta diferencia, condenamos a la humanidad a un tiempo cuya única consecuencia posible es el deterioro.

Viene a mí otra serie de pensamientos, que se refieren al modelo en el que he estado trabajando en los últimos tiempos.

El modelo holodimérgico (fig. 1) pretende explicar la naturaleza humana. Las raíces significan totalidad-parte, dimensionalidad y energía (Holo-dim-érgico). En él se contemplan siete dimensiones: la silencio-existencia, la ecológica, la cognitivo-emocional, la comportamental, la biológica, la interpersonal y la de trascendencia.

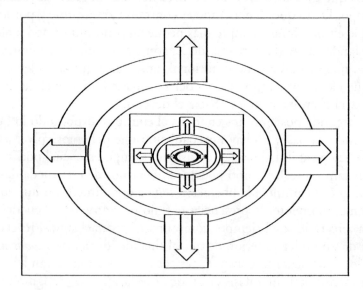

Figura 1. Modelo holodimérgico. Las flechas indican las diferentes dimensiones que apuntan a un círculo que es considerado la dimensión de trascendencia. El fondo es la dimensión silencio-existencia

En este modelo, la dimensión de la trascendencia es el impulso que todo ser tiene para entrar en una línea de influencia evolutiva. A partir de ahí llegamos nuevamente al silencio y al camino a la existencia. Como se muestra en la figura 1, todas las dimensiones apuntan hacia ella; de esta manera, la identidad lograda es la manifestación de la trascendencia. La trascendencia responde a la pregunta ¿quién soy yo?

El modelo tiene algunas características importantes: debemos visualizarlo en espiral, en movimiento permanente y, por lo tanto, con diferentes niveles de profundidad que permiten percibir diversos niveles de realidad y, de acuerdo con el objeto a tratar, hay dimensiones más involucradas que otras; que la trascendencia es una dimensión integradora, que cuando se manifiesta experimentamos el estado de fluidez. Tal estado lo obtenemos cuando todas las experiencias están en armonía, cuando lo que sentimos, deseamos y pensamos va al unísono (Csikszentmilhalyi, 1997).

A cada momento tenemos la posibilidad de trascender el nivel de identidad que tenemos, al parecer hasta que nos demos cuenta de la unidad en la que existimos y nos fundamos en ella.

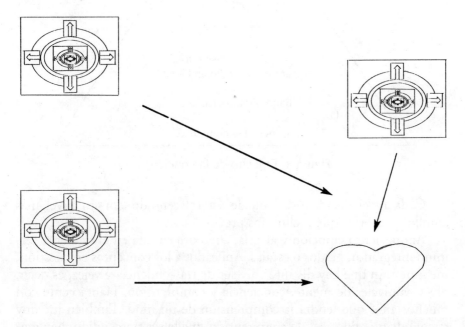

Figura 2. El corazón lo vemos de manera distinta según la dimensión involucrada y desde donde estemos situados. En palabras de Mihaly: de acuerdo con la perspectiva del observador, con el ángulo de visión, con el marco temporal y con la escala de observación, es posible ver imágenes distintas de la misma verdad subyacente

Ken Wilber (1993) propone que existe un espectro de la conciencia humana caracterizado por poseer una sensación de identidad individual propia y reconocible fácilmente que parte de la identidad suprema de la conciencia cósmica y va estrechándose de forma progresiva mediante una serie de gradaciones o bandas diferentes, hasta terminar circunscrita a la sensación de identidad radicalmente limitada, propia de la conciencia egoica.

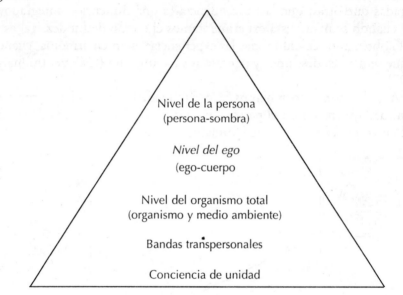

Nivel de la persona
(persona-sombra)

Nivel del ego
(ego-cuerpo

Nivel del organismo total
(organismo y medio ambiente)

Bandas transpersonales

Conciencia de unidad

Figura 3. Espectro de la conciencia

Cada nivel de identidad puede ser trascendido por un nivel más amplio y superior que incluye los previos.

Ahora siento emoción y alegría, cuyo origen está en el siguiente término integrador: grados o escalas. Aplicados a los conceptos en cuestión, me muestran que hay distintos niveles de trascendencia y vejez, es decir, diversos niveles de mente, conciencia y comprensión. Habrá gente con muchos años que tendrá la comprensión de un niño. También me doy cuenta de que mi nivel de comprensión puede ser trascendido, hay grados de integración superiores a los que experimento en este momento... puedo deducir que algunos de ellos son increíbles, insólitos... sólo puedo hacer eso: imaginarlos, ya que un nivel inferior no puede comprender un nivel superior.

Con este pensamiento veo que… nuestra vida está dejando su huella en el universo. ¿Qué podría facilitar está concepción de una permanente actitud de desarrollo, de esa búsqueda del siguiente nivel de comprensión?, ¿será eso vivir plenamente? No recuerdo el nombre del psicólogo que decía que el sentimiento de vivir plenamente es acompañado de la cognición de que pertenecemos a algo más grande y más permanente que uno mismo. La vejez debe considerar a la vejez en su contexto general, la vida en el planeta… el hombre es uno de sus elementos, ¿qué sentido tiene para el conjunto de la vida sobre la tierra envejecer?

Me percato de que cada acto cuenta… cada pensamiento, la trascendencia es el impulso de responder a mis verdaderas preguntas, a éstas que surgen de observar mi vida interior. De ahí la responsabilidad que hace acto de presencia y propone que consideremos… lo que en el budismo se sugiere: "Actúa siempre como si el futuro del universo dependiese de lo que hagas, y al mismo tiempo ríete de ti mismo por pensar que cualquier cosa que hagas significa algo".

Tal paradoja la comprendemos, nos hace reír y nos deposita en la madre tierra. Vuelvo a mi respiración, a la sensación de mi cuerpo, siento que todavía hay cosas por comunicar.

Trascendencia y vejez se entrelazan para tener cierta calidad de vida, es decir, aquello que experimentamos desde que amanece hasta que anochece. La calidad de lo que vivimos día a día mejorará mucho si aprendemos a amar lo que tenemos que hacer.

¿Qué hago cuando digo que amo algo o a alguien? Algo básico es que lo atiendo, le doy atención, mi energía está disponible para ese algo o ese alguien. Así, esto es más concreto, amo lo que atiendo, no hay nada etéreo, ni filosófico, ni científico, está lejos del sentimentalismo.

¿Qué clase de atención es? Aquella que va más allá de mi ego para considerar al otro y que se pregunta: ¿cómo puedo participar, con mis acciones, mis pensamientos y mis sentimientos para que lo que digo que amo alcance su máximo desarrollo?

¿Cómo amar lo que tengo que hacer? Nietzsche dijo al respecto: "Mi fórmula para la grandeza de un ser humano es el "amor fati", no querer que nada sea diferente en el futuro, en el pasado ni en toda la eternidad… no se trata simplemente de soportar lo inevitable… sino de amarlo. Quiero aprender progresivamente a ver como algo bello lo que es necesario en las cosas ; entonces seré uno de esos que hacen cosas bellas.

Maslow afirma que cuando hay armonía entre los requerimientos internos y los externos o entre el *quiero* y el *debo*, aceptamos de buen grado, libre y alegremente los propios determinantes. Uno elige y desea el propio destino.

A su vez, Rogers expresa que la persona que funciona plenamente... no sólo experimenta, sino también utiliza la más absoluta libertad cuando elige y quiere de forma espontánea, libre y voluntaria lo que está absolutamente determinado (los tres autores son citados en Csikszentmilhalyi, 1997).

Lo que escribieron esos hombres me es conocido; hay la posibilidad de quedarse frente a frente con la propia mecanicidad, con las reacciones y entonces decidir... otro atributo de la persona que se autoestudia, que se autoobserva... que se da cuenta de su edad y que trasciende a sí mismo.

Cuando debemos decidir aparecen dos fuerzas: el placer y el dolor. Por mucho tiempo pensamos que deberíamos elegir sólo aquello que nos llevara a obtener placer y descartar aquello que nos condujera al dolor; sin embargo, el hedonismo tal cual no es la solución, pues existe un límite: las personas aprenden a que les gusten cosas destructivas para ellas y para los demás.

¿Hay cosas y acciones que son buenas para mi desarrollo y el de los demás y que no sean agradables y placenteras? La respuesta es afirmativa y ha sido constatada por aquellas personas que tienen algunos años en el planeta.

Eugene Herrigel, un maestro Zen, dice al respecto:

> No alcanzamos un más allá del pensamiento o del no pensamiento, del placer o del dolor, etcétera, sino simplemente el punto cero, considerado una trascendencia. Pero entonces, ¿con qué realizamos la unión mística? No sucede sino lo siguiente: aquel que se abisma en la contemplación se abstrae totalmente de lo que no pertenece a su propia esencia, pero de esta forma se encuentra sólo a sí mismo, por mucho que se trate de lo más recóndito de su ser.

La asociación que viene es esencia y personalidad. Lo que me es propio y lo que me es prestado, tengo la intuición de que algo diferente nos es posible: participar de una vida y un mundo mejor.

Reconozco que antes, de muy diversas maneras, como cierto tipo de pintura, la arquitectura, la mitología, etcétera, esto ha sido tocado; me han abierto a un sentimiento de espiritualidad que vuelve como pregunta: ¿es posible dar a nuestras vidas calidad, esta calidad que percibo cuando hay tal sentimiento?

Trascendencia y vejez son transformados en términos vivos, en búsqueda de autorrealización, es decir, hay una conciencia que va más allá del cambio y de lo transitorio.

La vejez es una manifestación de lo vivo, es la vida en la que también trasciendo, me ilusiono y me muevo. Finalmente, me doy cuenta de que cuando soy viejo sigo naciendo.

Bibliografía

Appelbaum, D. (1998), "Time and Initiative", en Gurdjieff, *Essays and Reflections on the Man and his Teaching*, Nueva Kork: Continuum, 107-115.

Castañeda, C. (1998), *La rueda del tiempo*, México: Plaza y Janés.

Csikszentmilhalyi, M. (1997), *Aprender a fluir*, Barcelona: Kairós.

Dulcey-Ruiz y Uribe (2000), "Psicología del ciclo vital: hacia una visión comprehensiva de la vida humana", *Ciclo Vital, Envejecimiento y Vejez*, 34 (1-2), 17-27.

Elliot, T. S. (1962), *The Complete Poems and Plays of T. S. Eliot*, Nueva York: Harcourt, Brace and World.

Herrigel, E. (2000), *Preguntas a un maestro Zen*, México: Paidós.

Maslow, A. (1993), *La personalidad creadora*, Barcelona: Kairós.

Merton, T. (1998), *El hombre nuevo*, Buenos Aires: Lumen.

Nietzsche, F. (1882), *The Gay Science*, Nueva York: Vintage.

Rogers, C. (1969), *Libertad en el aprendizaje*, México: Paidós.

Wilber, K. (1990), *El espectro de la conciencia*, Barcelona: Kairós.

EPÍLOGO

La ancianidad feliz

Rogelio Díaz Guerrero
Universidad Nacional Autónoma de México, México

Ciertamente, mucho de lo que es necesario para alcanzar el objetivo de una tercera edad con bienestar ha sido analizado en la extensa revisión que precede a este artículo. Se me ha encargado complementar esos esfuerzos, especialmente en lo que se refiere a aspectos psicológicos; sin embargo, como se me ha pedido que también refleje mi propia experiencia a los 84 años, como persona, como psicólogo y como médico, tendré que aludir a aspectos físicos y orgánicos que, hasta donde sabemos, son indispensables para vivir una vigorosa ancianidad. Desde luego, cabe hacer una recomendación: es fundamental que, en cuanto sea posible, en nuestras vidas hagamos hábitos de todas las acciones útiles para alcanzar una prolongada ancianidad feliz.

Iniciemos esta charla con aquellos que, en los aspectos psicológicos, tienen asegurada esta felicidad; son los que Maslow (1970-1954, 1971) identificó como actualizadores del yo. Éstos, en todas las características que enumeró dicho psicólogo, son poco comunes, pero aun aquellos que sólo tienen varias de ellas llevan un buen trecho de ventaja para alcanzar la meta de bienestar en la vejez. En pocas palabras, son aquellos, hombres o mujeres, que parecen requerir o que consistentemente se esfuerzan por convertir en realidad todas sus potencialidades. Si bien Maslow consideraba que todos los seres humanos tienen, biológica y psicológicamente, necesidad de actualizar su potencial, ésta no es una necesidad fuerte y siempre requiere, para alcanzar su máxima intensidad, que otras necesidades más fuertes estén suficientemente satisfechas.

Para entender esto, es necesario explicar brevemente su original teoría, que llamó *holístico-dinámica*, de lo que motiva todo nuestro comportamiento. Admirador de todos sus antecesores y contemporáneos (por ejemplo: Freud, Jung, Adler, Allport, Murphy, Wertheimer, Lewin, Goldstein, Tolman, Horney y Fromm), Maslow buscó incluir todas las necesidades humanas básicas y concluir que la conducta anormal resultaría, siguiendo los mecanismos psicodinámicos y/o las leyes del aprendizaje, de la frustración de cualquiera o varias de ellas. Así, habló de necesidades fisiológicas (por ejemplo: hambre, sed y sexo), necesidades de seguridad (por ejemplo: estabilidad, protección de la angustia, el desorden y la enfermedad), necesidades de pertenencia y amor y necesidades de autoestima: tanto de que el individuo se considere valioso como de que otros lo consideren así. A estos cuatro tipos de necesidades las llamó *necesidades por deficiencia* y cuando son insatisfechas provocan la patología mental, de la misma manera que la falta de vitaminas genera la patología orgánica por avitaminosis.

En su teoría hay un orden jerárquico para estas necesidades. Para Maslow, las necesidades fisiológicas son las más potentes de todas. Para un individuo hambriento, la seguridad, el amor, la propia estima, la actualización de su potencial, son irrelevantes, pues lo importante es comer. En el pensamiento de Maslow, para que tengan oportunidad de aparecer las necesidades de seguridad, las fisiológicas deben estar satisfechas suficientemente. Cuando esto sucede, emergen con fuerza las necesidades de seguridad. Se necesita que éstas a su vez alcancen satisfacción para que las de afecto, amistad y amor puedan alcanzar toda su intensidad. Sólo cuando las anteriores han sido saciadas suficientemente, las necesidades de autoestima aparecen en todo su esplendor.

Ahora entendemos por qué el más alto nivel de actualización del yo es poco común. Son muchas las circunstancias psicológicas, sociales, económicas y aun culturales que permiten o no alcanzar la suficiente satisfacción de los cuatro grupos de necesidades que deben gratificarse antes de aflorar con fuerza las de actualización del yo. Así, la gran mayoría de los seres humanos sólo alcanzan alguna o algunas de las características del actualizado del yo. Pero éstas son tan valiosas para el individuo, para aquellos que los rodean, para la sociedad y para el futuro de la humanidad, así como para la ancianidad feliz, que debemos enumerarlas. La lista es extensa, por lo cual sólo la anunciaremos breve y claramente.

Los sujetos actualizadores del yo estudiados por Maslow perciben la realidad con mayor precisión, sus predicciones del futuro son más frecuentemente correctas, ellos son más aceptantes de sus defectos y de los defectos de los que los rodean, son más espontáneos y naturales, generalmente no se preocupan de sí mismos y sí de los demás, a menudo tienen una misión altruista en la vida y su sentido de obligación, deber y responsabilidad es superior. Para todos los sujetos actualizadores del yo que estudió Maslow, su necesidad de privacía y soledad resultó mucho más alta que para el común de la gente. Es interesante que muchos permanecen tranquilos y serenos ante sucesos que atemorizan, molestan o traumatizan a los demás. Aun ante fuertes tragedias o infortunios personales, tienden a mantenerse serenos, con frecuencia en busca de maneras positivas o creativas de enfrentarlos. Son capaces de tan intensa concentración en objetivos que parecen profesores distraídos. Son autónomos y particularmente autodisciplinados y, si bien son aceptantes de las costumbres y lineamientos de su cultura, son altamente independientes de ella y se adaptan con facilidad a otras culturas; son ciudadanos(as) del orbe. Como muchos niños, son muy apreciativos de todo lo que les rodea, siempre encuentran novedad y a veces éxtasis, aun en eventos y entes excesivamente repetidos. Casi siempre eligen mejor que los demás a sus amistades y a su pareja, que a menudo tiene también características de actualización del yo y tiende a haber más amor y menos celos y envidia entre ellos y en relación con los demás. Estas personas son altamente éticas, con fuertes principios morales que rigen su comportamiento, en términos de los mejores y más útiles valores humanos, y no de la moralidad convencional.

Es interesante que los sujetos actualizadores del yo posean un carácter democrático, son amistosos y aun afectuosos con todos, sin importar su clase social, nivel educativo, creencia política, raza o color. De hecho, tienen por todos los seres humanos un profundo sentimiento de identificación, simpatía y afecto; así, se enojan rara vez. Cuando lo hacen, en general por injusticias o contra los que rompen o hacen burla de los altos valores humanos, actúan demasiado irracionalmente o cometen el mismo error por flojera o terquedad; más de una vez, su enojo descubre lo muy fuerte de su carácter. Maslow indica que una característica universal de todos sus actualizadores del yo es su creatividad, originalidad e inventiva. Dicho autor defendió que deberíamos diferenciar esta creatividad de la creatividad de genios como Mozart, en quienes la herencia, más que los factores ambientales, es determinante. Sus actualizadores del yo resultan de su manera de encontrar satisfacción a sus necesidades básicas y su persistente búsqueda de actualización de su potencial, todas maniobras psicológicas. Estas personas exhiben además un especial sentido del humor en el que sobresale su capacidad para reír de sí mismos. Finalmente, aun cuando esta característica no es universal, dichos seres experimentan con más frecuencia lo que Maslow denominó *experiencias cumbre*, que él describe de forma extensa, pero que aquí sintetizaremos como verdaderos orgasmos cósmicos, intelectuales, sentimentales y emotivos, solos o combinados.

Enfermedad IFD

Al llegar aquí, mis lectores quizá se pregunten: ¿qué me pasará en la vejez si no tengo ninguna o muy pocas de las características de los actualizadores? Afortunadamente, como veremos más adelante, hay mucho que podemos aprender y hacer para alcanzar una prolongada y activa ancianidad feliz. Pero antes de proseguir, veamos algo así como el reverso de la moneda de los actualizadores, en términos de la contribución de otro distinguido psicólogo: Wendell Johnson, quien fue seguidor de la semántica general de Korzybski, el célebre autor de *Science and Sanity* –Ciencia y salud mental– (Korzybski, 1941).

Johnson (1946) escribió sobre la enfermedad IFD: idealismo, frustración y desmoralización. Las personas deben ser realistas respecto a los objetivos o metas de su vida y no ambicionar más allá de lo que su capacidad y habilidad pueden lograr. Cuando las metas son vagas y/o están fuera de la realidad del potencial de los individuos, éstos son víctimas del IFD.

Con su experiencia y la de varios de sus colegas que cita en su libro, el desajuste, la neurosis y otras patologías con las que trabajaron en Estados Unidos eran fundamentalmente debidas al IFD. Sus pacientes, si usamos los términos de Maslow, no lograrían actualizar por qué sus metas no estaban de acuerdo con sus potencialidades (objetivos de águila y alas de zopilote).

Todo esto viene a colación porque fui alumno de Johnson en la Universidad del Estado de Iowa, donde también fueron mis maestros Kenneth Spence y Kurt Lewin y donde fui médico y con estudios avanzados en psicología y educación. Los seguidores de la semántica general, el uso científico del lenguaje para todos los asuntos de la vida cotidiana y la vida académica, es una importante contribución no sólo para evitar la enfermedad IFD, sino también para prevenir o disminuir los conflictos interpersonales, el excesivo proyectarse y adquirir una mente pertinazmente abierta, así como ser realístico de manera espontánea. Uno de los pasos importantes para encaminarse a una ancianidad feliz es practicar los hábitos mentales y lingüísticos a los que la semántica general se refiere como instrumentos del pensar. Para lograr esto, por menos hay que leer el sencillo y agradable librillo de Kenneth Keyes (1990, 1966): *Desarrollo de la habilidad mental*.

Mi experiencia

Desde luego, debo admitir que en mi caso son hábitos mentales los instrumentos del pensar, el "para mí" cuando se trata de afirmaciones de apreciación personal, el "hasta cierto punto" y el "hasta donde sé" en afirmaciones académicas y científicas, la aceptación persistente y estadística de lo probabilístico de las ciencias y de nuestra ciencia, etcétera. También es importante que, habiendo deportistas en mi familia, decidiera desde la pubertad que nunca fumaría, lo cual logré, aunque como psicoterapeuta por cerca de 20 años, a menudo fumara de segunda mano en mi consultorio. Respecto a beber, me emborraché hasta el vómito una vez, después en no muy frecuentes fiestas y en cocktails de bienvenida, cenas y bailes de clausura de congresos una, dos o a lo más tres copas. A los 50 años descubrí que ya no podría usar picante en la comida o tomar bebidas alcohólicas si quería evitar gastritis y colitis, que me impedían estar al ciento por ciento en mis ya para entonces fuertes responsabilidades e intenso trabajo (de nueve a 12 horas diarias). Desde entonces y forrado con alcalinos (originalmente Rolaids o Tums, más tarde Peptobismol), una margarita en comidas de cumpleaños, hasta tres en Navidad y/o esperando el Año Nuevo. Afortunadamente, a partir de los 45 años empecé a nadar hasta en unos meses alcanzar 600 metros tres veces por semana. Aquí hay que detenerse. Hasta donde sé, el más importante ingrediente para una ancianidad completamente funcional, aún vigorosa, con bienestar y prolongada, es el ejercicio, aun, y esto es reconfortante, si durante la vida hemos abusado del organismo, del cigarro y de la bebida. Así por lo menos lo aseguran especialistas en un serio artículo de la revista *Time*. Mucho ejercicio, incluido levantamiento de pesas con adecuado incremento de las rutinas de acuerdo con la salud y edad en que se inicie, según ese y otros artículos de la misma revista, pueden incrementar entre 10 y 20 años el límite natural de nuestra vida.

He mantenido la natación tres veces por semana. A partir de los 60 inicié aeróbicos suaves después de levantarme, hasta alcanzar 10 minutos de lunes a viernes. A los 62 reduje mi trabajo a ocho horas diarias y reinicié la práctica del tenis, que durante años jugué dos horas tres veces por semana. A partir de los 75 reduje el tenis a sábados y domingos e incrementé los aeróbicos suaves a 15 minutos diarios y con pesas de dos kilogramos en cada mano de martes a viernes. Desde los 80, el tenis de los sábados y domingos es exclusivamente en dobles durante una a una y media horas, pero los aeróbicos suaves de las 5:45 de la mañana se han incrementado a 20 minutos los martes. Los miércoles hago 20 minutos de remadora, los jueves 15 minutos de aeróbicos y 15 minutos de los ejercicios recomendados por el U. S. Official Physical Fitness Program, más otros que he diseñado para fortalecer las piernas y los viernes practico 15 minutos en la remadora y 15 en los ejercicios. Los lunes no hago nada de ejercicio.

Mi aparato digestivo siempre ha sido mi talón de Aquiles, especialmente a partir de los 50, lo cual ha facilitado que utilice todos mis conocimientos médicos para que mi dieta se acerque a la ideal, para evitar el colesterol malo y la diabetes, que sufrieron mi madre y varios de mis hermanos, y que incluya variedad de cereales, frutas y legumbres, ricos en antioxidantes. Hace muchos años leí el estudio de un psicólogo que, valiéndose de la corta vida de la rata blanca, en un estudio dejó que un grupo de ratas comiera hasta engordar y el otro una dieta por debajo de la normal. Resultado: las ratas flacas vivieron alrededor del doble que las obesas. Claro, sin llegar a los extremos del caballo del español, que se murió precisamente cuando su dueño estaba a punto de comprobar su teoría de que los caballos no necesitaban comer. Yo he mantenido el mismo peso desde los 30 años.

No es, pues, de extrañar que en mis exámenes médicos bianuales primero y anuales después resulte, como un médico me dijo, químicamente puro, con colesterol, triglicéridos y glucosa normales y una presión arterial de 120 a 130 sobre 80 o 90. No todo ha sido rosa médicamente en mi vida. Además de tonsilectomía y dos prostatectomías transuretrales (por hipertrofia benigna), en 1982 con epidemia de influenza, el virus que me atacó afectó mi cerebelo. Resultado: tuve problemas de equilibrio, semejantes, sólo en el aspecto físico, a los de los borrachos. Mi entrenamiento de neurología y psiquiatría en Iowa, que realicé además del doctorado en psicología y neurofisiología, afortunadamente me daba esperanzas y los síntomas casi desaparecerían en alrededor de un año. Durante ese año seguí todas mis actividades, pero alguien, casi siempre mi esposa, tenía que llevarme del brazo a la oficina. Aun ahora jugando tenis, si corro rápido detrás de una pelota, me cuesta uno o dos pasos más para detenerme y estoy más seguro si bajo las escaleras ayudado del pasamano. Ahora bien, como en seguida veremos, ha sido previsor que en lugar de disminuir, aumentara y diversificara mi rutina de ejercicios a los 80.

Recientes contribuciones, el aspecto físico

Para los que no somos especialistas acerca de la tercera edad, pero sí psicólogos o lectores interesados en mantener la salud, una fuente importante de información útil es la revista oficial de la Asociación de Psicólogos Estadounidenses (APA) la *American Psychologist* y especialmente el *Monitor on Psychology*. De Angelis (2002) titula su artículo: "Si sólo puedes comprometerte a una cosa, que sea ejercicio". Acerca del principio dice: "La investigación en este tema muestra abrumadoramente sus beneficios físicos y mentales. El ejercicio regular no sólo mejora problemas físicos como colesterol alto, la diabetes y la presión arterial alta, sino también ejerce claro impacto en las funciones cognitivas y emocionales, incluidos favorecer el intelecto y combatir la depresión y la ansiedad" (De Angelis, p. 49).

Dicho autor cita el Centro Nacional de Estadísticas de Salud de Estados Unidos, que reporta que sólo 10% de los estadounidenses hacen suficiente ejercicio para alcanzar sus beneficios, y dedica su artículo a enumerar estrategias que faciliten comprometerse a llevar una rutina beneficiosa. Lo primero es convencernos de su vital importancia. Todos los demás objetivos y funciones de la vida dependen para su éxito de una buena salud y ésta, en gran parte, de hacer o no ejercicio. Hay que pensar además en esos 10 a 20 años adicionales de vida con bienestar y productividad. Usar técnicas cognitivas, pararse ante el televisor, escoger un programa de interés y decir: "Voy a hacer un minuto de aeróbicos; pero como éste pasa rápido y se han estimulado los músculos, haré dos…" El que esto escribe realiza frente al televisor sus 20 minutos de aeróbicos o de remadora. La combinación del interés del programa y de las endorfinas resultantes del ejercicio hace agradable y cortísimo el paso del tiempo, a veces cuando veo el reloj ya me pasé tres o cuatro minutos. De Angelis prosigue: "Debemos hacer del ejercicio parte de la vida; será ideal hacerlo parte de la agenda diaria. De no ser esto posible, debemos utilizar los momentos libres para realizar ejercicio". El que esto escribe compró en 100 pesos (10 dólares) un bien ilustrado librito (Searle y Meeus,

2001) con ejemplos de docenas de ellos. El asunto es dar movimiento a todas las articulaciones o, aun mientras leemos, estirar los brazos y piernas o hacer ejercicios isométricos como los que aconsejara Charles Atlas.

De Angelis indica que el problema de la motivación para realizar ejercicios debemos hacerlo a un lado cuando practicamos deportes por placer. Sabemos que todos pueden ser aeróbicos, hasta el ping-pong o tenis de mesa, si los practicamos por lo menos cuatro veces por semana y durante un tiempo que varía con la intensidad de la práctica. Varios de ellos requieren previo acondicionmiento físico para practicarlos o para mejorar su ejecución; todo depende de la condición de la persona que los inicie.

Un motivante especial puede ser enseñar a los hijos a hacer hábito del ejercicio, realizarlo con amigos, formar grupos, inscribirse en clubes o tomar clases. De Angelis subraya que personas de mayor edad deben iniciarse lenta y gradualmente en el tipo de ejercicio que les guste. Pero especialistas parecen coincidir en que, una vez encarrilados, no deben disminuir sino aumentar con la edad el tiempo dedicado al ejercicio. Al último, dicho autor complementa su artículo con las referencias que apoyan sus afirmaciones.

Ahora bien, la única amenaza física a la ancianidad masculina feliz, septuagenaria y octogenaria, vigorosa, alerta y sexualmente potente cada semana es la hipertrofia prostática benigna y en ocasiones el cáncer de la próstata. Por su vigor y sexualidad potente y las hormonas que los apoyan, este crecimiento de la próstata tendría que ser más común. Es verdadera fortuna que ahora existen en el mercado farmacéutico varios productos de origen vegetal que combaten con bastante efectividad los molestos síntomas de ese crecimiento; en otros casos y por prescripción médica, es recomendable la finasterida, sustancia química resultado de años de investigación, que frecuentemente reduce el tamaño de la próstata. Como últimos recursos podemos optar por la reducción por láser o la resección quirúrgica con un cirujano y un hospital.

Estudios recientes, el aspecto psicológico

En enero de 2000, la revista *American Psychologist* dedicó un grueso número especial a la felicidad, la excelencia y el funcionar humano óptimo. Seligman y Csikzentmihalyi dicen en la introducción: "Una ciencia de la experiencia subjetiva positiva, rasgos individuales positivos e instituciones positivas prometen mejorar la calidad de la vida y prevenir las patologías que aparecen cuando la vida es vacía y sin sentido" (Seligman y Csikzentmihalyi, 2000, p. 5). La introducción se convierte en un crítico resumen de los más de una docena de artículos en los cuales se informa el enfoque conceptual, los esfuerzos de operacionalización y los resultados de numerosos estudios acerca de la experiencia subjetiva positiva, el optimismo, la felicidad, la autodeterminación, las emociones, la salud física, la sabiduría, la excelencia y la creatividad. Se investiga, pues, para discernir las maneras de alcanzar las múltiples características psicológicas que tendría un altamente eficaz actualizador del yo; además, estos esfuerzos reciben apoyo interdisciplinario por la investigación en psiconeuroinmunología (PNI), con la que buscamos deslindar los factores psicosociales que protegen nuestra salud y los que la dañan.

Aún más pertinente resulta un artículo de Volz (2000), cuyo título traducido al español sería: "Envejecer exitosamente los segundos 50 años". El tema cardinal es que la declinación de las facultades mentales no es inevitable, que el estereotipo es que la memoria ha de declinar y que los ancianos que creen esto y no hacen nada para evitarlo, sí la pierden. Se cita un estudio en Princeton University, en donde psicólogos encontraron que los adultos continúan procreando nuevas neuronas durante toda su vida. Otros estudios en los que fueron comparados jóvenes con personas de edad no revelaron diferencias en la habilidad para resolver crucigramas, y negaron la declinación con la edad de la habilidad para resolver estos problemas. Más importante que la edad era la experiencia en resolverlos. Todo indica que, por lo menos, es importantísimo ejercitar el cerebro. Uno de los psicólogos citados, Lawrence C. Katz, autor principal del libro *Keep Your Brain Alive* (Workman, 1999), ha dado nombre a esta actividad: *ejercicios neuróbicos*. Hace algunos años, un cuidadoso y prolongado estudio reportado por *Time* acerca de la enfermedad de Alzheimer apoya la afirmación de que cuantos más años de estudios formales tenga una persona, mayor número de años en la ancianidad mantendrá íntegras sus capacidades mentales. En su artículo, Volz afirma que para vivir una ancianidad productiva y con bienestar es más importante mantener las facultades mentales que incluso la condición física. Esto es valioso para aquellas personas que, por enfermedad o accidente, han visto mermada su condición física.

En los últimos años se ha aumentado considerablemente el conocimiento que permite poner en nuestras manos una gran probabilidad de alcanzar una ancianidad prolongada, saludable, productiva, con bienestar y aun feliz. Algunos escritos también aluden a la importancia del apoyo social, de la familia y de la pareja. La pareja es frecuentemente crucial, aunque esto no siempre lo logramos. Hace unos meses fue publicado el libro Psicología del amor: una visión integral de la relación de pareja (Díaz-Loving y Sánchez Aragón, 2002). Este excelente documento es una verdadera enciclopedia acerca de la variedad de comportamientos que pueden hacer felices a los miembros de la pareja, así como aquellos que los llevan al fracaso. Muchas de esas conductas constructivas nos recuerdan a las que enumeramos de los actualizadores. Si tenemos pareja o si la buscamos en la vejez, la lectura de este volumen será indispensable.

Las oportunidades y las tragedias que me ha dado la vida desempeñan un papel prominente en mi ancianidad prolongada, bastante productiva y que puedo considerar feliz. Entre las características personales que lo han permitido debo destacar la tenacidad. Mis estudios de psicología, medicina, educación y filosofía han sido muy útiles. Como estudiante, particularmente de posgrado, en cuanto descubrí los libros de psicología de la personalidad, de higiene mental y aquellos de los psicoanalistas yoicos, que describían las maneras de actuar de lo que llamaban *personalidad madura*, decidí (desde luego con tenacidad) adoptar en mi comportamiento esas maneras de actuar. Después de todo, pensaba, según las leyes del aprendizaje, todo lo que llegamos a ser es consecuencia del aprendizaje entonces, ¿por qué no hacer hábitos de las acciones conducentes a buena salud física y mental? Mi enculturación en la cultura mexicana, que muchos datos indican es la del amor, facilitó escoger entre los rasgos efectivos, además de los que favorecieran mi crecimiento, muchos que condujeran a llevarme bien con los demás y buscar siempre hacer lo que estuviera a mi alcance por favorecer su crecimiento y bienestar. Todo esto y sus buenos resultados en mi experiencia me llevaron a acuñar un pensamiento que he repetido en varios escritos y conferencias: el problema o la cuestión no es, como dijo Shakeaspeare, ser o no ser, sino transformarnos o no.

Bibliografía

De Angelis (2002), "If You Do Just one Thing Make it Excercise," *Monitor on Psychology*, 33, (7), 49-51.

Johnson, W. (1946), *People in Quandaries, the Semantics of Personal Adjustment*, Nueva York y Londres: Harper and Brothers Publishers.

Katz, Lawrence C. (1999), *Keep Your Brain Alive*, Workman.

Keyes, K. S. (1990, 1996), *Desarrollo de la habilidad mental*, México, D. F.: Trillas.

Korzybski (1941)," Science and Sanity", *Ciencia y salud mental*.

Maslow, A. H., (1970, 1954), *Motivation and Personality*, Nueva York: Harper and Row Publishers.

— (1971), *The Farder Reaches of Human Nature*, Nueva York: The Free Press.

Searle, S. y Meeus, C. (2001), *Secrets of Pilates*, Nueva York: DK Publishing, Inc.

Seligman y Csikzentmihalyi (2000), "Introducción", *American Psychologist*, 1.

Volz, J. (2000), "Successful Aging: The Second 50", *Monitor in Psychology*, 31, (1), 24-28, Chicago, Il.: John Dienhart Publishing Company.

Wilkinson, B. (1964), *U. S. Official Physical Fitness Program*.